Sprache
und
Literatur 100

Wolfgang Weiß

Das Drama der Shakespeare-Zeit

Versuch einer Beschreibung

Verlag W. Kohlhammer
Stuttgart Berlin Köln Mainz

Meinen Kindern
Stephan, Alexander und Esther gewidmet

CIP-Kurztitelaufnahme der Deutschen Bibliothek

Weiß, Wolfgang:

Das Drama der Shakespeare-Zeit: Versuch einer Beschreibung
Wolfgang Weiß. – Stuttgart, Berlin, Köln, Mainz: Kohlhammer, 1979.
(Sprache und Literatur; 100)
ISBN 3-17-004697-7

Stuttgart Berlin Köln Mainz
Verlagsort: Stuttgart
Umschlag: hace
Gesamtherstellung: W. Kohlhammer GmbH
Grafischer Großbetrieb Stuttgart
Printed in Germany

Vorbemerkung

Diese Arbeit ist ein Versuch, ein dem heutigen Stand der Forschung entsprechendes Gesamtbild des Dramas der Shakespeare-Zeit zu entwerfen und zugleich durch Hinweise in den Anmerkungen und eine gegliederte Bibliographie demjenigen Hilfestellung zu geben, der sich tiefer in dieses Textkorpus einarbeiten möchte. Für die Darstellung wurde einer systematischen Gliederung gegenüber einer historischen der Vorzug gegeben, weil sie meines Erachtens dem Leser die Erkenntnis des Zusammenwirkens der einzelnen Faktoren erleichtert. Um die Beschreibung einprägsamer und farbiger zu machen, wurden so viele Beispiele wie möglich gegeben. Hierfür wurden vor allem die Dramen Shakespeares herangezogen aus der Erwägung heraus, daß sie dem Leser besser bekannt bzw. zugänglich sein dürften als die Stücke anderer Autoren.

Ich habe mehreren Damen und Herren zu danken, ohne deren vielfältige Hilfe es mir nicht möglich gewesen wäre, den größten Teil des Manuskripts in einer Zeit erhöhter administrativer Belastung durch das Amt des Dekans anzufertigen. Herzlich zu danken habe ich vor allem Frau Dr. I. Boltz von der Shakespeare-Forschungsbibliothek München für ihre große Hilfe bei der Zusammenstellung der Bibliographie. Mein ganz besonderer Dank gilt aber Herrn Wolfhard Steppe M. A., der das Manuskript einer gründlichen Prüfung unterzog und durch sein scharfes Auge und seine unerbittliche Liebe zum Detail erheblich zum Informationswert und zur Lesbarkeit dieser Arbeit beitrug.

München, im April 1979 *Wolfgang Weiß*

Inhalt

0. Einleitung

0.1. Bedingungen der heutigen Rezeption und Forschung

Die Dramen, die in den Jahrzehnten um die Wende des 16. zum 17. Jahrhundert für die Aufführung an einer der Londoner Bühnen geschrieben wurden, werden seit langem zu den faszinierendsten Leistungen der europäischen Literatur gezählt. Dementsprechend früh setzte ihre literatur- und theatergeschichtliche Erforschung ein, die bei allen Veränderungen des Geschmacks, der Erkenntnisinteressen und Methoden bis heute keine Unterbrechung erfuhr. Ein Nachlassen des Interesses an diesen Texten ist, wie die anhaltende Flut der Veröffentlichungen zeigt, auch für die nächste Zeit nicht zu erwarten.
Die Beschäftigung mit diesen Dramen unterliegt bestimmten Bedingungen, die man sich stets vergegenwärtigen muß, will man die bedeutenden Leistungen der bisherigen Kritik und Forschung richtig würdigen, ihre Einseitigkeiten und Mängel erkennen und sich zugleich Klarheit über die eigene Erkenntnissituation verschaffen.
Diese Bedingungen sind im wesentlichen die Art der Überlieferung des Textkorpus, die fast ausschließlich als Lektüre sich vollziehende Rezeptionsform und die Dominanz des Werkes Shakespeares, durch die der Beschäftigung mit den Dramen die entscheidende Perspektive verliehen wurde.

0.1.1. Textauswahl und -überlieferung

Da die Dramen verfaßt wurden im Hinblick auf ihre Aufführung durch eine Schauspieltruppe und aus kommerziellen Erwägungen heraus (Verlust des Aufführungsmonopols) sowie wegen ihres umstrittenen literarischen Charakters zunächst nicht für die Verbreitung im Druck vorgesehen waren, lag die Entscheidung über ihre nachträgliche Veröffentlichung zumeist bei den Schauspieltruppen und Druckern; die Autoren selbst waren dabei nur von Fall zu Fall beteiligt. Das heute erhaltene Korpus liegt also zum überwiegenden Teil nicht in von den Verfassern autorisierten und betreuten Drucken vor und, soweit es überhaupt erhalten blieb, überdies in einer Auswahl, die zumeist nach kommerziellen Gesichtspunkten getroffen wurde.[1]

0.1.2. Drama und Philologie

Diese Texte, deren Zugehörigkeit zur Dichtung zu ihrer Entstehungszeit durchaus umstritten war, werden seit dem 18. Jahrhundert zum Kanon der schönen Literatur gezählt und als Werke von hohem dich-

terischen Rang gelesen. Eine Korrektur dieser Rezeptionsform durch Bühnenaufführungen ist heute nur noch bei den Shakespearestücken, seltener bei einzelnen Dramen Marlowes und Jonsons und so gut wie gar nicht bei Werken unbekannterer Dramatiker möglich. Aber auch in den günstigen Fällen, in denen Dramen regelmäßig zur Aufführung gelangen, können nur sehr bedingt Erkenntnisse über die ursprüngliche Bühneneignung und -wirkung gewonnen werden, weil sich Bühnenverhältnisse und Aufführungsstil seit der Shakespearezeit entscheidend verändert haben. Die im Vorgang der Lektüre fehlende plurimediale Darstellungsform, die die Abfassung der Texte entscheidend prägte, kann also heute nur noch als bruchstückhaftes Wissen in das Verständnis dieser Texte eingebracht werden.
Bei der Erforschung der Dramen haben sich frühzeitig zwei Forschungsrichtungen herausgebildet, die lange nebeneinander verfolgt wurden, ohne daß sich ein ständiger, sich gegenseitig anregender und korrigierender Dialog entwickelt hätte. Während sich die eine mit den Stücken als gedruckt vorliegenden, zum Lesen bestimmten Texten befaßte und dementsprechend deren wissenschaftliche Edition, Kommentierung und Deutung in den Mittelpunkt ihrer Arbeit rückte, widmete sich die andere der Erforschung des Theaterwesens der Zeit von der Organisation der Schauspieltruppen und den Bühnenformen bis hin zur Autoren- und Publikumsforschung. Erst vergleichsweise spät wurde mit großem Erfolg begonnen, die verschiedenen Richtungen wieder zusammenzuführen und ihre Erkenntnisse deutend zueinander in Beziehung zu setzen.[2]

0.1.3. Die Shakespeare-Perspektive

Das Interesse an den Dramentexten der Zeit wurde insbesondere durch Shakespeares Werk, das jede Generation von neuem zur Auseinandersetzung herausforderte, wachgehalten und gefördert. Der singuläre Rang in der Weltliteratur, den Shakespeare seit dem 18. Jahrhundert unangefochten einnimmt, hat freilich auch bewirkt, daß das gesamte Korpus der dramatischen Literatur seiner Zeitgenossen unter der dadurch geschaffenen Perspektive betrachtet wurde und sowohl die Qualität als auch die Individualität Shakespeares als Dramatiker zum alleinigen Maßstab gesetzt und sein Werk gleichsam als idealtypischer Kanon bewertet wurde. Dadurch wurden andere Dramatiker als Vorläufer, schwächere Konkurrenten, Epigonen oder Zeugen künstlerischen Verfalls ihm zugeordnet, unabhängig von deren oft stark abweichenden Intentionen und künstlerischen Zielen. Beispiele hierfür sind Marlowe und Jonson, von denen dem ersteren die Rolle eines genialischen Vorläufers übertragen wurde, während Jonson jahrzehntelang als tüchtige Begabung figurieren mußte, um dadurch das Genie Shakespeares in desto hellerem Glanz erscheinen zu lassen. Erst spät wurde

Jonsons Leistung als Schöpfer der satirischen Sittenkomödie erkannt und entsprechend gewürdigt.[3] Es wäre freilich verfehlt, würde man versuchen, um den negativen Auswirkungen der dominierenden Shakespeare-Perspektive zu entrinnen, Shakespeares Rang polemisch in Frage zu stellen. Er ist unbestritten der Dramatiker, der alle seine Zeitgenossen weit überragt. Vielmehr ist die Erkenntnis wichtig, daß Shakespeares Werke zwar qualitativ von höchstem Rang sind, daß sie aber nicht notwendigerweise auch den Idealtypus des Dramas der Epoche repräsentieren, zu dem die übrigen Dramen nur in einem sehr groben Annäherungsverhältnis stehen. Das Theater dieser Zeit war aus mehreren Gründen ein künstlerischer Freiraum, in dem sich eine ungeheure Formenvielfalt entwickeln konnte. Alle diese Ausprägungen müssen entsprechend den ihnen zugrundeliegenden Intentionen und Funktionen verstanden und beurteilt werden und nicht nach der individuellen Formensprache Shakespeares, die nachträglich zum Regelkanon dogmatisiert wurde.

0.2. Probleme der Beschreibung

Den Dramen der Shakespeare-Zeit wurden in Form von Monographien oder Kapiteln in Literaturgeschichten zahlreiche ausführliche Darstellungen gewidmet, wobei entsprechend den Erkenntnisinteressen und Fragestellungen für das Beschreibungsverfahren sehr unterschiedliche Modelle gewählt wurden.
Die Vertreter einer positivistisch orientierten Literaturgeschichtsschreibung, aber auch anderer Richtungen, gruppierten die Dramen – entsprechend einem expressiven Literaturverständnis und einer produktionsästhetisch ausgerichteten Forschung – zumeist nach den Autoren. Diese Gliederung erweist sich nicht nur wegen der z. T. anonymen, nicht gesicherten oder mehrfachen Autorschaft vieler Dramen als weitgehend unbrauchbar, sondern auch wenig erkenntnisfördernd für das Verständnis von Zusammenhängen und die Beurteilung konventioneller und innovatorischer Leistungen. Veränderungen innerhalb der Dramengeschichte konnten wegen des zugrundeliegenden Literaturbegriffs zumeist nur auf die Persönlichkeitsentwicklung allgemein (Lehrjahre, Reifezeit, Altersstil) oder auf private Erlebnisse einzelner Autoren zurückgeführt werden, wie dies im Falle Marlowes, Shakespeares und Jonsons versucht wurde, was aber schon aus theoretischen Überlegungen und auch wegen der geringen biographischen Kenntnisse über die Autoren und der Entstehungsdaten der Werke in den Bereich müßiger Spekulation verwiesen werden muß.[4]
Nicht minder problematisch ist die nach den herkömmlichen dramatischen Gattungen angelegte Darstellung, da sie dem Textkorpus ein poetologisches System aufzwingt, das der Dramenproduktion dieser

Zeit nicht in dieser strengen Form zugrundelag, und damit die Gefahr in sich birgt, Mißverständnisse und Deformationen des Urteils beinahe zwangsläufig herbeizuführen, indem mit einem historisch nicht abgesicherten Verständnis der dramatischen Genres an die einzelnen Texte herangegangen wird. Als besonders problematisch erweist sich eine solche Gliederung bei den damals populären Misch- und Sonderformen, die den Erfolg einer solchen Systematisierung von vornherein in Frage stellen.

Die heute am weitaus häufigsten gewählte Darstellungsform für dieses Textkorpus ist die evolutive Entfaltung.[5] Als Höhepunkt, zu dem die gesamte Entwicklung hinstrebte, bot sich das Werk Shakespeares an; alle übrigen Texte konnten in diese Entwicklung als Vorstufen oder Dekadenzerscheinungen eingeordnet werden. Im Zuge der Zunahme positiven Wissens wurden die Anfänge dieser Entwicklung immer weiter, schließlich bis hin zu den mittelalterlichen Anfängen des Dramas zurückverlegt. Die zumeist als stetig fortschreitend beschriebene künstlerische Entwicklung des Dramas bis zu ihrem Höhepunkt Shakespeare wurde dabei entweder als innerkünstlerischer Entfaltungsprozeß von gleichsam biologischer Gesetzmäßigkeit verstanden, oder sie wurde mit historischen Veränderungen der Sozial- oder Geistesgeschichte mehr oder weniger streng korreliert. Jede dieser entwicklungsgeschichtlich angelegten Betrachtungsweisen, die literaturimmanente wie die an andere Entwicklungsreihen angeschlossene, erbrachten eine Fülle von wichtigen Ergebnissen, weil es dadurch gelang, Zusammenhänge herzustellen und Verbindungslinien zu ziehen, durch die Vorbilder und Quellen, Strukturen und Modelle, Konventionen und Traditionslinien sichtbar wurden, deren Erkenntniswert unbestritten ist. Abgesehen von dem theoretischen Problem, daß in diesen evolutiven Darstellungen keine Auskunft über die Ursachen und Träger der Entwicklung gegeben wurde, ist diese Darstellungsweise nicht frei von der Erzeugung falscher Perspektiven und Mißverständnisse. Dadurch, daß die meisten Werke nur als dokumentarische Belegpunkte auf einer Entwicklungslinie mit vorher fixiertem Fluchtpunkt eingeordnet wurden, entging man nicht der Gefahr, statt des Gesamtwerks und seiner gestaltenden Prinzipien nur die weiterführenden Tendenzen in den Blick zu nehmen.

Ein weiterer Versuch, die Vielfalt des Textkorpus überschaubar zu gliedern und die Veränderungen im Lauf der Zeit zu erfassen und zu deuten, war die Aufteilung nach Stilepochen. Je nachdem, ob man dabei das Drama nur im nationalliterarischen Kontext sah, wie dies von der englischen Forschung bevorzugt wurde, oder in die gesamteuropäische Stilentwicklung einordnen wollte, gliederte man in *Elizabethan, Jacobean* und *Caroline* oder *Cavalier Drama,*[6] oder aber man unterschied zwischen Renaissance-, Vorbarock- bzw. Barockdrama.[7] Damit aber geriet dieses Textkorpus in die heftige Diskussion um eine

befriedigende Definition dieser Epochen und ihrer Stile. Zugleich bewirkte diese Perspektive eine bedenkliche Verengung des Blickpunkts, weil das Interesse sich auf das Aufsuchen von dominanten Stilmerkmalen einengte, was die Erfassung der Individualität dieser Dramen behinderte.
Die Korrelation des Dramas zu den sozialen und wirtschaftlichen Entwicklungen der Zeit gelang dagegen, wie einige Studien beweisen, wenigstens für einige Autoren wie Ben Jonson[8] oder Dramengruppen wie die Historien[9] wesentlich überzeugender. Eine sich auf das gesamte Textkorpus erstreckende methodisch befriedigende Einbettung in den sozio-ökonomischen Kontext steht jedoch noch aus.

0.3 Die Gliederung

Der vorliegende Versuch einer Beschreibung des Dramas der Shakespearezeit setzt sich zum Ziel, die Fülle der gesicherten Erkenntnisse, die in jahrzehntelanger Forschung erarbeitet wurden, sinnvoll zueinander in Beziehung zu setzen, so daß am Ende ein Gesamtbild dieses komplexen Vermittlungsvorgangs von fiktiven Texten sichtbar wird. Um wenigstens in die Nähe dieses Ziels zu gelangen, war es nötig, die Ergebnisse der Dramen- und Theaterforschung eng miteinander zu verknüpfen. Für die Beschreibung bot es sich an, das Kommunikationsmodell zugrundezulegen, weil durch dieses Modell alle Teilnehmer und Medien sinnvoll zueinander in Beziehung gesetzt und auf ihre Bedeutung für den Gesamtvorgang hin abgefragt werden können. Entsprechend dem komplexen Vermittlungsvorgang ist die Beschreibung in drei Teile gegliedert. Ausgehend von der Tatsache, daß diese Dramen von theatererfahrenen Autoren für die Aufführung durch eine Schauspielertruppe auf einer Bühne ganz bestimmter Prägung für ein bekanntes Publikum geschrieben wurden, wird im ersten Teil zunächst versucht, Situation und Teilnehmer dieser Vermittlung, also die Schauspieltruppen und ihre Bühnen, das Publikum und die Autoren, zu beschreiben. Da dieser Kommunikationsvorgang aber selbst wieder eingebettet ist in die historische und kulturelle Situation seiner Zeit, erfolgt im zweiten Teil die Beschreibung ihrer wichtigsten Komponenten: an erster Stelle die der dramatischen Tradition, insofern sie einen Teil des Formenapparats der Dramen lieferte und auch die Erwartungshaltung des Publikums entscheidend mitprägte; dann die poetologische Diskussion und die Beschreibung des Ortes des Dramas im Literatursystem der Zeit, daran anschließend die sprachgeschichtliche Situation der Epoche und die spezifische Sprachverwendung in diesem Drama. Den Abschluß bildet eine Skizze der philosophischen Grundpositionen, der Weltanschauungen und Normensysteme, insoweit ihre Wirkung auf das Drama postuliert werden muß. Im dritten

Teil wird dann eine Beschreibung der Texte selbst gegeben, wobei diese in Gruppierungen erfolgt, die der Typenvielfalt ebenso gerecht zu werden versucht wie den Veränderungen bzw. den Variantenbildungen, die sich in kurzer Zeit ergaben.
Als zeitliche Grenzen wurden die Jahre 1576 bzw. 1642 gewählt, weil 1576 von Burbage das erste Theater *(The Theatre)* gebaut und im gleichen Jahr von Richard Farrant das *Blackfriars*-Gebäude gemietet wurde, um es für kommerzielle Theateraufführungen zu benutzen. Die Errichtung des *Theatre* bedeutet insofern einen wichtigen Einschnitt in der Dramen- und Theatergeschichte, als dadurch das Zeichen für weitere Theaterbauten in London gegeben wurde, die in rascher Folge entstanden. Damit war aber zugleich eine neue Situation im Theaterbetrieb geschaffen: Die regelmäßige Bespielung von kommerziellen Theatern erforderte eine Vermehrung der Stücke, die schon aus finanziellen Gründen in schneller Folge einem im wesentlichen identischen Zuschauerpotential angeboten werden mußten. Zugleich setzte damit aber auch eine rasch zunehmende Kompetenz des Publikums ein, die durch unregelmäßig erscheinende Wandertruppen nicht in gleichem Maße erzeugt werden konnte. Der Konkurrenzdruck durch andere Bühnen und die Ansprüche eines Publikums, das immer von neuem ins Theater gelockt werden wollte, bewirkte, daß die Textproduktion einem besonderen Selektionsprozeß und einem Zwang zur Variantenbildung unterworfen wurde. Mit der Schließung der Londoner Theater durch die puritanische Verwaltung im Jahr 1642 wird dann diesem Dramenkorpus die Grundlage endgültig entzogen.

1. Das Kommunikationssystem des Theaters der Shakespeare-Zeit: Die Teilnehmer

1.1. Die Schauspieltruppen[1]

Eine besonders wichtige Position im Kommunikationssystem des Theaters der Shakespearezeit nahmen zweifellos die Schauspieltruppen ein: sie begannen den Kommunikationsvorgang mit dem Publikum, sie beauftragten den Autor mit der Abfassung von Texten oder entschieden über deren Ankauf; die personelle Zusammensetzung der Truppen und die damit gebotenen Möglichkeiten der Bühnenrealisation beeinflußten die Autoren bei der Abfassung der Texte, die sich an diesen Gegebenheiten zu orientieren hatten.

1.1.1. Die Professionalisierung des Schauspielers und die Entstehung der Truppen

Die Professionalisierung des Schauspielers setzte bereits im späten Mittelalter ein. Ursprünglich wurde das religiöse Drama des Mittelalters von Laien gespielt. Die Kleriker selbst führten zunächst die szenischen Darstellungen in der Kirche auf, die zumeist aus der Osterliturgie hervorgegangen waren. Die Verlagerung des religiösen Dramas aus der Kirche, bedingt durch dessen Ausweitung und Verselbständigung und nicht zuletzt durch Opposition der kirchlichen Hierarchie, führte dazu, daß die Aufführungen der religiösen Spiele aus der klerikalen Obhut mehr und mehr in die Hände von Laien überging. Die Verantwortung für diese Spiele lag in diesem Stadium insbesondere bei den Handwerkerzünften, welche die heilsgeschichtlichen Episoden unter sich aufteilten und sowohl das Personal wie auch die Ausstattung stellten.

Der Professionalisierungsprozeß wurde vermutlich durch wirtschaftliche Notzeiten für Handwerker gefördert, wenn nicht sogar ausgelöst, die von ihren angestammten Berufen, in denen sie kein Auskommen mehr fanden, auf diese neue Erwerbsquelle ausweichen mußten. So ist überliefert, daß bereits der *Ludus Coventriae*, ein Mysterienspiel, nicht nur vor heimischem Publikum aufgeführt wurde, sondern daß die Spieler mit dem Stück über Land zogen und für ihre Aufführungen bezahlt wurden. Die Moralität *The Castle of Perseverance* (ca. 1425) wurde ebenfalls von einer wandernden Truppe aufgeführt, die ihr Auftreten jeweils eine Woche im voraus ankündigte. Der Text der Moralität *Mankind* enthält Hinweise, aus denen hervorgeht, daß die Schauspieler die Aufführung unterbrachen, um Geld von den Zuschauern einzusammeln.[2] Bemerkenswert ist, daß diese Wanderschauspieler sich nicht aus dem Stand der *minstrels,* also der Spielleute, rekrutierten, wie früher vielfach vermutet wurde, sondern aus dem Bauern- und Handwerkerstand. Dies geht aus zeitgenössischen Klagen von *minstrels* hervor, die diese Truppen als lästige Konkurrenz empfanden. Der Bauern- und Handwerkerstand blieb bis in die Shakespeare-Zeit das bevorzugte Reservoir für den Schauspielernachwuchs, was für ihre Berufsauffassung, ihr Verhältnis zum Publikum und ihre Funktion als Selektionsinstanz gegenüber dem Text der Autoren Konsequenzen hatte.

Sobald diese Wanderschauspieler ihren ursprünglichen Beruf aufgegeben hatten und damit zugleich auch ihrer Mitgliedschaft bei ihrer Gilde oder Zunft verlustig gegangen waren, die ihnen rechtlichen Status und Schutz gab, galten sie als rechtlose Streuner und Vagabunden, gegen die die Behörden mit strengen Verordnungen vorgingen. Verhaftung, Bestrafung oder Ausweisung waren die üblichen Maßnahmen. Um Rechtsschutz zu erlangen, bot sich als Ausweg an, daß sich die Truppen in das Dienstverhältnis eines Magistrats oder eines Adligen begaben. Zwar ist bis zu Beginn des 17. Jahrhunderts die Existenz von Stadttruppen bezeugt, aber wesentlich öfter wurde von der Möglichkeit Gebrauch gemacht, sich unter das Patronat eines Adligen zu stellen. Man war dann zumeist ohne Entgelt in einem nominellen Dienstverhältnis Mitglied von dessen *household,* was durch das Tragen der Wappenfarben oder der Livrée äußerlich sichtbar gemacht wurde, und war damit vor dem Zugriff der Behörden geschützt. Zahlreiche Patronate von Adeligen für Truppen sind bereits für das 15. Jahrhundert bezeugt; die Earls von Essex, Northumberland, Oxford, Derby, Shrewsbury und Lord Arundel hatten Schauspieler in ihren Diensten. Heinrich VII. zahlte, wie eine Urkunde des Jahres 1494 beweist, den *pleyars of the Kyngs enterluds* ein Jahresgehalt.

Die Herausbildung von professionellen Schauspieltruppen trat in ein neues Stadium durch die Regierungsverordnung von 1572 »An Acte for the punishement of Vacabondes«, weil es dem bis dahin nicht geregelten Vorgang des Patronats einen gesetzlichen Rahmen gab und die Truppen unter bestimmten Bedingungen anerkannte. Damit war die Grundlage für die Bildung protegierter Truppen gelegt, und die kleinen selbständigen Wandertruppen waren gezwungen, sich aufzulösen.

Nach dieser Verordnung war es nur noch einem Adeligen oder aber zwei Friedensrichtern möglich, das Patronat über Schauspieltruppen auszuüben. Weniger hochgestellten Persönlichkeiten, die eine Gruppe von Spielern patronisieren wollten, wurde damit das Recht entzogen. Eine weitere Verordnung aus dem Jahr 1598 beschränkte die Patronatsfähigkeit schließlich auf den Hochadel und entzog sie amtlichen Würdenträgern. Die Geschichte des Patronats während der Shakespeare-Zeit zeigt eine permanente Zunahme der Truppen in der Gunst

des Hofes. Waren es früher in der Regel nur Adelige, die das Patronat ausübten, so übernahm König James bei seiner Thronbesteigung 1603 das Patronat von großen Londoner Truppen in seine eigene Familie: er selbst übte das Patronat über die *King's Men* aus, während Königin und Thronfolger eigene Truppen protegierten.
Diese Patronatsverhältnisse dürfen nicht zur Annahme verleiten, bei diesen Truppen habe es sich um Dienstleistungsbetriebe für das Vergnügen bestimmter Adeliger gehandelt. Vielmehr waren die Truppen Geschäftsunternehmen, die auf Sicherung und Ausweitung des Geschäftsbetriebes und das Erzielen von Gewinnen bedacht waren. Da London als einzige Großstadt der Insel das größte Zuschauerpotential bot, versuchten die Schauspieler zielstrebig in dieser Stadt für immer Fuß zu fassen. Die Organisation der Truppen war ganz nach kommerziellen Gesichtspunkten aufgebaut: Den Kern bildete eine kleine Gruppe von Teilhabern (sog. *sharers*), die das Unternehmen führten und alle Entscheidungen über die Geschäftspolitik trafen. Zum Teil standen sie in Verbindung mit einem Impresario, der als Geldgeber und Bühnenverleiher tätig war und am Einspielgewinn beteiligt werden mußte. Von der Gruppe der Teilnehmer wurden für Nebenrollen sogenannte *hirelings* und Bühnenarbeiter im Lohnverhältnis angestellt. Im gleichen Maße wie die Regierung den Status einzelner Truppen anerkannte, rechtlich absicherte und diesen damit die Möglichkeit bot, ihre kommerziellen Interessen im größeren Maßstab vor allem in London zu verfolgen, wuchs die Feindschaft des Londoner Magistrats gegen diese Truppen. Die Gründe lagen in der allgemeinen Theaterfeindschaft der überwiegend puritanisch gesinnten Bürgervertretung aus moralischen Gründen und in der Gefahr für die öffentliche Ordnung und Hygiene, die in großen Menschenversammlungen gesehen wurde. Deshalb verfolgten die Schauspieler zielstrebig die Absicht, wie ein Brief von James Burbage an den Earl of Leicester aus dem Jahr 1572 belegt,[3] sich zunächst des Patronats eines mächtigen Adeligen zu versichern und dann die Erlangung eines königlichen Patents anzustreben, das ihnen ihre Berufsausübung garantierte.
1574 erwirkte der Earl für diese Truppe schließlich das königliche Patent, durch das die Berufsausübung lizensiert wurde.

Elizabeth by the grace of God quene of England, &c. To all Iustices, Mayors, Sheriffes, Baylyffes, head Constables, vnder Constables, and all other our officers and mynisters gretinge. Knowe ye that we of oure especiall grace, certen knowledge, and mere mocion haue licenced and auctorised, and by these presentes do licence and auctorise, oure lovinge Subiectes, James Burbage, Iohn Perkyn, Iohn Lanham, William Iohnson, and Roberte Wilson, seruauntes to oure trustie and welbeloued Cosen and Counseyllor the Earle of Leycester, to vse, exercise, and occupie the arte and facultye of playenge Commedies, Tragedies, Enterludes, stage playes, and such other like as they haue alredie vsed and studied, or hereafter shall vse and studie, aswell for the recreacion of oure loving subjectes, as for oure solace and pleasure when we shall thincke good to see them, as also to vse and occupie all such Instrumentes as they haue alredie practised, or hereafter shall practise, for and during our pleasure. And the said Commedies, Tragedies, Enterludes, and stage playes, to gether with their musicke, to shewe, publishe, exercise, and occupie to their best commoditie during all the terme aforesaide, aswell within oure Citie of London and liberties of the same, as also within the liberties and fredomes of anye oure Cities, townes, Bouroughes &c whatsoeuer as without the same, thoroughte oure Realme of England. Willynge and commaundinge yow and everie of yowe, as ye tender our pleasure, to permytte and suffer them herein withoute anye yowre lettes, hynderaunce, or molestacion duringe the terme aforesaid, anye acte, statute, proclamacion, or commaundement heretofore made, or hereafter to be made, to the contrarie notwithstandinge. Prouyded that the said Commedies, Tragedies, enterludes, and stage playes be by the master of oure Revells for the tyme beynge before sene & allowed, and that the same be not published or shewen in the tyme of common prayer, or in the tyme of greate and common plague in oure said Citye of London. In wytnes whereof &c. wytnes oure selfe at Westminster the xth daye of Maye.[4]

Damit waren James Burbage und seine Partner zunächst am Ziel, was die rechtliche Absicherung ihrer Berufsausübung betraf. Was noch fehlte, war, dem Geschäftsunternehmen eine materielle Basis zu geben, die das Aufblühen durch ständige Einnahmen garantierte. Deshalb vollzog James Burbage den nächsten logischen Schritt, indem er 1576 das erste Theatergebäude unter dem Namen *The Theatre* errichtete, dessen regelmäßige Bespielung zu Beginn des Jahres 1577 bezeugt ist. Bis zu diesem Zeitpunkt hatten die Truppen nur in Hallen öffentlicher Gebäude oder Schlösser, auf dem Marktplatz oder in den Innenhöfen von Wirtshäusern gespielt. Der Entschluß von Burbage, ein besonderes Theater zu bauen, war zweifellos geschäftlich motiviert; denn das größte Problem der Truppen war, die Entrichtung des Entgelts durch das Publikum zu kontrollieren, weil bei Aufführungen auf improvisierten Bühnen nicht sichergestellt werden konnte, daß alle Zuschauer auch bezahlten. Ein fester Theaterbau bot die Möglichkeit, an den Einlässen Kassiere zu postieren, die jedem Zuschauer im voraus das Eintrittsgeld abforderten.

Bei der Wahl des Standortes seines Theaters war für Burbage sowohl die Erreichbarkeit für das große Londoner Zuschauerpotential als auch die Feindschaft der Londoner Stadtväter zu berücksichtigen. Indem er *The Theatre* knapp außerhalb der Stadtgrenze und damit der Jurisdiktion der Londoner Stadtväter bauen ließ, blieb er nahe genug am Londoner Publikum und entzog das Unternehmen gleichzeitig der Aufsicht der Londoner Behörden, die wesentlich strenger verfuhren als die Behörden der umliegenden Grafschaften.

Der Erfolg von Burbage und seiner Truppe führte bald weitere Truppen nach London, die dort ebenfalls feste Häuser bezogen. In rascher

Folge entstanden Theater an ähnlich günstigen Plätzen in und um London, in denen zunächst nur während der Wintermonate gespielt wurde, während die Truppen im Sommer die Provinz bereisten. Anfangs wurde nur ein- bis zweimal pro Woche gespielt, aber sehr bald erhöhte man – sehr zum Mißvergnügen der Puritaner – das Angebot. Die nächsten Jahre waren gekennzeichnet durch ständige Angriffe seitens des Magistrats, der jeden Vorfall zum Anlaß nahm, um Schaustellungen aller Art zu verbieten, und durch das Entstehen neuer oder die Auflösung und Umbildung von bestehenden Truppen. Eine starke Fluktuation von Schauspielern zwischen den Truppen und mehrfache Verschmelzungen verschiedener Truppen sind typisch für diese Londoner Anfangszeit.[5] Verursacht wurden diese Auflösungen und Neubildungen entweder durch den Tod des führenden und für das Publikum attraktivsten Schauspielers oder durch Abwanderung mehrerer Mitglieder, was am häufigsten auf den sommerlichen Tourneen geschah. Aus diesem Prozeß bildete sich schließlich 1590 durch den Zuzammenschluß der *Admiral's Men* und der *Lord Strange's Men* eine Gruppe heraus, die bis 1594 unangefochten die führende Position einnahm. 1594 kam es dann zur letzten großen Umbildung innerhalb der *Admiral's* und *Strange's Men,* aus der sich dann schließlich die beiden erfolgreichsten Truppen überhaupt konstituierten, die von da ab fast monopolartig die Londoner Bühnen beherrschten, die Truppe, die *Chamberlain's Men,* denen Shakespeare als Mitglied angehörte, und die *Admiral's Men.* Beide bespielten zunächst das gleiche Theater und vereinigten sich sogar zu gemeinsamen Aufführungen. Mitte 1594 trennten sie sich dann für immer. Während die *Admiral's Men* unter Führung von Edward Alleyn im *Rose* blieben, das dem Schwiegervater Alleyns, Philip Henslowe, gehörte, der im Theaterleben der Zeit eine dominierende Rolle spielte, zogen die *Chamberlain's Men* unter Führung von Richard Burbage in das *Theatre,* das dessen Vater James Burbage besaß. Wie das Geschäftsbuch Philip Henslowes beweist, erfolgte nach dieser Neuformierung eine Periode ungestörten Spielens. Laut den dortigen Eintragungen konnten die *Admiral's Men* nach der Umbildung an sechs Tagen in der Woche, nur unterbrochen durch die Fastenzeit und eine ca. zweimonatige Sommertournée, monatelang Aufführungen veranstalten. Diese Stabilität bildete eine Voraussetzung für den Wohlstand beider Kompanien und für die Steigerung ihrer künstlerischen Leistungen. 1598 bestätigte der Privy Council in einem Dekret, daß es nur zwei Truppen in London geben sollte, und deren Position wurde während der nächsten 40 Jahre von anderen kurzlebigen professionellen Truppen kaum jemals ernsthaft in Frage gestellt.

1.1.2. Die Kindertruppen[6]

Die einzigen ernsthaften Konkurrenten, die für kurze Zeit den etablierten Schauspieltruppen ihre Vorrangstellung streitig machen konnten, waren die Kindertruppen.

Theateraufführungen durch die Knabenchöre der königlichen Kapelle von Windsor oder von St. Paul an hohen Feiertagen waren seit langem üblich. Auch in den Grammatikschulen, die in großer Zahl im 16. Jahrhundert gegründet wurden, war es Brauch, aus erzieherischen Gründen regelmäßig Theater zu spielen. Aber schon bald wurde mit der kommerziellen Auswertung dieser Veranstaltungen begonnen. Die ersten Angriffe von puritanischer Seite gegen kommerzielle Aufführungen von Knabentruppen stammen aus dem Jahr 1569, und bereits 1573 wurden Aufführungen in der Merchant Taylors' Schule verboten, weil es während einer Aufführung, zu der auch zahlendes Publikum zugelassen war, zu Ausschreitungen gekommen war. Die Knabentruppen traten also nicht nur bei den Aufführungen am Hofe, zu denen sie ebenso wie die Erwachsenentruppen eingeladen wurden, in Konkurrenz, sondern auch beim Wettbewerb um die Gunst des städtischen Publikums. 1576 zogen die Mitglieder der königlichen Kapelle in das Gebäude des ehemaligen *Blackfriars*-Konvents in der Nähe von St. Paul, das der Jurisdiktion der Stadtväter entzogen war. Der Grund für diesen Umzug kann nur in der Absicht gelegen haben, das schauspielerische Können der Chorknaben kommerziell auszuwerten. Sie spielten unter wechselnder Leitung regelmäßig bis zum Verbot der Truppe im Jahre 1590.

1599 wurde eine neue Truppe aus St.-Paul-Chorknaben gebildet und 1600 erfolgte die Neugründung einer Knabentruppe im *Blackfriars*-Theater. Die erste hielt sich sechs, die zweite acht Jahre, bevor sie durch Erlaß aufgelöst wurden. Lediglich zu Beginn ihrer Existenz bildeten sie eine ersthafte, wenn auch kurzfristige Konkurrenz für die beiden etablierten Schauspieltruppen, deren Meinung über sie in einer berühmten Stelle in *Hamlet* durch Rosencrantz geäußert wird. Aus der Tatsache, daß ihr Repertoire besser erhalten ist, als das der Erwachsenen-Truppen und so bedeutende Dramatiker wie Lyly, Jonson, Chapman und Marston für sie schrieben, darf ihre Stellung im Londoner Theaterbetrieb nicht überbewertet werden. Die Attraktivität der Kindertruppen für manche Autoren bestand offenbar darin, daß ihnen größere Freiheit als bei den anderen Truppen eingeräumt wurde. Die Kindertruppen, in deren Publikum die gebildeten Schichten und jungen Intellektuellen stärker vertreten waren als in den öffentlichen Theatern, gerieten wiederholt in Schwierigkeiten mit den Behörden, weil sie sich auf satirische Komödien spezialisierten, was zu mehrfachem Wechsel in der Leitung und schließlich zur baldigen Auflösung geführt haben mag. Die Kindertruppen spielten gewöhnlich nur

einmal pro Woche in geschlossenen Häusern, während die Berufsschauspieler täglich Aufführungen unter freiem Himmel veranstalteten. Nach 1610, als letztere auch über geschlossene Häuser verfügten, unterschieden sich die ehemaligen Kindertruppen in ihrer Praxis kaum noch von den übrigen kommerziellen Theaterunternehmungen.
Für die erwachsenen Schauspieler waren die Kindertruppen zunächst eine bedrohliche Konkurrenz, auf lange Sicht erwiesen sie sich jedoch als eher hilfreich. Durch die Kindertruppen wurde das Theaterspielen im ehemaligen *Blackfriars*-Konvent, der nicht in der Zuständigkeit des Stadtrats lag, zur Tradition. Als deshalb 1608 die *King's Men,* wie die ehemaligen *Chamberlain's Men* nach ihrem neuen Patron hießen, das *Blackfriars* mieteten, wurden keine rechtlichen Bedenken erhoben. Durch die dadurch ermöglichte Bespielung zweier Häuser, des offenen *Globe* im Sommer und des geschlossenen *Blackfriars* während der ungünstigen Jahreszeit, konnten die *King's Men* ihre alte Praxis zweier Spielzeiten nun innerhalb der Stadt selbst fortführen, noch dazu in einem Theater, das beim Publikum bereits gut eingeführt war und im Stadtzentrum lag, was den Zuschauern bei ungünstiger Witterung den beschwerlichen Weg nach Finsbury Fields ersparte. Die *King's Men* setzten sich ab 1610 an die Spitze aller übrigen Theaterunternehmen und konnten auch nicht überflügelt werden, als andere Truppen ähnliche Lösungen fanden. Die Geschichte der ständigen Londoner Schauspieltruppen in den Jahren bis zur Schließung 1642 ist im wesentlichen gekennzeichnet durch zunehmende Prosperität der an ihnen beteiligten Finanziers und Teilhaber.

1.1.3. Organisation und Finanzen

Die Wandertruppen, die im 16. Jahrhundert das Land durchzogen, bestanden zumeist aus vier oder fünf, später sieben, höchstens acht Schauspielern, zu denen noch ein Knabe gehörte, der die Frauenrollen zu spielen hatte. *Essex's Men, Gloucester's Men* und die Truppe König Heinrich VII. bestanden lediglich aus vier bzw. fünf Mitgliedern unter der Leitung eines Mannes, der Hauptdarsteller, Lizenzträger, Manager und Finanzier war. Diese Zahl wird übrigens getreulich in den Stücken der Shakespearezeit gespiegelt, in denen fahrende Schauspieler auf der Bühne dargestellt wurden, wie z. B. in *Hamlet, Sir Thomas More* oder *Histriomastix.* Dieser Größenordnung entsprach auch die Zahl der Rollen in den frühen Stücken des 16. Jahrhunderts, die später durch das sogenannte *doubling*[7] allerdings beträchtlich vermehrt werden konnte, vorausgesetzt die Texte waren so abgefaßt, daß die Zahl der Figuren in einer Szene die Zahl der Schauspieler nicht überschritt. So konnte *Trial of Treasure* von vier, *Like will to Like* von fünf, *Horestes* von sechs, *Enough is as Good as a Feast* von sieben und *Cambyses* von acht Schauspielern aufgeführt werden.

Demgegenüber umfaßten die führenden Londoner Truppen um die Jahrhundertwende gewöhnlich zehn, gelegentlich auch acht oder zwölf Schauspieler (wie z. B. die *Chamberlain's, Admiral's, Prince's, Worcester's* und *Queen's Men).* Nicht zuletzt dadurch waren andere Organisationsformen und andere finanzielle Vereinbarungen nötig als bei den Wanderschauspielern, zumal diese zehn Stammschauspieler nur den Kern des Theaterunternehmens bildeten, dem noch die *hirelings,* Bühnenarbeiter, Garderobieren, Musiker und Kassierer angehörten. Die florierenden Theatertruppen hatten einen Personalbestand von 40 und mehr Personen und standen unter der Leitung des Konsortiums der *sharers.* Um Teilhaber zu werden, war es üblich, sich mit einem bestimmten Betrag in die Truppe einzukaufen. Wollte man sie wieder verlassen, vorausgesetzt es handelte sich um eine gütliche Trennung, so konnte man seinen Anteil verkaufen. Um die Jahrhundertwende wurde ein Anteil der zehnköpfigen *Admiral's Men* auf 50 Pfund bewertet, 1613 bei zwölf Mitgliedern stieg der Preis auf 70 Pfund. Die *Blackfriars*-Truppe wies nur sechs Anteile auf, jeder wurde aber mit 100 Pfund bewertet. Der jährliche Ertrag, der 1634 aus einem Anteil der *King's Men* floß, betrug 180 Pfund.[8]
Wenn ein Teilhaber starb, wurde der Witwe sein Anteil ausbezahlt und einem neuen Mitglied der Einkauf angeboten. Der Anteil wurde nicht nur als Stammkapital betrachtet, sondern galt zugleich auch als probates Mittel, den Anteilseigner fest an die Truppe zu binden und sein Interesse am Erfolg der Truppe wachzuhalten. Deshalb verlor auch bei einer nicht gütlichen Trennung eines Anteilseigners dieser das Recht auf Auszahlung. Die schriftlichen Vereinbarungen, die später die mündlichen ablösten, sahen überdies eine festgelegte Vertragsdauer und Geldbußen für unpünktliches Erscheinen, Trunkenheit bei Aufführungen und dergleichen vor.
Die Kosten, die von den Teilhabern zu tragen waren, ergaben sich aus den Lizenzgebühren für das *Revels Office,* der Theatermiete, Kostüm -und Ausstattungskosten, Autorenhonorar und den Löhnen für die verschiedenen Beschäftigten. War die Miete für das Theater an dessen Besitzer zu zahlen, so betrug diese zumeist die Hälfte der Einnahmen aus der Galerie. Impresarios und Theaterbesitzer waren daran interessiert, die Truppen langfristig an sich zu binden, was am leichtesten durch ihre Verschuldung mit Hilfe von Krediten geschah. Falls der Truppe das Geld für die Bühnenausstattung fehlte, schoß es der Theatereigner gewöhnlich vor und behielt hierfür die andere Hälfte der Galerieeinnahmen. Wenn auch das Geld für den Ankauf von Textbüchern nicht reichte, gab in diesem Fall ebenfalls der Impresario das Geld, was dann zumeist die langjährige finanzielle Abhängigkeit der Truppe vom Finanzier bedeutete. Lediglich die *King's Men* scheinen finanziell unabhängig geblieben zu sein. Ein Grund war, daß von den Burbages einige Schauspielerkollegen, unter ihnen auch

Shakespeare, zu Mitfinanziers und Teilhabern des neuen *Globe* gemacht wurden.

Die Summen, die im Theaterwesen der Zeit umgesetzt wurden, waren verglichen mit dem Einkommen der gleichen sozialen Schicht – ein Handwerker verdiente einen Schilling pro Tag – sehr hoch. Henslowe hat nach Ausweis seiner Geschäftspapiere von 1597 bis 1603 für die *Admiral's Men* 1.317 Pfund ausgegeben, die Hälfte davon als Honorare für Texte.[9] Henslowes Geschäftsbuch gibt auch detaillierte Auskünfte über die Einnahmen aus Theateraufführungen. 1597 nahmen die *Admiral's Men* auf der Galerie 20 Pfund die Woche ein. Lohnarbeiter am Theater verdienten zumeist nur einen Schilling pro Tag.

Eine große finanzielle Belastung für die Truppen waren die Preise für neue Stücke, die entweder die Schauspieler selbst ankauften oder die Henslowe aufkaufte und dann den Truppen gegen Entgelt überließ. Henslowe bezahlte 1598 fünf Pfund für ein Stück, 1615 war der Preis auf 20 Pfund gestiegen. Da eine Truppe wie die *Admiral's Men* bis zum Jahr 1600 alle 14 Tage ein neues Stück benötigte, verschlangen die Zahlungen an die Autoren einen großen Teil der Einnahmen. In den letzten Jahrzehnten ging der Ankauf von neuen Stücken beträchtlich zurück; pro Jahr wurden nur ungefähr vier neue Stücke angekauft, weil man mittlerweile auf ein umfangreiches Repertoire zurückgreifen konnte. Die Schauspieltruppen waren also florierende Unternehmen, aus denen ca. 40 bis 50 Leute ihren Lebensunterhalt zogen, und deren Umsätze, aber auch deren finanzielle Verbindlichkeiten, sehr hoch waren.

1.1.4. Die Rechtsstellung der Schauspieler

Für den gesamten Theaterbetrieb war der *Lord Chamberlain* zuständig, dem die Verantwortung für diesen Bereich vom *Privy Council*, dem obersten Regierungsorgan, übertragen worden war. Dieser übte die Aufsicht durch das *Revels Office* unter der Leitung eines *Masters of the Revels* aus, dessen ursprüngliche Funktion seit der Regierung Heinrichs VIII. in der Ausrichtung von Aufführungen und anderen festlichen Veranstaltungen am Hof bestand. Als die Schauspieltruppen sich in London niederließen, wurde die Zuständigkeit des *Masters of the Revels* erweitert; 1581 wurde ihm auch die Zensur der Stücke endgültig übertragen.

Die Zensurgebühr für Stücke betrug zunächst sieben Schilling, wurde dann auf ein Pfund, bei viel Korrekturarbeit auf zwei Pfund erhöht, um schließlich generell zwei Pfund zu betragen. Für den Inhaber des Amtes, der jährlich 150 Pfund zahlen mußte, um das Amt wahrnehmen zu dürfen, war die Zensur eine lukrative Einnahmequelle.

Neben dem Amt des Zensors für die Texte überwachte der *Master of the Revels* auch die Einhaltung der gesundheitspolizeilichen und reli-

giösen Auflagen des Theaterbetriebs. Die größte Behinderung und Gefahr für die Theatertruppen waren Pestepedemien und Fastenzeit, weil sie dann ohne Einkommen waren, während die finanziellen Verpflichtungen weiterliefen. Mit der Schließung der Theater aus gesundheitspolizeilichen Gründen hatte der theaterfeindliche Magistrat von London ein Instrument, gegen die Theater vorzugehen, das er gern benutzte. Durften früher die Theater erst wieder geöffnet werden, wenn die Zahl der Toten drei Wochen lang unter 50 fiel, so wurde diese Zahl 1604 vom *Privy Council* auf 30 pro Woche herabgesetzt. Wenn auch diese Zahlen nicht immer strikt beachtet wurden, so stellten die großen Epidemien, insbesondere in den Jahren 1581/2, 1592/3, 1603/4, 1608/9, 1609/10, 1625, 1630, 1636/7, 1640 und 1641 eine sehr ernste Existenzgefährdung der Theaterunternehmen dar.
Wenig strikt wurde das Verbot befolgt, während der Fastenzeit zu spielen. Trotz mehrfacher Wiederholung des Verbots häuften sich Verstöße, vor allem in der späteren Zeit. Der *Master of the Revels* hat offenbar mehrfach ein Auge zugedrückt, und es gibt Hinweise, daß man sich bei ihm eine Dispens auch erkaufen konnte.[10] Solche Entwicklungen mögen mitgeholfen haben, daß die Zuständigkeit für die Theater schließlich dem *Privy Council* und seinem Beauftragten entzogen wurde, das Parlament selbst eingriff und 1642 die Schließung der Theater mit folgendem Erlaß verfügte:

Whereas the distressed Estate of Ireland, steeped in her own Blood, and the distracted Estate of England, threatned with a Cloud of Blood, by a Civill Warre, call for all possible meanes to appease and avert the Wrath of God appearing in these Judgements; amongst which, Fasting and Prayer having bin often tryed to be very effectuall, have bin lately, and are still ejoyned; and whereas publike Sports doe not well agree with publike Calamities, nor publike Stage-playes with the Seasons of Humiliation, this being an Exercise of sad and pious solemnity, and the other being Spectacles of pleasure, too commonly expressing laciuious Mirth and Levitie: It is therefore thought fit, and Ordeined by the Lords and Commons in this Parliament Assembled, that while these sad Causes and set times of Humiliation doe continue, publike Stage-Playes shall cease, and bee forborne.[11]

1.1.5. Der Schauspieler in der Gesellschaft[12]

Um die Wende des Jahrhunderts finden sich zahlreiche Dokumente, die einerseits das Ansehen belegen, das Schauspieler genossen, aber auch die Verachtung widerspiegeln, die man für diesen Stand empfand. Der Grund für diesen widersprüchlichen Dokumentenbefund liegt darin, daß die Tätigkeit des Schauspielers an sich nicht als seriöser Beruf gewertet wurde, daß aber der Wohlstand, den ein Schauspieler in seinem Gewerbe gewann, diesen jederzeit befähigte, sozial aufzusteigen und von höheren gesellschaftlichen Schichten auch akzeptiert zu werden. In der damaligen Gesellschaft blieben zwar die sozia-

len Schranken zwischen den Schichten erhalten, sie waren aber um die Jahrhundertwende wesentlich durchlässiger geworden als früher. Aufstiege wohlhabend gewordener Bürger in den niederen Adel oder der Abstieg nachgeborener Söhne von Adeligen durch Heirat mit bürgerlichen Frauen waren keineswegs Ausnahmefälle. Die Schauspieler verhielten sich in geschäftlicher und sozialer Hinsicht ganz entsprechend den Prinzipien des Handwerkerstandes, dem sie überwiegend entstammten. Sie trachteten nach Gewinn und suchten diesen Gewinn sicher anzulegen. Der Adel verschmähte es nicht, mit berühmten Schauspielern gesellschaftliche Beziehungen zu pflegen, wie Sir Philip Sidneys Übernahme der Patenschaft für den Sohn des großen Tarlton oder das Schreiben des Earl of Pembroke an den Earl of Carlisle beweist, der sich für sein Fernbleiben von einer Hofaufführung damit entschuldigte, daß sein alter Bekannter »Burbadg« vor kurzem gestorben sei. Edward Alleyn, der berühmte Tragöde, heiratete Henslowes Tochter und erreichte zwar nicht, daß er in den Ritterstand erhoben wurde, aber er übte das Amt eines *Churchwarden* aus, wie übrigens mehrere seiner Kollegen. Alleyn heiratete in dritter Ehe die Tochter des *Dean of St. Paul's,* John Donne, was darauf hindeutet, daß seine Vergangenheit als Schauspieler sein gesellschaftliches Ansehen nicht belastete. Alleyn, der später als Theater-Manager tätig war, gründete mit seinem Vermögen Dulwich College. Bekannt ist schließlich, daß Shakespeare für seinen Vater ein Wappen und damit den Titel Gentleman erwarb. Als Wappenspruch wählte er »Non Sans Droict«.
Steile gesellschaftliche Karrieren aufgrund des erworbenen Wohlstandes waren allerdings nur wenigen Schauspielern vorbehalten und dürfen keinesfalls als typisch angesehen werden. Die meisten Schauspieler der Zeit haben wahrscheinlich nur über ein wesentlich bescheideneres Einkommen verfügt, das kaum über dem gelegen haben mag, das sie als Handwerker erzielt hätten.
Nicht nur einzelne Schauspieler, sondern auch der Schauspielerberuf war häufig Gegenstand der Kritik. Immer wieder wurde darauf verwiesen, daß der Schauspieler, weil er sich verstelle und verkleide, also sich nur mit Täuschung und Schein beschäftige, keinem seriösen Gewerbe nachgehe. Aus der Eigenart des Berufs wurde häufig auf den Charakter des Schauspielers geschlossen. Daneben wurde die Prunksucht und Arroganz der Schauspieler immer wieder getadelt.
Aus den Dokumenten und den spärlichen Biographien der Schauspieler läßt sich der Schluß ziehen, daß der Beruf des Schauspielers in einer zusehends von Puritanern beherrschten bürgerlichen Gesellschaft um die Jahrhundertwende nur geringes Ansehen genoß. Lediglich der Wohlstand, der durch diesen Beruf in einzelnen Fällen erzielt wurde, machte es diesen wenigen Privilegierten möglich, die Durchlässigkeit der sozialen Schranken zu nutzen und in der Gesellschaft aufzusteigen. Der Beruf selbst galt in der bürgerlichen Welt Londons trotz aller

Verbesserungen der rechtlichen Position, die seit 1572 vorgenommen wurden, wenig.

1.2. Die Londoner Bühnen[1]

Die Londoner Bühnen der Shakespeare-Zeit gehören zu den besterforschten, aber auch umstrittensten Gebieten der Theatergeschichte. Nicht zuletzt wegen des Interesses, das dieser Gegenstand auf sich zu ziehen vermochte, wurde der Einfluß der Bühne auf die Dramen gelegentlich überschätzt. Bei der Analyse des Einflusses der Bühnenform darf die Tatsache nicht außer acht gelassen werden, daß die Schauspieler beim Spiel nicht ausschließlich auf die Theater angewiesen waren, sondern bei ihren Tourneen ihre Dramen ebenso auch auf improvisierten Bühnen aufführten. Auch ist daran zu erinnern, daß James Burbage 1576 sein Theater nicht deshalb errichtete, um durch eine feste Bühne die Aufführungsbedingungen zu verbessern, sondern vor allem wegen der kommerziellen Erwägung der besseren Publikumskontrolle. Die vergleichsweise geringe Abhängigkeit von einer festen Bühne geht auch aus der Tatsache hervor, daß noch bis zur Jahrhundertwende die Schauspieltruppen neben den Theatern außerhalb der Stadtmauern vor allem im Winter die Innenhöfe von Wirtshäusern benützten, die direkt in der Stadt lagen, um dem Publikum den langen Anmarschweg zu ersparen. Es gab neben den Theatern nicht weniger als ein halbes Dutzend solcher Wirtshäuser, die für Theateraufführungen besonders geeignet waren, darunter *The Bell, Bel Savage, Cross Keys* und *The Boar's Head.* Schon zu Elisabeths Zeiten wurde allerdings den meisten dieser Häuser die Lizenz für Aufführungen entzogen.

1.2.1. Die *public theatres*

Nachdem James Burbage 1576 den ersten Theaterbau in Shoreditch, nahe Finsbury Fields, ca. eine Meile nördlich der östlichen Stadtgrenze errichtet hatte, folgte bereits 1577 nur wenige hundert Meter südlich *The Curtain.* 1587 wurde dann das *Rose* von Henslowe als erstes Theater, das am Südufer der Themse gelegen war, errichtet. *The Swan* baute Burbage 1596 weiter westlich. Diese vier Theater zusammen mit dem sogenannten »privaten« Theater im *Blackfriars*-Gebäude bildeten gewissermaßen die erste Generation der Theater. Um die Jahrhundertwende erfolgte dann eine neue Bauperiode, in der die zweite Generation von Theaterbauten errichtet wurde. *The Theatre* wurde 1597 abgerissen und in abgeänderter Form am Südufer der Themse als *The Globe* im Jahre 1599 gebaut. Ein Jahr später wurde dann das *Fortune* im Norden der Stadt, westlich vom Bauplatz des

Theatre und des *Curtain,* ca. eine Meile von St. Paul entfernt, errichtet, das zum größten Konkurrenten des *Globe* wurde. Es ersetzte das *Rose.* Das *Red Bull,* ebenfalls im Norden der Stadt und westlich vom *Fortune* gelegen, wurde um ca. 1605 errichtet. Das letzte öffentliche Theater, *Hope* oder *Beargarden* genannt, wurde 1614 gebaut. Es markiert bereits insofern den Niedergang dieser Theaterära, als es von Anfang an sowohl als Theater wie auch als Arena für Bär- und Stierhatzen konstruiert war. Es wurde zunächst für beide Zwecke regelmäßig benutzt, ab 1620 aber von den Schauspieltruppen praktisch nicht mehr bespielt.[2]

1.2.2. Die Form der öffentlichen Bühnen

Trotz jahrzehntelanger Forschungsarbeit, die reich an heftig geführten Kontroversen war, konnte bis heute noch keine Klärung über verschiedene bauliche Details der Theater erreicht werden. Aber bereits die unumstrittenen Ergebnisse, die bisher erzielt werden konnten, vermögen wertvolle Verständnishilfen für die Dramentexte der Zeit zu liefern. Da kein Theater aus der Zeit erhalten blieb und die Form der Theater bald gänzlich durch eine andere Konzeption der Bühne ersetzt wurde, ist man auf zeitgenössische Berichte, Beschreibungen und andere Dokumente angewiesen, sowie auf die Hinweise in den Haupt- und Nebentexten der Dramen selbst.

Als Dokumente, aufgrund deren Versuche zur Rekonstruktion der damaligen Theater und Bühnen unternommen werden können, dienen für die äußere Form zunächst zeitgenössische Ansichten von London, auf denen auch die Theater abgebildet sind. Die beiden am häufigsten zu Rekonstruktionsversuchen herangezogenen Panoramen sind die von I. C. Vischer aus dem Jahre 1616 und von W. Hollar von 1647. Beide Ansichten wurden nach dem Brand des *Globe* gestochen und auf dem Kontinent gedruckt. Das Blatt von Hollar gilt zwar zumeist als das überzeugendere, aber sein spätes Datum – die Skizzen für den Stich wurden ca. 1644 angefertigt – vermindern möglicherweise seinen dokumentarischen Wert für die Shakespeare-Zeit. Für die Innenausstattungen liegen vier Skizzen vor, die kaum zu befriedigen vermögen. Die berühmteste stammt von dem holländischen Reisenden Johannes de Witt, der um 1596 das *Swan*-Theater besuchte. Wegen seiner Ähnlichkeit mit einem römischen Amphitheater erregte es das Interesse de Witts, und er fertigte eine Zeichnung an, die er mit Erläuterungen versah. Nach der Rückkehr de Witts nach Utrecht kopierte dessen Freund Arend van Buchell die Skizze samt Beschreibung in sein eigenes Skizzenbuch. Da nur diese Kopie erhalten ist, die übrigens erst 1880 entdeckt wurde, und ungewiß ist, wie genau der Kopist der Vorlage folgte, muß der dokumentarische Wert der Skizze zumindest als eingeschränkt betrachtet werden.

Drei weitere Zeichnungen von Theatern erscheinen als Vignetten in Briefmarkengröße auf Titelblättern von Dramen des 17. Jahrhunderts gedruckt.
Wegen des geringen dokumentarischen Materials, das sich direkt auf die Londoner Theater bezieht, wurden in neuerer Zeit verstärkt verwandte Quellen herangezogen, um Einblick in die Bühnenverhältnisse zu gewinnen, z. B. Bilddokumente von *Masques,* Festzüge, Tableaux u. a., daneben auch Vergleichsmaterial von kontinentalen Theatern der Zeit.
Schriftliche Quellen, die für die Rekonstruktion der Theater herangezogen werden können, sind einschlägige Schriftdokumente, wie Aufzeichnungen in Tagebüchern, Akten von Rechtsstreitigkeiten, Verträge und Briefe. Auch hier zeigt sich zumeist, daß die Dokumente keineswegs widerspruchsfrei und eindeutig zu interpretieren sind. Zu den wichtigsten Dokumenten zählen die erhaltenen Bauverträge für das *Hope* und das *Fortune,* beide allerdings aus der zweiten Bauperiode stammend. Für die Shakespeare-Forschung ist besonders ärgerlich, daß der Bauunternehmer des *Fortune,* Peter Streete, kurz zuvor *The Theatre* abgerissen und das *Globe* errichtet hatte. Der Baukontrakt bezieht sich deshalb ständig auf die dortigen Verhältnisse, ohne sie im einzelnen zu beschreiben, so daß auch diese Quelle viele Unklarheiten bestehen läßt.[3] Es ist kein Zufall, daß genauere Beschreibungen der Theater zumeist von auswärtigen Reisenden vorliegen.[4] Während für diese der Londoner Theaterbetrieb eine Sehenswürdigkeit war, waren den Einheimischen die Theater aus unmittelbarer Anschauung so vertraut, daß eine Schilderung sich erübrigte. Lediglich puritanische Prediger wetterten über die luxuriöse Ausstattung der Theater, wobei aber wieder ungewiß ist, ob sie diese aus eigener Anschauung von heimlichen Besuchen her kannten oder nur vom Hörensagen.[5]
Die Theaterbauten waren runde oder polygonale Gebäude, die zunächst als Holzkonstruktion mit Mörtelanwurf auf gemauerten Fundamenten ausgeführt wurden. Das Dach der Galerien war mit Stroh oder Ziegel gedeckt. Den offenen Innenhof umgaben dreistöckige, umlaufende Galerien, in die man vom Hof oder durch eigene Eingänge von außen gelangte. Um in den Hof zu kommen, mußte man einen *penny* bezahlen, einen zweiten, wenn man auf die Galerie wollte, und ein bequemer Sitzplatz auf einem höheren Rang kostete einen weiteren. Unmittelbar in der Nähe der Bühne waren eigene Abteilungen, sogenannte *lords' rooms,* für die *sixpence* bezahlt werden mußte. Die Bühne erstreckte sich von einer Seite der Innenwand bis zur Mitte des Innenhofes und hatte im *Fortune* ein Ausmaß von 13 x 8,5 Metern. Auf der Höhe der ersten Galerie sprang über der Bühne ein Dach vor, um sie vor Regen zu schützen, auf dessen Unterseite im *Fortune* wahrscheinlich der Himmel mit Tierkreiszeichen gemalt war. An der Rückwand der Bühne befand sich das *tiring-house,*

der Umkleideraum für die Spieler, von dem zwei oder mehrere Türen zur Bühne führten. Die Galerie unmittelbar über der Bühne war wahrscheinlich auch mit Gästen besetzt, scheint aber zugleich als Raum für die Musiker und als Spielfläche bei einzelnen Szenen genutzt worden zu sein. Über dem Dach befand sich ein Raum *(The Hut)*, von dem aus die Bühnenhandwerker Maschinen bedienen konnten, und ein kleiner Balkon, auf dem ein Trompeter das Signal für den Beginn eines Stückes gab. Auf einem Mast wurde für die Dauer der Vorstellung eine Fahne gehißt. Im vorderen Teil der Bühne war eine Falltür eingelassen, durch die Schauspieler hinab- und hinaufsteigen konnten. Die Innenseite der Theater dürfte, nach dem Baukontrakt des *Fortune* und den Attacken puritanischer Prediger zu schließen, prächtig mit Schnitzarbeiten und einer Marmor vortäuschenden Holzbemalung dekoriert gewesen sein. Die Rückwand der Bühne war teilweise mit Vorhängen bedeckt, der Bühnenboden mit Binsen belegt. Die vorhandenen Dokumente haben seit Jahrzehnten die Forscher dazu angeregt, ein typisches elisabethanisches Theater und eine typische Bühne zu rekonstruieren und die Dramen auf diesen Rekonstruktionen gleichsam zu inszenieren. Während über viele Punkte Konsens erzielt wurde oder nur unbedeutende Differenzen bestehen, waren zwei Details der Bühne von jeher ungesichert und entsprechend kontrovers diskutiert: die Hinterbühne *(inner stage)* und die Oberbühne *(upper stage)*. Die ältere Forschung nahm eine Aufgliederung des Bühnenraumes in eine vordere Spielfläche und eine umfangreiche rückwärts gelegene an, wobei die Grenze durch die beiden das Dach bzw. den Balkon tragenden Säulen gegeben war, zwischen denen der Vorhang angebracht werden konnte. Die frühere Forschung vermutete nun, daß Innenszenen auf dieser Hinterbühne gespielt wurden und verwiesen dementsprechend viele Szenen der Dramen auf diese Spielfläche. Auch das Verbergen und plötzliche Entdecken von Figuren während des Spielgeschehens, so glaubte man, wurden mit Hilfe dieser Hinterbühne technisch gelöst. Nur so konnte nach Meinung der älteren Forschung ein pausenloses Spiel bei gleichzeitiger Aufrechterhaltung einer realistischen Wirkung ermöglicht werden. Die neuere Forschung hat die Existenz der *inner stage* nachdrücklich in Zweifel gezogen und damit nicht nur ein neues Bild von der elisabethanischen Bühne geschaffen, sondern auch dazu beigetragen, ein neues Verständnis von der damaligen dramatischen Kunst anzubahnen. Es war in der deutschsprachigen Forschung vor allem Robert Weimann,[6] der die Bedeutung der neuen bühnengeschichtlichen Befunde für die Dramaturgie erkannte. Die neuere Forschung kam zu diesem Ergebnis aufgrund von Analysen sogen. Innenszenen einzelner Stücke. In allen diesen Stücken läßt sich weder nachweisen, daß eine Hinterbühne existiert haben muß, noch daß sie überhaupt notwendig war. Lediglich in einigen Stücken kamen Entdeckungen einer oder mehrerer Figuren vor, wofür aber jeweils schon ein kleiner durch einen Vorhang abgegrenzter Raum genügte. Hierfür reichte aber schon vollauf der Raum zwischen der Rückwand der Bühne, die vielleicht durch eine Nische vertieft war, und dem Vorhang oder aber ein mit Leinwand umkleidetes Lattengerüst, das je nach Bedarf auf der Bühne auf- und abgeschlagen werden konnte. Praktische Experimente mit Rekonstruktionen von elisabethanischen Bühnen haben diese Vermutungen bestätigt.

Auch die *upper stage* wird von der neueren Forschung anders als früher beurteilt. W. J. Lawrence und E. K. Chambers hatten sie als Balkon rekonstruiert, der die *inner stage* überdeckte. J. C. Adams vermutete, daß auch auf ihr ein abtrennbarer Raum eingebaut war. Adams u. a. verlegten bis zu einem Fünftel der Szenen in verschiedenen Shakespeare-Dramen auf die Oberbühne. Demgegenüber hat die neuere Forschung gezeigt, daß weit weniger Szenen eindeutig einer *upper stage* bedürfen. In allen diesen Fällen sind die Auftritte kurz, handlungsarm und jeweils eng auf das Geschehen auf der Hauptbühne bezogen. Die *upper stage* wurde demnach zumeist nur als Fenster, Stadtmauer oder Balkon benutzt; eine selbständige Handlung kam auf der Oberbühne nicht zur Darstellung.[7]

Die modernen Bühnenforscher haben mit unterschiedlicher Akzentuierung die Konsequenzen aus diesen Befunden gezogen. Ganz unbestritten ist, daß die Bühne nicht als in mehrere Spielflächen aufgeteilt gedacht werden darf, sondern die ungeteilte Hauptspielfläche war.

Um einen pausenlosen, viele Kurzszenen einschließenden Spielfluß zu ermöglichen und gleichzeitig eine realistische Wirkung des Bühnengeschehens zu erzielen, war es nicht nötig, wie die ältere Forschung annahm, die Spielflächen ständig zu wechseln und sie als bestimmte Lokalitäten während des ganzen Dramas kenntlich zu machen. Die weit in das Publikum vorspringende, von drei bzw. (wenn man annimmt, daß auch der *lords' room* teilweise mit Zuschauern besetzt war) vier Seiten einsehbare Spielfläche war ein neutraler Ort, der für jeweils nur eine Szene durch die Sprache, das Verhalten der Figuren und durch die Situation seine jeweilige, kurz dauernde Identität erhielt. Insbesondere R. Weimann hat gezeigt, daß damit die Londoner Bühnen noch wesentlich stärker in der Tradition des Volkstheaters stehen, als früher vermutet wurde. Die Londoner Bühnen setzten somit die Tradition der mittelalterlichen neutralen *platea*-Bühne fort, auf der nach Bedarf bewegliche Lattengerüste errichtet werden konnten, um einen bestimmten Schauplatz zu signalisieren. Mit dieser neuen Deutung der Bühne wurde zugleich auch wieder die Einbeziehung des Hofes, auf dem die *groundlings* das Spiel beobachteten, als mögliche zusätzliche Spielfläche, in Betracht gezogen. Bereits die spätmittelalterliche volkstümliche Theaterpraxis kannte den Auftritt der Figuren aus dem Publikum heraus. Die Bühnenanweisung »pass over the stage«, die in zahlreichen Dramen der Shakespeare-Zeit nachzuweisen ist, kann daher nicht mehr wie bisher als Durchschreiten der Hinterbühne von einer Tür an der Rückwand zur anderen interpretiert werden, sondern als Hinweis für Auftritte, die von einer Seite des Hofes über die Bühne wieder in das stehende Publikum führten.[8] Diese Forschungsergebnisse haben sowohl allgemein theatergeschichtliche wie auch interpretatorische Bedeutung für die Dramen der Shakespeare-Zeit. Einmal wird dadurch deutlich, daß das Londoner Theater noch weitgehend in der Tradition des Volkstheaters stand, deren neutrale Spielfläche und engen Publikumsbezug es auch in den festen Bühnenbauten beibehielt. Damit muß aber auch die Meinung revidiert werden, aus der Hinterbühne habe sich schließlich die moderne Guckkastenbühne entwickelt. Diese entwickelte sich vielmehr aus den ganz anderen Bühnenverhältnissen der *private theatres* und steht im Zusammenhang mit dem Wandel in der Zusammensetzung des Publikums.[9]

Für das Verständnis der Dramen, die für diese Bühnenverhältnisse geschrieben wurden, ist die geringe Distanz zwischen Spielgeschehen und Publikum von fundamentaler Bedeutung. Das Spielgeschehen verlief nicht nur als ein in sich geschlossener Vorgang ab, der durch illusionistische Mittel die Wirkung einer eigenen Realität des fiktionalen Geschehens erzielen sollte, die vom Publikum passiv zur Kenntnis genommen werden mußte. Dem Publikum wurden die Bühnenvorgänge vielmehr ganz wie in der Tradition des Volkstheaters auch als Spiel präsentiert, in das es mit einbezogen war als unmittelbarer Adressat und Mitgestalter. Wie in dem Kapitel über die Aufführungspraxis noch dargelegt werden wird, waren Einbeziehungen des Publikums in das Spielgeschehen, das »Aus-der-Rolle-Heraustreten« der Schauspieler, unmittelbare Anreden der Zuschauer und das Eingreifen des Publikums durch provozierende Zurufe an die Schauspieler durchaus noch zur Shakespeare-Zeit lebendig. Das Ineinanderwirken von illusionistich erzeugtem, realistischem Bühnengeschehen und der Präsentation des Geschehens als Spiel war die Grundlage für die unerhörte Breitenwirkung, die die Bühne der Shakespeare-Zeit entfaltete.

1.2.3. Die *private theatres*

Die sogenannten privaten Bühnen, bei denen es sich ebenfalls um allgemein zugängliche Theater handelte, unterschieden sich von den *public theatres* dadurch, daß sie in bereits existierenden Gebäuden eingerichtet wurden. Die Bezeichnung *private* kam um 1600 auf, weil sie in der Form den Bühnen ähnlich waren, die in privaten Häusern zu gelegentlichen Aufführungen aufgeschlagen wurden. Im Gegensatz zu den öffentlichen Theatern, die alle außerhalb der Stadtgrenze lagen, befanden sich die privaten Bühnen nahe dem Zentrum der Stadt, allerdings auf Gelände, das der städtischen Jurisdiktion entzogen war. Die beiden *Blackfriars*-Theater, die 1576 und 1600 eröffnet wurden, waren auf dem Grund des *Blackfriars*-Konvents unmittelbar westlich der St.-Pauls-Kathedrale gelegen. Das *Whitefriars*-Theater, eröffnet 1608, wurde jenseits der Stadtmauer in westlicher Richtung errichtet, das *Salisbury Court* dicht daneben wurde ab 1629 bespielt. Das *Phoenix* oder *Cockpit*, das 1617 erbaut wurde, befand sich weiter westlich in einer Gegend, wo unmittelbar südlich die *Inns of Court* und die vornehmen Wohngegenden von Westminster ein sozial gehobenes Zuschauerpotential bereitstellten. Ein wichtiges Datum in der Geschichte der privaten Theater ist 1608, als die *King's Men* als erste Erwachsenentruppe das *Blackfriars* übernahmen.

Die Form dieser privaten Bühnen ist noch schlechter dokumentiert als die der öffentlichen, da sie nicht als Neuheit die Aufmerksamkeit der Reisenden auf sich zogen. Lediglich den Protokollen von Rechtsstreitigkeiten können einige Hinweise entnommen werden. Demnach scheinen die Theater in große rechteckige Hallen eingebaut worden zu sein, an deren einer Stirnseite die Bühne aufgeschlagen war. Rechts und links von der Bühne befanden sich vermutlich die *lords' rooms*. Vor der Bühne waren Bänke für die Zuschauer aufgestellt. Auf den umlaufenden Galerien wurden ebenfalls Zuschauer untergebracht.

Die wichtigsten Unterschiede zwischen den öffentlichen und privaten Theatern sind die Größe, die Anordnung der Zuschauer entsprechend dem Eintrittspreis und die Unterbringung der privaten Theater in geschlossenen Räumen, wo bei künstlichem Licht gespielt wurde. Während die öffentlichen Theater ca. 2000 bis 3000 Zuschauer faßten, konnten die privaten nur 400 bis 500 Besucher aufnehmen. Dementsprechend waren auch die Eintrittspreise höher. Während die billigsten Plätze in den öffentlichen Theatern Stehplätze für einen *penny* im Innenhof waren und für die Galerieplätze zusätzlich bezahlt werden mußte, waren in den privaten Theatern die billigsten Plätze auf den umlaufenden Galerien, für die bereits *sixpence* zu entrichten war.

Um einen Platz auf den Bänken des Parketts zu erhalten, mußte man zusätzlich einen *shilling* bezahlen. Ein Stuhl auf der Bühne kostete zwei *shilling* und eine Loge neben der Bühne eine halbe Krone. Damit hatten die privaten Bühnen eine Sitzverteilung, die bis heute in den Theatern üblich ist. Die Konsequenz dieser Rangordnung war, daß der unmittelbare Kontakt zwischen Bühne und Zuschauern nur mit einem Publikum zustande kam, das zu den wohlhabenden Schichten gehörte, was sich in vielen Stücken, wie später zu zeigen sein wird, niederschlug.

1.2.4. Die Aufführungen am Hofe[10]

Ausstattung und Aufführungsbedingungen am englischen Hof der Shakespeare-Zeit können aus dem reichen dokumentarischen Material

des *Revels Office* erschlossen werden.[11] Das *Revels Office* war Teil des königlichen Haushalts und hatte für die Veranstaltung und Ausstattung von Festlichkeiten zu sorgen.
Von dieser Behörde wurden vorzugsweise Dramen und *Masques* für die festlichen Veranstaltungen um Weihnachten und Neujahr ausgewählt. Das Auswahlverfahren begann kurz nachdem die Königin im Herbst wieder ihre Stadtresidenz bezogen hatte. Sobald ihre Wünsche dem *Lord Chamberlain* und dem *Master of the Revels* mitgeteilt waren, lud letzterer die verschiedenen Schauspieltruppen ein, um ihr Repertoire in Augenschein zu nehmen und eine entsprechende Auswahl zu treffen. Diese Probeaufführungen wurden sehr sorgfältig durchgeführt, und nachdem die passendsten Stücke ausgewählt worden waren, hatte der *Master of the Revels* das Recht zu Änderungen, Streichungen oder Hinzufügungen in den Texten.[12]
Hinweise auf die personelle Besetzung des *Revels Office* und die Geschäftsbücher zeigen deutlich, daß den Kostümen der Schauspieler die größte Sorgfalt und der größte Aufwand gewidmet wurden. Die verschiedensten Tuche und Materialien, darunter sehr kostspielige, wurden verwendet und auf prunkvolle Entwürfe Wert gelegt. Wie Rechnungen des *Revels Office* belegen, wurden diese Kostüme von Standespersonen auch zu offiziellen Anlässen, wie z. B. Hochzeiten, ausgeliehen, ein Hinweis, daß es sich bei diesen Kostümen weder um Phantasie- noch historisch korrekte Kostüme gehandelt haben kann, sondern um Prunkkostüme im Stil der damaligen Zeit. Um bei Aufführungen von Stücken Differenzierungen durch die Kleidung signalisieren zu können, griff man auf ikonographische Attribute zurück; das Anbringen von Flügeln an einem zeitgenössischen Kostüm signalisierte z. B. einen Engel; oder aber man rekurrierte auf Nationaltrachten; Deutsche hingegen wurden in der damals üblichen Landsknechtsuniform dargestellt, weil diese am bekanntesten war und deshalb die Signalfunktion erfüllen konnte.[13] Berufe und soziale Schichten waren durch typische Kostüme klar markiert, wie es damals auch in der gesellschaftlichen Wirklichkeit üblich war. Mythologische Figuren waren anachronistisch kostümiert, nämlich im Stil der Zeit. Eine Bekleidung für Diana und ihre Nymphen z. B. sah Kostüme von weiblichen Standespersonen der Zeit vor. Besonders prächtig war jeweils der Kopfputz gestaltet, der oft aus übergroßen und kunstvoll ausgearbeiteten Aufbauten bestand. Für die Kostüme galt die Regel, daß sie niemals zweimal in der gleichen Form der Königin vorgeführt werden durften.
Angesichts der Aktenlage des *Revels Office* erweist sich für Hofaufführungen die verbreitete Annahme, daß die Theateraufführungen der Shakespeare-Zeit grundsätzlich kulissenlos gewesen seien, als Irrtum. Die Dokumente weisen Rechnungen für das Anfertigen von Miniaturmodellen für Szenen aus, was ganz modernen Geflogenheiten

bei der Gestaltung des Bühnenbildes im Zusammenhang mit der Erarbeitung einer Inszenierung entspricht. Daneben lagen dem Office auch *patterns* und *plots* vor, worunter offensichtlich Grundrisse und Aufrisse zu verstehen sind. Mit Hilfe von Stoffen, die auf Holzrahmen gespannt waren, konnten eindrucksvolle Bühnendekorationen errichtet werden. Dabei wurde natürlich auf die maßstabgetreue Wiedergabe verzichtet, was durchaus der mittelalterlichen Theatertradition entsprach.[14] Nach Auskunft der Dokumente gab es verschiedene Palastkonstruktionen, von der einfachen bis zur Kaiserresidenz und zur palastartigen Behausung einer allegorischen Figur, sowie verschiedene ländliche Szenen, wie z. B. Dorflandschaften, Wald und Wüste, verschiedene Stadtansichten und andere Örtlichkeiten wie »Himmel mit Wolken«, »Hölle« und »Höllenschlund«, Gebirge (inklusive eines Parnassus mit Quelle, auf dem Apollo und die neun Musen thronten), feuerspeiende Berge, z. B. für *The Knight of the Burning Rock* (aufgeführt 1578–79), mit einer Vorrichtung, um durch Abbrennen von Alkohol Feuer zu erzeugen,[15] Kerker etc. Wie Hinweise auf Flaschenzüge und andere Hebevorrichtungen zeigen (»A rope A pulley A basket«[16] oder »One Baskett with iij Eares to hang Dylligence in«[17]), wurden komplizierte Maschinen benutzt, um Flüge oder Schweben auf der Bühne darstellen zu können.

Bei der Bühne der Hofaufführungen handelte es sich also um eine solide Holzkonstruktion auf der Schmalseite der großen Festhalle eines Palastes, auf der kunstvoll gearbeitete, aber miniaturisierte Bühnenbilder errichtet waren. Inwieweit die Bühne durch einen Vorhang vom Publikum abgrenzbar war, ist nicht mit Sicherheit geklärt. Hinter der Bühne befand sich ein abgeteilter Raum für die Umkleidung der Spieler. Vor der Bühne lag eine freie Fläche, die für den Tanz verwendet wurde, an deren anderem Ende der Thron für die Königin aufgeschlagen war. Alle Kulissen waren so gemalt, daß sie perspektivisch auf den Sitz der Königin ausgerichtet waren. An den Wänden befanden sich Tribünen, auf denen das Publikum Platz nahm, und zugleich ein Podium für das Orchester.

Das Publikum, das diesen Hofaufführungen beiwohnte, bestand aus den Würdenträgern des Staates und deren Frauen, Amtsträgern des königlichen Haushaltes und deren Frauen, Höflingen und Hofdamen, ausländischen Botschaftern und sonstigen hochgestellten Gästen, die eingeladen wurden. Eine Vorstellung von der Zusammensetzung des Publikums vermittelt L. Hotson in seiner Beschreibung von *Twelfth Night* am 6. Januar 1600.[18] Es handelte sich im Gegensatz zu öffentlichen Aufführungen um ein sehr homogenes, äußerst gebildetes Publikum, das anläßlich einer festlichen Gelegenheit einer Aufführung beiwohnte, die ihrerseits in andere gesellschaftliche Formen eingebettet war, wie musikalische Darbietungen, Bankett und Tanz.

Gerade die Stücke, die zunächst für Hofaufführungen konzipiert wor-

den waren, zeigen deshalb eine Fülle von *topical references*, Anspielungen auf Hofklatsch, Tagesereignisse und politische Konstellationen, die einen hohen und gleichmäßigen Informationsgrad auf seiten des Publikums zur Voraussetzung haben. Kritische Kommentare zu Maßnahmen und Verhaltensweisen einzelner Hofmitglieder konnten vorgetragen werden und brachten zweifellos Lacherfolge, wie möglicherweise das Beispiel der Figur Malvolio in *Twelfth Night* zeigt, als dessen Vorbild L. Hotson Sir William Knollys, den puritanischen *comptroller* des königlichen Haushalts, der in Hofkreisen eine beliebte Zielscheibe für Spott war, identifiziert zu haben glaubt.
Die gleichen Schauspieler führten also ihre Stücke in völlig verschiedenen Aufführungssituationen und unter ganz verschiedenen Bühnenbedingungen auf. Einmal war es die weitgehend neutrale Spielfläche der öffentlichen Theater, die inmitten eines Publikums stand, das alle Schichten umfaßte. In dieser Bühnenform konnte die Tradition des Volkstheaters mit seiner anti-illusionistischen Tendenz, seinem Präsentieren des Spielgeschehens als Spiel am stärksten fortwirken. In den Hofaufführungen dagegen, die vor einem Publikum stattfanden, das sich aus den oberen Schichten zusammensetzte, konnten sich die Tendenzen zur illusionistischen Bühnengestaltung und zur realistischen Präsentation des Spielgeschehens, wie sie die humanistische Kunstauffassung forderte, stärker durchsetzen. Von da drangen diese Tendenzen dann in die privaten und die öffentlichen Theater und gaben dem Drama seine charakteristische Mischung von Illusionserzeugung und Illusionsdurchbrechung. Als nach dem Ende der Shakespeare-Zeit und dem puritanischen Commonwealth die Theater wieder eröffneten und sich im Geschmack ganz an der dominierenden Schicht des Publikums, dem Adel, orientierten, ging auch die Tradition des Volkstheaters verloren, und die Bühne entwickelte sich entsprechend dem klassizistischen Ideal des illusionistischen Realismus hin zur Guckkastenbühne, in der zwischen Publikum und Bühnengeschehen gleichsam eine unsichtbare vierte Wand aufgerichtet ist.

1.2.5. Die Vorstellungen: Stile und Techniken[19]

So wie die Form der Londoner Bühnen zwar noch Traditionen des Volkstheaters weiterführte, aber zugleich durch die privaten Bühnen und die Bühnen der Hofaufführungen schon Einflüsse wirksam wurden, die in Richtung auf das moderne Illusionstheater weisen, so vermischten sich auch in der Aufführungspraxis und im Darstellungsstil Züge der volkstümlichen Spieltradition mit modernen Einflüssen. Dabei kam es im Verlauf der Shakespeare-Zeit zu Differenzierungen zwischen den einzelnen Truppen bzw. verschiedenen Theatern, die vorzugsweise von diesen bespielt wurden.

1.2.5.1. Aufführungsdauer, Spieltempo, Akteinteilung. Der *Jig*

In den öffentlichen Theatern fanden die Aufführungen am Nachmittag unter freiem Himmel statt, also bei natürlichen Lichtverhältnissen. Zumeist begann die Vorstellung um drei Uhr nachmittags und dauerte ca. zwei Stunden. Für die theaterfeindlichen Behörden und Kirchenmänner war allein der Termin schon ein Grund, sich über die Theater zu beklagen, weil dadurch die Handwerker von der Arbeit abgehalten wurden. Bei den Aufführungen unter freiem Himmel war die Witterung durchaus ein Faktor, der über Erfolg oder Mißerfolg eines Stückes mitentscheiden konnte. In der Vorrede zur Ausgabe von Websters *The White Devil* (1612) wird vom Autor zornig darauf hingewiesen, daß die Premiere wegen der Witterung ein Mißerfolg war:[20]

In publishing this tragedy, I do but challenge to myself that liberty, which other men have ta'en before me; not that I affect praise by it, for *nos haec novimus esse nihil;* only since it was acted in so dull a time of winter, presented in so open and black a theater, that it wanted that which is the only grace and setting out of a tragedy, a full and understanding auditory; ...

In den privaten Theatern fand dagegen die Vorstellung in geschlossenen Räumen bei künstlicher Beleuchtung statt. Beleuchtungseffekte konnten allerdings noch nicht eingesetzt werden. Die Aufführung im Tageslicht stellte bestimmte Anforderungen an die Schauspieler und prägte den Darstellungsstil mit. Illusionswirkungen, wie sie etwa für Nachtszenen oder Geistererscheinungen nötig waren, konnten nicht durch die Beleuchtung hervorgerufen werden, sondern blieben ganz der Sprachkunst des Autors, der Fähigkeit der Schauspieler und der Phantasie der Zuschauer überlassen. Zugleich förderte die anti-illusionistische Ausleuchtung der Bühne in Verbindung mit der Publikumsnähe den Spielcharakter des Dargestellten.

In den öffentlichen Theatern wurde ohne Pause oder Akteinteilungen durchgespielt. Eine Szene schloß sich unmittelbar an die andere an, die Szenennaht wurde gewöhnlich durch den Abgang einer Figurengruppe und den Auftritt einer neuen markiert. Die Segmentierung des Spielablaufs durch Akteinteilung,[21] wobei in den Pausen musikalische Darbietungen gegeben wurden, entstand in den privaten Theatern und scheint sich von da auf einige öffentliche Theater ausgebreitet zu haben. Die Pausen sind offenbar aus dem Bedürfnis entstanden, dem Publikum auch musikalische Unterhaltung anzubieten, nicht jedoch um ihm Gelegenheit zum Essen und Trinken zu geben, denn Bier und Brot wurde während des Spiels angeboten und genossen, ein Brauch, der deutlich darauf verweist, daß die Londoner Theater aus Wirtshäusern hervorgegangen waren.[22]

Das Spieltempo muß nach den vorhandenen Dokumenten höher gewesen sein als bei modernen Aufführungen. In der Regel dauerte eine Aufführung zwei Stunden, wobei die Texte durchschnittlich 2500 Zeilen umfaßten. Unter modernen Aufführungsbedingungen würde man dafür mindestens drei Stunden benötigen. Dieses Tempo konnte nur durch eine neutrale Spielfläche erreicht werden, wo unter Verzicht auf Illusionswirkung durch Szenerie und Kulissen die Szenen nahtlos aufeinander folgen konnten.[23]

Am Ende einer Aufführung in den öffentlichen Theatern war es bis zur Jahrhundertwende üblich, daß ein *Jig*[24] vorgeführt wurde. Der *Jig* war eine kurze farcenhafte Handlung, die singend und tanzend dargeboten wurde. Die Inhalte waren derb bis obszön. Im Mittelpunkt des *Jig* stand der Clown der Truppen, der dabei Gelegenheit hatte, sein Können als Sänger und Tänzer, aber auch als extemporierender Witzemacher zu zeigen. Die berühmtesten Clowns, die in *Jigs* brillierten, waren Richard Tarlton (gestorben 1588) und nach ihm Will Kempe von den *Chamberlain's Men* und George Attewell von den *Admiral's Men*. *Jigs* scheinen sich beim breiten Publikum außerordentlicher Beliebtheit erfreut zu haben. Der *Jig* bot den Clowns Gelegenheit, auf politische und gesellschaftliche Tagesereignisse und auf Stadtklatsch einzugehen und sie witzig und bissig zu kommentieren. Das Publikum beteiligte sich lärmend an den Darbietungen, vor allem durch Zurufe, die besonders von Tarlton durch *ad-hoc*-Reime aufgenommen und beantwortet wurden. 1612 beschwerte sich der Magistrat von Middlesex über Tumulte und Ausschreitungen, die von »divers cutt-purses and other lewde and ill disposed persons« während der *Jigs* im *Fortune* verursacht worden waren.

Der *Jig* als populäre Unterhaltungsform scheint nicht nur bei den Behörden Mißfallen erregt zu haben, sondern auch von denjenigen Bühnenautoren abgelehnt worden zu sein, denen daran gelegen war, das Drama als literarische Form aufzuwerten und ihm die Anerkennung der Gebildeten zu verschaffen. Jonson äußert sich mehrmals verächtlich über die Gier nach *Jigs* und Tänzen,[25] Shakespeare läßt in *Hamlet* (II.2) ähnlich ablehnend über diese oberflächliche Unterhaltungsform urteilen. Ganz allgemein scheint den Autoren mißfallen zu haben, daß die Wirkung eines Stückes durch den darauffolgenden *Jig* in dem Lärm und Tumult des Publikums unterging.

Die Aufführung von *Jigs* nach der Jahrhundertwende kann als Differenzkriterium dienen für die Auffächerung des Geschmacks und der Publikumsschichten auf die verschiedenen Theater. Nach Will Kempes Austritt aus den *Lord Chamberlain's Men* im Jahre 1599 wurden *Jigs* in den von dieser Truppe bespielten Theatern nicht mehr oder nur selten dargeboten. Als einzige Theater, in denen *Jigs* von da an noch regelmäßig gegeben wurden, werden die drei nördlich gelegenen Theater *Fortune*, *Curtain* und *Red Bull* genannt. Aber nicht nur durch den *Jig* unterschieden sich diese Theater. Eine Untersuchung der

Repertoires der verschiedenen Theater zeigt, daß die nördlichen Theater noch im 17. Jahrhundert eine Reihe von Stücken spielten, die noch aus den letzten Jahrzehnten des 16. Jahrhunderts stammten, während sich die anderen, allen voran das *Globe*, das über die Truppe auch mit dem *Blackfriars-Theater* verbunden war, rasch dem Geschmackswandel eines gehobeneren Publikums anpaßten. Man kann daraus den Schluß ziehen, daß an den nördlichen Theatern auch der Aufführungsstil wesentlich traditionsgebundener blieb als an den avantgardistischeren Theatern.

1.2.5.2. Bühnenausstattung und Kostüme[26]

Die frühere Forschung nahm an, daß hinsichtlich der Bühnenausstattung eine scharfe Trennungslinie zwischen den öffentlichen Theatern einerseits und den privaten Theatern und den Hofaufführungen andererseits gezogen werden müsse. Während letztere mehr den illusionistischen Bühnenrealismus gepflegt hätten, sei auf den öffentlichen Theatern völlig kulissenlos gespielt worden, wobei nur einzelne Requisiten oder Signale Hinweise auf die Lokalitäten des Spielgeschehens gegeben hätten; ein Bett habe beispielsweise ein Schlafgemach, Schwerterschwingen und -geklirr ein Schlachtgetümmel signalisiert. An dieser Auffassung ist zwar richtig, daß für Hofaufführungen und vermutlich später auch in den privaten Theatern Kulissen verwendet und Szenerien geschaffen wurden; man darf aber daraus nicht den Schluß ziehen, daß die Kulissen zu einem integralen Bestandteil einer Inszenierung wurden. Dieselbe Truppe, die ein Stück in einer mit Kulissen versehenen Hofaufführung spielte, führte es auch auf Tourneen und in öffentlichen Theatern auf. Dies legt den Schluß nahe, daß die Kulissen nur eine Zutat waren, die aber die Aufführung eines Stückes gar nicht oder nur gering beeinflußten. Dies bedeutete aber, daß alle Hinweise auf Lokalitäten während des Spiels abgesehen von Gegenständen, die symbolische Funktion hatten, durch das Wort vermittelt werden mußten. Die sogenannte Wortkulisse ist deshalb ein wichtiger Zug des Dramas der Shakespeare-Zeit. Die Wortkulisse war abhängig von der Sprachkunst des Autors, dem Vorstellungsvermögen des Zuschauers und der Darstellungskunst des Schauspielers. Sie hatte den von den großen Dramatikern subtil genutzten Vorteil, daß sie kurzfristig im sprachlichen Vortrag, etwa im Dialog, kreiert werden konnte, daß aber eine Figur aus der geschaffenen Illusion auch wieder heraustreten konnte, um sich unmittelbar an das Publikum zu wenden. Zugleich konnte mit der Wortkulisse stärker als mit Bühnenbauten die Atmosphäre einer Szene geschildert werden. Sie war auch darin der materiellen Kulisse überlegen, daß sie nicht nur den unmittelbaren Raum des szenischen Geschehens andeuten konnte, sondern auch die geistigen und seelischen Dimensionen bis hin zur Vorstellung kosmischer Räume zu vermitteln und in das dramatische Geschehen einzubringen vermochte. Die Unabhängigkeit von den Kulissen und der dadurch geförderte Einsatz von Wortkulissen bildete eine wichtige Voraussetzung für den ständigen Wechsel zwischen illusionsloser Präsentation des Spiels als Spiel, in dem das Publikum unmittelbar angesprochen wird, und einem illusionistischen Realismus des Spielgeschehens. Die Verweise im Text über die Lokalität, wo eine Szene spielt, waren gelegentlich sehr explizit. So bringt Jonson in seiner »comicall satyre« *Every Man Out of his Humor* zwei kommentierende Figuren auf die Bühne, die das Geschehen beobachten. Ihnen wird auch die Ansage des Szenenwechsels übertragen. Vor Beginn des III. Aktes sagt Cordatus z. B. »we must desire you to presuppose the stage, the middle aisle in Paul's, and that, the west end of it«, wobei anzunehmen ist, daß er dabei auf die Bühnenrückwand deutet.[27]

Die Unabhängigkeit der Schauspieler von Kulissen darf aber nicht zu der Annahme verleiten, als sei auf der Bühne dieser Zeit nur das Wort vorherrschend gewesen und hätten demgegenüber Handlung und visuelle Elemente nur untergeordnete Bedeutung gehabt. Das Drama der Shakespeare-Zeit war durchaus handlungsbetont, und auch drastische Aktionen wurden auf der Bühne vollzogen. Wie verschiedene Inventarlisten zeigen, verfügten die Theater über eine Fülle von Kostümen und Requisiten.[28] Auf der Bühne wurden Folterwerkzeuge verwendet, Scheinexekutionen mit Hilfe künstlicher Häupter und mit blutgefüllten Schweinsblasen ausgeführt und sogar die grausame Hinrichtungsart durch das Herausreißen der Gedärme wurde mit Hilfe von Innereien, die in einen Schafsmagen gefüllt waren, vorgespielt.[29] Neben diesem krassen Realismus stehen wiederum nichtrealistische Problemlösungen von Bühnenvorgängen. So verzeichnete Henslowes Geschäftsbuch eine »robe for to goo invisibell«, also eine Kleidung, durch die Unsichtbarkeit signalisiert werden sollte. Ingeniös wurde auch das Ertrinken zweier Soldaten auf offener Bühne gelöst, das in dem anonymen Stück *Two Noble Ladies* (aufgeführt im *Red Bull* zwischen 1619/23) dargestellt wurde. Der Dialog der beiden Soldaten lautet:

2nd: what strange noise is this?
1st: dispatch, the tide swells high.
2nd: what feind is this?
1st: what furie ceazes me?
2nd: Alas, I'm hurried headlong to the streame.
1st: And so am I, wee both must drowne and die.

Die Bühnenanweisungen zeigen, wie dies inszeniert wurde. Neben dem Dialog befinden sich die Eintragungen: »Thunder. Enter 2 Tritons with silver trumpets«; »The tritons ceaz the souldiers«; »The Tritons dragge them in sounding their trumpets«.[30] Durch Rauchentwicklung wurde Nebel angedeutet, die Nacht mit Hilfe von Wortkulissen und Fackeln signalisiert. Eine große Rolle spielte auch die

Musik, mit deren Hilfe Stimmungen und Atmosphäre vermittelt werden konnten.
Wesentlich mehr Geld als für Bühnenrequisiten wurde von den Truppen in Kostüme investiert. In Alleyns Rechnungen befindet sich ein Eintrag, daß er £ 20 10 s. 6 d. für ein schwarzes Samtkleid mit golden und silber verzierten Ärmeln ausgegeben habe. Die Summe ist mehr als ein Drittel des Preises, den Shakespeare für sein Haus in Stratford zahlte.[31] Die Kostüme der Schauspieler waren mit den vornehmen Kostümen der Zeit identisch oder ähnelten ihnen. Dies geht daraus hervor, daß Adelige ihren Bediensteten Kleider testamentarisch zu vermachen pflegten, die diese aber aus Standesgründen nicht tragen konnten und deshalb nicht selten an die Schauspieler für deren Theaterfundus verkauften. Die Kostüme waren überaus reich verziert und farbenprächtig, wobei auf Farbensymbolik geachtet wurde. Rot signalisierte Blut, Gelb die Sonne, Weiß die Unschuld, Schwarz Melancholie und Tod. Tamberlaines Wechsel seiner Garderobe und der Farbe seiner Zelte von Weiß zu Rot zu Schwarz bei der Belagerung von Damaskus (um so den Belagerten das Schwinden seiner Geduld und das Schicksal der Stadt anzuzeigen) zeigt die Farbensymbolik ebenso wie die gelben Strumpfbänder, die Malvolio in *Twelfth Night* trägt, um damit zu zeigen, daß er kein melancholischer Liebhaber sein wolle. Standespersonen und Nationalitäten wurden durch entsprechende Kleider gekennzeichnet, so z. B. ein Arzt durch einen roten Mantel, ein Rechtsanwalt durch eine schwarze Robe; Diener waren zumeist an der blauen Dienstkleidung kenntlich. Dagegen wurde auf historische Genauigkeit kein Wert gelegt; die Senatoren und das Volk von Rom traten als Zeitgenossen der Zuschauer gekleidet auf.
Auf der nur spärlich ausgestatteten Bühne wurde also ein handlungsbetontes, von raschem Szenenwechsel bestimmtes und farbenprächtiges Schauspiel geboten, in dem Illusionismus und Spielcharakter ständig sich abwechselten.

1.2.5.3. Der *book-keeper*

Die dominierende Stellung des Regisseurs im modernen Theaterwesen darf nicht dazu verleiten, auch eine solche für das Theater der Shakespeare-Zeit anzunehmen. Die Zeugnisse der Zeit geben keine Hinweise dafür, daß eine solche Funktion überhaupt im Bühnenbetrieb vorgesehen war. Es muß jedoch angenommen werden, daß bei dem rasch wechselnden Repertoire und dem raschen Ablauf des Spielgeschehens jemand damit beauftragt war, dafür zu sorgen, daß die Auftritte pünktlich und in der richtigen Kostümierung erfolgten und die verschiedenen Bühneneffekte von den Bühnenarbeitern rechtzeitig ausgeführt wurden. Um die Schauspieler über ihre Auftritte zu informieren, wurde ein sogen. *plot* angefertigt und im Garderoberaum ausgehängt, ein Handlungsabriß, der Szene für Szene in Stichworten über die Auftritte und Vorgänge informierte. Aus verschiedenen Andeutungen in Stücken geht auch hervor, daß insbesondere der *book-holder* oder *book-keeper* der Truppe dafür zu sorgen hatte, daß jede Vorstellung präzise ablief. Er hielt sich während der Vorstellung im Garderoberaum auf und scheint auch Souffleurdienste geleistet zu haben. Da es zu seinen Aufgaben gehörte, die Manuskripte zu betreuen und auch gegenüber dem Zensor zu vertreten, dürfte er den ganzen Text eines Stückes am besten gekannt haben. Auf die Funktion des *book-keepers* wird in dem Stück *The Maid in the Mill* angespielt, das die *King's Men* 1623 spielten. Darin werden die Schreie einer Frau hinter der Bühne von einer der Figuren kommentiert: »they are out of their parts sure: it may be 'tis the Book-holder's fault; I'll go see«. Die Autoren nahmen im allgemeinen keinen unmittelbaren Anteil an den Aufführungen ihrer Stücke; mit einer, wie es scheint, notorischen Ausnahme: Ben Jonson. In der »Induction« zu seinem Stück *Cynthia's Revels* läßt er einen der jugendlichen Schauspieler, bevor er in die Rolle des Stückes schlüpft, auftreten und ironisch die Beteiligung des Autors leugnen: »wee are not so officiously befriended by him, as to have his presence in the tiring-house, to prompt us aloud, stampe at the booke-holder, sweare for our properties, curse the poore tire-man, raile the musicke out of tune, and sweat for everie veniall trespasse we commit.«

1.2.5.4. Die Repertoires

Wie Andrew Gurr richtig feststellt,[32] ging der vielleicht am stärksten prägende Einfluß auf die Arbeitsweise und Organisationsform der Schauspieltruppen vom Repertoire-System aus. Dies bedeutete, daß jeden Tag das Programm gewechselt wurde und ca. alle 14 Tage ein neues Stück herausgebracht werden mußte. Die *Admiral's Men* boten z. B. in der Spielsaison 1594/5 ihrem Publikum insgesamt 38 Stücke an, von denen 21 neu ins Repertoire aufgenommen wurden. Nur wenige von diesen wurden in die nächste Saison übernommen. Auch die größten Bühnenerfolge der Truppe in dieser Zeit, Marlowes Stücke, konnten nur einmal im Monat auf den Spielplan gesetzt werden, wie Henslowes Tagebuch zeigt, das für diese Spielzeit 14 Vorstellungen von *Tamburlaine, Part One,* sechs von *Part Two,* zwölf Aufführungen des *Dr. Faustus,* zehnmal *The Massacre at Paris* und neunmal den *Jew of Malta* registriert. Untersuchungen anderer Spielzeiten zeitigten ganz ähnliche Ergebnisse. Der Bedarf der Truppen an neuen Stücken war in den ersten Jahrzehnten außerordentlich hoch; erst in den letzten Jahrzehnten dämpfte die Tatsache die Produktion, daß sich in den Archiven der Truppen die Manuskripte von Stücken häuften, die immer wieder aufgeführt werden konnten. Dieser Bedarf war eine unmittelbare Folge der festen Stationierung der Truppen in London und des Konkurrenzdrucks durch das Vorhandensein mehrerer Truppen in einer Stadt. Während wandernde Truppen mit einem Stück mehrmals vor einem wechselnden Publikum spielen konnten, mußte in London der theaterinteressierte Teil der Bevölkerung stets durch neue Stücke in das Theater gelockt und zugleich vom Besuch der Konkurrenz abgehalten werden.

Dieses kommerzielle Theatersystem forderte zunächst von den Schauspielern enorme Gedächtnisleistungen, hatte aber auch Einfluß auf die Struktur der Truppe und auf die Texte, die für sie verfaßt wurden. Es konnte nur funktionieren, wenn die Schauspieler auf gewisse Rollentypen festgelegt waren, so daß sie in eine neue Rolle jeweils ihre spezifische Begabung und ihre Routine einbringen konnten. Daß die Textdichter, die für eine bestimmte Truppe schrieben, Rücksicht auf die Verteilung von Rollentypen innerhalb der Truppe nahmen, geht aus einer Untersuchung der Stücke hervor, die Shakespeare und später Beaumont und Fletcher für ihre Truppen schrieben. Die Zahl und die typenmäßige Aufgliederung der größeren Rollen sind erstaunlich konstant. Sie umfassen jeweils sieben bis acht größere Rollen, davon zwei bis drei Frauenrollen, die von Knaben gespielt wurden. Die Typen der großen Rollen können grob eingeteilt werden in den Helden, dessen Gegenspieler, ein Tyrann oder Soldat, den heuchlerischen Schurken oder Intriganten, den greisen König oder Würdenträger, den jungen Liebhaber und die komische Figur. Dies bedeutet nicht, daß alle Stücke einer Truppe maßgerecht auf den Leib geschneidert wurden. Es gab Dramatiker, die ein Stück schrieben, ohne zu wissen, welche Truppe es ankaufen und spielen würde, oder sie lebten außerhalb Londons und kannten das Theaterwesen nicht gründlich genug. Deshalb ist es nur in einigen Fällen möglich, mit Sicherheit festzustellen, daß eine bestimmte Rolle für einen bestimmten Schauspieler geschrieben wurde.

1.2.5.5. Die Darstellungsstile[33]

Zu den schwierigsten Aufgaben der Erforschung des Theaters der Shakespeare-Zeit gehört es, aus den vorhandenen dokumentarischen Hinweisen verläßliche Aufschlüsse über die Art und Weise zu gewinnen, wie damals gespielt wurde. Die Aufgabe wird zusätzlich dadurch erschwert, daß sich der Stil der Schauspielkunst während der Shakespeare-Zeit verändert zu haben scheint. Die einzige Methode, um Aufschlüsse über den Schauspielstil und seine Wandlungen zu gewinnen, ist die vorsichtige Analyse und Auswertung der zumeist ironischen, polemischen oder auch positiven Bemerkungen über den Darstellungsstil einzelner Spieler oder Truppen in den Stücken selbst oder anderen zeitgenössischen Dokumenten.

1.2.5.5.1. Das Extemporieren der Clowns

Der berühmteste Schauspieler der siebziger und achtziger Jahre in London war Richard Tarlton, der schon zu seinen Lebzeiten legendären Ruf genoß. Nach seinem Tod erschienen eine Reihe von Anekdotenbüchern, in denen seine Späße aufgezeichnet waren, die aber von zweifelhaftem historischem Wert sind. Tarlton war bekannt als Clown, Stücke- und Balladenschreiber, Musiker, Artist und Fechtmeister. Er stammte aus bäuerlich-plebejischer Schicht – er soll Schweinehirt gewesen sein – und stieg zum Hofclown der Königin und zum national beliebten und berühmten Künstler auf. Sein Ansehen kann daran abgelesen werden, daß er auf dem Sterbebett den führenden Staatsmann Sir Francis Walsingham um Schutz für seinen Sohn bitten konnte. Tarltons Ruhm gründete sich vor allem auf seine satirischen und parodistischen Fähigkeiten und auf seine Kunst des Extemporierens, durch die er die Illusion des Spielgeschehens immer wieder durchbrach und sich direkt an das Publikum wandte. R. Weimann hat gezeigt, daß dieses nichtillusionistische Spiel seine Wurzeln in der weit zurückreichenden Tradition des volkstümlichen Spielens hat und von Tarlton, der selbst den untersten Schichten entstammte, in die Theaterkultur eingebracht wurde.[34] Nach Tarltons Tod waren die berühmtesten Schauspieler zunächst ebenfalls Clowns. Wilson war Mitglied der gleichen Truppe wie Tarlton, Will Kempe der Clown der Shakespeare-Truppe und wahrscheinlich der erste Falstaff. Beide waren berühmt für ihr Extemporieren und die Witze und Sketsche, die sie improvisierten. Kempes Weggang von der Truppe signalisiert jedoch einen Wandel. Die Rolle des extemporierenden Clowns wird mehr und mehr eingeschränkt und, wie Hamlets Bemerkungen gegen das Extemporieren zeigen, zusehends weniger beliebt. Der Nachfolger Kempes war Robert Armin, der mehr als Sänger denn als extemporierender Clown bekannt wurde. Für ihn schrieb Shakespeare vermutlich die Rollen des Feste in *Twelfth Night* und des Narren in *King Lear.*

Die Clowns mit ihrer Tendenz, das Spielgeschehen durch direkten Publikumskontakt zu unterbrechen, wurden um 1600 von den großen Tragöden E. Alleyn und R. Burbage aus der Gunst des Publikums verdrängt. Alleyn wurde berühmt als Tamberlaine, Faustus, Barrabas, als Orlando in *Orlando Furioso,* Muly Mohomet in *The Battle of Alcazar* und in der Titelrolle von *Tamar Cam.* Burbage kreierte die Rollen Richard III., Jeronimo, Hamlet, Lear, Othello etc. Darin wird nicht nur eine Bevorzugung der Tragödie erkennbar, sondern auch eine stärkere Hinwendung zum illusionistischen Realismus, da die Tragödie das Clownspiel nur für genau kalkulierte, etwa als »comic relief« eingesetzte Szenen gestattet. Dieser Übergang läßt darauf schließen, daß ein Geschmackswandel im Publikum stattgefunden hatte, das nunmehr den Darstellungsstil von Alleyn und Burbage bevorzugte.

1.2.5.5.2. *Acting, Playing, Personating*

Weitere Hinweise auf die Schauspielstile der Shakespeare-Zeit finden sich in den spöttischen Bemerkungen über andere Truppen, die die Autoren in ihre Stücke einfügten. Insbesondere in den Stücken, die für die Kindertruppen geschrieben wurden, stecken die wichtigsten Zeugnisse, die allerdings größter Vorsicht bei der Interpretation bedürfen. Die professionellen Kindertruppen gingen aus Amateuraufführungen hervor, die von Schulmeistern als wichtigste Ergänzung der rhetorischen Ausbildung angesehen wurden, weil dadurch die Sicherheit des Auftretens, die klare Aussprache und vor allem die Gebärdensprache eingeübt werden konnten. Die Gestik war Teil der Erarbeitung der Rede, die in fünf Schritten erfolgte: 1. *inventio* (Stofffindung); 2. *disposito* (Stoffanordnung); 3. *elocutio* (sprachliche Ausarbeitung); 4. *memoria* (Auswendiglernen); 5. *gestus* (Einstudieren der Gestik).

Bei der Ausbildung des Gestus wurde insbesondere Wert gelegt auf klare Aussprache und die richtige, den Inhalt der Rede unterstreichende oder interpretierende Gebärde. Es dürfte sich dabei eher um ein schulgerechtes Deklamieren gehandelt haben, als um das Charakterisieren einer bestimmten Figur.

Es muß angenommen werden, daß die Tradition sorgfältiger Sprachschulung und signifikanter Gebärdensprache auch in der kommerziellen Phase der Kindertruppen weitergepflegt wurde und dadurch ein anderer Schauspielstil entstand als bei den erwachsenen Schauspieltruppen, die sich vorwiegend aus dem Handwerkerstand rekrutierten. Nur so können die ironischen und abfälligen Bemerkungen in den dramatischen Texten der Kindertruppen erklärt werden, wie z. B. in Marston's *Antonio's Revenge* (1602; I. 5):[35]

> would'st have me turn rank mad,
> Or wring my face with mimick action;
> Stampe, curse, weepe, rage, & then my bosome strike?
> Away tis apish action, player-like.

oder in *Wonder of Women* (1606; IV. 1):

> I should now curse the Gods
> Call on the furies: stampe the patient earth
> cleave my streachd cheeks with sound speake from all sense
> But *loud and full* of players eloquence
> No, no, What shall we eate.

Chapman attackiert in *The Widow's Tears* (1605) in ähnlicher Weise (IV. 1): »This straine of mourning with Sepulcher, like an over-doing Actor, affects grosly, and is indeede so farr forct from the life, that it bewraies it selfe to be altogether artificiall.«

Daß zwischen dem aus der Tradition der Rhetorik stammenden Deklamieren, *acting* genannt, das aller Wahrscheinlichkeit nach von den Kindertruppen gepflegt wurde und dem Schauspielstil der Erwachsenentruppen, *playing* genannt, unterschieden wurde, geht auch aus einer Bemerkung des streitbaren Ben Jonson auf der Titelseite der Ausgabe seines Stückes *The New Inn* hervor, wo es heißt: »never acted, but most negligently play'd, by some, the Kings Servants.«

Diese Bemerkung läßt darauf schließen, daß der damals gepflegte Spielstiel der Schauspieltruppen anders als der Rednerstil war. Wie diese Schauspielkunst beschaffen war, kann wiederum nur indirekt erschlossen werden aus dem Wandel, der sich im Lauf der Shakespeare-Zeit im Darstellungsstil vollzog, und den daraus resultierenden Bemerkungen aus der späteren Zeit über den früheren Stil. Dieser Wandel scheint sich zu Beginn des 17. Jahrhunderts partiell durchgesetzt zu haben, weil, wie es scheint, zu differenzieren ist zwischen den Truppen wie *The King's Men*, die das *Globe* und *Blackfriars* bespielten und in der Gunst der gebildeten Schichten standen, und den Truppen, die in den nördlichen Theatern spielten, ein altmodisches Repertoire pflegten und ihr Publikum vorwiegend aus den breiteren Volksschichten gewannen.

Demnach scheint der ältere Schauspielstil von einer die Rede begleitenden, den Inhalt überdeutlich interpretierenden, an die Pantomime grenzenden Gestik geprägt gewesen zu sein, weil sowohl die Textpassagen der Kindertruppen als auch die berühmten Bemerkungen, die Shakespeare in *Hamlet*, aber auch in *Richard III.* (III. 5.5–9) und *Troilus and Cressida* (I. 3. 153–156) einfügt, in die gleiche Richtung zielen:

[Buckingham:]
Tut, I can counterfeit the deep tragedian;
Speak and look back, and pry on every side,
Tremble and start at wagging of a straw,
Intending deep suspicion. Ghastly looks
Are at my service, like enforced smiles;
...
[Ulysses:]
And like a strutting player whose conceit
Lies in his hamstring, and doth think it rich
To hear the wooden dialogue and sound
'Twixt his stretch'd footing and the scaffoldage – –
...

Auch außerhalb der Theaterwelt war der alte Schauspielstil durch überdeutliche, pantomimische Gestik charakterisiert. Thomas Campion, ein Dichter und Komponist, verglich die Vertonung im Madrigalstil, in dem jedes Wort in seiner Bedeutung durch die Melodie interpretiert werden mußte, mit dem alten pantomimischen Spielstil:[36]

> ... the old exploided action in Comedies, when if they did pronounce *Memeni*, they would point to the hinder parts

of their heads, if *Video*, put their finger in their eye.
But such childish obseruing of words, is altogether ridiculous ...

Der neue Schauspielstil, der um 1600 sich durchzusetzen begann, war so stark von dem früheren unterschieden, daß ein neues Wort für ihn verwendet wurde: *personation*.[37] Man verstand darunter offensichtlich eine Charakterisierungskunst, die gleichweit vom rhetorischen Deklamieren und vom alten extrem expressiven Spielstil entfernt war. Der neue Stil zielte auf eine realistischere und individualisierende Darstellung der dramatischen Figur ab. Der Exponent, wenn nicht der Schöpfer dieses neuen Stils, scheint R. Burbage gewesen zu sein. So wird von ihm berichtet, daß er als Richard III. ständig eine Hand am Dolch hatte und mit diesem spielte, wie dies vom historischen König Richard III. als typische Geste überliefert ist.[38] Sein Hamlet war charakterisiert durch das Wiederholen von Wörtern. Diese Charakterisierungskunst von Burbage wurde in seinen Nachrufen übereinstimmend gelobt und es ist vermutlich kein Zufall, daß Shakespeare seine abfälligen Bemerkungen über das übertriebene Schauspielen und seine Plädoyers für natürliches, lebensechtes Spiel gerade den Rollen anvertraute, die von Burbage kreiert wurden.

Trotz dieses Wandels müssen gewisse konventionelle Gesten beim Spiel verwendet worden sein, mit deren Hilfe vor allem die *dumbshows*[39] dargestellt wurden, aber auch andere Vorgänge dem Publikum signalisiert werden konnten. Anders gäbe die Bühnenanweisung, die Marston in *The Insatiate Countess* (1611) lakonisch einfügt, keinen Sinn: »Isabella«, heißt es da, »fals in love«. Gerade diese konventionalisierten Gesten sind äußerst schwierig zu rekonstruieren, weil sie als Konventionen der Veränderung des soziokulturellen Wandels unterliegen.

In Field's *Amends for Ladies* (1616) erhält man jedoch einen Hinweis, wie solche Konventionen ausgesehen haben könnten. Dort beklagt sich ein Liebhaber, daß die Dame seine Liebe nicht ernst nehme, weil er nicht die typischen Zeichen tiefer Liebe zeige (I. 1):[40]

'cause I doe not weepe,
Lay mine arms ore my heart, and weare no garters,
Walke with mine eyes in my hat, sigh and make faces.

Das Nebeneinander mehrerer Schauspielstile, des älteren pantomimischen, überdeutlichen, jede Textpassage gestisch umsetzenden Stils, der dem rhetorischen Inventar entstammenden Gebärdensprache und der späteren individualisierenden Charakterisierungskunst, läßt sich in Parallele setzen zur Differenzierung des Repertoires der einzelnen Bühnen in ein mehr volksnahes, illusionsärmeres Repertoire und eines, in dem der illusionistische Realismus vorherrschte, der von den gebildeten Schichten bevorzugt wurde. In der Shakespeare-Zeit sind noch beide Tendenzen vorhanden und verfügbar; Dramatiker und Schau-

spieler konnten sich offenbar noch beider Stile bedienen; eine rigorose Trennung hatte noch nicht stattgefunden.
Bühnenform und Aufführungsweise zeigen, daß das Theater der Shakespeare-Zeit noch stark in der Tradition des Volkstheaters stand, aber schon die neuen künstlerischen Tendenzen, die vor allem durch den Humanismus und dessen Erziehungsarbeit sich ausbreiteten, aufgenommen worden waren. Nicht zuletzt diese Vielfalt möglicher Ausdrucksrepertoires, die letzlich ein Spiegelbild der Publikumsstruktur ist, garantierte die lebendige breite Wirkung des Theaters.

1.3. Das Publikum[1]

In der älteren Kritik hatte das zeitgenössische Publikum zumeist die Rolle eines Sündenbocks zu spielen. Alle ästhetisch wenig befriedigenden Elemente in den Dramen Shakespeares wurden vorzugsweise als Zugeständnisse eines Genies an ein ungebildetes, pöbelhaftes Publikum betrachtet.[2] Die neuere Forschung, insofern sie nicht mehr rein produktionsästhetisch orientiert ist, sondern das gesamte Kommunikationssystem in den Blick nimmt und auch die Einbettung dieses Systems in die gesellschaftliche Wirklichkeit versucht, kam durch die Auswertung der Dokumente zu einem günstigeren Urteil.

1.3.1. Zuschauerzahlen und Preise[3]

Zahlenangaben über das Publikum der Theater geben erst dann einen Sinn, wenn sie in Beziehung zur Bevölkerung Londons gesetzt werden, die damals 150 000 bis 200 000 Einwohner betrug. Schätzungen haben ergeben, daß 1595 die beiden damals regelmäßig spielenden Schauspieltruppen von ca. 15 000 Personen in der Woche besucht wurden. 1620, als sechs Theater in London spielten, von denen drei Privattheater waren, betrug die wöchentliche Zuschauerzahl wahrscheinlich um die 25 000. Man kann davon ausgehen, daß etwa 15 % bis 20 % der Bevölkerung zu den regelmäßigen Theaterbesuchern zählten. Die Kapazität der öffentlichen Theater betrug ca. 2 500 (de Witt schätzte 3 000 Plätze im Swan), die der privaten Theater ca. 400 bis 500, nach anderen Angaben ca. 1 000. Die meisten Zuschauer kamen zu Uraufführungen und an Feiertagen; an durchschnittlichen Spieltagen war das Theater vermutlich nur zur Hälfte besetzt. Wie Henslowes Geschäftsbücher ausweisen, schwankte der Theaterbesuch auch in Abhängigkeit von der Jahreszeit und Witterung.
Der Effekt einer differenzierten Preisgestaltung von einem *penny* im Innenhof der öffentlichen Theater bis zur halben Krone für die Seitenloge der *Private Theatres* auf die Verteilung und Zusammensetzung des Publikums kann erst abgeschätzt werden, wenn er in Relation zu

den damaligen Löhnen und Preisen für andere Vergnügen gesetzt wird. *Sixpence* als Eintrittspreis war für einen Handwerker vergleichsweise hoch, denn es bedeutete ein Zwölftel seines Wochenlohns. Der *penny* für einen Stehplatz in einem der öffentlichen Theater war jedoch verglichen mit anderen Vergnügungen billig. Kartenspiel, Zechen und Bordellbesuch kamen gewöhnlich teurer zu stehen. Schon eine Pfeife voll Tabak kostete *threepence,* und ein Paket Nüsse, die die Zuschauer gern während der Vorstellung knackten und kauten, kostete bis zu *sixpence.* Nur der Besuch einer Bärenhatz *(bearbaiting)* war genauso billig wie eine Theatervorstellung.

1.3.2. Die soziale Schichtung des Publikums

Bei einer Analyse der Publikumsschichten, die die Theater besuchten, muß einerseits unterschieden werden zwischen den einzelnen Theatertypen – den öffentlichen und den privaten Bühnen – und zwischen den einzelnen Theatern des gleichen Typus, insofern sich im Lauf der Zeit bestimmte Schichten vorzugsweise für bestimmte Theater entschieden, weil sie deren Repertoire und möglicherweise auch den dort gepflegten Spielstil bevorzugten. Dies bedeutete aber nicht, daß es zu einer strengen sozialen Trennung zwischen den einzelnen Theatern gekommen wäre, sondern es handelte sich um relative Verschiebungen. Als der *Privy Council* 1602 die lokalen Behörden anwies, eine Razzia in den öffentlichen Vergnügungsplätzen, insbesondere den Theatern, durchzuführen, um dort Leute ohne geordnete Beschäftigung aufzugreifen und zur Armee einzuziehen, sollen einem damaligen Bericht zufolge »not only ... Gentlemen, and sarvingmen, but Lawyers, Clarkes, country men that had lawe cawses, aye the Quens men, knightes, and as it was credibly reported one Earle«[4] festgestellt worden sein.

Es muß also angenommen werden, daß die wohlhabenderen Schichten zunächst alle Theater besuchten, nicht zuletzt deshalb, weil dieselben Truppen, die für das breite Publikum spielten, oft das gleiche Repertoire in Hofaufführungen darboten, daß aber die ärmeren Schichten schon wegen der Eintrittspreise überwiegend die öffentlichen Theater frequentierten und nur in geringerem Ausmaß in die privaten Theater gingen. Nach dem ersten Jahrzehnt des 17. Jahrhunderts scheint es allerdings zu einer stärkeren schichtenspezifischen Aufteilung auf die einzelnen Theater gekommen zu sein. So zählt der Antiquar James Wright 1699 die verschiedenen Bühnen Londons auf, die 1608 von den verschiedenen Truppen bespielt wurden, darunter auch das *Fortune* und das *Red Bull.* Von diesen berichtet er: »The two last were mostly frequented by Citizens, and the meaner sort of People«.[5]
Wie aber aus verschiedenen Zeugnissen hervorgeht, wurden die privaten Häuser keineswegs von den ärmeren Schichten gemieden. Sie

waren dort lediglich auf die billigen Galerien verbannt, und die Autoren konnten es sich deshalb leisten, in ihren Texten abfällige Bemerkungen über sie einzufügen. Ben Jonson schreibt z. B. 1609 von den »six-penny mechanicks« und dem »shop's foreman ... that may judge for his sixpence« im *Blackfriars*. Der Autor von *Father Hubburd's Tales* (1603) schreibt über »a dull Audience of Stinkards sitting in the Penny Galleries of a Theater, and yawning upon the Players«.[6] Aufschlußreich ist auch, daß Beaumonts *Knight of the Burning Pestle* 1607 bei der Premiere im *Blackfriars* durchfiel. Beaumonts Stück war konzipiert als Burlesque auf das ungebildete Publikum der unteren Schichten, auf die Stücke, die es bevorzugte, und auf seine naive Reaktion auf das dramatische Geschehen. Es muß vermutet werden, daß der Aristokrat Beaumont das Publikum im *Blackfriars* in seiner Zusammensetzung falsch eingeschätzt hatte, denn, wie der Drucker der ersten Quarto von 1613 im Vorwort schrieb, verstand das Publikum nicht »the privie mark of irony about it«[7] und rezipierte es als ein mißlungenes typisches Bürgerstück. Dies läßt aber den Schluß zu, daß im Publikum diejenigen Schichten stärker vertreten waren, die Beaumont im Stück verspottete. Verschiedene Zeugnisse lassen aber auch keinen Zweifel daran, daß auch die aristokratischen Schichten es nicht verschmähten, die öffentlichen Theater zu besuchen. Der französische Gesandte besuchte mit seiner Frau 1607 oder 1608 eine Aufführung des *Pericles* im *Globe*, der spanische Gesandte 1621 das *Fortune* und speiste anschließend mit den Spielern. Der Venezianer Busino, der 1617 das *Fortune* besuchte, war erstaunt, »eine solche Menge von Adeligen zu sehen, so wohlgekleidet, daß sie alle wie Fürsten aussahen, die so schweigend und ruhig wie möglich zuhörten. Diese Theater werden von einer Zahl respektabler und hübscher Damen besucht, die ganz ungeniert und ohne zu zögern sich unter die Männer setzen.«[8]

In den späteren Jahrzehnten der Shakespeare-Zeit scheint die Aufgliederung des Publikums deutlicher geworden zu sein. Von den Schriftstellern wurden die Theater, die von den *King's Men* bespielt wurden, als künstlerisch den anderen überlegen betrachtet. Leonard Digges fordert in den Widmungsversen, die in der Ausgabe von Shakespeares Gedichten von 1640 stehen, die Autorenschaft dazu auf, den von diesen Bühnen gesetzten Standard nicht zu zerstören, und empfiehlt als geeignete Bühnen für Stücke, die um eines schnellen Gewinns willen geschrieben werden, das *Bull*, das *Cockpit* und das *Fortune:*

> But if you needs must write, if poverty
> So pinch, that otherwise you starve and die,
> On Gods name may the Bull or Cockpit have
> Your lame blancke Verse, to keepe you from the grave:
> Or let new Fortunes younger brethren see,

What they can picke from your leane industry.
I do not wonder when you offer at
Blacke-friers, that you suffer.

Von Davenant, Shirley und anderen Autoren sind Prologe und Widmungsgedichte aus der Spätphase dieser Zeit erhalten, aus denen hervorgeht, daß man mehr und mehr nur noch für ein gebildetes Publikum schrieb, weil der Geschmack der einfachen Bürger nicht sehr hoch eingeschätzt wurde. Ganz offensichtlich hegte eine Reihe von Autoren, die ihre Stücke in den späteren Jahrzehnten für Aristokraten und die literarisch interessierte Elite als intendiertes Publikum verfaßten, die Befürchtung, den Stücken könnte, sobald sie vor einem breiteren Publikum im *Globe* aufgeführt würden, ein Mißerfolg beschieden sein.

Aus der Dokumentenlage läßt sich der Schluß ziehen, daß eine rigorose schichtenspezifische Trennung der Zuschauer zwischen den einzelnen Theatern lange Zeit nicht bestand. Die Verteilung wurde eher durch die Eintrittspreise gesteuert – mit dem Ergebnis, daß die öffentlichen Theater von allen Schichten frequentiert wurden, während in den privaten das Publikum der oberen Schichten überwog. Für die späteren Jahrzehnte ist dann insbesondere bei den führenden *King's Men* eine zunehmende Ausrichtung der Produktion auf die literarisch interessierten und gebildeten Schichten festzustellen, während die anderen öffentlichen Theater, insbesondere die nördlich von London gelegenen, weiterhin ihr Repertoire auf den breiten Publikumsgeschmack abstellen. Aber auch bei den *King's Men* ist zu beobachten, daß sie – nicht immer mit Zustimmung der Autoren – unbedenklich die Stücke, die ursprünglich für das *Blackfriars*-Publikum geschrieben wurden, auf der Bühne des *Globe* einem breiter gefächerten Publikum anboten.

Die Tatsache, daß das Theater der Shakespeare-Zeit ein Publikum hatte, das alle Schichten umfaßte, auch wenn es später dann zu schichtenspezifischen Bevorzugungen einzelner Bühnenhäuser und schließlich zum Wegbleiben der Bürgerschicht kam, hatte für das Drama außerordentliche Konsequenzen. Zwischen der Gesellschaft, für die gespielt wird, und dem gesellschaftlichen Spektrum, das im Figurenbestand eines Dramas zur Darstellung kommt, besteht ein unauflöslicher Zusammenhang. Ein alle Schichten umfassendes Publikum bringt notwendigerweise ein Drama hervor, in dem die verschiedenen Interessen, Perspektiven und Normen einer Gesellschaft repräsentativ abgebildet werden, sich durchkreuzen, überlagern und gegenseitig relativieren. John Lyly, als Schöpfer der höfischen Komödie einer der wichtigen Autoren des elisabethanischen Theaters, hat diesen Zusammenhang klar erkannt (Prolog zu *Midas*, 1589/90?):[9]

At our exercises, Souldiers call for Tragedies, their obiect is bloud: Courtiers for Commedies, their subiect is love: Countriemen for Pastoralles, Shepheards are their Saintes. Trafficke and trauell hath wouen the nature of all

Nations into ours, and made this land like Arras, full of deuise ... Time hath confounded our mindes, our mindes the matter; but all commeth to this passe, that what heretofore hath beene serued in seuerall dishes for a feaste, is now minced in a charger for a Gallimaufrey. If wee present a mingle-mangle, our fault is to be excused, because the whole worlde is become an Hodge-podge.

Diese Mischung von Gattungen, Themen und Figuren, wie sie hier Lyly gleichmütig verteidigt, ist um so erstaunlicher, als sie gegen die herrschende Poetik vollzogen wird. Sidney verurteilt das Theater seiner Zeit, gerade weil es die Gattungsgrenzen und die Ständeklausel nicht beachtete und – *mingling Kinges and Clownes* – sich über die aus antiken Texten herausinterpretierten Vorschriften hinwegsetzte. Voraussetzungen waren hierfür die Außenseiterstellung des Dramas im Literatursystem der Zeit, die verhinderte, daß das Drama nach den poetologischen Forderungen rigoros ausgerichtet wurde, und der Umstand, daß die kommerziell organisierten Truppen das Londoner Zuschauerpotential in seiner ganzen Breite anziehen mußten.

1.3.3. Das Verhalten der Zuschauer im Theater

Das Verhalten des Publikums ist aus den Zeugnissen nur äußerst schwierig zu rekonstruieren, weil die Autoren, von denen die meisten Belege stammen, aber auch die staatlichen oder kirchlichen Stellen kaum jemals eine objektive Beschreibung gaben, sondern entweder aus einer momentanen Verärgerung oder aber aus einer grundsätzlich negativen Einstellung heraus sich äußerten. Wie wenig historischer Wert manchen dieser Beschreibungen beizumessen ist, kann an Stephen Gossons Attacken gegen die Theater abgelesen werden, der seine Darstellung des elisabethischen Publikums von der Schilderung des römischen Publikums in der *Ars amatoria* des Ovid abschrieb.[10] Wie A. Harbage richtig feststellte, äußern sich in den Zeugnissen entweder schichtenspezifische Vorurteile oder sie kommen von enttäuschten Dichtern, mißmutigen Predigern, argwöhnischen Politikern oder solchen, die ihre kommerzielle Interessen gefährdet glaubten.[11]

Attacken gegen das Publikum finden sich bei den Theaterautoren regelmäßig und in großer Zahl die ganze Shakespeare-Zeit hindurch. Sie kritisieren allerdings weniger das schlechte Verhalten, als die fehlende Urteilskraft.

Berichte, die von Ausschreitungen, Diebstählen und anderen Vorkommnissen während der Aufführungen handeln, sind zahlreich erhalten. Sie zeigen eine deutliche Konzentration in den nördlichen Theatern, besonders im *Fortune,* wo man diese Reputation mit einem gewissen Gleichmut hingenommen zu haben scheint.

Häufige Klagen der Schauspieler betreffen das laute Verhalten des Publikums während der Vorstellung. Besonders störte das Essen und Trinken während des Spiels, wobei vor allem das Nüsseknacken die

Spieler nervös oder wütend gemacht zu haben scheint. Als besondere Belästigung mögen die Schauspieler auch die Gewohnheit von eitlen Zuschauern empfunden haben, das Spiel von einem auf die Bühne gestellten Stuhl aus zu verfolgen. Da manche diese Gelegenheit benutzten, sich selbst und ihre Reaktionen auf das Stück deutlich zur Schau zu stellen, konnte damit nicht nur die Aufmerksamkeit einzelner Zuschauer abgelenkt, sondern auch der Erfolg eines Stückes ernsthaft in Frage gestellt werden.[12]

Beifalls- oder Unmutsäußerungen waren nicht nur auf die Pausen oder den Schluß beschränkt, sondern wurden spontan und unmißverständlich geäußert. Für die Autoren ergab sich das Problem, die sehr verschiedenen Geschmacksrichtungen eines breitgefächerten Publikums einigermaßen zu befriedigen. Middleton im Prolog zu *No Wit, No Help like a Woman's* dürfte die Meinung vieler seiner Kollegen zusammengefaßt haben:[13]

> How is't possible to suffice
> So many Ears, so many Eyes?
> Some in wit, some in shows
> Take delight, and some in Clothes;
> Some for mirth they chiefly come,
> Some for passion, for both some;
> Some for lascivious meetings, that's their arrant;
> Some to detract, and ignorance their warrant.
> How is't possible to please
> Opinion tos'd in such wilde Seas?

Die spontane Reaktion des bürgerlichen Publikums während des Spiels wird besonders treffend im Verhalten des Citizen George und seiner Frau Nell in Beaumonts *Knight of the Burning Pestle* gespiegelt. Der burleske Charakter des Stückes und die satirische Intention des Autors, der ein gebildeteres Publikum durch die Einbeziehung der naiven Rezeption der einfacheren Publikumsschichten amüsieren wollte, dürfen zwar nicht übersehen werden, aber schon die Tatsache, daß das Stück bei seiner Premiere kein Erfolg war, weil eben diese Intention nicht erkannt wurde, zeigt, daß das Verhalten dieser beiden Figuren, die als Zuschauer auf der Bühne sitzend das Spielgeschehen fortlaufend kommentieren und in es einzugreifen versuchten, nicht als unwahrscheinlich angesehen wurde. Typisch scheint insbesondere gewesen zu sein, daß der einfache Bürger ganz bestimmte Stoffe forderte und heftig seinen Unmut äußern konnte, wenn er sich getäuscht glaubte. Auch die Bereitschaft zur Identifikation mit einer Figur, die der eigenen Schicht entstammte, und die unmittelbare Anteilnahme an ihrem Schicksal, wobei es immer wieder zur Rezeption des fiktiven Geschehens als realen Geschehens und zur Verwechslung von Schauspieler und dramatischer Figur kommt, ist nicht nur durch Beaumonts Stück belegt, sondern auch durch andere Zeugnisse.

Soweit das Verhalten des Publikums aus den Dokumenten erschlossen werden kann, entspricht es in komplementärer Weise ganz der Bühnenform und dem Aufführungsstil der damaligen Zeit. Dem engen Kontakt zwischen Schauspielern und Publikum entspricht das aktive und spontane Verhalten der Zuschauer während der Vorführung; der ständige Wechsel zwischen Illusionserzeugung und Illusionsdurchbrechung wird komplementär ergänzt durch ein Publikumsverhalten, das das Spielgeschehen einmal als Leistung des Schauspielers bewertet und zu manderen sich dem Spielvorgang als Wirklichkeit überläßt. Wenn die Bürgersfrau Nell während des Spiels niemals vergißt, daß ihr Lehrling Rafe vor ihr auf der Bühne spielt und zugleich an seinen heroischen Abenteuern ängstlich und doch wieder stolz Anteil nimmt, darf das bei aller burlesker Übertreibung wohl als typisch für die Haltung zumindest der breiteren Schichten des Publikums angesehen werden.

1.3.4. Die Kompetenz des Publikums

Das ständige Angebot von Aufführungen für ca. 15 bis 20 % der Londoner Bevölkerung, die am Theater interessiert waren, und der häufige Wechsel im Repertoire der einzelnen Truppen, der durch den Konkurrenzdruck der einzelnen Truppen entstand, schufen sehr rasch ein sachverständiges Publikum, das seine Vorliebe entwickelte, das Konventionen erkennen konnte und Variationen zu würdigen wußte. Wie zu beobachten ist, finden sich in den Dramen der Frühzeit sowie in den Stücken, die in Form und Inhalt innovatorisch sind, sorgfältige und redundante Erklärungen der Motive und Charaktere. Sobald aber ein Genre etabliert ist, genügen kurze Verweise auf bestehende Konventionen, die vom Publikum akzeptiert sind.

Beispiele für die Einübung neuer Konventionen und die rasch sich bildende Kompetenz des Publikums sind Kyds sorgfältige Exposition des Rachemotivs und des rachsüchtigen Charakters in der *Spanish Tragedy* um 1586[14] oder Ben Jonsons »Induction« zu seiner »comical satyre« *Every Man Out of His Humour* sowie die Plazierungen von Mitis und Cordatus auf der Bühne während des Spiels, um die Rezeption eines neuen dramatischen Genres zu steuern. Jonson läßt vor Spielbeginn den Dichter Asper im Dialog mit Mitis und Cordatus auftreten, um seine satirische Absicht und seine Satire- und Humoraltheorie zu erläutern, damit die Struktur der Komödie und die Figurenkonstellation richtig erkannt werden. Insbesondere die Verwandlung des Dichters Asper in der »Induction« in die satirische Kommentatorfigur Macilente im Stück und die Opposition der Figuren Macilente – Carlo Buffone dienen als Anleitung für die Entschlüsselung der satirischen Tendenz in der vom Autor gewünschten Weise. Daß eine solche Vorbereitung nicht überflüssig war, wenn der Autor nicht eine falsche Rezeption und damit einen Durchfall seines Stückes riskieren wollte, geht nicht nur, wie schon vorher erwähnt, aus Beaumonts falscher Einschätzung der Zusammensetzung des Publikums hervor, das zwar die typische Bürgerkomödie kannte und schätzte, aber der burlesken Ironisierung des Genres und seiner Rezipienten verständnislos gegenüberstand, sondern wird auch durch den Mißerfolg belegt, den Fletchers *The Faithful Shepherdess* (1608) zunächst hatte. Dieses sehr sorgfältig gearbeitete Stück war ein romanzenhaftes Drama, wie es bis dahin nur am Hofe oder innerhalb der Universitäten gepflegt worden war. Daß die Gründe für den Mißerfolg in der mangelnden Gattungskompetenz und falschen Gattungserwartung des Publikums lagen, hat Fletcher selbst erkannt, wie eine zornige Vorrede zeigt:[15] »It is a pastorall Tragic-comedie, which the people seeing when it was plaid, having ever had a singuler guift in defining, concluded to be a play of country hired Shepheards in gray cloakes, with curtaild dogs in strings, sometimes laughing together, and sometimes killing on another: And missing whitsun ales, creame, wassel and morris-dances, began to be angry.«

Der Mißerfolg Fletchers ereignete sich im *Blackfriars,* wo das Stück von einer Knabentruppe aufgeführt wurde. Als kurz darauf das *Blackfriars* von den *King's Men* übernommen wurde, die dann Beaumonts und Fletschers *Philaster,* ein Stück des gleichen Typus, herausbrachten, wurde es ein Erfolg, durch den beim Publikum die Vorliebe für das Genre der Tragikomödie fest etabliert wurde, die bis zur Schließung der Theater anhielt. Freilich muß diese Vorliebe für die pastorale Tragikomödie auch im Zusammenhang mit der schichtenspezifischen Auffächerung des Publikums auf die einzelnen Theater gesehen werden. Das vorwiegend aristokratische Publikum, das ab 1610 das *Blackfriars* frequentierte, schätzte neben der pastoralen Tragikomödie die witzig-satirische Prosakomödie, die von den Kindertruppen und ihren Autoren inauguriert worden war und von den *King's Men* auch weiterhin gepflegt wurde, während die öffentlichen Theater mit Ausnahme des Globe das traditionelle Repertoire bevorzugten.

Die Aufgliederung des Repertoires auf die einzelnen Theater mit ihren verschiedenen Zuschauerschichten zeigt, daß die Bereitschaft, innovatorische Stücke und dramatische Experimente aufzunehmen, bei den breiten Schichten geringer entwickelt war als bei dem Publikum, das sich aus dem Adel, den literarisch avantgardistisch eingestellten Rechtsstudenten der Rechtsschulen und anderen literarisch Interessierten zusammensetzte. Die *King's Men* scheinen sich besonders auf dieses Publikum eingestellt zu haben, ohne freilich die anderen Schichten, die das *Globe* besuchten, zu vernachlässigen.

Wenn man die Liste der erfolgreichsten Stücke der Shakespeare-Zeit betrachtet, die über Jahrzehnte hinweg immer wieder in die Repertoires genommen wurden, so muß den Zuschauern der damaligen Zeit

Sicherheit des Geschmacks und ästhetische Urteilskraft bescheinigt werden. Während der fast siebzig Jahre, in denen in London kontinuierlich kommerzielles Theater gespielt wurde, waren *The Spanish Tragedy, Doctor Faustus, Hamlet, Mucedorus, Philaster, If You Know Not Me* und *Pericles* die größten Publikumserfolge. Lediglich *The Knight of the Burning Pestle* und Websters *The White Devil,* die heute als Meisterwerke gelten, fielen damals durch. Damit erweist sich aber, daß das Urteil der älteren Forschung über den mangelnden Kunstsinn und die Vulgarität des Publikums nicht aufrechterhalten werden kann.

1.4. Die Autoren[1]

Die elisabethanische Bühne unterschied sich von der vorausgehenden Theater-Praxis durch ihre konsequentere kommerzielle Ausrichtung und der ihr angepaßten Organisationsform. Die Errichtung fester Häuser, die nur dem Theaterspiel dienten, die Herausbildung fester Schauspieltruppen mit Teilhabersystem, das Interesse von Kaufleuten, die zu Theatermanagern wurden, sind Anzeichen, daß das Theater als florierender Industriezweig betrachtet wurde, der mit Gewinn für alle Beteiligten betrieben werden konnte. Auch die Autoren, die für das Theater schrieben, wurden in diesen Prozeß einbezogen und ihre Produktion wurde von ihm geprägt. Eine Analyse der Situation dieser Textdichter ist deshalb nötig, weil ein letzlich der Romantik entstammendes Verständnis dieser Autoren als ungebundene, interessefreie Dichter sich als Quelle von Mißverständnissen erweisen würde, wenn man es auf die Shakespeare-Zeit projizierte.[2]
Daß auch der Dramatiker vom Kommerzialisierungsprozeß erfaßt wurde, wird deutlich, wenn man die Autoren der früheren Dramen mit ihnen vergleicht. Weder die anonymen Verfasser der mittelalterlichen religiösen Spiele, noch die Verfasser der Schulkomödien und Interludes waren Autoren, die ihren Lebensunterhalt durch das Abfassen von Dramen verdienten. Henry Medwall, John Bale und Nicholas Grimald waren Geistliche; Nicholas Udall und George Buchanan Schulmeister und Gelehrte; Heywood war Musiker und durch seine Stellung bei Hofe für Vergnügungen aller Art zuständig, während John Rastell Rechtsanwalt und Drucker war. Noch lange bis ins 17. Jahrhundert hinein wurden an Schulen, an Universitäten und in Landhäusern Stücke aufgeführt, die von Amateuren verfaßt waren und in denen auch Amateure auftraten, die sich aus Schülern, Studenten oder Mitglieder der betreffenden Haushalte rekrutierten, im Vergleich zu dem professionellen Theaterbetrieb spielen diese Aktivitäten jedoch keine nennenswerte Rolle.
Um die Auswirkungen abschätzen zu können, die diese Kommerzialisierung und Professionalisierung auf die Dramatiker und ihre Büh-

nentexte hatten, ist ein Umdenken erforderlich. Man muß davon ausgehen, daß diese Autoren bei der Abfassung ihrer Texte nicht zuletzt von den Möglichkeiten der jeweiligen Bühnenrealisierung auszugehen hatten. Der Autor mußte z. B. die Zahl der männlichen Rollen dem Bestand der Schauspieltruppe anpassen, bzw. die Möglichkeit des *doubling* in der Auftrittsanordnung in Rechnung stellen. Die Zahl der Knaben bestimmte die Anzahl der weiblichen Rollen; Gesangseinlagen konnten nur dann in den Text eingestreut werden, wenn gute Sänger vorhanden waren. Ebenso mußte der Verfasser die Zusammensetzung des Publikums berücksichtigen, das im *Red Bull* ebenso notorisch vulgär zu sein schien, wie das des *Blackfriars* versnobt. Aus diesem Grunde hatte die Professionalisierung beim Dramatiker einen ungleich größeren Einfluß auf sein Schaffen als bei jedem anderen literarischen Produzenten.

1.4.1. Die Amateurschriftsteller

Während der ganzen Zeit, in der das Drama im wesentlichen von den professionellen Dramatikern bestimmt war, gab es immer wieder Amateure, die vereinzelte Stücke verfaßten, die auch zur Aufführung gelangten. Der Anteil solcher Dramen fällt gegenüber der Produktion der professionellen Stückeschreiber zahlenmäßig kaum ins Gewicht. Von den ca. 1 200 Stücken, die von namentlich bekannten Autoren zwischen 1590 und 1642 verfaßt worden sind, sind nur ca. 265 von etwa 200 Amateurschriftstellern geschrieben worden; der Rest verdankte seine Entstehung einer sehr viel kleineren Gruppe von berufsmäßigen Stückeschreibern. Die Zahlen zeigen, daß Amateure zumeist nur mit einem Stück hervortraten, das gewöhnlich zu einem besonderen Anlaß verfaßt worden war und zumeist auch von Amateuren bei Festlichkeiten in den Universitäten (Immatrikulationen, königliche Besuche), bei Hofe oder in den *Inns of Court* aufgeführt wurde.[3] Wenn diese Stücke ihren Weg in den Druck fanden, dann beteuerten ihre Verfasser zumeist, daß sie keine berufsmäßigen Stückeschreiber seien, sondern mit anderen Tätigkeiten ihr Brot verdienten, was ein klarer Hinweis auf den niedrigen sozialen Rang der professionellen Dramatiker ist.

1.4.2. Die Berufsdramatiker

Von dieser Gruppe wurden in der Zeit von 1590 bis 1642 ca. 900 Stücke verfaßt. Sie dürfte nach den Schätzungen Bentleys ungefähr 50 Personen umfaßt haben, von denen einige wiederum nur als Verfasser weniger Stücke bekannt sind, so daß ca. 850 Stücke von ca. 44 Autoren in diesem Zeitabschnitt produziert wurden. Von diesen sind es wieder 22, die jeweils ein Dutzend oder mehr Stücke verfaßten oder an einer Gemeinschaftsarbeit beteiligt waren. Ihre Namen:

Thomas Heywood	Richard Brome
John Fletcher	William Haughton
Thomas Dekker	George Chapman
Philip Massinger	Michael Drayton
Henry Chettle	Robert Wilson
Thomas Middleton	William Hathawey
William Shakespeare	Anthony Munday
James Shirley	John Ford
Ben Jonson	Wentworth Smith
William Rowley	John Webster
John Day	Francis Beaumont

Unter ihnen gab es besonders produktive. So z. B. erklärte Thomas Heywood im Vorwort zur Ausgabe seines Stückes *The English Traveller* von 1633, daß er bereits 220 Stücke geschrieben oder mitverfaßt habe (»had a maine finger in«). Fletcher schrieb allein oder war beteiligt bei 69 Dramen, Dekker verfaßte in 34 Jahren wenigstens 64 Stücke, wobei zwischen 1598 und 1602 allein 44 für Henslowe von ihm ganz oder teilweise geschrieben wurden. Philip Massinger schrieb allein oder mit Kollegen mindestens 55 Stücke, Chettle verfaßte allein oder im Team 50 in ca. fünf Jahren. Shakespeare schrieb 38 Dramen, ebenso wie Shirley. Von Middleton stammen 31 Stücke.[4]

Unter den 22 Berufsdramatikern kann eine Gruppe, die etwa ein Drittel umfaßt, wieder ausgegliedert werden, die vermutlich einen besonderen Status gegenüber den Truppen innehatte. Diese Autoren schienen über längere Zeit durch mündliche Absprache oder Vertrag als Hausautoren an eine Truppe enger gebunden gewesen zu sein. Zu denen, die nur für kurze Zeit einer Truppe besonders verpflichtet waren und sich später davon lösten, gehörten vermutlich Jonson, Chapman, Ford und Webster. Die Autoren, die langfristig gebunden waren, sind Heywood, Fletcher, Massinger, Shakespeare, Shirley und Brome. Letztere repräsentieren am reinsten den neuen Berufstyp des über lange Jahre hindurch für eine bestimmte Schauspieltruppe arbeitenden Dramatikers, der sein Einkommen ganz aus dieser Tätigkeit bezog.

Das soziale Ansehen dieser Dramatiker war abhängig von der allgemeinen Einschätzung aller Teilnehmer am Theaterbetrieb, die bekanntlich nicht sehr hoch war. Auch innerhalb des Theaterbetriebs selbst scheint der Dramatiker generell nicht sehr großes Ansehen genossen zu haben. Bezeichnend ist die Passage aus dem Stück *The Return from Parnassus* (Teil 2), in der Studenten verschiedene Verdienstmöglichkeiten nach Abschluß des Studiums erwägen und dabei den Beruf des Dramatikers besonders niedrig taxieren. Nachdem die Studenten Richard Burbage und Will Kempe, Shakespeares Kollegen von den *Lord Chamberlain's Men,* über die Berufsaussichten als Dramatiker konsultiert haben, stellt Studioso in der nächsten Szene sogar den Beruf eines Wandermusikanten noch über den eines Stückeschreibers.[5]

Eine der Ursachen war zweifellos auch, daß Stücke lange Zeit nicht als Literatur galten, den Dramatikern also der Status eines Dichters verweigert wurde.[6] Nur langsam verbesserte sich das Ansehen der Dramatiker; die Veröffentlichung der Werke Ben Jonsons im Jahr 1616 durch ihn selbst, war ein Meilenstein in der Aufwertung der Dramen als literarisch ernstzunehmender Produkte, in deren Gefolge auch die Reputation der Verfasser gefördert wurde.

1.4.3. Die Beziehung der Dramatiker zu den Schauspieltruppen

Die professionellen Dramatiker können eher als Angestellte der Truppen betrachtet werden, auf deren Interessen sie in erster Linie Rücksicht zu nehmen hatten und an die auch das Copyright für die Texte überging. Letzlich entschieden die Schauspieler, die bei dieser Entscheidung wohl vor allem den finanziellen Erfolg im Auge hatten, ob ein Werk zur Aufführung angenommen wurde oder nicht. Eine Ausnahme bildeten die Knabentruppen, die keinen Einfluß auf die Wahl der Stücke hatten und bei denen die Leiter (die oft selbst Dramatiker waren, wie z. B. John Lyly in den 80er Jahren des 16. Jahrhunderts oder Samuel Daniel 1604 oder Robbert Daborne 1610) die Entscheidungsbefugnis hatten. Auch der König konnte verschiedentlich durch Wünsche nach bestimmten Stücken die Entscheidung beeinflussen. Manchmal waren auch Mittelsmänner zwischen Dramatikern und Schauspieltruppen tätig, die Stücke aufkauften, wie z. B. Henslowe, der den Dramatikern das Honorar bezahlte, um es dann den Truppen wieder in Rechnung zu stellen.[7] Der üblichere Weg scheint allerdings gewesen zu sein, daß der Auftrag für ein Stück von der Truppe selbst ausging und über einen Agenten an den Dramatiker erteilt wurde, nachdem eine Probeszene oder ein Exposé vorgelegt und gutgeheißen worden war. Zumeist hatte der Dramatiker sein Werk der Truppe vorzulesen, worauf dann die Entscheidung über dessen Annahme oder Ablehnung gefällt wurde. Da es für die Dramatiker keinen Schutz für ihre Werke gab, kam es auch nicht selten vor, daß alte Stücke ohne Wissen und Zustimmung ihrer Verfasser den Truppen zum Kauf angeboten wurden. Diese Sitte hat offenbar in den ersten Jahrzehnten des 17. Jahrhunderts, als bereits viele Stücke existierten, zugenommen.

Der Betrag von sechs Pfund scheint die durchschnittliche Bezahlung für einen dramatischen Text gewesen zu sein. Zusätzlich konnten die Autoren ihr Einkommen aufbessern durch Bearbeitung alter Stücke, durch das Verfassen von Prologen und Epilogen oder Auftragsarbeiten für besondere Aufführungen. Ein Vergleich mit dem Einkommen

nicht-dramatischer Schriftsteller oder von der Ausbildung her gesehen vergleichbarer Berufe zeigt, daß das Einkommen der Dramatiker, wenn sie regelmäßig und schnell produzierten, bedeutend höher war als die Gehälter der übrigen Gruppen.[8]
Gegen Ende der Shakespeare-Zeit haben wahrscheinlich feste Verträge zwischen einem Dramatiker und einer Truppe existiert, die die Produktionsrate festlegten und den Dramatiker verpflichteten, für keine andere Truppe zu schreiben.[9] Aus den Dokumenten geht hervor, daß üblicherweise zwei Stücke pro Jahr vom Autor erwartet wurden. Man darf vermuten, daß auch für die Zeit um 1600 ähnliche Regelungen gültig waren, zumal auch von Shakespeare berichtet wird, daß er, als er in Stratford lebte, seine Truppe mit zwei Stücken pro Jahr zu beliefern hatte.[10]

1.4.4. Die Zensur

Eine Analyse der verschiedenen Dokumente über die Kriterien, nach denen die *Masters of the Revels* die Stücke beurteilten, ergibt folgenden Katalog:
Verboten waren
1. kritische Kommentare über die Regierung;
2. ungünstige Darstellung befreundeter auswärtiger Mächte;
3. Kommentare zu religiösen Kontroversen;
4. Profanierungen der religiösen Sphäre;
5. persönliche Attacken auf einflußreiche Leute.[11]

Dabei wurden oft Parallelen gezogen und Interpretationen vorgenommen, die heute als weithergeholt anmuten, wie das Beispiel der »deposition scene« in *Richard II.* zeigt, die vom Zensor ebenso wie von den Anhängern des Earl of Essex offenbar als auf Königin Elisabeth gezielt gedeutet wurde.[12] Auch die Gerichtsverhandlung gegen Philotas in Daniels Tragödie *Philotas* wurde als literarischer Kommentar zu den Vorgängen um Essex' Verurteilung und Hinrichtung verstanden, was den Autor in Schwierigkeiten brachte und dem Stück ein Aufführungsverbot eintrug.[13]
Diese vielfach vorgenommenen Eingriffe sind wichtige Hinweise für die Rezeption der Dramen zu ihrer Entstehungszeit. Sie demonstrieren, daß das Dramengeschehen in außerordentlich starkem Maß auf die historisch-empirische Wirklichkeit bezogen wurde und das Theater nicht nur als Angebot unpolitischer Kurzweil verstanden wurde.

1.4.5. Kollaboration und Überarbeitung

Bereits vor dem Kommerzialisierungsprozeß war die Zusammenarbeit verschiedener Autoren an einem Stück reguläre Praxis, wie die Beispiele *Gorboduc* von Norton und Sackville, *Iocasta* von Gascoigne

und Kinwelmershe oder *Gismond of Salerne* zeigen, an dem Wilmot, Stafford, Halton, Noel und ein gewisser »G. Al.« zusammenwirkten. Auch an *The Misfortunes of Arthur* arbeitete ein Team, bestehend aus Hughes, Bacon, Trotte, Fulbeck, Lancaster, Yelverton, Penroodock und Flower, zusammen. Bei den professionellen Dramatikern war die Zusammenarbeit zunächst ebenfalls verbreitet, nahm jedoch in der karolinischen Zeit etwas ab. Von den ca. 1 500 Stücken, die heute wenigstens dem Titel nach bekannt sind, darf geschätzt werden, daß ungefähr bei der Hälfte mehr als ein Autor beteiligt war, sei es als Mitarbeiter, als Überarbeiter oder als Verfasser späterer Zusätze. Von den 282 Stücken, die Henslowes Geschäftspapiere erwähnen, sind nicht weniger als zwei Drittel von mehr als einem Autor verfaßt. Die Zunahme der Zusammenarbeit war eine direkte Folge des Kommerzialisierungsprozesses, der einen stetigen Bedarf an neuen Stücken erforderlich machte, um den Zustrom der Zuschauer aufrechtzuerhalten und damit den Lebensunterhalt aller am Theaterunternehmen Beteiligten zu garantieren. Zugleich ist sie ein Zeichen dafür, daß Dramen zunächst nicht als literarische Werke gewertet wurden, mit denen ein Autor seinen Ruhm als Dichter begründen wollte. Der allmähliche Wandel in diesem Verständnis in den ersten Jahrzehnten des 17. Jahrhunderts ist am deutlichsten bei Ben Jonson zu beobachten, der Stücke, die er in Kollaboration verfaßte, in seine Folio-Ausgabe nicht aufnahm, wie z. B. *Hot Anger Soon Cold,* oder aber, bevor er seine Stücke für den Druck freigab, die Textteile des Mitautors sorgfältig entfernte und durch eigene ersetzte, wie er in seinem Vorwort »To the Readers« zur Quarto-Ausgabe des *Sejanus* bemerkt.[14]
Die viele Jahre währende Zusammenarbeit von Beaumont und Fletcher, die das bekannteste Team bildeten, ist keineswegs ein Sonderfall. Nicht selten wurde an der Abfassung eines Stückes ein schriftstellerisch begabter Schauspieler beteiligt, der seine und die Wünsche seiner Truppe, aber auch die Bühnenerfahrung in die Textgestaltung einbringen konnte. Von diesen ist besonders Nathan Fields und W. Rowley zu nennen, deren Mitarbeit an vielen Stücken belegt ist.
So gesichert die Kollaboration mehrerer Autoren an einem Stück ist, so wenig ist bekannt, wie diese Kollaboration im einzelnen vor sich ging. Es hat einige Autoren wie z. B. W. Rowley gegeben, die auf ganz bestimmte Szenentypen oder Charaktere spezialisiert gewesen zu sein scheinen. Aber nach den spärlichen Dokumenten zu schließen, ist vermutlich die Aufteilung der Zusammenarbeit nach verschiedenen Akten üblicher gewesen. So erscheint in der Ausgabe von 1591 von *Tancred and Gismund* (aufgeführt 1566/67) nach jedem der fünf Akte der Name des jeweiligen Autors. Ebenso erfolgte die Zusammenarbeit an dem notorischen, leider verlorenen Stück *The Isle of Dogs,* für das die Verfasser und Schauspieler ins Gefängnis geworfen wurden, nach dem Zeugnis des Mitautors Thomas Nashe nach Akten getrennt. Auch

die Zusammenarbeit zwischen G. Chapman und Ben Jonson nach Akten scheint gesichert zu sein, ebenso dürfte die Kollaboration zwischen Beaumont und Fletcher nach vorheriger Aktaufteilung als erwiesen gelten.[15] Nur wenig sicher ist die Zusammenarbeit zu trennen von einer anderen Tätigkeit der Theaterautoren dieser Zeit, der Bearbeitung. Überarbeitungen wurden vermutlich an fast allen Stücken vorgenommen, bevor sie auf die Bühne gebracht wurden. Insbesondere der *prompter* oder *bookholder* nahm Eingriffe am Text vor, um ihn als Soufflierbuch brauchbar zu machen. Nach den vielen Anspielungen zu urteilen, sind Kürzungen besonders häufig gewesen, um den Text auf seine spielbare Länge zu bringen. Eine andere Form der Bearbeitung betraf alte Stücke, wenn sie wieder ins Repertoire einer Truppe genommen wurden. Der Vermerk »Newly Revised with Additions« scheint ein beliebtes Mittel gewesen zu sein, um die Zuschauer erneut für das Stück zu interessieren. Überarbeitungen wurden jeweils offen zugegeben und wurden vom Publikum offenbar akzeptiert, was zeigt, daß der Originalitäts- und Werktreue-Begriff zumindest für die Dramen in dieser Zeit keine Gültigkeit besaß.[16] Auch die Tatsache, daß bei Quartoausgaben auf der Titelseite der Drucker manchmal den Vermerk »Newly augmented« oder ähnliche Formulierungen anbrachte, obwohl ein alter unveränderter Text gedruckt wurde,[17] weist darauf hin, daß Überarbeitungen willkommen waren. Die häufige Bearbeitung eines Stückes kann geradezu als Beweis herangezogen werden, daß es sich lange Zeit im Spielplan erfolgreich halten konnte. Es darf keineswegs vermutet werden, daß die Überarbeitungen wegen Unzulänglichkeiten vorgenommen wurden. Als Faustregel gibt Bentley an, daß jedes Stück, das sich zehn Jahre nach seiner Entstehung noch im Repertoire der Truppe befand, einer Revision unterzogen worden sein dürfte, die vermutlich von professionellen Autoren vorgenommen wurde.[18]

1.5. Zusammenfassung

Schon ein Überblick über die einzelnen Teilnehmer dieses Kommunikationssystems lehrt, in welch engem Interdependenzverhältnis sie standen und in welchem Ausmaß die Texte, die für dieses System geschrieben wurden, vom System mitgeprägt wurden.

Die Professionalisierung der Schauspieler begann wesentlich früher als die Epoche der Shakespeare-Zeit, hatte aber zur Folge, daß die Berufsschauspieler sozial in die unterste Schicht abstiegen. Erst zu Beginn der Epoche gelang es ihnen, sich mit Hilfe des Adelspatronates rechtlich und sozial in die Gesellschaft zu integrieren und damit ihren Beruf in neuer Organisationsform nach kommerziellen Gesichtspunkten gewinnbringend auszuüben. Dieser Kommerzialisierungsprozeß griff schließlich auch auf Amateurschauspieler wie die Chor- und Schulknaben über, indem er diese in professionell organisierte und geführte Kindertruppen umwandelte. Das kommerzielle Interesse der Truppen lenkte sie trotz der Theaterfeindlichkeit der Behörden nach London, der Stadt mit dem größten Zuschauerpotential, wodurch ein ständiges Spielen ohne zeit- und kraftraubendes Umherwandern garantiert war. Die Errichtung von Theaterbauten erfolgte schließlich als nächster konsequenter Schritt, weil er die beste Möglichkeit für die Kontrolle des Publikums bot. Bei der Konstruktion der Theaterbauten mußte darauf geachtet werden, daß allen Schichten der Bevölkerung der Besuch ermöglicht wurde, was zunächst die volkstümliche Bühnenform förderte und später bei den erfolgreichen Truppen zur Bespielung verschiedener Bühnentypen führte. Als es schließlich zu größeren schichtenspezifischen Geschmacksunterschieden kam, erfolgte eine freilich wenig strikte Auffächerung der Repertoires zwischen den Truppen bzw. den Theatern. Ein alle Schichten umfassendes Publikum bildete die Voraussetzung dafür, daß die Tradition des Volkstheaters und die vorwiegend durch die humanistische Schularbeit vermittelten Kunsteinflüsse im Drama der Zeit miteinander verschmelzen konnten. Der Wettbewerb verschiedener Truppen und die Gunst des Publikums erzeugten einen Konkurrenzdruck und hohen Repertoirebedarf, der zu einer rasch wachsenden Kompetenz des Publikums führte, durch die es beschleunigt zur Herausbildung von Konventionen, Typen und Variationen im Textkorpus kam. Zugleich wurde dadurch die Professionalisierung der Dramatiker ermöglicht. Die guten Verdienstmöglichkeiten für Autoren zogen stellungslose Universitätsabsolventen an, denen von den Theatern eine Gelegenheit geboten wurde, ihre erworbene Bildung und ihre Talente finanziell lohnend anzuwenden.

Entwicklung und Organisation des Theaterbetriebs zeigen die gleichen Merkmale, die das Handels- und Wirtschaftssystem der Zeit aufweisen. Die Aktivitäten sind gewinnorientiert und streben deshalb nach breiter Kapitalbasis, Arbeitsteilung und stetiger ungestörter Arbeitsmöglichkeit. Die Beteiligten, zumeist der bürgerlichen Schicht entstammend, verhalten sich auch sozial entsprechend dieser Schicht. Sie versuchen, ihren Gewinn sicher anzulegen und mit Hilfe des erworbenen Wohlstandes die Durchlässigkeit der Gesellschaftsschichten zum Aufstieg zu nutzen.

2. Das Drama der Shakespeare-Zeit: Historische Kontexte

Das Kommunikationssystem, dessen Teilnehmer im 1. Teil beschrieben wurden, kann nicht isoliert betrachtet werden, weil es auf vielfältige Weise in ein historisches Bezugsfeld eingebettet war, dessen wichtigste Komponenten in diesem Teil dargestellt werden sollen. Ganz unmittelbar wurde die Formsprache des Dramas von der dramatischen Tradition geprägt, aus der es hervorgegangen war, weshalb deren Wirkung zunächst beschrieben werden soll. Einen weiteren wichtigen Kontext stellt das Literaturverständnis bzw. die literaturtheoretische Diskussion der Zeit dar, in der das Drama eine Sonderstellung einnahm, ohne deren Kenntnis weder Produktion noch zeitgenössische Rezeption verstanden werden können. Sprachzustand und Sprachauffassung der Zeit bilden einen weiteren Kontext für das Drama, der dessen wichtigstes Medium in entscheidender Weise prägte. Schließlich bedürfen noch die weltanschaulichen Grundpositionen und ethischen Normen, die das Denken und Urteilen der Zeit bestimmten, der Darstellung, weil auch sie die Produktion und Rezeption der dramatischen Texte steuerten.

2.1. *Die dramatische Tradition und ihr Einfluß auf die Form des Dramas*

Die Linien, die vom älteren Drama zum Drama der Shakespeare-Zeit gezogen werden können, fanden von jeher das bevorzugte Interesse der historischen, evolutiv orientierten Dramenforschung, die versuchte, die Eigenart dieses Dramas dadurch zu verstehen und zu deuten, daß sie dieses in eine Tradition stellte, in der das jeweilige Phänomen als notwendiges Resultat von bestimmten Faktoren verstanden werden konnte, die dem Phänomen zeitlich vorauslagen. Diese Methode war außerordentlich fruchtbar. Mit ihrer Hilfe konnte gezeigt werden, daß viele Züge des Dramas dieser Zeit, die uns unverständlich sind oder Anlaß zu Fehldeutungen geben, weil wir sie nur mit unseren ästhetischen Kategorien zu werten in der Lage sind, sich als Elemente einer historischen Formensprache entschlüsseln lassen, wie z. B. die ungenügend motivierten Schurken im Drama der Zeit, die im heutigen ästhetischen Verständnis als künstlerisch unbefriedigend beurteilt werden müßten, von der historischen Dramenforschung aber als Nachfolgegestalten der alten »Vice«-Figur, der Lasterpersonifikation, erkannt wurden, die als solche keiner Motivation bedurften.

Bei allen Erfolgen der evolutiv orientierten Forschung dürfen die Probleme nicht übersehen werden, die dieser Ansatz in sich birgt. Problematisch ist zunächst das naturgesetzliche Entwicklungsdenken, das dieser Forschung manchmal zugrundelag. Man unterstellte, daß mit

Notwendigkeit aus primitiven künstlerischen Anfängen höher organisierte Formen sich entwickeln müßten, wobei man nicht selten von einem Gattungsbegriff ausging, der in Analogie zum biologischen Gattungssystem gebildet worden war. Für die Entwicklungsreihen, die man aufstellte, wählte man vorzugsweise solche Zeugnisse, in denen man Tendenzen zu erkennen glaubte, die in späterer Zeit voll zur Entfaltung gelangten. Je deutlicher Vorstufen künftiger Entwicklungen in einem Werk zutage traten, desto interessanter war das Werk. Nach welchen Prinzipien und für welche pragmatische Funktion das jeweilige Werk verfaßt worden war, wurde dabei häufig übersehen. Auch Veränderungen des sozio-kulturellen Umfelds, wie z. B. andere Produktions- und Rezeptionsbedingungen, wurden auf diese Weise allzusehr vernachlässigt, weil der Methode daran gelegen war, die Lückenlosigkeit und Stetigkeit der Entwicklung aufzuzeigen.
Das Erkennen der Gefahren dieses Ansatzes heißt nicht, auf den Erkenntnisgewinn zu verzichten, den sie in reichem Maße erbrachte. Vielmehr sind ihre Fehlerquellen durch eine verstärkte Berücksichtigung der funktionalen Perspektive zu korrigieren. In ihr ist das in der Vergangenheit entwickelte Repertoire von dramatischen Ausdrucksformen zu erstellen und bei der Verwendung durch spätere Autoren auf ihren neuen Funktionswert hin zu überprüfen. Dabei ist insbesondere auf den neuen Kontext zu achten, in dem die von der Tradition entwickelten und zur Verfügung gestellten Formelemente später eingesetzt wurden und in dem sie möglicherweise eine völlig neue Funktion erhielten.

2.1.1. Die Tradition des Volkstheaters[1]

Bei der Rekonstruktion der traditionellen Formsprache, über die das Drama der Shakespeare-Zeit verfügte, muß unterschieden werden zwischen dem Ausdrucksrepertoire der Theatertradition und den Konventionen, die sich in den Dramen herausbildeten. Schon anläßlich der Beschreibung der Bühnenform und des Schauspielstils wurde darauf hingewiesen, wie stark Traditionen des Volkstheaters auch in den kommerziellen Bühnenhäusern wirksam geblieben waren. Entstehung und Wandlung dieses Repertoires sollen deshalb zunächst skizziert werden.

2.1.1.1. *Platea-sedes.* Die Beziehung Spieler–Figur–Publikum[2]

Für die Aufführungen mittelalterlicher Mysterienspiele, die von Handwerkergilden in den Städten veranstaltet wurden, boten sich zwei Möglichkeiten der Darbietung an. Wählte man die Form eines *pageant*, dann veranstaltete man einen Umzug mit einzelnen Haltepunkten und bediente sich dabei einer Reihe von Wagen, die zweistöckig waren; die untere Etage bot den Schauspielern Raum zum Umkleiden, während auf der oberen Etage und auch auf der Straße gespielt wurde. Die zweite Möglichkeit war das Spiel auf Plätzen.

Hinweise in Dokumenten und Skizzen zeigen, daß die ortsfesten Aufführungen auf einer großen Fläche, einem Marktplatz oder dgl., stattfanden, der *platea (place)* genannt wurde. Auf dieser *platea* waren mehrere *sedes (scaffolds)* errichtet, Lattengerüste, auf denen die Darsteller spielten oder aus denen heraus sie auftraten. Das Publikum umlagerte die Spielfläche oder stand auf dem Platz selbst und mußte dann für die verschiedenen Auftritte Raum freigeben. Durch *sedes* und *platea* wurde das Spielgeschehen auf zwei Ebenen angesiedelt, was sich auch in der Konzeption der Figuren niederschlug. Die Figuren in den Mysterienspielen, in denen Episoden der Heilsgeschichte aneinandergereiht wurden, präsentierten sich einmal als biblische Gestalten und als solche erschienen sie vermutlich auf den Lattengerüsten. Wie die erhaltenen Texte zeigen, wurde aber während des Spielgeschehens immer wieder zu Zeitproblemen Stellung genommen und die Figuren als Zeitgenossen vorgestellt. Die soziale Situation des Dritten Standes, die wirtschaftliche Not, die drückende Steuerlast wurden beklagt, aber auch derbe Wirthausszenen und eheliche Streitszenen wurden eingeflochten. Sobald an den Figuren dieser Aspekt sichtbar wurde, agierten sie wahrscheinlich auf der *platea*, also auf dem gleichen Niveau mit dem Publikum und in engem Kontakt mit ihm. Dadurch gewannen diese Figuren eine doppelte Identität, die jedoch keineswegs als Anachronismus empfunden wurde, weil dieser ein historisches Denken zur Voraussetzung gehabt hätte, das für diese Zeit nicht postuliert werden kann. Vielmehr wurde dadurch das heilsgeschichtliche Geschehen der Vergangenheit in die Gegenwart überführt, in der im damaligen theologischen Verständnis die Heilsgeschichte ihre unmittelbare Wirkung entfaltete. Dieser Ahistorismus in der Figurenkonzeption wird vom elisabethanischen Drama weitergeführt, obwohl sich durch die Erziehungsarbeit des Humanismus in den gebildeten Schichten mehr und mehr ein historisches Denken durchsetzen konnte. Als Beispiel sei lediglich *Julius Caesar* genannt, in dessen Rom elisabethanische Handwerker auftreten und Turmuhren schlagen.

Der unmittelbare Kontakt zwischen Zuschauern und Schauspielern förderte einen Darstellungsstil, in dem nicht versucht wurde, durch illusionistische Mittel die Realität des Spielgeschehens vorzuspiegeln, sondern das Spiel als Spiel unter Einbeziehung des Publikums vorzuführen. Nicht nur in den mittelalterlichen Spielen, sondern auch in den Dramen des frühen 16. Jahrhunderts finden sich zahlreiche Hinweise in den Texten, in denen Figuren die Zuschauer ansprechen und in das Spielgeschehen hineinziehen. So erfolgen Auf- und Abtritte häufig mit dem Ruf »Room!« an die Zuschauer, um sie zum Zurückweichen zu veranlassen, was zeigt, daß manche Figuren aus dem Publikum heraus auftraten. Viele Figuren der *Tudor Interludes* des 16. Jahrhunderts sprechen bei ihrem Auftritt das Publikum direkt an.

In dem Stück *Thersites* droht der Titelheld gleich bei seinem ersten Auftritt, er werde gegebenenfalls handgreiflich gegen die Zuschauer vorgehen:[3]

Haue in a ruffler foorth of the greke lande
Called Thersites, if ye wyll me knowe
Abacke, geue me roume, in my way do ye not stand
For if ye do, I wyll soone laye you lowe ...

Wichtig ist die Tatsache, daß fast ausschließlich die bösen und komischen Figuren in dieser Weise auftreten, nicht aber die Vertreter der Tugend. Daraus kann geschlossen werden, daß letztere nicht aus dem Publikum heraus, sondern von dem hinter der Bühne gelegenen Raum auftraten. Gerade die komischen und bösen Figuren halten auch während des Spielgeschehens ständig Kontakt mit dem Publikum. Die Einbeziehung des Publikums erfolgt besonders deutlich in solchen Szenen, wo das Spielgeschehen mitten in die Zuschauer verlegt wird, wie z. B. in der Szene von *Jack Juggler,* in der Jenkin, der Diener, einen Schurken aufspüren soll. Jenkin mustert daraufhin das Publikum und sagt:[4]

Trulye good syr by your maistershipps fauoure
I cannot well fynd a knaue by the sauoure
Many here smell strong but none so ranke as he.

In ähnlich grober Weise behandelt auch »Merry Report« die Zuschauer. Als die Jagdhörner außerhalb der Halle blasen, um damit die Rückkehr des Jägers anzuzeigen, verdächtigt »Merry Report« zunächst geblähte Zuschauer, sie seien für diese Töne verantwortlich. Als dann der Jäger auftritt, wird er von »Merry Report« begrüßt mit dem Kompliment:[5]
»He would hunte a sow or twayne out of this sort ...«. Die Bühnenanweisung zeigt, daß dabei auf eine Frau im Publikum gedeutet wird.
Die Präsentation des Spiels als Spiel und die Einbeziehung des Publikums in das Spielgeschehen, die fester Bestandteil der Tradition des Volkstheaters war, wurde vom Drama der Shakespeare-Zeit übernommen, wenn auch in stark modifizierten und subtileren Formen. Die Modifikationen waren nötig, weil die Einflüsse des humanistischen Kunstverständnisses das Drama in Richtung auf einen durch Einsatz illusionistischer Mittel erzeugten Realismus des fiktiven Bühnengeschehens hinbewegten. Die Illusionsdurchbrechungen vollzogen sich also in einem illusionsvermittelnden Kontext und wurden nur noch zur Erzielung bestimmter Effekte eingesetzt. Ein Beispiel ist die Publikumsadresse der dramatischen Figuren »Lovewit« und »Face« am Schluß von B. Jonsons *The Alchemist.* Die direkte Hinwendung der beiden an das Publikum mit der Aufforderung, ein wohlwollendes sachverständiges Urteil über ihre Gaunereien zu fällen, ist in dieser

satirischen Komödie ein rezeptionslenkender Hinweis für das Publikum, das nach der Intention des Autors die Bühnenvorgänge als Spiegelungen seines eigenen sozialen Verhaltens begreifen soll.[6]
Die zunehmende Tendenz, das Bühnengeschehen als Realität zu präsentieren, ließ Illusionsdurchbrechungen innerhalb des Spielgeschehens nur kurzfristig zu, wie z. B. das Überwechseln des Narren in *King Lear* aus der Zeitebene der Handlung in die des Publikums am Ende der absurden Prophezeiung in III. 2. 95: »This prophecy Merlin shall make, for I live before his time.«
Das Spiel zwischen Dramenfigur, Schauspieler und Publikum wurde, weil hier die am wenigsten störende Stelle war, zunehmend in Prologe und »Inductions« verlagert. In diesen konnte sich ein subtiles Spiel mit der Illusion entfalten, in dem die Theatersituation transparent gemacht und zugleich das nachfolgende Spiel als Fiktion präsentiert wurde. Ein besonders raffiniertes Spiel wird in Marstons *Malcontent* (1604) getrieben. Der Schauspieler Will Sly betritt die Bühne und gibt vor, ein Modegeck zu sein, der das Spiel von einem Stuhl auf der Bühne aus beobachten will. Zum Bediensteten sagt er: »Ile hold my life thou took'st me for one of the plaiers«; er begehrt sodann, die Schauspieler »Harry Cundele, D: Burbidge and W: Sly« in Aktion zu sehen und schwenkt so zeremoniös seinen Hut wie Osric in *Hamlet*, den er vermutlich selbst gespielt hatte.[7] Auf die Schauspieler, die in *The Knight of the Burning Pestle* das Spiel in der Rolle von Zuschauern von der Bühne aus verfolgen und kommentieren, wurde bereits hingewiesen.
Der Grund für die Beliebtheit dieses Spiels mit Illusionserzeugung und -durchbrechung ist nicht zuletzt in der kategorialen Begriffsopposition von Schein und Sein zu sehen, die eines der populärsten Erkenntnis- und Wertungsmuster dieser Zeit ist, wobei gerade das Theater als Grundmetapher erscheint.[8]

2.1.1.2. Das *doubling*

Bei der Skizzierung der Professionalisierung wurde schon darauf hingewiesen, daß die Wandertruppen im 16. Jahrhundert nur aus wenigen Schauspielern bestanden und erst im letzten Drittel des Jahrhunderts eine Vergrößerung der Truppen zu verzeichnen ist, ein Vorgang, der sich auf die dramatischen Texte auswirkte. Bevington hat den Einfluß der Truppengröße auf die Dramenform im einzelnen untersucht.[9] In den Stücken, die für diese Wandertruppen verfaßt wurden, ist im Gegensatz zu den Dramen, die für Schul- und Universitätsaufführungen gedacht waren, zu beobachten, daß Figurenkonstellation und Auftrittsanordnung so angelegt sind, daß die Stücke auch von wenigen Schauspielern durch mehrfache Rollenübernahme *(doubling)* aufgeführt werden konnten. Die Rollenverteilung wurde dabei so vorgenommen, daß die Zentralfigur des Spiels, in den Moralitäten zumeist der Repräsentant des Menschengeschlechts schlechthin oder einer Altersstufe (»Juventus«) oder der Fürst, vom führenden Schauspieler gespielt wurde, während sich die übrigen Spieler in die anderen Rollen teilten. Auf die Ähnlichkeit der Rollen bei ihrer Aufteilung auf die Schauspieler wurde dabei nicht geachtet. Wie an vielen Beispielen gezeigt werden kann, war es in der Tradition des Volkstheaters üblich, daß ernste und komische, laster- und tugendhafte, hohe und niedrige Figuren in einem Stück vom gleichen Schauspieler gespielt werden konnten .Das Publikum der Wandertruppen scheint dies akzeptiert zu haben, während die höheren Schichten, die an Amateuraufführungen gewöhnt waren, für die eher zu viel als zu wenig Schauspieler zur Verfügung standen, diesen Brauch belächelten. Auf das gehobene Publikum und die dafür schreibenden Autoren scheint auch das klassische Drama vorbildhaft gewirkt zu haben, insofern bei diesen Komödien eine deutliche Neigung zur Beschränkung der Figurenzahl zu beobachten ist.

In der Tradition des Volkstheaters führte die Praxis des *doubling* dazu, daß die Auftritte der Figuren so angeordnet sein mußten, daß die Schauspieler Zeit zum Umkleiden hatten und so dem Publikum Figurenreichtum im Spielgeschehen vorgetäuscht werden konnte, was offensichtlich dem breiten Publikumsgeschmack entsprach, weil es ihn von den Mysterienspielen her gewohnt war. Das Umkleiden, durch das ein Rollenwechsel markiert wurde, geschah eher symbolisch, oft nur durch Austausch eines signifikanten Zugs in der Erscheinung. So konnte ein Rollenwechsel durch das Umbinden eines Bartes oder durch einen Wechsel in der Bartfarbe angezeigt werden. Ein umgeworfener Mantel, Wechsel des Hutes, ein Visier oder das Tragen eines Requisits (z. B. Stab, Keule, Degen oder Buch) reichten ebenfalls aus, um die Zuschauer über die neue Identität der Figur zu informieren. Wie schnell ein solcher Rollenwechsel vollzogen werden konnte, geht aus Bevingtons Untersuchung hervor, nach der in einer Reihe von volkstümlichen Spielen nur 25 Zeilen oder weniger für die Verkleidung zur Verfügung standen. In den Bühnenanweisungen dieser Stücke wird deshalb nicht selten zur Eile gemahnt. In *Cambises* wird der Spieler von »Commons' Cry« angewiesen: »running in, speak this verse, and go out again hastily«, weil ihm nur acht Zeilen bis zum nächsten Auftritt zur Verfügung standen.[10]

Die Praxis des *doubling* wirkte sich deutlich auf die Struktur der Dramen aus, die innerhalb der volkstümlichen Tradition geschrieben wurden. Mit Ausnahme der Hauptgestalt konnte keine Figur das gesamte Drama überdauern. Um nämlich dem Publikum den Eindruck der Figurenfülle vorzuspiegeln, wurden bei den einzelnen Episoden möglichst das ganze zur Verfügung stehende Personal eingesetzt. Dies bewirkte, daß insbesondere in den Moralitäten die meisten Figuren nur in einer Episode oder in einer Episodengruppe auftraten. Die

Zentralfigur wurde also während des Spiels mit immer neuen Episodenfiguren konfrontiert.
Wie eine Untersuchung der erhaltenen *plots*[11] aus der Zeit der Londoner Bühnen zeigt, wurde das *doubling* auch noch gehandhabt, als die Truppen sich beträchtlich vergrößert hatten und zusätzlich über *hirelings* verfügten, weil auch die Rollenzahl der Stücke zunächst wuchs. In *Seven Deadley Sins* waren ca. 60, in *Battle of Alcazar* 55 und in *1 Tamar Cam* ca. 70 Rollen zu besetzen, was mit zwei- bis dreifacher Rollendoppelung bewerkstelligt werden konnte.[12]
Mit der personellen Ausweitung der Truppen wurde nicht nur dem Hauptdarsteller, sondern auch den Schauspielern das *doubling* erlassen, die wichtige Rollen übernommen hatten.
Daß auf den etablierten Londoner Bühnen das *doubling* in den letzten Jahrzehnten des 16. Jahrhunderts zwar ausgeübt wurde, aber unter dem Einfluß des Geschmacks der gebildeteren Schichten, die das *decorum* der Figurenkonsistenz und -kontinuität gewahrt wissen wollten, mehr und mehr zurückging, zeigen etwa der entschuldigende Hinweis in der »Induction« zu Marstons *Antonio and Mellida*, daß hier ausnahmsweise eine Rollendoppelung nötig sei,[13] und der befristete Zusammenschluß zweier Truppen, die *The Silver Age* von Heywood aufführen wollten, weil das *doubling* von den geschmacklich tonangebenden Schichten als vulgär bewertet wurde.[14] Wenige Jahre zuvor wäre mit Hilfe des *doubling* eine Truppe jederzeit in der Lage gewesen, das Stück allein zu spielen. Die Abnahme des *doubling* während der Shakespeare-Zeit zeigt ebenso wie die Tendenz, den Darstellungsstil vom Deklamieren und der mimischen Textinterpretation hin zur Individualisierung und Charakterisierung zu verändern, die große Bewegung an, die das Theater in dieser Zeit durchläuft: Die Tradition des Volkstheaters wird mehr und mehr zurückgedrängt zugunsten eines Bühnenstils, der dem illusionistischen Realismus den Vorzug gibt.
Das *doubling* wirkte auf die Struktur der Dramen nachhaltig ein. Ein besonders typisches Beispiel bietet Marlowes *Tamburlaine*. Der Aufstieg Tamburlaines vom skythischen Hirten zum Weltherrscher erfolgt in einer Reihe von Episoden, die in verschiedenen Bereichen der Welt spielen. Die beherrschende Figur jeder Episode ist Tamburlaine, der fast in allen Szenen auf der Bühne erscheint. Zenocrate, seine Geliebte und spätere Frau, sowie seine Generäle Theridamas, Techelles und Usumcasane erscheinen ebenfalls in allen Episoden, in denen Tamburlaines Aufstieg dargestellt wird. Deshalb müssen diese fünf Figuren aller Wahrscheinlichkeit nach von vier Schauspielern und einem Knaben gespielt worden sein, die nicht zur mehrfachen Rollenübernahme herangezogen wurden. Stellt man nun den Personalbestand der einzelnen Episoden, wie dies Bevington getan hat, in einer Liste zusammen, so ergibt sich folgendes Bild:[15]

1. Episode (Acts I und II) Persia	2. Episode (Act III) Turkish Empire	3. Episode (Acts IV und V) Damascus
kontinuierlicher Auftritt: Tamburlaine Zenocrate (boy) Theridamas Techelles Usumcasane	gleich	gleich
episodischer Auftritt:		
Mycetes	Bajazeth – – – – –	– – Bajazeth
Cosroe	Zabina (boy) – –	– – Zabina (boy)
Meander	Anippe (boy) – –	– – Anippe (boy)
Ceneus	Ebea (boy)	Soldan of Egypt
Menaphon	Fez	Capolin
Ortygius	Morocco	King of Arabia
Magnetes	Argier	Governor of Damascus
Agydas – – – – – – – –	– – Agydas	4 Virgins of Damascus

Der Personalbestand der einzelnen Episoden bleibt zahlenmäßig beinahe konstant; lediglich die vier Jungfrauen von Damaskus, die nur in zwei Szenen, nämlich III. 3 und V. 1, erscheinen, konnten nur dargestellt werden, wenn auch die Knaben, die Zenocrate und Zabina spielten, zusätzlich zwei Jungfraurollen übernahmen. Bezeichnenderweise erscheinen in diesen Szenen die beiden Königinnen nicht. Der Figurenbestand wird also von Episode zu Episode bis auf einige Ausnahmen ausgewechselt, bzw. nur so viele neue Figuren werden eingeführt, als frühere für immer abtreten. Nur aufgrund dieser Episodenstruktur und der Aufteilung des Personalbestandes in eine kontinuierliche und wechselnde Figurengruppe konnte eine Truppe von der damaligen Größe unter Einbeziehung von *hirelings* dieses Stück aufführen.

Die Praxis des *doubling* noch zu einer Zeit, als bereits die Truppen über einen wesentlich größeren Personalbestand verfügten, zeigt, wie stark die Tradition des Volkstheaters in die Bühnenpraxis der kommerziellen Londoner Theater hineinwirkte und ihre prägende Kraft auch auf solche Autoren ausüben konnte, die wie Marlowe im Prolog zu *Tamburlaine* programmatisch erklären, das Theater aus den Niederungen der volkstümlichen Tradition befreien zu wollen.

Marlowes Einteilung des Spielgeschehens in *Tamburlaine* (Teil I und II) in je fünf Akte und sein Gebrauch des Blankverses weisen deutlich darauf hin, daß er gewillt war, humanistischen Konzeptionen zu folgen. Die Tatsache aber, daß die Einteilung in fünf Akte lediglich auf die dreiteilige Episodenstruktur aufgepfropft ist und er Rücksicht auf die traditionelle Aufführungspraxis nimmt, signalisiert nicht nur den engen Zusammenhang der dramatischen Struktur der Texte und der Gegebenheiten des Theaters, sondern auch die in Europa einmalige Verschmelzung von traditioneller Formsprache und neuen Inhalten, durch die das Theater der Shakespeare-Zeit ausgezeichnet ist.

2.1.2. Die Tradition des Volksdramas

2.1.2.1. Das Muster der Moralitäten

Die mittelalterlichen Mysterienspiele waren in ihrer späten Phase außerordentlich prachtvolle Spektakel, die mit einem großen Personal, das aus den veranstaltenden Handwerkergilden rekrutiert werden konnte, und einem erheblichen Einsatz an Maschinerie und Szeneneffekten inszeniert wurden. Mit Hilfe von Vorrichtungen konnten Personen in den Himmel auffahren oder aus ihm niedersteigen, Gottes Stimme war aus einer Wolke zu vernehmen, der Höllenschlund, aus dem Feuer und Rauch quollen, klaffte auf der Bühne, Teufelsfiguren, aus deren Gewändern Feuerwerkskörper schossen, sprangen umher, flammende Schwerter wurden geschwungen.[16] Diese farbenprächtigen Mysterienspiele wurden gegen Ende des Mittelalters mehr und mehr zurückgedrängt, um schließlich im 16. Jahrhundert nur noch in abgelegeneren Gegenden aufgeführt zu werden. Die Gründe für den Niedergang der Mysterienspiele lagen einmal in den wirtschaftlichen Veränderungen, von denen auch die Handwerkergilden als Träger dieser Spiele betroffen waren, aber auch in der Opposition der reformierten Staatskirche, die in diesen Spielen nur Überbleibsel der katholischen Reaktion zu sehen vermochte, die der Durchsetzung der Reformation in der Bevölkerung im Wege standen.[17] An die Stelle der Mysterienspiele traten die Moralitäten, die größere Duldung erfuhren, weil sie wegen der didaktischen Grundkonzeption und der nicht festgelegten Inhalte sich als wesentlich flexibler und brauchbarer für die Indienstnahme durch die verschiedensten Interessen erwiesen. Während die Mysterien als dramatische Umsetzungen und Ausgestaltungen heilsgeschichtlich entscheidender biblischer Episoden nur eine begrenzte Variabilität aufwiesen, war die Moralität eine dramatische Form, die ebensogut mit religiösen wie mit weltlichen Inhalten gefüllt werden konnte, so daß, als der Säkularisierungsprozeß des Dramas einsetzte, in ihr statt religiös-aszetischer Inhalte politische und pädagogische Probleme abgehandelt werden konnten. Der Moralität liegt das allegorische Verfahren der *Psychomachia* zugrunde – so der Titel einer Dichtung des Prudentius (4. Jahrhundert n. Chr.) –, mit dessen Hilfe innerseelische Vorgänge darstellbar und transparent gemacht werden konnten. Die verschiedenen seelischen Kräfte, die Entscheidungen, Verhalten und Handlungsweisen eines Menschen im christlichen Verständnis bestimmen, werden durch Figuren dargestellt, die sich um die

menschliche Seele, den Menschen schlechthin oder ein Lebensstadium repräsentierende Zentralgestalt bemühen. Die Kräfte, die die menschliche Seele zur Entscheidung und Parteinahme drängten, wurden dabei in gute und böse eingeteilt, weil es im Kampf um die Zentralgestalt letztlich um das ewige Seelenheil des Menschen ging. Engelgestalten kämpften gegen die Teufel, Tugendfiguren gegen Repräsentanten der Laster, Verkörperungen der Reue, der Buße, des Glaubens und der Gnade gegen solche, die die sieben Todsünden und ein dem Sinnengenuß hingegebenes Dasein vertraten. Dem Ablauf der Handlung lag ein einheitliches Muster zugrunde: Die Zentralgestalt wurde zu Beginn vorgeführt als im Zustand der Gnade befindlich, d. h. sie wurde auf der Bühne im Verein mit den guten Kräften gezeigt. Diese Figur unterliegt in der zweiten Episode den Einflüsterungen der Repräsentanten des Bösen, fällt damit in Sünde und gibt sich einem nur auf irdische Genüsse gerichteten ausschweifenden Leben hin. In der dritten Episode gelingt es den Kräften des Guten wieder, die Zentralgestalt zu Reue und Umkehr zu bewegen und sie zu den christlichen Werten und zur christlichen Lebensführung endgültig zu bekehren. Am Ende steht jeweils der Tod, der in der Heilsgewißheit der Menschheitsfigur als Eintritt in das ewige Leben dargestellt wird.
Die kleinen Wandertruppen hatten vor allem die Moralitäten in ihrem Repertoire. Freilich mußten diese Stücke so eingerichtet sein, daß sie von einer nur wenige Spieler umfassenden Truppe mit Hilfe des *doubling* auch durchgeführt werden konnten. Dies gelang aber nur, wenn die Auftritte so arrangiert wurden, daß das ganze spielende Personal mit Ausnahme des führenden Schauspielers, der die ständig auf der Bühne anwesende Zentralgestalt verkörperte, alle guten Mächte in der ersten und dritten Episode und alle schlechten Mächte in der zweiten Episode abwechselnd darstellen konnte. Daraus ergab sich ein Schema des Episodenwechsels, der für das volkstümliche Theater des 16. Jahrhunderts überaus charakteristisch ist:

	Episode 1	Episode 2	Episode 3
heilsgeschichtliche Situation der Zentralfigur	Z. F. im Zustand der Gnade	Fall der Z. F. und Zustand der Sünde	Reue, Buße der Z. F. u. Wiederherstellung der Gnade
Figuren	Auftritt der guten Mächte		Auftritt der guten Mächte
	Zentralfigur	Zentralfigur	Zentralfigur
		Auftritt der bösen Mächte	

Ein einfaches Beispiel bietet R. Wevers *Lusty Juventus,*[18] das um die Mitte des 16. Jahrhunderts verfaßt wurde. Zugleich kann an dem Stück abgelesen werden, wie leicht die Moralitätenstruktur neue Inhalte aufnehmen konnte, weil hierfür nur die Personifikationen ausgewechselt werden mußten. Juventus, die Zentralgestalt, ist nicht nur die Menschheitsfigur schlechthin, sondern zugleich auch ein Protestant der Tudorzeit. Dementsprechend ist die führende Lasterfigur, die hier Hypocrisy heißt, ein Abgesandter des Papstes. Folgendes Schema demonstriert den Ablauf:[19]

	Prolog	1. Episode	2. Episode	3. Episode
Figuren	Prologue	Good Counsel Knowledge		Good Counsel God's Merciful Promises
		Juventus	Juventus	Juventus
			Satan, Hypocrisy, Fellowship, Abominable Living	

Die Anweisung des Autors lautet: »Foure maye playe it easely, takyng such partes as they thinke best: so that any one take of those partes that be not in place at once.«[20] Während in der ersten Episode nur drei Spieler gebraucht wurden, und so einer möglicherweise als Souffleur und Bühnenarbeiter tätig sein konnte, erforderte die zweite Episode fünf Spieler. Dies wurde dadurch gelöst, daß der Satan nur einmal kurz auftritt, um sich als Drahtzieher der Verführung vorzustellen, und dann die Ausführung seinem Sohn »Hypocrisy« und dessen Gefolgsleuten überläßt. In der dritten Episode taucht »Knowledge« nicht mehr auf, sondern wird ersetzt durch »God's Merciful Promises«, um damit anzudeuten, daß irdisches Wissen ohne göttliche Offenbarung zur Heilsfindung nicht ausreicht. Der Auftritt der Figuren und ihr Verschwinden, bzw. ihr Ersatz durch neue, birgt also zugleich eine theologische Aussage in sich. Durch das komplette Auswechseln des Personals in den heilsgeschichtlich positiven und negativen Episoden entstand eine Szenenabfolge, in der sich Sprache, Lokalität und Ton jeweils radikal veränderten. Die Sprache der Szenen mit den Auftritten der guten Mächte war in hoher Stillage, sententiös, ganz auf homiletische Belehrung angelegt; demgegenüber war der Ton der Episoden, in denen die spirituelle Korruption der Zentralfigur vorgeführt wurde, aggressiv, komisch und vulgär. So entstand ein dramatisches Muster, in dem unvermittelt Ernst und Komik, Auftritte von Figuren des christlichen Glaubens mit solchen aus der niederen Welt irdischer Vergnügungen, moralisch-theologische Darlegungen mit derben Späßen sich abwechselten. Die Vermischung von Vorgängen auf hoher Ebene mit komischen Szenen aus dem niederen Leben, die von den humanistischen Dichtungstheoretikern scharf abgelehnt wurde, wurde hier formal ausgebildet und konnte, weil sie die Sehgewohnheiten des Publikums geprägt hatte, von den Dramatikern der Shakespeare-Zeit als Handlungsmuster von der Tradition übernommen werden.

Das Handlungsmuster der Moralität erwies sich als besonders aufnahemfähig für neue Inhalte. Da es sich bei den Figuren um Personifikationen handelte, bei denen die gegenseitige Zuordnung bzw. Opposition wichtiger war als die Individualität, konnten sie jederzeit mit neuer Identität oder mit individualisierenden Zügen zusätzlich ausgestattet werden. Auch die Zentralgestalt, die den Menschen schlechthin verkörperte, konnte in ihrer Repräsentanz schichtenspezifisch eingeschränkt oder sogar durch eine historische Persönlichkeit ersetzt werden. Skeltons *Magnificence* ist ein frühes Beispiel, wie die Moralitätenstruktur für die Zwecke des Fürstenspiegels genutzt werden konnte: »Magnificence« repräsentiert den Fürsten, und die Figurenopposition wird von den Fürstentugenden und den staatsschädigenden Lastern gebildet.[21]

Spätere Beispiele zeigen die Einformung klassischer Mythen und anderer Stoffe in das Moralitätenschema. Besonders typisch hierfür ist Pickerings *Horestes* (1567).[22] Das Stück verarbeitet die Orestie, allerdings in der Version von Caxtons *Recuyell of the Historyes of Troye*, die ihrerseits auf die französische Erzählung von Raoul Lefèvre zurückgeht. Die Personifikationen treten gegenüber den historischen Persönlichkeiten an den Rand des Geschehens mit Ausnahme der »Vice«-Figur, die unter den Namen »Courage« und »Revenge« Horestes zur Rache antreibt und nach dessen Entlastung ins Exil verjagt wird. Der Gegenspieler der »Vice«-Figur ist »Nature«, der zur Vergebung und Milde gegenüber Blutsverwandten auffordert. *Horestes* zeigt neben der Staatshandlung eine Reihe von komischen Episoden, die im niederen Milieu spielen, wobei deutlich wird, daß die Laster-Personifikationen der älteren Moralitäten im Zuge des Säkularisierungsprozesses und der Aufnahme historischen Materials mehr und mehr durch niedere soziale Typen abgelöst werden, die komisch oder satirisch gezeichnet sind, während die Repräsentanten der guten Mächte durch Adelige als Träger der Haupt- und Staatsaktionen ausgewechselt werden.

Das Moralitätenmuster, das die Dramen des Volkstheaters maßgeblich formte, erzeugte einen Handlungsverlauf, der weder einer Tragödie noch einer Komödie entsprach. Die Hauptfigur wurde lediglich in einen anderen spirituellen Zustand oder ein anderes Milieu versetzt und wieder zurückgeholt. Die Identität der Episodenvorgänge und das Auswechseln der Figuren erzeugt einen paradigmatisch geprägten

Text, in dem die syntagmatische Verknüpfung der Ereignisse nur schwach entwickelt ist. Dies und das aus homiletischen Gründen jeweils positiv gestaltete Ende des Helden mit der Wiederherstellung des Gnadenstandes, durch das die prinzipielle Heilsmöglichkeit für alle Menschen signalisiert werden sollte, verhinderte das Entstehen eines Handlungstypus, der sich mit innerer Logik und Unausweichlichkeit entfaltet und der Katastrophe zustrebt. Das Moralitätenmuster bot dagegen eine ideale Struktur für Stücke, in denen eine didaktische Intention primär das Arrangement der Handlungselemente und der Figurenkonstellation bestimmte. Als förderlich für eine derartige Intention erwies sich auch, daß die rigorose Figurenopposition des Moralitätenschemas die Aufgliederung und damit das Verständnis der Figurenkonstellation erleichterte.

Die Dramatiker der Shakespeare-Zeit bedienten sich entweder nur einzelner Elemente der Moralitätendramen oder übernahmen das Moralitätenschema für ganze Dramen. In *Doctor Faustus* z. B. verwendet Marlowe die Figuren »Good Angel« und »Bad Angel«, um Faustus' spirituelle Situation zu verdeutlichen. Das bekannteste Beispiel für die Verwendung des Moralitätenmusters für die Figurenkonstellation in einem Drama ist Shakespeares *Henry IV*, 1. Teil.[23] Im Mittelpunkt steht Prince Hal, der ungebärdige jugendliche Thronfolger, der sich zum idealen Fürsten wandelt. Als Versucherfiguren oder Vertreter anderer Lebens- und Staatsauffassungen gruppieren sich um ihn sein Vater Heinrich IV., ein schlauer Machtpolitiker, Percy Hotspur als Verkörperung des kriegslüsternen egoistischen Adels sowie Falstaff als Repräsentant eines verantwortungslosen, sich im Sinnengenuß erschöpfenden Lebensstils. In der Auseinandersetzung mit und schließlich Distanzierung von diesen Repräsentanten wird das neue Fürstenideal Prince Hals im Verlauf der Handlung herausgearbeitet.

2.1.2.2. Figurentypen des Volksdramas

2.1.2.2.1 Die Zentralgestalt der Moralitäten

Die Zentralgestalt der Moralitäten repräsentierte ursprünglich den Menschen schlechthin und trug, um die generelle Gültigkeit ihres Schicksals aufzuzeigen und die Identifikation zu erleichtern, keinerlei individualisierende Züge. Schon die Namen, die für sie gewählt wurden (»Humanum Genus«, »Mankind«, »Juventus«, »Everyman«), demonstrierten, daß der dargestellte spirituelle Vorgang mit seinem positiven Ausgang potentiell für alle Menschen galt. Auch der didaktische Anspruch der katholischen und später der reformierten Moralitäten verlangte, daß das Schicksal der Zentralfigur nicht in ewiger Verdammnis enden durfte, weil nach damaliger theologischer Lehre prinzipiell jedem Menschen der Heilsweg offenstand. Wegen des positiven

Ausgangs der Moralitäten, der auch in deren säkularisierten Formen beibehalten wurde, konnte dieses Schema nicht als Modell für eine Tragödie dienen, weil der Tod der Zentralfigur, der jeweils im Zustand der Versöhnung mit Gott und der Heilsgewißheit erfolgte, kein tragischer Untergang war, sondern die Rettung durch den Eintritt in das ewige Leben bedeutete. Hinzu kam, daß die Repräsentanten der guten und bösen Kräfte die eigentlich aktiven Figuren waren, während die Zentralgestalten mehr Objekt als Subjekt der Auseinandersetzung war.

In der Konzeption dieser Zentralfigur ist in einigen späteren Moralitäten eine Wandlung zu beobachten, die dann für die Tragödie der Shakespeare-Zeit Bedeutung erlangt.[24] Bereits in George Wapulls Stück *The Tide Tarrieth No Man* (1576)[25] wird die Zentralfigur »Christianity« nicht mehr dem traditionellen Schema der Versetzung vom Zustand der Gnade in den der spirituellen Korruption und der anschließenden Rückversetzung in den Zustand der Gnade unterworfen. Stattdessen erleidet sie eine Serie von Nachstellungen und gerät auch in einen kurzen spirituellen Konflikt, der aber nicht zum Verlassen des Pfades der Tugend führt. Am Ende wird die »Christianity«-Figur für ihre Unerschütterlichkeit belohnt. Neben »Christianity« ist aber eine Kontrastfigur gestellt, »Greediness«, ein Wucherer, der als Gegenfigur von »Christianity« von Anfang an der Welt und den Mächten des Bösen verfallen ist. Er verharrt die ganze Handlung über auf der Seite der finsteren Mächte, bis die Figur »Despair« ihn schließlich zum Selbstmord überreden kann. Diese Aufspaltung der Zentralfigur in zwei Figuren, deren eine trotz aller Anfechtungen unerschütterlich im Glauben verharrt, während die andere ebenso hartnäckig der Welt verfallen ist und schließlich in ewiger Verdammnis endet, ist charakteristisch für eine Reihe von Moralitäten der 60er und 70er Jahre des 16. Jahrhunderts. Die geistesgeschichtliche Erklärung für diese Aufspaltung dürfte in der zu dieser Zeit zu beobachtenden Zunahme des Einflusses der calvinistischen Theologie zu suchen sein. Da nach der Prädestinationslehre Calvins die Menschheit von Anfang an in Erlöste und Verdammte geschieden war und für den einzelnen Menschen keine Möglichkeit bestand, durch Glauben oder gute Werke dieser Determination zu entrinnen, konnte das überkommene Moralitätenschema, in dem die Zentralgestalt zeitweilig unter den Einfluß der bösen Mächte geriet, dieser Auffassung nicht mehr adäquat Ausdruck verleihen und machte ein Aufspaltung der Figur notwendig, um die Determination dramatisch adäquat umzusetzen.

Andere Stücke der 70er Jahre wie z. B. W. Wagers *The Longer Thou Livest the More Fool Thou Art*[26] und T. Luptons *All for Mony* (ca. 1577)[27] gehen einen Schritt weiter. Wurde schon in früheren Stücken die Zahl der Tugendrepräsentanten gegenüber den Lasterfiguren reduziert (oft im Verhältnis eins zu zwei), so wird in diesen beiden Moralitäten nun auch die positive Zentralfigur eliminiert und den verbleibenden positiven Personifikationen werden nur noch chorische und kommentierende Funktionen übertragen. Übrig bleibt eine negative Zentralfigur, deren Weg in die Verdammnis konsequent vorgeführt wird. Die Darstellung dieses Weges erfolgt in komisch-grotesker Form, denn nicht Verständnis und Bewunderung sollte die Figur auf sich ziehen, sondern als negatives Beispiel durch Abschreckung drastisch belehren. Weil eine negative Figur, die ihrer verdienten Strafe zugeführt wird, als komisch dargestellt wurde, gleichzeitig aber das Stück in einer Katastrophe endete, wurde es als Mischform empfunden. Lupton bezeichnet deshalb auf dem Titelblatt sein Stück zunächst als »A Moral and Pitiful Comedie« und im Prolog (Z. 93) spricht er dann von einer »pleasant Tragedie«, ein klares Anzeichen, wie wenig zu dieser Zeit die humanistische Dichtungstheorie mit ihrer strengen Gattungsscheidung auf diese Tradition des Volkstheaters einwirken konnte.

In diesen späten Moralitäten wird ein Handlungstyp entwickelt, in dessen Mittelpunkt eine Figur steht, die von Anfang an in Bezug zur christlichen Ethik negativ angelegt ist und schließlich die gerechte Strafe für ein schurkisches Leben in der ewigen Verdammnis findet. Durch diese Variante wurde zweifellos die Entstehung von Tragödien gefördert, wenn nicht gar initiiert, in denen ein Erzschurke oder ein von Stufe zu Stufe tiefer in moralische Verkommenheit sinkende Figur im Mittelpunkt steht. Diese Schurkentragödien erfreuten sich in der Shakespeare-Zeit außerordentlicher Beliebtheit. Insbesondere Marlowes *The Jew of Malta,* dessen Titelheld funktional nach der negativen Zentralgestalt der späten Moralitäten konzipiert ist und dessen Verhaltensmuster den Einfluß der »Vice«-Figur zeigt, scheint das Genre der Schurkentragödien in der Shakespeare-Zeit popularisiert zu haben.

2.1.2.2.2. Die *»Vice«*-Figur[28]

In den Mysterienspielen war der Anführer der bösen Mächte der Teufel, der sein Gefolge beim Kampf um die menschliche Seele anführte. Die Auftritte dieser wichtigen Figur wurden mit vielen Schaueffekten ausstaffiert. Als die Moralitäten die Mysterien zu verdrängen begannen, wurde der Teufel allerdings nur noch selten übernommen. In einer frühen Moralität des 15. Jahrhunderts, nämlich in *The Castle of Perseverance,* tritt er zwar noch auf, erscheint aber bereits als Teil eines Trios, dessen andere Mitglieder »Mundus« und »Caro« heißen, also Personifikationen sind. Nur in neun von den etwa 60 Moralitäten, die erhalten sind, kommt er noch vor, und auch hier z. T. nur in sehr kurzen Auftritten. Die Verdrängung des Teufels aus den Moralitäten findet ihre Erklärung in der Tendenz zur Vereinheitlichung des Figurenbestandes, in den er als Figur des Mythos und der Folklore nur schwer einzugliedern war. Da er in der mittelalterlichen Spieltradition zudem als feuerspeiender, rasender Unhold dargestellt wurde, die Versuchung aber, die an die Zentralfigur der Moralität herantrat, zugleich überzeugend und satirisch-komisch präsentiert werden sollte, bedurfte es einer Figur, die erfindungsreich und schlau, ein Meister der Verstellungskunst und Täuschung und zudem voller Späße, Humor und Spott war. Deshalb treten an Stelle des Teufels in mittelalterlichen Allegorien zunächst die sieben Todsünden, die zum Teufel als dessen Kinder in einem natürlichen oder Lehensverhältnis stehen. Sehr rasch jedoch beginnt eine Gestalt in der Gruppe der negativen Figuren zu dominieren, der alle anderen Lasterpersonifikationen als Gefolge untergeordnet werden: das »Vice«. In den Volksdramen des 15. und 16. Jahrhunderts wird diese Figur entweder mit diesem Namen bezeichnet, oder aber sie bekommt andere Namen, die zum Thema des jeweiligen Stückes passen, wobei in den Figurenkatalogen dann nicht selten hinter dem Namen zusätzlich »vice« angefügt ist, um das Wesen der Figur trotz des Namenswechsels zu kennzeichnen. Beispiele sind:[29]

Cloaked Collusion	*(Magnificence)*
Worldly Goods	*(Everyman)*
Avarice	*(Respublica)*
Flattery	*(The Three Estates)*
Ill Report	*(Virtuous and Godly Susanna)*
Corage	*(The Tide Tarrieth No Man)*
Iniquity	*(Nice Wanton)*
Haphazard	*(Appius and Virginia)*
Dissimulation	*(Kynge Johan)*

Daran wird deutlich, daß aus der Verkörperung des Lasters schlechthin innerhalb der Moralitätenstruktur ein Bühnentypus sich herausbildete, der an ganz bestimmten Verhaltensweisen kenntlich war und als solcher auch aus dem Kontext der *Psychomachia* herausgelöst und in andere dramatische Handlungen verpflanzt werden konnte. Die Aufgabe des »Vice« in den Moralitäten war, die Zentralfigur zu verführen, indem es ihr die christliche Werthierarchie als falsch präsentierte und den sinnlichen Lebensgenuß als obersten Wert vorspiegelte. Der Anteil des »Vice« am Spielgeschehen wurde im Lauf des 16. Jahrhunderts beträchtlich ausgeweitet. Damit wurde ihm mehr und mehr die Rolle des Intriganten und Manipulators der übrigen Figuren übertragen, indem es, stets als Freund auftretend, Verleumdungen und Lügen ausstreute, ohne selbst als Drahtzieher sich den Figuren zu offenbaren. Das »Vice« selbst trat dabei ständig aus dem Spielgeschehen heraus und kommentierte in höchst respektloser Weise die dramatischen Vorgänge, wobei es sich direkt an das Publikum wandte und dessen Einverständnis für seine Übeltaten zu gewinnen suchte. Gegenüber den Figuren zeigte das »Vice« eine andere Verhaltensweise als gegenüber dem Publikum: Ihnen näherte es sich mit Verstellung, Heuchelei und Anbiederungen, diesem gegenüber war es von unbekümmerter Offenherzigkeit. Der Zuschauer wurde in seine Pläne eingeweiht und zur Bewunderung seiner Intriganten- und Schauspielerkunst aufgefordert. Das »Vice« brüstete sich seiner Erfolge und klatschte sich selbst Beifall auf der Bühne. In seiner Rede bevorzugte es die niedere Stilebene, Sprichwörter und Volksweisheiten, derben und obszönen Witz und Nonsens, der oft tiefgründigen Sinn in sich barg. Nur zum Zweck der Verstellung oder Parodie bediente es sich der höheren Stillagen. Auch an seinem Aussehen war das »Vice« erkennbar. Oft trat es als Bauer oder Landarbeiter auf, später im Narrengewand; sein typisches Requisit war die Holzkeule oder ein Holzschwert.

Die typischen Verhaltensweisen und das dramatische Eigenleben dieser Figur haben zu Recht zu der Annahme geführt, daß das »Vice« als Bühnentypus genetisch nicht allein aus der Lasterpersonifikation zu erklären ist. Insbesondere die Forscher, die sich mit den Wurzeln des Volksdramas befaßt haben und den Einfluß dieser Tradition auf das Drama der Shakespeare-Zeit zu bestimmen versuchten, wie z. B. R. Weimann,[30] haben nachzuweisen vermocht, daß an der Herausbildung des »Vice« als Bühnentypus nicht nur die Lasterpersonifikation der Moralitäten beteiligt war, sondern auch die Kultfigur orgiastischer Fruchtbarkeitsriten und -spiele, in denen für eine bestimmte Zeit anstelle der etablierten Ordnung Anarchie und Chaos traten, und die unteren Volksschichten Gelegenheit hatten, über ihren Zustand zu räsonieren und ihre Vorstellungen von einer gerechten Gesellschaftsordnung als verkehrte Welt der etablierten Ordnung entgegenzusetzen. Aus dieser Tradition ist der niedere Redestil des »Vice« zu erklären, der anarchische Nonsens, in dem es sich artikuliert, um die herrschende Ordnung in Frage zu stellen, sein boshafter Witz und die Aggressivität gegen alle Figuren, die Verkörperungen dieser Ordnung sind.

Die außerordentliche Beliebtheit dieser Figur beim Publikum und die wichtigen dramatischen Funktionen, die in ihr angelegt waren durch ihren illusionsdurchbrechenden Publikumskontakt, durch die Perspektive, die sie in das Drama einbrachte, und durch die Regiefunktion, die ihr übertragen werden konnte, machten sie für die späteren Dramatiker unentbehrlich.

Sogar die Autoren von Schulkomödien, die bemüht waren, entsprechend den humanistischen Vorstellungen zu schreiben, wollten auf die »Vice«-Figur nicht verzichten, weil eine eng verknüpfte und motivierte Handlung einer Intrigantenfigur bedurfte. Bei der Übernahme der »Vice«-Figur suchten sie deshalb ihre Herkunft aus den Moralitäten zu verwischen, indem sie sie in den Figurenbestand der Stücke durch Ausstattung mit einem sozialen Status und einer psychischen Identität stärker zu integrieren suchten.

Ein frühes Beispiel hierfür ist *Jack Juggler* (1562–63 lizensiert, wahrscheinlich 10 Jahre früher verfaßt),[31] eine Farce in einem Akt, im Untertitel als »Enterlued for Chyldren to playe« charakterisiert. Das Stück basiert zum Teil auf Plautus' *Amphitruo,* spielt aber in einem englischen Milieu. Jack Juggler, die dem Mercurius entsprechende Figur, macht in einem langen Monolog zu Beginn des Stückes dem Publikum klar, daß er die »Vice«-Figur ist, auch wenn er unter anderem Namen und in anderem Kontext auftrete. Ebenso enthält *Ralph Roister Doister* von Nicholas Udall (ca. 1553 verfaßt),[32] eine Schulkomödie in der Plautus- und Terenztradition, in der Figur des Mathew Merrygreek den Bühnentypus des »Vice« und auch in *Gammer Gurton's Needle* (verfaßt 1563?),[33] einer derben Komödie im englischen Dorfmilieu, wird die »Vice«-Figur als »Diccon, the Bedlem« eingeführt, um dort als Intrigant zu fungieren.
Diese Beispiele zeigen, wie der ästhetischen Forderung des Humanismus nach einheitlichem sozial identifizierten Figurenbestand und motivierter Handlungsverkettung Genüge getan werden konnte, ohne auf den dramatischen Typus des »Vice« zu verzichten. Das Drama der Shakespeare-Zeit, das sich in Richtung auf eine partielle Erfüllung der humanistischen Dramenregeln hinbewegte, folgte diesen Beispielen und entwickelte eine Fülle von Varianten bei der Aufnahme dieses Bühnentypus in den Figurenbestand. Ben Jonson hat in seiner Komödie *The Staple of News* auf diese notwendige Wandlung der »Vice«-Figur, die erst ihre Integration ermöglichte, hingewiesen:[34]

> That was the old way, gossip, when Iniquity came in like Hokos Pokos, in a juggler's jerkin, with false skirts, like the knave of clubs; but now they are attired like men and women of the time, the vices male and female.

Der Verhaltenstypus des »Vice« wurde gleichzeitig zum Modell für eine Reihe von Dramenfiguren der Shakespeare-Zeit, wobei die Autoren in der Regel durch Anspielungen auf dieses Vorbild hinweisen: Falstaff z. B., in dessen Komposition die verschiedensten Traditionen eingegangen sind, wird in seiner Fuktion als »Vice«-Figur von Hal folgendermaßen gekennzeichnet (*1 Henry IV,* II. 4. 431 ff.):

> ... there is a devil haunts thee in the likeness of an old fat man ... that reverend vice, that grey iniquity, that father ruffian, that vanity in years ... That villainous abominable misleader of youth, Falstaff, that old white-bearded Satan ...

Besonders stark wirkte der Einfluß der »Vice«-Tradition zu Beginn der Shakespeare-Zeit, als mit der Verknüpfung humanistischer und volkstümlicher Traditionen noch experimentiert wurde. Marlowes *Jew of Malta* gehört zu den ersten Schurkentragödien, durch die eine Welle von derartigen Stücken während der Shakespeare-Zeit ausgelöst wurde. Barabas wird zunächst als erfolgreicher Kaufmann vorgestellt, dessen Trachten allein auf Mehrung seines Vermögens gerichtet ist, wobei der Autor bemüht ist, sein Verhalten auch aus der prekären Situation eines Juden in einem christlichen Staat zu begründen, der in gleicher Weise seine Glaubensbrüder und die Christen verachtet. Ab dem 2. Akt werden diese Ansätze zur Motivation und Charakterisierung kaum noch weiterverfolgt; stattdessen wandelt er sich zum Schurken, der aus Lust seine Verbrechen begeht.[35]

Eine der bekanntesten Nachfolgefiguren des »Vice« ist Shakespeares Richard III, der selbst auf seine dramatische Ahnenreihe verweist (III. 1. 79–83).

Das übrige Personal der Moralitäten erwies sich als nicht integrierbar in ein Drama, das Homogenität des Figurenbestandes, historische und soziale Identität und psychologische Glaubwürdigkeit der Figuren forderte. Auf Personifikationen wurde deshalb nur noch gelegentlich zurückgegriffen; vorwiegend wurden sie aber außerhalb des Handlungsgeschehens plaziert und als Prolog- oder Epilogsprecher verwendet, wie etwa »Rumour, painted full of tongues« (*2 Henry IV*, I. 1).

2.1.3. Der Einfluß des klassischen Dramas[36]

Schon mehrfach wurde darauf hingewiesen, daß neben der Tradition des Volkstheaters im 16. Jahrhundert eine andere Theatertradition entstand, die auf das Drama der Shakespeare-Zeit einwirkte. Diese Tradition reicht zurück auf das klassische lateinische Drama, das zunächst in den Schulen gelesen und aus erzieherischen Gründen von humanistischen Schulmeistern auch in Schulaufführungen wieder auf die Bühne gebracht wurde, bzw. diese zu Nachahmungen in lateinischer und nach der Durchsetzung der englischen Sprache in der Nationalsprache anregte.

Nicht nur die Dramen unterschieden sich beträchtlich von den volkstümlichen Spielen, sondern auch die Aufführungen. Während die Wandertruppen durch *doubling* den Figurenbestand eines Stückes bewältigten, standen für Schulaufführungen genügend Kräfte zur Verfügung, weil das Spielen als Teil der Erziehungsarbeit betrachtet wurde. Außerdem bevorzugten die Verfasser der humanistischen Stücke nach den klassischen Vorbildern einen kleineren Figurenbestand, der allerdings das ganze Drama hindurch am Geschehen beteiligt war. Über die Schule gelangte nicht nur die klassische Dramen-Tradition zur Kenntnis eines breiteren Publikums, sondern es konnten sich auch die aus der klassischen Dramenliteratur und den poetologischen Schriften gewonnenen Dramentheorien mehr und mehr durchsetzen. Das Drama der Shakespeare-Zeit ist – unter der Perspektive der dramatischen Tradition betrachtet – eine zahlreiche Varianten ausbildende Vermischung und Kombination von Elementen der volkstümlichen Tradition mit Einflüssen, die direkt oder aber über kontinentale Zwischenstufen von den klassischen Vorbildern ausgehen.

2.1.3.1. Plautus, Terenz und die englische Schulkomödie

Titus Maccius Plautus (ca. 254–184 v. Chr.) war der produktivste Komödiendichter der römischen Literatur. Die Humanisten entdeckten Plautus auf der Suche nach literarischen Modellen der klassischen Literatur, die als Vorbilder dienen und an denen zugleich auch die poetologischen Gesetze abgelesen werden konnten, die bei der Abfassung und Bewertung von Literatur zu beachten waren. In Italien, Deutschland und England griffen die humanistischen Autoren gern auf Plautus zurück, wenn sie für Schulen oder für festliche Veranstaltungen Komödien schrieben, die dem neuen Geschmacksideal entsprechen sollten. In zahlreichen Bearbeitungen und Nachahmungen wurden im 15. und 16. Jahrhundert die plautinischen Handlungsmuster und Typen übernommen, wobei didaktische Intentionen und auch romanzenhafte Elemente, die bei Plautus nicht vorhanden waren, in diese Nachbildungen aufgenommen wurden.

Der andere klassische Komödiendichter, der im Humanismus neben Plautus einen entscheidenden Einfluß auf die Dramenproduktion ausübte, war Publius Terentius Afer (ca. 190– ca. 159 v. Chr.). Er folgte dem Vorbild des Plautus und der griechischen Komödie, deren bedeutendster Vertreter Menander war. Von seinen erhaltenen sechs Komödien waren die bekanntesten *Andria* und *Phormio*. Anstelle des derben Humors und der Bloßstellung der Figuren bei Plautus tritt bei Terenz die Ironie und die Darstellung des emotionalen Zustandes der Figuren in den Vordergrund. Auch die Sprachgebung ist bei Terenz differenzierter als bei Plautus, insofern er nicht mehr die Volkssprache verwendet, sondern literarisch anspruchsvoller schreibt. Im Gegensatz zu Plautus wurde Terenz während des Mittelalters toleriert und seine Komödien in den Schulen wegen der Eleganz seiner Sprache als Textbücher verwendet.

Dadurch konnte sein sprachbildender Einfluß, den er über den Schulunterricht und die Universitäten ausübte, den von Plautus noch übertreffen. Da aber beide selbst in der Nachfolge der Neuen Komödie Griechenlands standen, kann die Wirkung, die beide Dichter im 16. Jahrhundert entfalteten, kaum streng voneinander getrennt werden.

Die Figuren, die von Plautus und Terenz immer wieder verwendet wurden, waren zeitlose Verhaltenstypen: der lüsterne Greis; der törichte verliebte junge Mann; die jugendliche Naive, die sich gelegentlich als Mann verkleidet, um ihre Pläne ausführen zu können; die erfahrene Kurtisane; der geizige Vater; der verschwenderische Sohn; der tölpelhafte oder aber listige und gerissene Diener; der prahlende, aber feige Soldat; der schmeichlerische Parasit. Die Handlungen entwickeln sich zumeist aus Intrigen, mit denen z. B. ein alter Geizhals um sein Geld gebracht werden soll, aus einer heimlichen Liebesaffaire, die gegen den Willen der Eltern durchgesetzt werden muß, oder es geht um Verwicklungen und Verwechslungen, die sich aus der Trennung einer Familie ergeben, bevor sie wieder zusammengeführt wird. Die Entfaltung der Handlung geschah in Stadien, die von Grammatikern wie Donatus u. a. beschrieben worden waren: Prolog, Protasis, Epitasis, Katastrophe. Dabei sollte der Prolog der Einstimmung des Publikums gewidmet sein; von Terenz wurde er aber auch zu literarischen Betrachtungen verwendet. Die Protasis entsprach der Exposition; in der Epitasis erfolgte die Verwicklung der Handlung und in der Katastrophe die Lösung. Durch diese Komödien und die Kommentare waren für die Autoren von Schuldramen im 16. Jahrhundert Vorbilder mit der Autorität des Klassischen und zugleich theoretische Analysen bereitgestellt, mit deren Hilfe dem damaligen Volksdrama ein Modell entgegengesetzt werden konnte, das den humanistischen ästhetischen Anschauungen entsprach.[37]

Der Einfluß der klassischen lateinischen Komödie wirkte im 16. Jahrhundert sowohl direkt durch Schullektüre und Schulaufführungen als auch über die Vermittlung italienischer Zwischenstufen, die durch die Plautus- und Terenz-Nachahmungen italienischer Humanisten entstanden waren. Bei der Beurteilung dieser Einflüsse muß unterschieden werden zwischen strukturellen Einflüssen, die sich in der Personenkonstellation und in der Handlungsführung auswirkten, und Einflüssen auf den Typenbestand, um den das Personal des Dramas der Shakespeare-Zeit erweitert wurde. Den Handlungsmustern der Vorbilder ist wesentlich zu verdanken, daß die komischen Situationen enger miteinander verknüpft und die Handlungselemente stärker mit den typischen Verhaltensweisen der Figuren korreliert wurden.

2.1.3.2. Der Einfluß Senecas

Der Einfluß Senecas auf das Drama der Shakespeare-Zeit wurde in der Forschung zunächst kontrovers beurteilt. Der These, daß durch die Nachahmung des Vorbildes Seneca die Tragödie der Shakespeare-Zeit überhaupt erst entstanden sei,[38] wurde die Auffassung entgegengesetzt, der Einfluß seiner Tragödien sei so gering, daß man ihn vernachlässigen könne.[39] Heute wird das Problem wesentlich differenzierter gesehen als noch vor einigen Jahrzehnten, und dies dürfte dem Bild, das die Zeugnisse vermitteln, wesentlich gerechter werden.[40]

Die philosophischen und dramatischen Werke des Lucius Annaeus Seneca (des Jüngeren, ca. 4 v. Chr. – 65 n. Chr.) waren im 16. Jahrhundert gut bekannt, weil seine Dramen zur Schullektüre gehörten und seine stoische Philosophie gegen Ende des Jahrhunderts neues Interesse fand. Er verfaßte neun Tragödien *(Hercules Furens, Thyestes, Phoenissae, Phaedra, Oedipus, Troades, Medea, Agamemno* und *Hercules Oetaeus)*, die nach griechischem Vorbild fünfaktig gebaut sind. Wahrscheinlich waren sie nie im Hinblick auf eine Bühnenaufführung, sondern von Anfang an als Lese- oder Deklamationsstücke konzipiert worden. Das Drama Senecas behandelt stets sensationelle Themen, besonders aus Leidenschaften begangene Verbrechen und deren Vergeltung; Ehebruch, Inzest, Rache und Mordlust sind dominante Motive. Im Mittelpunkt der Dramen steht eine überdimensionale Figur, die, von einer alles verzehrenden Leidenschaft erfaßt, gegen ihre Umgebung wütet und schließlich sich selbst vernichtet. Charakteristisch für diese Dramen ist, daß die Vorgänge nicht dargestellt, sondern nur berichtet werden. Das Personal besteht neben dem Protagonisten aus einem oder mehreren Gegenspielern, Freunden und Vertrauten der Hauptpersonen, die als Adressaten der Selbstoffenbarungen fungieren, und Geistererscheinungen, die die Vorgeschichte des Dramas vortragen, die Handlung auslösen oder in sie eingreifen. Die Sprache der Tragödien Senecas zeichnet sich aus durch raffinierte Zurschaustellung rhetorischer Kunstgriffe, mit denen zugleich die hochgesteigerte Leidenschaft der Figuren zum Ausdruck gebracht wird. Da Senecas Dramen als einzige der lateinischen Tragödienliteratur erhalten blieben, konnten sie durch diese Monopolstellung einen starken Einfluß gewinnen. Einem größeren Kreis wurde das Drama Senecas im 16. Jahrhundert durch die Übersetzung von mehreren Autoren erschlossen, die unter dem Titel *Seneca His Tenne Tragedies* 1581 veröffentlicht wurde.

Der Einfluß Senecas wurde von den Dramatikern der Shakespeare-Zeit selektiv verarbeitet, wobei nur solche Züge übernommen wurden, die sich in die einheimischen Traditionen integrieren ließen. Die Dramen Senecas gestalten jeweils einen Handlungsausschnitt, in dem ein oft schon seit Generationen schwelender Konflikt seine Krise erreicht und sich explosionsartig entlädt. Die Vorgänge sind so ausgewählt, daß der Protagonist den Mittelpunkt bildet: der Fokus der Darstellung ist auf seine Gemütsbewegungen und Leidenschaftsausbrüche gerichtet. Gerade dieser von seinen Leidenschaften getriebene und die Handlungen auslösende Protagonist Senecas bot eine willkommene Alternative zur Zentralfigur der Moralitäten, die eher Objekt der Vorgänge war als deren Initiator. Zugleich entsprach die Darstellung des leidenschaftlich bewegten Seelenlebens dieser Figuren dem Interesse der Elisabethaner an extremen psychischen Zuständen. Seneca vermittelte auch die Technik der Handlungsführung, insbesondere die Verknüpfung von Motiven und Situationen zu einer Handlung, die unausweichlich in die Katastrophe führt. Gerade in diesem Aspekt wies die einheimische Tradition des Moralitätenmusters ein Defizit auf.

Einen weiteren Einfluß übte das dramatische Werk Senecas auf die Herausbildung dramatischer Konventionen aus. So wurde durch sein Vorbild die Geistererscheinung auf der kommerziellen Bühne heimisch, die vielfältige dramaturgische Verwendung fand.[41]

Eine weitere Konvention senecistischer Herkunft ist der Botenbericht, der für Seneca eine dramaturgische Notwendigkeit war, weil er Aktionen nicht szenisch, sondern nur in epischer Vermittlung darbot. Mit ihm konnten grausamste Taten oder auf der Bühne szenisch nicht darstellbare Vorgänge (wie riesige Schlachten oder Belagerungen, Schiffbruch u. a.) in das Drama eingebracht werden. Der Botenbericht bildete für die Dramatiker der Londoner Bühnen ein wichtiges Element des dramatischen Ausdrucksrepertoires, weil durch ihn besonders leicht die Phantasie des Publikums entzündet werden konnte und er überdies Gelegenheit bot, das rhetorische Können vorzuführen.[42] Zahlreiche Details aus Senecas Dramen haben den Dramatikern immer wieder als Vorbilder gedient. So dürfte z. B. das kannibalische Bankett in *Titus Andronikus* von Senecas *Thyestes* angeregt worden sein; auch die zahlreichen echten und gespielten Wahnsinnsausbrüche und die Darstellung anderer extremer Situationen sind vermutlich auf das Vorbild Senecas zurückzuführen.

Der stärkste Einfluß ging von Senecas Sprache aus. Senecas Dramen waren in einer hochformalisierten Sprache abgefaßt; sorgfältig gegliederte Monologe wechselten mit stichomythischen Dialogen ab, in denen Rede und Gegenrede kunstvoll aufeinander abgestimmt waren. Seneca stellte die von der Rhetorik bereitgestellten Mittel ganz in den Dienst des Ausdrucks von Leidenschaften, von denen die Protagonisten beherrscht wurden. Dadurch entstand eine nicht-realistische dramatische Sprache, die geeignet war, jede psychische Regung genau wiederzugeben. Damit wies Seneca den Dramatikern den Weg, wie die Rhetorik und ihre Kunstmittel in die Sprache der Bühne integriert werden konnten, und er eröffnete dadurch dem sprachlichen Repertoire eine weitere Dimension. Beispiele für diesen hochrhetorischen Stil sind vor allem in der Frühzeit des kommerziellen Dramas zu finden, etwa in Marlowes *Tamburlaine* und Kyds *Spanish Tragedy*. Im Verlauf der Dramenentwicklung wurde dann der formalisierte Prunkstil und die einheitliche Stilhöhe in zunehmendem Maße zugunsten einer differenzierten Sprachgebung reduziert.

Der Einfluß des klassischen Dramas begann in England zu wirken, als die einheimische Tradition bereits eigene Dramenformen entwikkelt hatte. Das kommerzielle Theater Londons, das für alle Schichten der Bevölkerung spielte, ließ nicht zu, daß die volkstümliche Tradition von der humanistischen Dramatik verdrängt worden wäre, und ebensowenig erlaubte es, daß beide Richtungen nebeneinander existierten: es förderte vielmehr ihre Verschmelzung. Darum führte die vom Humanismus vollzogene Erhebung der klassischen Vorbilder zur absoluten Norm nicht zu sterilen Imitationen, sondern zur selektiven Übernahme solcher Züge des klassischen Dramas, die von der Tradition des Volkstheaters nicht bereitgestellt worden waren. Hierher gehören vor allem die engere Verknüpfung der einzelnen Handlungselemente zu einem konsequenten Handlungsablauf, die Konzeption des Protagonisten, der aus einer erregten Leidenschaftlichkeit heraus handelt, neue Figurentypen, ein hochrhetorisches Sprachniveau, sowie eine Reihe von dramatischen Konventionen.

2.2. *Das Drama in der Literaturtheorie und -kritik der Zeit*

Durch die Bewegung des Humanismus und die durch sie erfolgte Wiederentdeckung der Poetik des Aristoteles wurde für das Verständnis von Dichtung eine neue theoretische Grundlage geschaffen.[1] Im Mittelalter galt Dichtung als eine erlernbare Kunst, deren Regeln und Anweisungen in den Rhetoriken niedergelegt waren. Für die Sinngebung und Funktion dichterischer Texte wurde auf deren verborgenen Wahrheitsgehalt verwiesen, der mit Hilfe komplizierter exegetischer Operationen aus der dichterischen Einkleidung gewonnen werden konnte. Durch die neue Entdeckung dichtungstheoretischer Schriften der Antike, denen man neue Normen entnahm, und durch die neue Bewertung der klassischen Dichtungen, die der Humanismus zu idealtypischen Modellen erhob, durch deren Nachahmung gültige Werke hervorgebracht werden konnten, trat die Diskussion über Dichtung in ein neues Stadium. Der Mimesis-Begriff des Aristoteles ermöglichte eine neue Wesensbestimmung der Dichtung und damit ihre Abgrenzung vom übrigen Schrifttum. Seine Redekriterien boten die Grundlage für die gattungsmäßige Aufgliederung dichterischer Texte. Zugleich lieferte die neue Wesensbestimmung der Dichtung und ihre Abgrenzung gegenüber Geschichtsschreibung und Philosophie neue Argumente für ihre Apologie gegenüber den fortdauernden Angriffen, die von religiösen und moralischen Positionen aus vorgetragen wurden.[2]

Die neuentdeckte Poetik des Aristoteles und andere klassische poetologische Dokumente setzten eine rege dichtungstheoretische Diskussion in Gang, in deren Verlauf die Beobachtungen und Empfehlungen der klassischen Schriften in ein rigoroses Normensystem umgeprägt wurden, nach dem Literatur anzufertigen und zu bewerten war. Diese Diskussion wurde insbesondere in Italien und später auch in Frankreich geführt. Erst spät griff sie auch nach England über, dessen Beiträge im 16. Jahrhundert allerdings kaum originell sind, sondern lediglich Wiederholungen und Verarbeitungen einzelner Positionen italienischer oder französischer Theoretiker darstellen. Neben diesen neuen Ansätzen wirkten die Rhetoriken mit ihrem genau sortierten Angebot an sprachlichen Mitteln und Anweisungen, in welchen Genres und zu welchen Effekten sie zu verwenden seien, unvermindert weiter. Durch die humanistischen Schulen, in denen diese Rhetoriken gründlich vermittelt wurden, konnte die Verbreitung ihrer Kenntnis noch beträchtlich gesteigert werden. Die Anwendung des humanistischen Dichtungsverständnisses auf die nationalsprachliche Literatur erfolgte aufgrund der von patriotischen Impulsen getragenen Bestrebungen der Humanisten, die Literatur des eigenen Landes an das Niveau der klassischen Werke heranzuführen oder sogar ebenbürtige Werke hervorzubringen. Von daher erklärt sich die Strenge, mit der die nationalsprachliche Literatur der Kritik unterzogen wurde.

2.2.1. Das Drama im Verständnis englischer Humanisten

Aussagen über das Drama sind im 16. Jahrhundert zunächst vor allem bei Autoren pädagogischer Schriften und bei humanistischen Schulmeistern zu finden, die auch als gelegentliche Verfasser von Schul- und Universitätsdramen hervortraten. Die Stellungnahmen zeigen eine deutliche Betonung des pädagogischen Wertes der Dramenliteratur und ein fast ängstliches Beachten des neuen Regelkanons, insbesondere des Prinzips des *decorum*. Den erzieherischen Nutzen streicht Sir Thomas Elyot in seinem Buch *The Governor* (1531) heraus:[3]

> First, comedies, whiche they suppose to be a doctrinall of rybaudrie, they be undoutedly a picture or as it were a mirrour of man's life, wherin iuell is nat taught but discouered; to the intent than men beholdynge the promptnes of youth unto vice, the snares of harlotts and baudes laide for yonge myndes, the disceipte of seruantes, the chaunces of fortune contrary to mennes expectation, they beinge therof warned may prepare them selfe to resist or preuente occasion. Semblably remembring the wisedomes, aduertisements, counsailes, dissuasion from vice, and other profitable sentences, most eloquently and familiarely shewed in those comedies, undoubtedly there shall be no litle frute out of them gathered.
> And if the vices in them expressed shulde be cause that myndes of the reders shulde be corrupted: than by the same argumente nat onely entreludes in englisshe, but also sermones, wherin some vice is declared, shulde be to the beholders and herers like occasion to encreace sinners.

Die Widmungsepistel, die Nicholas Grimald seiner religiösen »Tragikomödie« *Christus Redivivus* (1543) voranstellt, zeigt die Wirkung der neuen Vorbilder besonders deutlich. Er verteidigt die Wahl seiner Hauptfigur (»I had taken for the subject of my poem a Creator, instead of creatures«), ohne sich auf die lange Tradition religiöser Spiele zu berufen. Stattdessen erwähnt er immer wieder die lobenden Bemerkungen seines Lehrers, der das Stück ganz im Lichte der Stilvorschriften und der klassischen Vorbilder bewertete. Als Gattungsbestimmung wählt Grimald die Bezeichnung *tragi-comedy*, ein Terminus, der in klassischer Zeit nur einmal bei Plautus zu finden ist. Plautus prägte diesen Begriff, um damit sein Stück *Amphitruo* zu charakteriren, in dem Götter neben dem üblichen Komödienpersonal auftreten. Für die Humanisten gewann die plautinische Wortprägung große Bedeutung, weil sie die Möglichkeit bot, die humanistischen Bibeldramen in das neue poetologische System zu integrieren. N. Grimald schreibt (indem er sich ständig auf seinen Lehrer bezieht):[4]

Finally, as far as the treatment of this tragi-comedy is concerned, he judged that each thing was duly assigned to ist proper place, that propriety was observed, that the fulness of expression sprang from the fulness of the subject, that the metre of comedy, almost that of Terence, was preserved, that the play had been brought becomingly to a close in chronological arrangement; and that great things bad been interwoven with the small, joyous with sad, obscure with manifest, incredible with probable. Moreover, just as the first act yields to tragic sorrow, in order that the subject-matter may keep its title, so he fifth and last adapts itself to delight and joy; likewise, in order that variety may be opposed to satiety, in all the other intermediate acts sad and cheerful incidents are inserted in turn. He thought also that it was not possible to find a breach of good taste, of decorum, anything out of harmony with character, theme, time, or place. [...] Likewise, he concluded that the scenes were not so far apart but they could easily, and without trouble, be reduced to one stage-setting; and that, if any one is surprised, either because I have united in one and the same action a story covering several days, and different periods of time, or because such a pleasing close is given to such a mournful and lamentable beginning, he ought to understand that I follow Plautus, whose play, the *Captivi,* above all, is represented as taking place during an interval of several days, and passes moreover from a sad beginning to a happy ending.

Mit welcher Strenge die aus der klassischen Literatur gewonnenen Normen auf zeitgenössische Dramen angewandt wurden, zeigt eine Stelle aus Roger Aschams *The Schoolmaster* (1570). Bereits kleine Abweichungen wie z. B. die Wahl eines falschen Metrums genügten, um den Autor und sein Werk der Lächerlichkeit preiszugeben:[5]

One man in Cambridge, well liked of many, but best liked of himself, was many times bold and busy to bring matters upon stages, which he called tragedies. In one, whereby he looked to win his spurs, and whereat many ignorant fellows fast clapped their hands, he began the *Protasis* with *trochæis octonariis;* which kind of verse, as it is but seldom and rare in tragedies, so is it never used, save only in *Epitasi;* when the tragedy is highest and hottest, and full of greatest troubles. I remember full well, what Mr. Watson merrily said unto me of his blindness and boldness in that behalf; although otherwise there passed much friendship between them. Mr. Watson had another manner care of perfection, with a fear and reverence of the judgment of the best learned; who, to this day, would never suffer yet his Absalon to go abroad, and that only, because *in locis paribus, Anapæstus* is twice or thrice used instead of *Iambus.* A small fault, and such one as perchance would never be marked, no, neither in Italy nor France. This I write, not so much to note the first or praise the last, as to leave in memory of writing for good example to posterity, what perfection in any time was most diligently sought for in like manner in all kind of learning, in that most worthy college of St. John's in Cambridge.

Besonderen Wert legte man auf die Beachtung des *decorum.* Unter diesem Grundprinzip sprachlicher Gestaltung verstand man die angemessene Wahl der sprachlichen Mittel in Bezug zum Sprecher, zum

Adressaten, zum Thema, zur gewählten Gattung und Situation. Richard Edwards' »Prologue« zu *Damon and Pithias* (1571) enthält ein ausführliches Bekenntnis zu diesem Prinzip, von dessen Beachtung er sich eine günstige Aufnahme beim Publikum erhoffte:[6]

> And yet (worshipful audience) thus much I dare avouch,
> In comedies the greatest skill is this, rightly to touch
> All things to the quick; and eke to frame each person so,
> That by his common talk you may his nature rightly know.
> A roister ought not preach, that were too strange to hear;
> But as from virtue he doth swerve, so ought his words appear:
> The old man is sober, the young man rash, the lover triumphing in toys;
> The matron grave, the harlot wild, and full of wanton toys.
> Which all in one course they no wise do agree;
> So correspondent to their kind their speeches ought to be.
> Which speeches well-pronounc'd, with action lively framed,
> If this offend the lookers, let Horace then be blamed,
> Which hath our author taught at school, from whom he doth not [swerve,
> In all such kind of exercise decorum to observe.
> Thus much for his defence (he saith), as poets erst have done,
> Which heretofore in comedies the self-same race did run.

Die schärfste Verdammung des zeitgenössischen Dramas vom humanistischen Standpunkt aus findet sich in der bedeutendsten poetologischen Schrift des Jahrhunderts, Sir Philip Sidneys *An Apologie for Poetry* (1595 veröffentlicht, verfaßt zu Beginn der 80er Jahre). Mit dieser Schrift unternahm Sidney den Versuch, gegenüber den zunehmenden Angriffen der Puritaner die Würde und den moralischen Wert der Dichtung neu zu begründen. Zu diesem Zweck faßte er alle Argumente, die in der humanistischen Diskussion erarbeitet worden waren, in einem glänzend geschriebenen Essay zusammen, in dem Dichtung als die beste Anleitung zur Tugend gewürdigt wurde. Von dieser hohen Warte aus betrachtet, mußte das Drama seiner Zeit wegen der zahlreichen Regelverletzungen als völlig ungenügend erscheinen; lediglich *Gorboduc* fand seine Anerkennung, obgleich er auch an dieser senezistischen Tragödie Fehler zu rügen hatte, die sie als Modell ungeeignet erscheinen ließen. An den Ausstellungen, die Sidney am Drama seiner Zeit zu machen hat, wird deutlich, daß die etablierte Theaterpraxis und die humanistischen Normen zunächst nicht zur Deckung gebracht werden konnten:[7]

> Our Tragedies and Comedies (not without cause cried out against), observing rules neither of honest civility nor of skilful Poetry, excepting *Gorboduc* (again, I say, of those that I have seen), which notwithstanding, as it is full of stately speeches and well-sounding phrases, climbing to the height of Seneca's style, and as full of notable morality, which it doth most delightfully teach, and so obtain the very end of Poesy, yet in truth it is very defectious in the circumstances, which grieveth me, because it might

not remain as an exact model of all tragedies. For it is faulty both in place and time, the two necessary companions of all corporal actions. For where the stage should always represent but one place, and the uttermost time presupposed in it should be, both by Aristotle's precept and common reason, but one day, there is both many days, and many places, inartificially imagined.

But if it be so in *Gorboduc*, how much more in all the rest? where you shall have Asia of the one side, and Afric of the other, and so many other under-kingdoms, that the player, when he cometh in, must ever begin with telling where he is, or else the tale will not be conceived. Now ye shall have three ladies walk to gather flowers and then we must believe the stage to be a garden. By and by we hear news of shipwreck in the same place, and then we are to blame if we accept it not for a rock. Upon the back of that comes out a hideous monster with fire and smoke, and then the miserable beholders are bound to take it for a cave. While in the meantime two armies fly in, represented with four swords and bucklers, and then what hard heart will not receive it for a pitched field?

Now of time they are much more liberal, for ordinary it is that two young princes fall in love. After many traverses, she is got with child, delivered of a fair boy, he is lost, groweth a man, falls in love, and is ready to get another child, and all this in two hours' space: which, how absurd it is in sense, even sense may imagine, and Art hath taught, and all ancient examples justified, and at this day, the ordinary players in Italy will not err in. [...]

But besides these gross absurdities, how all their plays be neither right tragedies, nor right comedies, mingling kings and clowns, not because the matter so carrieth it, but thrust in clowns by head and shoulders, to play a part in majestical matters, with neither decency nor discretion, so as neither the admiration and commiseration, nor the right sportfulness, is by their mongrel tragi-comedy obtained. I know Apuleius did somewhat so, but that is a thing recounted with space of time, not represented in one moment; and I know the ancients have one or two examples of tragi-comedies, as Plautus hath *Amphitrio*. But, if we mark them well, we shall find, that they never, or very daintily, match hornpipes and funerals. So falleth it out that, having indeed no right comedy, in that comical part of our tragedy, we have nothing but scurrility, unworthy of any chaste ears, or some extreme show of doltishness, indeed fit to lift up a loud laughter, and nothing else: where the whole tract of a comedy should be full of delight, as the tragedy should be still maintained in a well-raised admiration.

But our comedians think there is no delight without laughter; which is very wrong, for though laughter may come with delight, yet cometh it not of delight, as though delight should be the cause of laughter; [...]; laughter almost ever cometh of things most disproportioned to ourselves and nature. Delight hath a joy in it, either permanent or present. Laughter hath only a scornful tickling. For example, we are ravished with delight to see a fair woman, and yet are far from being moved to laugther. We laugh at deformed creatures, wherein certainly we cannot delight. [...]

But I speak to this purpose, that all the end of the comical part be not upon such scornful matters as stirreth laughter only, but, mixed with it, that delightful teaching which is the end of Poesy. And the great fault even in that point of laughter, and forbidden plainly by Aristotle, is that they stir laughter in sinful things, which are rather execrable than ridiculous; or in miserable, which are rather to be pitied than scorned.

2.2.2. Die puritanischen Angriffe gegen das Theater[8]

In den Jahren 1577–83, also zu Beginn des kommerziellen Theaterbetriebes in London, wurde eine Reihe von ungewöhnlich scharfen Pamphleten veröffentlicht, in denen die Verderblichkeit des Theaters nachzuweisen versucht wurde. Die Argumente gipfelten jeweils in den Behauptungen, daß die Theater die Sittenlosigkeit förderten, die Dramen Lügen verbreiteten, weil ihre Stoffe erfunden seien, und der Besuch des Theaters mit den Prinzipien christlicher Lebensführung nicht zu vereinbaren sei. Die erste dieser Attacken stammt von John Northbrooke und hat den Titel *A Treatise Against Idleness, Vain Plays and Interludes* (1579).[9] In Form eines Dialogs zwischen *Youth* und *Age* werden Argumente zusammengetragen, die von antiken Schriftstellern, insbesondere Kirchenvätern, gegen Dramen und den Besuch der Theater vorgebracht wurden. Nur in einem Fall werden Aufführungen von Dramen toleriert: als geschlossene, nicht-kommerzielle Aufführungen in Schulen, vorzugsweise in Latein, seltener in Englisch, wenn keine Prunkentfaltung getrieben werde, sondern diese nur zum Zwecke des Lernens und Übens veranstaltet würden.
Die berühmteste Attake von puritanischer Seite war *Playes Confuted in fiue Actions* (1582)[10] von Stephan Gosson, der bereits mit einer 1579 erschienenen Schrift *The School of Abuse*[11] hervorgetreten war. Gosson, ein ehemaliger Dramatiker, begründet in vier Teilen, warum in einem christlichen Gemeinwesen Spiele nicht geduldet werden können. In Teil I gibt er als allgemeinen Grund an, daß Theater heidnischen Ursprungs seien und heidnische Götter auf die Bühne brächten. In Teil zwei werden besonders die humanistischen Positionen angegriffen, mit denen vor allem die Komödien verteidigt worden waren. Die Humanisten stützten sich dabei vor allem auf Ciceros Komödiendefinition, die sich in *De re publica* findet, was aber damals in England wenig bekannt war. Nach dieser Definition war die Komödie *imitatio vitae, speculum consuetudinis, imago veritas.* Gosson bezweifelt zunächst in seiner Schrift, daß die Stelle überhaupt von einer Autorität wie Cicero stamme, und versucht dann zu beweisen, daß die gegenwärtigen Komödien dem Anspruch dieser Definition in keiner Weise genügten, weil ihre Handlungen zu unglaubwürdig und phantastisch seien. Was die Tragödien anbelange, so sei ihr Effekt, die Männer zu Tränen zu rühren, unerwünscht, weil diese dadurch verweichlicht würden. Der Besuch einer Komödie verführe überdies zu lautem Lachen, was für einen Christen ein unangemessenes Verhalten sei. In Teil III attackiert Gosson die Gepflogenheit, daß die Schau-

spieler weibliche Kleidung trügen und weibliche Empfindungen nachahmten, was eindeutig gegen das göttliche Gesetz verstoße. In Teil IV stellt er abschließend fest, daß Vergnügungen zwar erlaubt seien, aber nur solche spiritueller Art; ein Theaterbesuch sei dagegen zu den sinnlichen zu zählen und somit zu verwerfen.

Dieser Attacke folgten noch weitere, so z. B. Phillip Stubbes' *Anatomy of the Abuses* (1583)[12] oder John Rainolds' *Overthrow of Stage Plays* (1599),[13] um nur die bekanntesten zu nennen, die aber im wesentlichen die bereits früher gebrachten Argumente wiederholten.

Das Anlegen humanistischer Normen an die zeitgenössischen Dramen der öffentlichen Bühnen verhinderte, daß diese überhaupt als dichterische Werke gewertet wurden. Lediglich die Schul- und Universitäts-Dramen, sofern sie sich an den Normen orientierten, fanden eine günstigere Aufnahme, auch wenn sie oft nur Kompromisse mit den Normen anboten.

Die puritanischen Attacken wirkten verstärkend auf die Tendenz, das zeitgenössische volkstümliche Drama aus der poetologischen Diskussion zunächst auszuschließen. Der Bewertungshorizont, der durch Humanismus und Puritanismus für das Drama geschaffen wurde, entfaltete erst nach und nach seinen Einfluß insofern, als durch ihn bei einem wichtigen Teil des Publikums das Verhältnis zum Drama mitgeprägt wurde. Die ständig wiederholten Floskeln vieler Dramatiker, in denen die Erbaulichkeit und der moralische Nutzen ihrer Werke beteuert wird, sowie eine verbreitete moralisierende Tendenz in den Dramen sind auch als Versuche zu verstehen, die Vorwürfe zu entkräften. Die Verweigerung des dichterischen Status für die zeitgenössischen Dramen führte einige Dramatiker wie z. B. Ben Jonson zu erhöhten Anstrengungen, für die Dramen nach Formen zu suchen, die ihnen ihre Publikumswirkung beließen und sie zugleich auch nach den neuen Normen akzeptabel machten. Die Diskrepanz zwischen poetologischer Norm und etablierten Dramenformen führte aber auch die Dramatiker dazu, daß sie sich der Eigenständigkeit und der Angemessenheit ihres Dramas immer stärker bewußt wurden. Dies hatte zur Folge, daß einerseits die poetologischen Normen mehr und mehr umgedeutet und dem zeitgenössischen Ausdruckswillen angeglichen wurden und andererseits die Dramatiker ihre historische Formensprache immer selbstbewußter handhabten.

2.2.3. Kritische Äußerungen der Dramatiker[14]

Das zeitgenössische Drama fand niemals seine systematische Begründung und Verteidigung. Es gibt jedoch eine Fülle von Bemerkungen, entweder in den Dramen selbst oder am häufigsten in den Prologen, »Inductions« oder Vorreden eingefügt, die erkennen lassen, daß die

Autoren sich zur eigenen Form dieser Dramen bekannten und sich ihres literarischen Wertes durchaus bewußt waren.
Das größte Problem in der Anfangsphase scheint die traditionelle Mischung von Ernst und Komik gewesen zu sein, die, vom humanistischen Dramenverständnis verworfen, einen unverzichtbaren Bestandteil des Volkstheaters bildete. R. Edwards im »Prologue« zu *Damon and Pithias (1571)* bietet für seine Mischung nur eine gattungsmäßige Einordnung an, gibt aber keine Begründung:[15]

> Which matter mix'd with mirth and care, a just name to apply,
> As seems most fit, we have it termed a tragical comedy.

Dagegen versucht G. Whetstone zu differenzieren. In der Widmungsepistel von *Promos and Cassandra* (1578) lehnt er zwar das beliebige Durcheinandermischen von ernsten und heiteren Szenen ab, spricht sich aber für eine von künstlerischem Kalkül bestimmte Mischung der beiden aus, da sie die Aufmerksamkeit und den Erfolg des Werkes fördere:[16]

> Manye tymes (to make mirthe) they make a Clowne companion with a Kinge; in theyr graue Counsels they allow the aduise of fooles; yea, they vse one order of speach for all persons: a grose *Indecorum*, for a Crowe wyll yll counterfet the Nightingale's sweete voice; euen so affected speeche doth misbecome a Clowne. For, to worke a Commedie kindly, graue olde men should instruct, yonge men should showe the imperfections of youth, Strumpets should be lasciuious, Boyes, vnhappy, and Clownes should speake disorderlye: entermingling all these actions in such sorte as the graue matter may instruct and the pleasant delight; for without this chaunge the attention would be small, and the likinge lesse.

Dieses Problem scheint durch Lylys Vorbild entschärft worden zu sein. In einer bereits in einem früheren Kapitel zitierten Passage begründet er die Mischung aus der spezifischen Publikumsschichtung, und das Vorbild und der Erfolg seines dramatischen Werkes dürften viel dazu beigetragen haben, daß die Vermischung von Ernst und Komik zumindest hingenommen wurde. Lediglich Ben Jonson, der am entschiedensten die Unterwerfung des Dramas unter die poetologischen Normen verfocht, sprach sich eindeutig dagegen aus.
Der zunehmende Professionalismus und der Erfolg der Dramen beim Publikum gehörten zweifellos zu den Ursachen, die ein wachsendes Selbstbewußtsein unter den Dramatikern förderten. Bereits 1589 spricht sich Th. Nashe in seinem Vorwort zu R. Greenes *Menaphon* gegen eine sklavische Imitation der Seneca-Dramen aus: »Yet English *Seneca* read by candle light yeeldes manie good sentences, as *Bloud is a begger*, and so foorth; and, if you intreate him faire in a frostie morning, he will affoord you whole *Hamlets*, I should say handfulls of tragical speaches.«[17]
Aber, so fährt er fort, dieser Fundus sei bald erschöpft und die Autoren

seien dann wieder auf ihre »home-born mediocritie« verwiesen. Später in *Pierce Pennilesse* (1592) verteidigt Nashe energisch die einheimischen Historien, nicht zuletzt aus patriotischem Stolz auf die nationale Vergangenheit:[18]

To this effect, the pollicie of Playes is verie necessary, howsoeuver some shallow-braind censurers (not the deepest serchers into the secrets of gouvernment) mightly oppugne them. For whereas the after-noone being the idlest time of the day; wherein men that are their owne masters, (as Gentlemen of the Court, the Innes of the Court, and the number of Captaines and Souldiers about *London*) doo wholly bestow themselues vpon pleasure, and that pleasure they deuide (how vertuously it skilles not) either into gameing, following of harlots, drinking, or seeing a Play: is it not then better (since of foure extreames all the world cannot keepe them but they will choose one) that they should betake them to the least, which is Playes? Nay, what if I prooue Playes to be no extreame; but a rare exercise of vertue? First, for the subiect of them (for the most part) it is borrowed out of our English Chronicles, wherein our fore-fathers valiant actes (that haue lien long buried in rustie brass and worme-eaten bookes) are reuiued, and they themselues raysed from the Graue of Obliuion, and brought to pleade their aged Honours in open presence: than which, what can be a sharper reproofe to these degenerate effeminate dayes of ours?
How would it haue ioyed braue *Talbot* (the terror of the French) to thinke that after he had lyen two hundred yeare in his Toomb, he should triumph againe on the Stage, and haue his bones new embalmed with the teares of ten thousand spectators at least, (at seuerall times) who, in the Tragedian that represents his person, imagine they behold him fresh bleeding.

Daß dieses neue Selbstbewußtsein auch von den gebildeten Schichten des Publikums als berechtigt anerkannt wurde, geht aus einer Tabelle mit dem Titel »A Comparatiue Discourse of our English Poets with the Greeke, Latine, and Italian Poets« in Francis Meres' *Palladis Tamia, Wits Treasury* (1598), einem *commonplace-book,* hervor. Darin werden die Dramatiker der öffentlichen Bühnen, wie z. B. Shakespeare, ranggleich neben die Autoren der klassischen, normensetzenden Werke gestellt:[19]

As the soule of Euphorbus was thought to liue in Pythagoras: so the sweete wittie soule of Ouid liues in mellifluous and hony-tongued Shakespeare, witnes his *Venus and Adonis,* his *Lucrece,* his sugred *Sonnets* among his priuate friends, &c.
As Plautus and Seneca are accounted the best for Comedy and Tragedy among the Latines: so Shakespeare among the English is the most excellent in both kinds for the stage. For Comedy, witnes his *Gentlemen of Verona,* his *Errors,* his *Loue Labors Lost,* his *Loue Labours Wonne,* his *Midsummers Night Dreame,* and his *Merchant of Venice;* For Tragedy, his *Richard the* 2, *Richard the* 3, *Henry the* 4, *King Iohn, Titus Andronicus,* and his *Romeo and Iuliet.*
As Epius Stolo said that the Muses would speake with Plautus tongue if

they would speak Latin: so I say that the Muses would speak with Shakespeares fine filed phrase if they would speak English. [...]

Schließlich äußert sich J. Marston in der »Induction« zu *What You Will* (1601) dahingehend, daß letztlich nicht die ästhetischen Regeln darüber entscheiden, was gefällt, sondern das Publikum:[20]

> *Musike and Poetry* were first approv'd
> By common scence; and that which pleased most,
> Held most allowed passe: not rules of Art
> Were shapt to pleasure, not pleasure to your rules.

2.2.3.1. Ben Jonson als Kritiker[21]

Eine Ausnahme unter den Dramatikern im Verhältnis zur Literaturtheorie ist Ben Jonson. Er besaß eine umfassende Kenntnis der klassischen Literatur und der dichtungstheoretischen Diskussion und war der erste Autor, dessen Werk von ausführlicher kritischer und theoretischer Reflexion begleitet wird. Unduldsam gegenüber der unbekümmerten Praxis seiner Kollegen begann er den dreijährigen Theaterstreit (1599/1602)[22] (an dem neben Jonson sich vor allem Marston und Dekker beteiligten), dessen kritischer Ertrag wegen des Übergewichts persönlicher Invektiven allerdings gering blieb. Jonson ist in seiner Epoche neben Sidney derjenige Autor, der am stärksten dem sich formierenden klassizistischen Dichtungsverständnis verpflichtet ist. Daraus wird sein vernichtendes Urteil über die Formlosigkeit und Unwahrscheinlichkeit der zeitgenössischen Dramenproduktion ebenso bestimmt wie seine praktischen Experimente in den Genres der Komödie und Tragödie. So ernst er die normativen Regeln auch nahm, so war er doch zugleich an der Breitenwirkung des Dramas in seiner Zeit interessiert, weil er mit Sidney die korrektive Funktion der Literatur, insbesondere der Komödie besonders hoch einschätzte. Um dieses Ziel zu erreichen, verband er Formstrenge, Wahrscheinlichkeitsanspruch und Gattungsreinheit der klassischen Komödie mit der Einführung eines Komödien-Personals, in dem auf der Grundlage einer modifizierten Humoralpathologie eine breite Typologie gesellschaftlichen Fehlverhaltens vorgestellt werden konnte. Damit wurde Jonson zum Schöpfer der satirischen und realistischen Sittenkomödie und zum respektierten Stammvater der *comedy of manners* des späteren 17. und 18. Jahrhunderts.

Während Ben Jonson die Versöhnung von normativem Anspruch, Erfüllung der korrektiven Funktion und Publikumswirksamkeit in der Komödie vorzüglich gelang, erwiesen sich seine gleichgerichteten Versuche in der Tragödie als eklatante Mißerfolge. Auch in diesem Genre bestand er auf strikter Einhaltung der Forderung nach »truth of argument«, d. h. historischer Richtigkeit und Wahrscheinlichkeit. Da aber Jonson anders als in den Komödien bei der Stoffwahl für seine Tragödien normengetreu auf die römische Geschichte zurückgriff

(Sejanus, Catiline) und um genaue Ausschöpfung und Wiedergabe der Quellen bemüht war, wurde seinen Werken trotz der Konzessionen an die zeitgenössische Dramenpraxis (z. B. Verletzung der Einheitsregel der Zeit) als langweiligen moralisierenden Geschichtsdramatisierungen der Beifall versagt. Die Vorrede von *Sejanus,* »To the Readers« (1605), zeigt vielleicht am deutlichsten Jonsons poetologische Position und das Dilemma auf, in das er durch sie als Tragiker geraten mußte:[23]

First, if it be obiected, that what I publish is no true *Poëme;* in the strict Lawes of *Time.* I confesse it: as also in the want of a proper *Chorus,* whose Habite, and Moodes are such, and so difficult, as not any, whome I haue seene since the *Auntients,* (no, not they who haue most presently affected Lawes) haue yet come in the way off. Nor is it needful, or almost possible, in these our Times, and to such Auditors, as commonly Things are presented, to obserue the ould state, and splendour of *Drammatick Poëmes,* with preseruation of any popular delight. But of this I shall take more seasonable cause to speake; in my Obseruations vpon *Horace* his *Art of Poetry,* which (with the Text translated) I intend, shortly to publish. In the meane time, if in truth of Argument, dignity of Persons, grauity and height of Elocution, fulnesse and frequencie of Sentence, I haue discharg'd the other offices of a *Tragick* writer, let not the absence of these *Formes* be imputed to me, wherein I shall giue you occasion hereafter (and without my boast) to thinke I could better prescribe, then omit the due use, for want of a conuenient knowledge. [...]

2.2.4. Die Theorie der Tragikomödie[24]

Die Mischung von Ernst und Komik, von Standespersonen und niederen Figuren war zwar durch das Beispiel erfolgreicher Dramatiker und durch den Beifall eines großen Teils des Publikums sanktioniert, stand aber immer noch im Widerspruch zur normativen Poetik, die auf der strikten Trennung der Bereiche, die ernst bzw. komisch darzustellen waren, bestand. Wie Sidneys verächtliche Bemerkung von der *mongrel tragicomedy* zeigt, war kein legitimer Ort im poetologischen System für Mischformen vorgesehen, weil die theoretischen Schriften und die klassischen Beispiele mit der einen Ausnahme von Plautus' *Amphitruo* weder ästhetische Legitimation noch Muster lieferten. Als die poetologischen Forderungen an das Drama in den ersten Jahrzehnten des 17. Jahrhunderts dringlicher gestellt wurden, was sowohl auf die Zunahme des Anteils der Gebildeten im Publikum durch Abwanderung der kleinbürgerlichen Schichten als auch auf den Wunsch nach Anerkennung der Dramen als Literatur von seiten der Dramatiker selbst zurückzuführen ist, bot sich als Lösung das theoretische Modell der Tragikomödie an, wie es in der italienischen Diskussion entwickelt worden war. Der Streit um die Tragikomödie entzündete sich an Guarinis Stück *Il Pastor Fido* (veröff. 1589) und

wurde über vierzig Jahre hinweg geführt. Guarini rechtfertigte sein Drama, insbesondere den untragischen Ausgang einer potentiell tragischen Handlung, mit dem Verweis auf die Beobachtung des Aristoteles, daß es auch Tragödien gäbe, deren Ende gemischt sei, d. h. in dem die Besseren belohnt und die Schlechteren bestraft würden. »Bessere« und »Schlechtere« konnten dabei sowohl sozial wie moralisch definiert werden. Unter Tragikomödie verstand Guarini ein Drama, in dem nicht nur Figuren verschiedener sozialer Schichten auftraten, deren Schicksale entsprechend ihrem moralischen Verhalten gestaltet wird, sondern einen Handlungstypus, der sich zunächst auf den tragischen Ausgang zu entwickelt, aber dann, durch einen überraschenden Eingriff einer neuen Figur oder durch Bekanntwerden einer neuen Information einer für alle Beteiligten glücklichen Lösung zugeführt wird. Auch für einen solchen Ausgang konnte sich Guarini auf Aristoteles berufen, der Tragödien mit unblutigem Ende erwähnt hatte. Als Wirkung dieser Mischung von tragischen und komischen Handlungselementen auf die Zuschauer versprach sich Guarini die Vermeidung von Exzessen tragischer Melancholie bzw. komischer Lust und beabsichtigte stattdessen, dem Publikum Spannung und Vielfalt durch eine komplizierte Handlung und überraschende Wendungen anzubieten. Zugleich wurde in diesen Dramen eine Welt entworfen, in der zwar tragische Situationen entstehen können, die aber letztlich doch in eine harmonische Lösung überführbar sind. Diese Weltsicht entsprach besonders dem Geschmack des gehobenen Publikums, das von den zunehmenden ideologischen und sozialen Spannungen und Gegensätzen in der ersten Hälfte des Jahrhunderts stark beunruhigt war.
Die Tragikomödie als eine theoretisch abgesicherte Form, in der die verschiedensten beim Publikum besonders beliebten Materialien, wie z. B. die pastorale Welt, romaneske Abenteuer und dramatische Liebesbeziehungen eingebracht werden konnten, wurde insbesondere von Beaumont und Fletcher gepflegt. Freilich mußte für die Durchsetzung dieses neuen Genres erst die falsche Erwartung des Publikums abgebaut werden, die dem ersten Versuch Fletchers zunächst einen Mißerfolg bereitete. Die sozialen Verschiebungen im Publikum halfen jedoch mit, diese Form rasch durchzusetzen und sie zur beliebtesten in der Spätphase der Shakespeare-Zeit zu machen. Fletcher brachte in der Vorrede »To the Reader« zu *The Faithful Shepherdess* (1609–10) sein Verständnis der Tragikomödie auf die Formel:[25]

A tragi-comedy is not so called in respect of mirth and killing, but in respect it wants deaths, which is enough to make it no tragedy, yet brings some near it, which is enough to make it no comedy, which must be a representation of familiar people, with such kind of trouble as no life be questioned; so that a god is as lawful in this as in a tragedy, and mean people as in comedy.

2.2.5 Die soziale Funktion des Dramas[26]

Die wirkungsästhetisch orientierte Literaturtheorie der Zeit förderte die Auffassung, daß Literatur der geeignete Ort für moralphilosophische Erörterungen sei und deshalb die soziale Funktion habe, ihr Publikum zur Tugend anzuhalten und vom Laster abzuschrecken. Die horazische Formel des *delectare* und *prodesse* war der geläufigste poetische Gemeinplatz der Zeit. Die Angriffe der puritanischen Opposition auf die Unmoral der Literatur und insbesondere der Dramen verstärkte zweifellos die defensive Betonung der positiven sozialen Wirkung des Dramas. Dabei wurde die Art der Belehrung gattungsspezifisch differenziert. Da in Tragödien der Sturz der Mächtigen dargestellt werde, so wurde argumentiert, würden durch diese Gattung insbesondere die Fürsten über die Verderblichkeit der Tyrannei belehrt. Sidneys Bemerkung hierzu wurde in abgewandelter Form mehrmals wiederholt:[27]

So that the right use of Comedy will (I think) by nobody be blamed, and much less of the high and excellent Tragedy, that openeth the greatest wounds, and showeth forth the ulcers that are covered with tissue; that maketh kings fear to be tyrants, and tyrants manifest their tyrannical humours; that, with stirring the affects of admiration and commiseration, teacheth the uncertainty of this world, and upon how weak foundations gilden roofs are builded; that maketh us know,
Qui sceptra saevus duro imperio regit,
Timet timentes, metus in auctorem redit.

Auch die Dramatiker selbst bekannten sich zur positiven moralischen Wirkung ihrer Tragödien, die allerdings im Falle Chapmans nicht mehr auf Fürsten eingeschränkt wird. In der Widmung seiner Tragödie *The Revenge of Bussy d'Ambois* (1613) faßte er die Funktion der Tragödie zusammen:[28]

material instruction, elegant and sententious excitation to virtue, and deflection from her contrary, being the soul, limbs, and limits of an autentical tragedy.

Für die Komödie wurde eine korrektive Funktion in bezug auf die alltäglichen Torheiten und falschen Verhaltensweisen im privaten Leben in Anspruch genommen. Man ging dabei von der Komödiendefinition Ciceros aus, der sie als *imitatio vitae, speculum consuetudinis, imago veritatis* beschrieben hatte, und folgerte aus ihr, daß die exakte Darstellung der Fehler und Torheiten den Menschen zur Einsicht und Änderung seines Fehlverhaltens führe. Sidney verteidigte mit diesem Argument die Komödie sowohl gegen ihre Gegner als auch gegen die Verfasser von Komödien, die seiner Meinung nach die wahre Intention der Komödie verfälschten:[29]

No, perchance it is the Comic, whom naughty play-makers and stage-keepers have justly made odious. To the argument of abuse I will answer after.

Only thus much now is to be said, that the Comedy is an imitation of the common errors of our life, which he representeth in the most ridiculous and scornful sort that may be, so as it is impossible that any beholder can be content to be such a one.
Now, as in geometry the oblique must be known as well as the right, and in arithmetic the odd as well as the even, so in the actions of our life who seeth not the filthiness of evil wanteth a great foil to perceive the beauty of virtue. This doth the Comedy handle so in our private and domestical matters, as with hearing it we get as it were an experience, what is to be looked for of a niggardly Demea, of a crafty Davus, of a flattering Gnatho, of a vainglorious Thraso; and not only to know what effects are to be expected, but to know who be such, by the signifying badge given them by the comedian.

Ben Jonson schloß sich dieser Funktionsbestimmung am engsten an und entwickelte in seinen *comicall satyres* Verfahren, mit deren Hilfe die korrektive Tendenz der Komödie in die Satire überführt werden konnte.[30] Sein Verständnis von Wesen und Wirkung der Komödie wird ausdrücklich gegen die herrschende Liebeskomödie gestellt (»Induction« zu *Every Man out of his Humour*):[31]

Mitis. I trauell with another obiection, signior, which I feare will bee enforc'd against the author, ere I can be deliuer'd of it.
Cordatus. What's that, sir?
Mit. That the argument of his *Comœdie* might haue beene of some other nature, as of a duke to be in loue with a countesse, and that countesse to bee in loue with the dukes sonne, and the sonne to loue the ladies waiting maid: some such crosse wooing, with a clowne to their seruingman, better then to be thus neere, and familiarly allied to the time.
Cor. You say well, but I would faine heare one of these *autumne*-judgements define once, *Quid sit Comœdia?* if he cannot, let him content himselfe with Ciceros definition (till hee haue strength to propose to himselfe a better) who would haue a *Comœdie* to be *Imitatio vitæ, Speculum consuetudinis, Imago veritatis;* a thing throughout pleasant, and ridiculous, and accommodated to the correction of manners: if the maker haue fail'd in any particle of this, they may worthily taxe him, but if not, why-be you (that are for them) silent, as I will bee for him; and giue way to the actors.

In der Diskussion über Wesen und Funktion der Literatur nahm das Drama eine Sonderstellung ein. Gegenüber dem sich etablierenden poetologischen Normensystem erwies sich seine Gestalt, die sich aufgrund seiner historischen Herkunft und seiner Einbettung in die soziale Struktur der Zeit entwickelt hatte als unkünstlerische Form, so daß ihm die Anerkennung als Dichtung verweigert wurde. Die Erfolge in der Bühnenpraxis führten auf seiten der Dramatiker aber nicht zur bedingungslosen Unterwerfung unter diese Normen, sondern zunächst zu wachsendem Selbstbewußttein und Verständnis für die Eigenart und den Eigenwert dramatischer Formen, die aus der Tradition und kulturellen Situation entstanden waren. Der poetologische

Normenhorizont konnte aber dennoch über die Schulbildung der Dramatiker und die gebildeten Zuschauerschichten seine Wirkung ausüben und begünstigte das Entstehen neuer Formen und Adaptionen, die dem Drama zusehends die Anerkennung als Literatur eintrugen. In dieser Entwicklung ist Ben Jonson die herausragende Figur, an dessen Werken Erfolge und Mißerfolge dieses Angleichungsprozesses abgelesen werden können. Die tiefe Verwurzelung des Dramas in der Tradition des Volkstheaters sorgte aber stets dafür, daß der Einfluß der poetologischen Normen in der Shakespeare-Zeit niemals so stark wurde, daß er das Drama zur sterilen Regelerfüllung hätte drängen können.

2.3. Sprache und Sprachverständnis in der Shakespeare-Zeit

Der historische Zustand des Englischen in der Tudorzeit und die Auffassungen, die bezüglich der Sprache und ihrer Funktionen in dieser Zeit herrschten und somit ihren Gebrauch bestimmten, bilden einen weiteren Kontext des Dramas, weil dadurch Form und Verwendung dieses wichtigsten Mediums des Dramas entscheidend geprägt wurde.

Die Sprache gehört zu den besonders gründlich erforschten Gebieten des Theaters der Shakespeare-Zeit, weil dieses Medium am besten überliefert ist, während alle anderen Medien nur bruchstückhaft rekonstruiert werden können, und sich überwiegend Philologen der Erforschung dieser Epoche der Theatergeschichte gewidmet haben. So groß die Verdienste der Philologie dabei auch waren, so darf doch nicht die Perspektive übersehen werden, in die das Drama dadurch gestellt wurde. Die Stücke wurden dadurch zumeist wie Lesedramen rezipiert, gelegentlich sogar aufgrund eines an der Lyrik gewonnenen und auf andere Texte übertragenen Vorverständnisses als komplexe sprachliche Gewebe analysiert, wobei so entscheidende Aspekte dramatischer Texte wie die plurimediale Darstellungsform oder die besondere Art der Informationsvergabe unberücksichtigt blieben.[1]

Die ältere Forschung befaßte sich vorwiegend mit der Beschreibung sprachlicher Eigentümlichkeiten einzelner Dramatiker, wie z. B. bevorzugte Verwendungen bestimmter lexikalischer Schichten oder grammatikalischer und syntaktischer Sonderformen.[2] In den dreißiger Jahren trat dann die Erforschung der dramatischen Sprache durch die Hinwendung zur Untersuchung der Sprachbilder in ein neues Stadium, weil dadurch der entscheidende Schritt zur Erforschung der poetischen Sprache getan wurde. Während zu Beginn der Bildforschung noch der Versuch unternommen wurde, durch Analyse dominanter Bildbereiche Aufschlüsse über die Persönlichkeit des Dramatikers zu gewinnen (C. Spurgeon),[3] erfolgte dann durch W. Clemen die Neuorientierung der Bildforschung auf die funktionale Verwendung der *Imagery* in den Dramen selbst hin.[4] Seitdem wurde die Bildforschung, die eine besondere Förderung durch das nicht unproblematische Textverständnis des New Criticism erhielt,[5] mit großem Erkenntnisgewinn betrieben und über das Werk Shakespeares hinaus auch auf andere Dramatiker ausgedehnt.[6] Heute dürfte wohl keine Interpretation eines Dramas mehr unternommen werden, ohne daß die Bildersprache gebührend Berücksichtigung fände. Demgegenüber wurden andere Aspekte der Sprache, wie z. B. die in einem Drama verwendeten sprachlichen Register, bzw. Stilhöhen, lange Zeit vernachlässigt und konnten erst in neuerer Zeit verstärkte Aufmerksamkeit auf sich ziehen.[7] Freilich setzt eine Analyse dieses Bereichs eine umfassende Kenntnis des Sprachsystems der Zeit voraus, dessen Erforschung trotz großer Fortschritte noch keineswegs abgeschlossen ist.

2.3.1. Zur historischen Situation des Tudorenglischen[8]

Das Drama der Shakespeare-Zeit entfaltete sich am Ende einer sprachhistorischen Epoche, in der sich tiefgreifende Veränderungen im Englischen vollzogen, die sich von der Lautung bis zum Wortbestand erstreckten. Um ca. 1500 kam der *Great Vowel Shift* zum Abschluß, durch den der Phonembestand des Mittelenglischen in seine frühneuenglische Form überführt wurde. Ebenfalls um 1500 begann sich das Englische gegenüber dem Lateinischen auch in Gebieten wie Bildung, Kirche und Wissenschaft durchzusetzen, von denen es bis dahin ausgeschlossen war. Die Einführung des Buchdruckes in England durch Caxton (1475), die reformatorische Bewegung in der Kirche und der Patriotismus der Humanisten gaben hierfür die entscheidenden Impulse. Der Bildungseifer der Humanisten führte zu zahlreichen Schulgründungen, durch die breiteren Bevölkerungsschichten der Zugang zu Literatur und Wissenschaft eröffnet werden konnte als bisher. Die verstärkte Verwendung der Muttersprache auf diesen neuen Gebieten führte bald zur Erkenntnis, daß das Englische, gemessen am Lateinischen, hinsichtlich des präzisen Ausdrucksvermögens, der Breite und Differenzierung des lexikalischen Bestandes und der stilistischen Eleganz aufgrund der jahrhundertelangen Vernachlässigung in bestimmten Bereichen den neuen Anforderungen nicht gewachsen war. Deshalb setzte im 16. Jahrhundert, gefördert durch eine rege Übersetzungstätigkeit, eine intensiv betriebene Wortschatzerweiterung ein, bei der insbesondere das Lateinische, daneben auch das Griechische, Französische und Italienische als Entlehnungssprachen dienten. Diese hektisch betriebene Ausweitung des Wortschatzes durch Importe und Neuprägungen führte zunächst dazu, daß für eine Fülle von Sachen und Begriffen zwei, sogar drei und vier Wörter zur Verfügung standen. Eine Folge war zunächst die Möglichkeit, allein durch Wortwahl stilistische Differenzierungen vorzunehmen, weil die Synonyme sehr rasch verschiedene stilistische Konnotationen erhielten. Da aber nur der Gebildete aufgrund seiner Kenntnis, der Herkunft der neuen Wörter in der Lage war, diese auch richtig zu gebrauchen, wurde die Wahl aus dem erweiterten lexikalischen Angebot bei der Rede sehr rasch zum Indikator für den Bildungsgrad und die soziale Stellung des Sprechers. Die Möglichkeiten, die sich daraus für die Dramatiker zum Zwecke der Charakterisierung ihrer Figuren und der Erzielung komischer Wirkungen ergaben, wurden häufig genutzt (vgl. z. B. die Sprache des Holofernes in *Love's Labour's Lost* und des Dogberry in *Much Ado About Nothing).*

Trotz der Durchsetzung des Englischen als Schul-, Kirchen- und Wissenschaftssprache wurde die Muttersprache in den humanistischen Grammatikschulen nicht unterrichtet. Stattdessen wurde eine gründliche Kenntnis des Lateinischen und etwas Griechisch vermittelt. Dies führte dazu, daß Englisch weder in orthographischer, noch in grammatikalischer oder stilistischer Hinsicht einer normativen Kodifizierung unterworfen wurde und sich auch nicht eine Hoch- oder Standardsprache oder gar eine besondere Literatursprache herausbilden konnte. Vielmehr existierte ein breites Angebot an Dialekten, Soziolekten und Berufssprachen nebeneinander, das unmittelbar in das Drama eingebracht werden konnte. Das Fehlen einer verbindlichen Reglementierung führte zu einem Nebeneinander verschiedener Formen, die für stilistische Nuancierungen verwendet werden konnten. So war z. B. um 1600 als übliches Pronomen der Anrede *you* im Gebrauch; daneben existierte aber auch das ungewöhnlichere *thou.* Durch den Wechsel von *you* und *thou* war es somit in Abhängigkeit von der Gesprächssituation und ihrer Teilnehmer möglich, Intimität und Vertrautheit sowie Verachtung und Zorn zu signalisieren oder Standesunterschiede zum Ausdruck zu bringen.[9] So adressiert z. B. Lear in der Szene I.1 seine Töchter zunächst mit *you.* Nach der Weigerung Cordelias, die geforderte Liebeserklärung abzugeben, wechselt Lear ihr gegenüber unvermittelt zum *thou,* das seinen Zorn und seinen Bruch mit seiner Lieblingstochter mitteilt. Auch die Umschreibung mit *to do* konnte zu stilistischen Nuancierungen verwendet werden, weil sie damals zwar bereits im Gebrauch, aber im Gegensatz zu heute noch nicht verbindlich auf die Markierung von Fragen, Verneinungen oder Emphase eingeschränkt war.[10] Diese Form der Umschreibung konnte eingesetzt werden, um einer Äußerung mehr Gewicht und Feierlichkeit zu verleihen, und konnte damit auch parodistischen Zwecken dienen, wie z. B. Falstaffs pompöse Formulierung des Sprichwortes belegt: »This pitch, as ancient writers do report, doth defile« *(1 Henry IV,* II. 4. 400).

Die starken Veränderungen, denen das Englische im 16. Jahrhundert unterlag, und die intensive sprachliche Ausbildung, die in den Grammatikschulen aufgrund der von den Humanisten vertretenen These von der zentralen Bedeutung der Sprache für die Bildung des Menschen betrieben wurde, erzeugten ein außerordentlich geschärftes Sprachbewußtsein. Die rhetorische Schulung anhand der Rhetoriklehrbücher und die Analyse und Imitation der zur Norm erhobenen klassischen Vorbilder der Dichtung und Redekunst in den Schulen schärften das Ohr für stilistische Werte, für hintersinnig-witzige Wortspielereien, Anspielungen, kunstvoll eingesetzte Sprachbilder und artistisch geformte Satzperioden. Die Dramatiker konnten damit rechnen, daß eine subtile Sprachkunst auf der Bühne auf breite Kennerschaft im Publikum stoßen würde.

Die hohe Bewertung der Sprache und ihre nach einem ausgefeilten Regelsystem betriebene Vermittlung und Einübung förderten aber auch Sprachprunk und Sprachschwulst. Gegen Ende des 16. Jahrhunderts entwickelten sich Stilvarianten wie der *learned style*,[11] dessen Funktion es war, die Beherrschung des rhetorischen Regelapparats durch den Autor und seine Wissensfülle umständlich und schwerfällig vorzuzeigen und damit den Leser zu beeindrucken, oder der Euphuismus,[12] der sich für kurze Zeit auf der Bühne durchzusetzen vermochte. Dieser Stil, benannt nach dem Werk, für den ihn sein Schöpfer John Lyly kreierte, bestand in der systematischen und gehäuften Anwendung längst bekannter stilistischer Schmuckformen mit dem Ziel, jede Satzperiode so zu gestalten, daß sich die Wörter zu einem sorgfältig ausbalancierten Muster fügten. So traten Nebensätze immer paarweise auf, wobei darauf geachtet wurde, daß sie nicht nur die gleiche Länge, sondern auch möglichst die gleiche Struktur und das gleiche lautliche Muster hatten. Alliteration und Quasireime wurden dazu verwendet, auf die Parallelisierungen hinzuweisen. Argumentationen und Beschreibungen wurden mit zahlreich eingestreuten Vergleichen, Sentenzen und Beispielen so aufgeschwellt, daß nicht selten das Thema im preziös gestalteten Sprachgewand verschwand. In den Hofkomödien Lylys wurde dieser Stil für die Bühne adaptiert, wo er eine Dialogform hervorbrachte, in der der Fortgang der dramatischen Handlung durch Information oder Persuasion zurücktritt gegenüber der auf zwei Sprecher verteilten Anfertigung sprachlicher Parallel- und Kontrastmuster und witziger Wortspielereien. So wird in Lylys Stück *Campaspe* die berühmte Begegnung zwischen Alexander und Diogenes in folgenden Dialog umgesetzt (II. 2. 120–151):[13]

Diog. Who calleth?
Alex. *Alexander*. How happened it that you woulde not come out of your tub to my palace?
Diog. Because it was as far from my tub to your pallace, as from your palace to my tub.
Alex. Why then doest thou ow no reuerence to kings?
Diog. No.
Alex. Why so?

Diog. Because they be no Gods.
Alex. They be Gods of the earth.
Diog. Yea, Gods of earth.
Alex. *Plato* is not of thy mind.
Diog. I am glad of it.
Alex. Why?
Diog. Because I would haue none of *Diogenes* minde but *Diogenes.*
Alex. If *Alexander* haue any thing that may pleasure *Diogenes,* let me know, and take it.
Diog. Then take not from me, that you cannot giue me, the light of the world.
Alex. What doest thou want?
Diog. Nothing that you haue.
Alex. I haue the world at commaund.
Diog. And I in contempt.
Alex. Thou shalt liue no longer than I will.
Diog. But I will die whether you will or no.
Alex. How should one learn to be content?
Diog. Vnlearn to couet.
Alex. *Hephestion,* were I not *Alexander,* I wolde wishe to be *Diogenes.*
Hep. He is dogged, but discrete; I cannot tel how sharpe, with a kinde of sweetenes; ful of wit, yet too too wayward.

Der euphuistische Stil vermochte sich für mehrere Jahre in Prosa und Drama durchzusetzen, fiel aber bald, wie zahlreiche Parodien zeigen, der Lächerlichkeit anheim. In *Love's Labour's Lost* hat Shakespeare in zahllosen Dialogteilen den Euphuismus als leere Wortklauberei charakterisiert. Ein Beispiel (I. 2. 7–22):

Armado. How canst thou part sadness and melancholy, my tender juvenal?
Moth. By a familiar demonstration of the working, my tough signior.
Armado. Why tough signior? Why tough signior?
Moth. Why tender juvenal? Why tender juvenal?
Armado. I spoke it, tender juvenal, as a congruent epitheton appertaining to thy young days, which we may nominate tender.
Moth. And I, tough signior, as an appertinent title to your old time, which we may name tough.
Armado. Pretty and apt.
Moth. How mean you sir? I pretty, and my saying apt? or I apt, and my saying pretty?
Armado. Thou pretty, because little.
Moth. Little pretty, because little. Wherefore apt?
Armado. And therefore apt, because quick.

Die Ablösung der Varianten des ausgeschmückten Stils *(eloquent style)* erfolgte umso schneller, als ihm um die Jahrhundertwende ein anderes Stilideal entgegengesetzt wurde, das weniger auf sprachlichem Prunk als auf nüchterner Wiedergabe der Sachverhalte bestand *(plain style).* Der entschiedenste Verfechter dieses Stils war Ben Jonson,[14] der darin das adäquate Medium für seine didaktischen Absichten erblickte. Die

Hinwendung zum *plain style* und der ihm zugrundeliegende Realismus förderte zugleich die Aufnahme der zahlreichen Soziolekte und Berufssprachen der gesellschaftlichen Wirklichkeit in die Stücke der Zeit.
Der hohe Rang, der der Sprache zuerkannt wurde, der rapide Expansionsprozeß des Wortschatzes und zahlreiche stilistische Entartungserscheinungen riefen schon früh im 16. Jahrhundert Stimmen hervor, die sich für Sprachreinheit und größere Sprachzucht einsetzten. Insbesondere patriotische Schulmeister wie Roger Ascham wetterten gegen die fortschreitende Überfremdung des Englischen, die von jenen betrieben wurde, die England kulturell im Rückstand gegenüber Italien und Frankreich sahen. Diese Auseinandersetzungen um die Sprache trugen nicht nur dazu bei, das Sprachbewußtsein und den Sinn für stilistische Nuancen zu verfeinern, sondern bewirkten auch, daß die Sprache selbst häufig auf der Bühne thematisiert wurde. Viele heute für uns schwer verständliche Sprachspiele und Andeutungen haben in dieser sprachhistorischen Situation ihren Ursprung.

2.3.2. Die Wirkung der Rhetorik[15]

Wie schon mehrfach angedeutet, war das verbindliche Regelsystem für die Gestaltung der Rede die Rhetorik. Das Bildungssystem des 16. Jahrhunderts übernahm weitgehend den Regelapparat, wie er im mittelalterlichen Schulsystem auf der Grundlage der klassischen Lehrbücher entstanden war, griff aber auch unmittelbar auf die antiken Rhetoriken zurück. Im Gegensatz zum mittelalterlichen Schulsystem, wo die rhetorische Ausbildung eher dienende und vorbereitende Funktion hatte, wurde durch den Humanismus nicht zuletzt wegen der durch ihn vollzogenen Hinwendung zu praktischen Lernzielen die rhetorische Schulung stärker ins Zentrum des Schulunterrichts gerückt, weil sie für eine Reihe von Berufen, wie Prediger, Juristen oder Kaufleute, unerläßliche Voraussetzung war. Die gründliche rhetorische Ausbildung in den Grammatikschulen und Universitäten vermittelte nicht nur den Dramatikern eine sichere Beherrschung rhetorischer Mittel, sondern erzeugte auch in den gebildeten Schichten des Theaterpublikums eine über das geschärfte Sprachbewußtsein hinausgehende rhetorische Kompetenz. Dies führte zusammen mit dem Einfluß Senecas im Anfangsstadium der Shakespeare-Zeit zu einer starken Rhetorisierung der dramatischen Sprache, die in den Dramen Kyds, Marlowes und des jungen Shakespeare besonders deutlich hervortritt.
Trotz des Systemcharakters und der zahllosen detaillierten Anweisungen darf das Lehrgebäude der Rhetorik nicht als starrer Mechanismus verstanden werden, der jede individuelle Sprachentfaltung unterdrückte, zumal es verschiedene Systeme gab, die insbesondere in ihren stilistischen Anweisungen voneinander abwichen. Während die tradi-

tionelle Rhetorik verschiedene Stilhöhen unterschied, deren Wahl an bestimmte Genres gekoppelt war, bot die Rhetorik des Hermogenes, die gegen Ende des 16. Jahrhunderts in England verstärkten Einfluß gewinnen konnte,[16] ein System von Stilkategorien an, das nicht mehr verschiedene Stilniveaus unterschied, sondern auf die Erzielung bestimmter Effekte angelegt war, wie z. B. »Schönheit«, »Wahrheit«, »Schnelligkeit«, »Kürze«, »Heftigkeit« etc. Die rhetorischen Systeme gaben also keineswegs mechanisch zu befolgende Anweisungen, sondern stellten vielmehr Prinzipien auf, die durchaus verschiedene Auslegungen zuließen und der individuellen Sprachentfaltung breiten Raum gaben.

Das Grundprinzip der Rhetorik war das *decorum.* Es wies den Redner und Autor an, mit Rücksicht auf den Sprecher, die Situation, den Adressaten, das Thema und die gewählte Gattung die angemessene Sprache zu wählen. Dieses Prinzip konnte, sobald es auf die Literatur, insbesondere aber das Drama, angewandt wurde, in ganz verschiedener Weise befolgt werden. Bezog ein Autor diese Forderung vor allem auf die dramatischen Gattungen, so hatte er für die Tragödie die hohe, für die Komödie eine mittlere oder niedere Stilebene zu wählen. Solange sich ein Dramatiker bei der Wahl seiner Figuren an die diesbezüglichen Einschränkungen (die sogen. Ständeklausel) hielt – hochgestellte Persönlichkeiten nur in Tragödien, Bürger und Bauern nur in Komödien auf die Bühne zu bringen –, entstand kein Konflikt mit dem anderen Aspekt des Prinzips *decorum,* wonach die Rede dem sozialen Status des Sprechers angeglichen werden solle. Sobald aber in der romanesken Komödie[17] die Ausweitung des sozialen Spektrums des Komödienpersonals durch Einbeziehung des Adels erfolgte und in den Tragödien aufgrund der dramatischen Tradition die Einfügung komischer Szenen mit niederem Personal weiter praktiziert wurde, mußte das Konzept des gattungsbezogenen Stils mit der Forderung nach einer auf den jeweiligen Sprecher bezogenen Sprache in Widerspruch geraten. Die bereits in 2.2. zitierte Passage aus dem Prolog zu R. Edwards' *Damon and Pithias* (aufgef. 1564, gedr. 1571) und die Sprachgebung dieses Stücks zeigen deutlich das Dilemma, in das Autoren gerieten, die beiden Aspekten des *decorum* gerecht zu werden versuchten. Während Edwards im Prolog einer sprecherbezogenen Sprachdifferenzierung das Wort redet, wählt er für seine *tragical comedy,* in der so unterschiedliche Figuren wie ein König, ein Henker, ein Bergmann und die neun Musen auftreten, eine einheitlich hohe Stillage.

Die professionellen Dramatiker entschieden sich sehr bald für eine dem jeweiligen Sprecher angemessene Sprache. Das Resultat war eine höchst differenzierte Stilvielfalt und Registerbreite von Soziolekten, Dialekten und Berufssprachen, die dem Drama der Shakespeare-Zeit ihr eigentümliches Gepräge gaben. So wird z. B. in *1 Henry IV* der

Wechsel des Milieus zwischen Hof und Wirtshaus nicht nur durch den entsprechenden Übergang von Vers und Prosa signalisiert, sondern durch die sprachliche Registerbreite des Prince Hal, die von der Staatsrede über den militärischen Befehl zur sprachspielerischen anzüglichen Wirtshausdiskussion und – nach eigenem Zeugnis (vgl. II. 4. 1–32) – bis hin zur dumpfen Spracharmut eines Schenkkellners reicht, auch das neue Ideal des Volkskönigs vermittelt, das Shakespeare in dieser Figur entwirft.

Eine noch größere Vielfalt zeigt Ben Jonson in Komödien wie *The Alchimist* und *Bartholomew Fair,* in denen die einzelnen sozialen Schichten und Berufsgruppen rein sprachlich differenziert und exakt porträtiert werden. Ordinärer Gauner- und Gassenjargon, die pseudowissenschaftliche Fachsprache der Alchemisten, die Sprache der Finanz- und Kommerzwelt, der puritanische Bibelstil, die ungeschliffene Rede eines groben Landjunkers, der gespreizte Redestil eines Bürgers mit literarischen Ambitionen oder die wuchernde phantastische Rhetorik eines adeligen Lüstlings sorgen für eine sprachliche Polyphonie in diesen Komödien, die zugleich die gesellschftliche Wirklichkeit der Zeit spiegelt.

Ein weiterer Einfluß der Rhetorik ist in den großen Reden[18] der Dramen zu beobachten. Die traditionelle Rhetorik unterschied zwischen verschiedenen Grundtypen von Reden, wie die Preis- oder Tadelsrede auf Lebende oder Tote, die Anklage- oder Verteidigungsrede vor Gericht und die Beratungs- oder Umstimmungsrede. Aus der Literatur kamen unter dem Einfluß Senecas noch die Affektrede, in der »Verzweiflung, Schwanken und Unsicherheit, Verwünschung, Drohung, Klage und Raserei«[19] zum Ausdruck gebracht wurden, und die Expositionsrede, in der vom Geschehen hinter der Bühne berichtet wurde, hinzu.

Für alle diese Redetypen stellte die Rhetorik ein umfangreiches Arsenal von Gemeinplätzen, Denk- und Sprachmustern sowie detaillierte Vorschläge für die Anordnung des Materials bereit. Die Dramatiker und das gebildete Publikum kannten diese Redetypen aus dem Schulunterricht und die Einfügung solcher Reden wurde, nach der Häufigkeit ihres Vorkommens zu schließen, von den Zuschauern geschätzt, die sie fachmännisch zu beurteilen wußten.

Der Einfluß der Rhetorik wurde im Lauf der Shakespeare-Zeit verschieden verarbeitet. Während für die Anfangszeit eine eher schulmäßige Befolgung der rhetorischen Regeln charakteristisch ist, läßt sich im Verlauf der Entfaltung dieses Textkorpus eine zunehmend freiere Umsetzung der Anweisungen beobachten. Insbesondere die Gedankenführung der Monologe erfolgt in der Blütezeit in assoziativer Verknüpfung und einer der Sprechsituation und dem Sprecher angemesseneren Form. Die Figuren werden von den Dramatikern nicht mehr so sehr bei der Deklamation einer wohlgesetzten, durchdachten Rede dargestellt als vielmehr beim Aussprechen unmittelbar aus der dramatischen Situation entstehender Gedanken, wobei das Publikum nicht mehr Adressat, sondern nur noch Beobachter des gedankenverlorenen Sprechers ist.[20]

Wie stark die Rhetorik in der Anfangszeit den Redestil bestimmte, kann besonders an Monologen aus Kyds *Spanish Tragedy* und den frühen Historien Shakespeares beobachtet werden. Ein Beispiel einer regelrechten Erwägungsrede, in der das Für und Wider zunächst in abgezirkelten Antithesen vorgetragen, anschließend in einer streng-gefügten Kausalkette die Feindschaft des Sprechers gegen Horatio begründet wird und am Ende der Entschluß steht, diesen zu bekämpfen, ist die Rede Don Balthazars in der *Spanish Tragedy* (II. 1. 111 bis 133):[21]

BALTHAZAR
Both well, and ill: it makes me glad and sad:
Glad, that I know the hinderer of my love,
Sad, that I fear she hates me whom I love.
Glad, that I know on whom to be revenged,
Sad, that she'll fly me if I take revenge.
Yet must I take revenge or die myself,
For love resisted grows impatient.
I think Horatio be my destined plague:
First, in his hand he brandished a sword,
And with that sword he fiercely waged war,
And in that war he gave me dangerous wounds,
And by those wounds he forced me to yield,
And by my yielding I became his slave.
Now in his mouth he carries pleasing words,
Which pleasing words do harbour sweet conceits,
Which sweet conceits are limed with sly deceits,
Which sly deceits smooth Bel-imperia's ears,
And through her ears dive down into her heart,
And in her heart set him where I should stand.
Thus hath he ta'en my body by his force,
And now by sleight would captivate my soul:
But in his fall I'll tempt the destinies,
And either lose my life, or win my love.

Das Beispiel einer Affektrede ist Hieronimos berühmter und vielbespöttelter Monolog zu Beginn der 2. Szene des 3. Aktes.[22] Die Apostrophen, ein Charakteristikum der Affektrede, sind in sorgfältiger Steigerung angeordnet: »O eyes . . . O life . . . O world . . . O sacred heavens!« Die dreimalige Zurücknahme des eben Gesagten und der Ansatz zur Neuformulierung (Epidiorthosis) galten neben Apostrophen und rhetorischen Fragen in der Rhetorik des Hermogenes als Mittel, um der höchsten Erregung des Sprechers Ausdruck zu verleihen. Bevor die Rede durch einen ihm zugeworfenen Brief in eine neue

Richtung gelenkt wird, wird sie noch in einem typischen Summationsschema *(versus rapportati)* zusammengefaßt:

HIERONIMO
O eyes, no eyes, but fountains fraught with tears;
O life, no life, but lively form of death;
O world, no world, but mass of public wrongs,
Confused and filled with murder and misdeeds!
O sacred heavens! if this unhallowed deed,
If this inhuman and barbarous attempt,
If this incomparable murder thus
Of mine, but now no more my son,
Shall unrevealed and unrevenged pass,
How should we term your dealings to be just,
If you unjustly deal with those that in your justice trust?
The night, sad secretary to my moans,
With direful visions wake my vexed soul,
And with the wounds of my distressful son
Solicit me for notice of his death.
The ugly fiends do sally forth of hell,
And frame my steps to unfrequented paths,
And fear my heart with fierce inflamed thoughts.
The cloudy day my discontents records,
Early begins to register my dreams
And drive me forth to seek the murderer.
Eyes, life, world, heavens, hell, night, and day,
See, search, show, send some man, some mean, that may–
A letter falleth

Ein weiteres Beispiel demonstriert die Wirkung der rhetorischen Anweisungen beim Aufbau einer Umstimmungsrede. In Shakespeares *1 Henry VI* wird die Jungfrau von Orléans als von Dämonen besessenes Bauernmädchen eingeführt. In III. 3. unternimmt Pucelle erfolgreich einen Überredungsversuch, um den Herzog von Burgund, der bis dahin auf seiten Englands kämpfte, für die französische Sache zu gewinnen. Obwohl König Charles dabei auf Pucelles Hexenkünste vertraut (»Speak, Pucelle, and enchant him with thy words«, III. 3. 40), folgt Pucelles Rede der klassischen *dispositio* einer Umstimmungsrede, was in einem heute merkwürdig anmutenden Kontrast zum Bildungshorizont der Figur steht (III. 3. 41–77):

Pucelle. Brave Burgundy, undoubted hope of France!
Stay, let thy humble handmaid speak to thee.
Burgundy. Speak on; but be not over-tedious.
Pucelle. Look on thy country, look an fertile France,
And see the cities and the towns defac'd
By wasting ruin of the cruel foe;
As looks the mother on her lowly babe
When death doth close his tender dying eyes,
See, see the pining malady of France;

Behold the wounds, the most unnatural wounds,
Which thou thyself hast given her woeful breast.
O, turn thy edged sword another way;
Strike those that hurt, and hurt not those that help!
One drop of blood drawn from thy country's bosom
Should grieve thee more than streams of foreign gore.
Return thee therefore with a flood of tears,
And wash away thy country's stained spots.
Burgundy. Either she hath bewitch'd me with her words,
Or nature makes me suddenly relent.
Pucelle. Besides, all French and France exclaims on thee,
Doubting thy birth and lawful progeny.
Who join'st thou with but with a lordly nation
That will not trust thee but for profit's sake?
When Talbot hath set footing once in France,
And fashion'd thee that instrument of ill,
Who then but English Henry will be lord,
And thou be thrust out like a fugitive?
Call we to mind – and mark but this for proof:
Was not the Duke of Orleans thy foe?
And was he not in England prisoner?
But when they heard he was thine enemy
They set him free without his ransom paid,
In spite of Burgundy and all his friends.
See then, thou fight'st against thy countrymen,
And join'st with them will be thy slaughtermen.
Come, come, return; return, thou wandering lord;
Charles and the rest will take thee in their arms.

Die Rede Pucells beginnt mit der Anrede *(proëmium)*, durch die der Adressat durch lobende Epitheta wohlwollend gestimmt werden soll, während sich die Sprecherin deutlich niedriger einstuft. Darauf folgt die Darstellung des Sachverhalts *(narratio)* in den Zeilen 44–51, der dann in den Zeilen 52–57 der Kernpunkt der Rede folgt, der Vorschlag *(propositio)* an den Adressaten, sein Verhalten zu ändern. Dem Vorschlag folgen die Argumente, die für seine Annahme sprechen: Zeilen 60–61 verweisen auf das Unnatürliche seiner bisherigen Politik und Zeilen 62–67 betonen den persönlichen Nutzen einer Sinnesänderung. In den Zeilen 68–73 wird dann als Beweis *(probatio)* das Schicksal des Herzogs von Orléans angeboten. Der Schluß der Rede *(conclusio)* faßt alle Punkte nochmals zusammen und enthält einen emotionalen Appell *(peroratio)*, wobei durch Wortwiederholungen der Affekt der Sprecherin signalisiert wird.

Der Einfluß der Rhetorik, der von einer dem literarischen Realismus verpflichteten Forschung gelegentlich als verhängnisvoll bewertet wurde, ist in seiner Bedeutung für die Sprache der Dramen kaum zu überschätzen. In einer Epoche rapider Sprachveränderung bot das Lehrgebäude der Rhetorik ein differenziertes Instrumentarium an, mit dessen Hilfe dramatische Grundvorgänge, wie z. B. Willensbeeinflussungen zwischen den Figuren, aber auch die Enthüllung emotionaler Zustände aufs genaueste dargestellt werden konnten. Die Entwicklung der durch bestimmte Aktionen und Verhaltensweisen festgelegten Bühnentypen hin zu Bühnenfiguren, deren psychologische Grunddisposition und wechselnde Emotionen und Affekte detailliert dargelegt werden, wäre ohne das Angebot der hierfür notwendigen Ausdrucksmittel durch die Rhetoriken nicht möglich gewesen.

2.3.3. Der Blankvers

Im Drama der Shakespeare-Zeit zählt der Blankvers zu den wichtigsten Instrumenten für die Informationsvergabe an das Publikum.
Der Blankvers, ein reimloser iambischer Fünfheber, war von Henry Howard, Earl of Surrey, für seine metrische Übertragung von Teilen der *Aeneis* Vergils konzipiert worden; er wurde also ursprünglich als episches, dem lateinischen Hexameter aequivalentes Metrum verwendet. Th. Norton und Th. Sackville führten als erste den Blankvers in das Drama ein *(Gorboduc,* 1561). Dieses Vorbild und vor allem die Verskunst Marlowes setzen diesen Vers sehr rasch als wichtigstes prosodisches Medium durch. Weitere Gründe für die Beliebtheit des Blankverses waren seine Affinität zur englischen Sprache, deren suprasegmentaler Phonemstruktur der fünfhebige Iambus besonders entspricht,[23] ferner die Reimlosigkeit und Zäsurenvarianz, die es ermöglichen, Sprechtakte und syntaktische Perioden unterschiedlichster Länge in ihn einzufügen, so daß er ein weit flexibleres rhythmisches Instrument war als z. B. das *heroic couplet.* Die Reimlosigkeit als Normalfall gestattete es überdies, durch die gezielte Einführung von Endreimen zusätzliche Signale zu übermitteln.[24] Durch die Konventionalisierung des Blankverses im Drama wurde zugleich die Verwendung von Prosa und anderer metrischer Schemata zu einem Mittel, dem Publikum Zusatzinformationen auf prosodischer Ebene zu geben.[25]
Die Verwendung des Blankverses im Verlauf der Shakespeare-Zeit war Entwicklungen unterworfen, die sich mit gleichläufigen Tendenzen auf dem Gebiet der Sprachverwendung oder des Schauspielstils in Relation setzen lassen. Wie das Beispiel Marlowes oder Kyds zeigt, scheint der Blankvers zu Beginn der Epoche als ein tragischen Gattungen angemessener Versschmuck betrachtet worden zu sein, als englisches Äquivalent der schönen Sprache, die Aristoteles für die Tragödie im 6. Kapitel der *Poetik* forderte. Die prosodischen Möglichkeiten, die der Blankvers bereitstellte, um damit die Figuren durch den Sprachrhythmus voneinander abzuheben oder ihre psychische Disposition anzuzeigen, blieben ungenutzt. Stattdessen wurde der Vers lediglich dazu verwendet, um den poetischen Charakter der

Sprache zu demonstrieren und den sozialen Status der Figuren anzuzeigen. Der Wechsel von Vers und Prosa signalisierte zunächst nur das Gefälle in Status und Milieu, wie z. B. in *Henry IV*, konnte aber später auch zur Darstellung des geistigen Zustandes von Figuren verwendet werden, wie z. B. in *King Lear*, wo Lears geistige Zerrüttung durch den Wechsel zur Prosa, seine Gesundung durch die Rückkehr zum Blankvers angezeigt werden. Daneben konnte der Wechsel von Vers und Prosa aber auch herangezogen werden, um den offiziellen bzw. privaten Charakter eines Gesprächs unter Standespersonen zu kennzeichnen, wie z. B. in der 1. Szene des *King Lear*, wo das Gespräch zwischen Kent und Gloucester am Rande der Staatszeremonie in Prosa erfolgt, die dann beim Auftritt Lears vom Vers abgelöst wird.

Eine weitere Möglichkeit, auf prosodischer Ebene Signale im äußeren Kommunikationsvorgang zu übermitteln, bot die spezifische rhythmische Füllung des Blankverses. Durch die Art, wie die natürlichen Wort- und Satzakzente in Beziehung zu den Ikten des metrischen Schemas gesetzt wurden, sowie durch die Wahl langer oder kurzer Sprechtakte konnten rhythmische Muster erzeugt werden, die Rückschlüsse auf den emotionalen Zustand des Sprechers zuließen. Eine weitgehend regelmäßige Auffüllung des metrischen Schemas und die Wahl von Sprechtaktlängen, die annähernd dem Umfang des Blankverses entsprachen, deuteten auf die Beherrschtheit, Selbstsicherheit und innere Ruhe des Sprechers. Kurze Sprechtakte, unregelmäßige Zäsuren und die einen besonderen Rhythmus erzeugende Verschiebung von Akzent- und Iktenebene gegeneinander übermittelte den Eindruck der inneren Erregung, der geistigen Verwirrung oder Desintegration der Persönlichkeit des Sprechers. Neben der Blankverstechnik in der Rede Lears bietet die Versbehandlung in Othellos Rede ein besonders charakteristisches Beispiel: die gelassene Selbstsicherheit Othellos wird in den gemessenen Blankversen zu Beginn des Dramas auch auf prosodischer Ebene dem Publikum übermittelt (*Othello*, I. 3. 76–94):

> Most potent, grave, and reverend signiors,
> My very noble and approv'd good masters:
> That I have ta'en away this old man's daughter,
> It is most true; true, I have married her –
> The very head and front of my offending
> Hath this extent, no more. Rude am I in my speech,
> And little blest with the soft phrase of peace;
> For since these arms of mine had seven years' pith,
> Till now some nine moons wasted, they have us'd
> Their dearest action in the tented field;
> And little of this great world can I speak
> More than pertains to feats of broil and battle;
> And therefore little shall I grace my cause
> In speaking for myself. Yet, by your gracious patience.

I will a round unvarnish'd tale deliver
Of my whole course of love – what drugs, what charms,
What conjuration, and what mighty magic,
For such proceedings am I charg'd withal,
I won his daughter.

Als Iagos Intrigen bei ihm Wirkung zu zeigen beginnen, wandelt sich die rhythmische Struktur seiner Rede. Kurze Sprechtakte, Zäsurenvarianz und Häufung starker Akzentstufen signalisieren seinen Affekt (III. 3. 446–455):

Othello. O that the slave had forty thousand lives!
One is too poor, too weak for my revenge.
Now do I see 'tis true. Look here, Iago –
All my fond love thus do I blow to heaven.
'Tis gone.
Arise, black vengeance, from the hollow hell.
Yield up, O love, thy crown and hearted throne
To tyrannous hate! Swell, bosom, with thy fraught,
For 'tis of aspics' tongues.
Iago. Yet be content.
Othello. O, blood, blood, blood!

Unmittelbar bevor Othello in einem Anfall bewußtlos zu Boden stürzt, wird der Blankvers in Prosa aufgelöst, die in diesem Zusammenhang auf die seelische Zerrüttung verweist (IV. 1. 32–43).

Othello. What hath he said?
Iago. Faith, that he did – I know not what he did.
Othello. What? what?
Iago. Lie –
Othello. With her?
Iago. With her, on her; what you will.
Othello. Lie with her – lie on her? We say lie on her when they belie her. Lie with her. Zounds, that's fulsome. Handkerchief – confessions – handkerchief! To confess, and be hang'd for his labour – first, to be hang'd and then to confess. I tremble at it. Nature would not invest herself in such shadowing passion without some instruction. It is not words that shakes me thus – pish! – noses, ears, and lips. Is't possible? Confess! Handkerchief! O devil!

[*Falls in a trance.*

Die Sprache in den Dramen der Shakespeare-Zeit spiegelt in ihrer charakteristischen Verwendung und der Entwicklung des dramatischen Sprachstils nicht nur die historische Situation der Sprache, sondern zugleich die besondere Stellung des Dramas und seiner Autoren im literarischen Leben der Zeit. Über das Bildungssystem wurde dem starken Einfluß der Rhetorik zwar der Weg in das Drama eröffnet, der aber wegen der subliterarischen Stellung des Dramas und der Publikumsstruktur niemals so stark sich entfalten konnte, daß sich eine besondere Literatursprache hätte etablieren können. Vielmehr konnte das gesamte Spektrum der sprachlichen Wirklichkeit in die Dramen eingebracht werden. Besonders bemerkenswert ist der rapide Entfaltungsprozeß, der sich auf dem Gebiet der poetischen Sprachfunktion vollzog. Die Entwicklung dieser Funktion ist gekennzeichnet durch eine immer subtilere und differenziertere Semantisierung der verschiedenen Sprachebenen, wobei Shakespeare der unbestrittene Meister ist. Die sprachhistorische Situation, die Bildungshorizonte der verschiedenen Teilnehmer des Kommunikationssystems und dessen soziale Einbettung sowie das Sprach- und Literaturverständnis der Zeit wirkten im höchst fruchtbaren Wechselspiel zusammen, um die vielleicht geschmeidigste und differenzierteste Sprache der europäischen Dramengeschichte hervorzubringen.

2.4. Weltdeutungen und ethische Normen der Shakespeare-Zeit

Die Frage, wie die Beziehung zwischen einem literarischen Werk und der geistigen Struktur seiner Entstehungszeit präzise zu beschreiben sei, gehört zu den schwierigsten und umstrittensten Problemen der Literaturwissenschaft seit der Zeit, als sich diese als historische Wissenschaft konstituierte. Die ältere, geistesgeschichtlich orientierte Forschung beschritt zumeist den Weg, das historische Kontinuum in Epochen aufzugliedern, denen sie jeweils Einheitlichkeit von der Denkform bis zum Stil der kulturellen Äußerungen unterstellte. Diese Einheitlichkeit wurde zumeist aus dem Zeitgeist erklärt, an dem angeblich alle Zeitgenossen in gleicher Weise partizipierten und von dem sie geprägt wurden. Ideengeschichtlich arbeitende Forscher versuchten, diese grobe epochale Typenbildung zu differenzieren, indem sie den Nachweis des Einflusses von Denkformen und ethischen Normen jeweils über Gleichheiten und Entsprechungen zwischen einem philosophischen und einem literarischen Text führten, wobei allerdings nicht immer die ästhetische Intention und Kontextualisierung solcher Übernahmen gebührend berücksichtigt wurde.
Besonders umstritten war die Analyse der Beziehungen zwischen der geistigen Struktur der Zeit und der Literatur in der Renaissance. Als Burckhardt 1860 sein von den Normen seiner Zeit durchaus geprägtes faszinierendes Porträt der italienischen Renaissance entwarf,[1] wurde dieses Konzept sofort aufgegriffen und oft ohne entsprechende Modifikationen zum Zwecke der Periodisierung der Geschichte kultureller Äußerungen in anderen Ländern angewandt, woraus sich eine Reihe von Mißverständnissen ergab. Die mehrfachen grundlegenden Revisionen, denen das Renaissance-Bild Burckhardts im Laufe der Zeit unterzogen wurde,[2] führten nicht nur zu chronologischen Verschiebungen dieser Epoche, sondern auch zu wachsendem Mißtrauen gegenüber

dem Erkenntniswert des Renaissance-Begriffs überhaupt, das sich vor allem in der angloamerikanischen Literaturforschung artikulierte.[3]
Für das Drama der Shakespeare-Zeit bedeutete die über hundertjährige Renaissance-Diskussion, daß es zunächst ganz und später teilweise als Renaissance-Drama gedeutet wurde und damit seine Erforschung den mehrfachen Umschwüngen im Renaissanceverständnis unterworfen war. Die Verspätung, mit der Renaissance-Phänomene in der englischen Literatur auftreten und die starken Veränderungen im dramatischen Textkorpus selbst begünstigten in der Forschung des 20. Jahrhunderts Tendenzen, die dramatische Produktion ab ca. 1600 der Epoche des Barock zuzuschlagen,[4] um so die Veränderungen aus dem Zeitgeist und Stilempfinden einer neuen Epoche erklären zu können.
Neuere Forschungen zur Renaissance lassen die Tendenz erkennen, vom Konzept einer zeitlich mehr oder weniger exakt fixierbaren Epoche abzugehen und stattdessen die Renaissance als Denkform zu verstehen, für die eine eklektische Verknüpfung ganz bestimmter Traditionen von erkenntnistheoretischen Prämissen, kosmologischen Vorstellungen und ethischen Grundpositionen charakteristisch ist.[5] Diesem Renaissance-Begriff werden dann die jeweiligen Gegenpositionen als Gegenrenaissance *(Counter-Renaissance)*[6] gegenübergestellt. An diesem Konzept ist positiv zu bewerten, daß damit die Versuche zur Konstruktion der Renaissance als Epoche mit einheitlichem Zeitgeist endgültig verlassen wurde, durch die jeweils nur ganz bestimmte philosophische Anschauungen für den Entwurf des Weltbildes der Epoche ausgewählt wurden, wie dies etwa in den höchst einflußreichen Studien A. O. Lovejoys[7] und E. M. W. Tillyards[8] geschah, die für lange Zeit maßgeblich das Verständnis des geistigen Horizontes der Dramen der Shakespeare-Zeit bestimmten. Bedenklich am Konzept der Renaissance als Denkform ist jedoch, daß damit der Renaissance-Begriff für Periodisierungszwecke weitgehend unbrauchbar wird und Gefahr läuft, in ähnlicher Weise wie die ursprünglich kunstgeschichtlichen Epochenbegriffe Manierismus oder Barock in zeitlose Ausdrucksgebärden oder Weltanschauungstypen, die in der Antike, im Mittelalter oder in der Neuzeit auftreten können, umdefiniert zu werden.
Für den geistigen Horizont, in dem sich das Drama der Shakespeare-Zeit entfaltete, erweist sich weder der Entwurf einer einheitlichen Epoche, noch die Abfolge zweier Epochen mit verschiedenen Grundstimmungen als zweckmäßig, gleichgültig, ob sie Renaissance und Barock oder *Elizabethan* und *Jacobean*[9] genannt werden, sondern das Verständnis der Shakespeare-Zeit, als Epoche, die gerade durch die Opposition von konträren Weltanschauungen und Normensystemen charakterisiert ist. Durch diese Opposition wird nicht nur die bemerkenswerte Präzision in den zeitgenössischen Beschreibungen der philosophischen Positionen erklärt, weil sie nämlich jeweils gegen Alter-

nativen formuliert werden mußten, sondern zugleich auch die aggressive Heftigkeit, mit der die eigene Position verteidigt und die oppositionelle regelrecht verteufelt wurde. Auch die ideologische Verunsicherung, die in so vielen Werken der Epoche ihren Ausdruck findet, erhält durch diese Opposition ihre Begründung. Das Vorhandensein zweier gegensätzlicher Ansätze in Weltverständnis und Menschenbild macht auch verständlich, warum diese Grundpositionen häufig dazu verwendet wurden, oft in formelhafter Verkürzung wie *Machiavell* oder *Atheist,* das Verhalten von Figuren oder Gegensätze in den Personenkonstellationen zu signalisieren, weil einem großen Kreis des Publikums diese Opposition zumindest oberflächlich geläufig war.
Nachstehend können hier nur die wesentlichsten erkenntnistheoretischen, kosmologischen und ethischen Grundpositionen der zueinander in Opposition stehenden Weltdeutungen skizziert werden, wobei die Bezeichnung christlicher Humanismus für die traditionelle Position verwendet wird, die letztlich eine eklektische Verknüpfung von Auffassungen ist, wie sie bereits in der antiken und mittelalterlichen Philosophie vertreten wurden, während Montaigne und Machiavelli wegen ihrer Verbreitung und Popularität stellvertretend für die Beschreibung der Gegenposition ausgewählt werden.

2.4.1. Die Erkenntnisfähigkeit des Menschen

2.4.1.1. Die christlich-humanistische Position

Zu den Grundpositionen des christlichen Humanismus gehörte es, daß in der Vielfalt der sinnlich erfaßbaren Erscheinungen, die sich dem Menschen zunächst darbot, eine strenge Ordnung herrschte, weil die Wirklichkeit von einer göttlichen Vernunft hervorgebracht worden war, die die Welt nur als harmonisch geordnetes Gebilde, den Kosmos, entwerfen konnte. Da nun jedem Menschen die Vernunft göttlichen Ursprungs eingepflanzt worden war, durch die seine Würde als Gottes Ebenbild und Kind begründet wurde, war er auch prinzipiell in der Lage, diese Ordnung zu erkennen, weil zwischen Kosmos und Vernunft ein korrespondierendes Verhältnis bestand. Eine Stelle aus F. Bacons *The Advancement of Learning* beschreibt diese Beziehung:[10]

> ... God hath framed the mind of man as a mirror or glass, capable of the image of the universal world, and joyful to receive the impression thereof, as the eye joyeth to receive light; and not only delighted in beholding the variety of things and vicissitudes of times, but raised also to find out and discern the ordinances and decrees, which throughout all those changes are infallibly observed.

Aus dieser Korrespondenz konnte auch begründet werden, daß die Erkenntnisfähigkeit des Menschen potentiell unbegrenzt war und seinen Erkenntnissen nicht nur subjektive Gültigkeit zukam, sondern der Status objektiver und universeller Wahrheit. Aus dem Korrespondenzverhältnis zwischen Kosmos und menschlicher Vernunft leitete sich auch die Aufgabe ab, die dieser Vernunft gestellt war. Ihr kam es zu, die ordnungsstiftenden Prinzipien in der Wirklichkeit aufzuspüren und in ihrer Wirkung zu begreifen, aber nicht mit dem Ziel, sich dadurch die Natur in den Dienst zu stellen, sondern um aus ihnen Normen für die Gestaltung des menschlichen Lebens in allen Bereichen zu gewinnen; denn nur durch die Erkenntnis und Befolgung dieser Normen wurde der Mensch instandgesetzt, sich als Individuum und Gesellschaft harmonisch in den großen kosmischen Zusammenhang einzugliedern und so sein individuelles und gesellschaftliches Glück und Wohlergehen zu gestalten.

2.4.1.2. Die Gegenpositionen

Schon der Nominalismus hatte in Abrede gestellt, daß der menschliche Geist aufgrund des Korrespondenzverhältnisses die Wirklichkeit vollständig abbilden und erkennen könne. Vielmehr sei diesem nur das einzelne Detail über die sinnliche Erfahrung zugänglich, das dann vom erkennenden Subjekt in eine selbstgewählte Ordnung eingebrachte werde. Sowohl der philosophische Skeptizismus Montaignes als auch der utilitaristische Empirismus Machiavellis übernahmen diese Position, wenn auch mit unterschiedlichen Akzentsetzungen und Schlußfolgerungen.

Für den Skeptiker Montaigne ist die Welt keine geordnete Einheit – die Vorstellung eines Kosmos ist für ihn ein reines Produkt menschlicher Phantasie –, sondern ein ständiger Veränderung unterworfenes Chaos:[11]

> The world runnes all on wheeles. All things therein moove without intermission; yea the earth, the rockes of Caucasus, and the Pyramides of Aegypt, both with the publike and their own motion. Constancy it selfe is nothing but a languishing and wavering dance. I cannot settle my object; it goeth so unquietly and staggering, with a naturall drunkennesse. I take it in this plight, as it is at th' instant I amuse my selfe about it. I describe not the essence, but the passage; not a passage from age to age, or as the people reckon, from seaven yeares to seaven, but from day to day, from minute to minute.

und

> In few, there is no constant existence, neither of our being, nor of the objects. And we, and our judgement, and all mortall things else do uncessantly rowle, turne and pass away. Thus can nothing be certainly established, nor of the one, nor of the other; but the judgeing and the judged being in continuall alteration and motion.

Jede Erkenntnis, die der Mensch gewinnt, geschieht deshalb in Abhängigkeit von seiner jeweiligen Situation und von seiner geistigseelischen Verfassung, ist also prinzipiell eingeschränkte Erkenntnis und im höchsten Maße subjektiv:[12]

We must note, that nothing is more deare and precious to any thing, than it's owne being (the Lyon, the Eagle and the Dolphin esteeme nothing above their kinde) each thing referreth the qualities of all other things unto her owne conditions, which we may either amplifie or shorten; but that is all: for besides this principle, and out of this reference, our imagination cannot go, and guesse further: and is unpossible it should exceede that, or goe beyond it ...

und

What we see and heare, being passionately transported by anger, we neither see nor heare it as it is. ... The object which we love, seemeth much more fairer unto us, then it is; ... and that much fowler, which we loath. To a pensive and heart-grieved man, a cleare day seemes gloomie and duskie. Our senses are not onely altered, but many times dulled, by the passions of the mind. How many things see we, which we perceive not, if our mind be either busied or distracted else where?

Alle Philosophien, die vorgeben, einen Weg zur objektiven Wahrheit erschließen zu können, aus der dann objektive Normen für das menschliche Handeln gewonnen werden können, werden von Montaigne als Phantastereien verworfen. Folgerichtig setzt Montaigne stattdessen das Ich als oberste Erkenntnis- und Wertungsinstanz ein. Denn nur das Ich vermag festzulegen, was Bedürfnis und Glück für den Einzelnen ist:
»I study my selfe more than any other subject. It is my supernaturall Metaphisike, it is my naturall Philosophy.«[13]
Da die Welt nicht als Kosmos existiert, gibt es auch keine universalen Prinzipien, aus denen sich ein für alle Menschen verbindliches Naturrecht ableiten ließe. Vielmehr entstehen gesellschaftliche Ordnung und Rechtssysteme, wie für Montaigne die Geschichte lehrt, indem der Staat durch willkürliche Setzung diese begründet:[14]

Protagoras and Ariston gave the justice of the lawes no other essence, but the authoritie and opinion of the law-giver, and that excepted, both Good and Honest lost their qualities, and remained but vaine and idle names, of indifferent things.

In ganz ähnlicher Weise lehnt Machiavelli die Erkenntnistheorie des christlichen Humanismus ab. Auch für ihn ist die Vorstellung eines Kosmos reines Phantasiegebilde, mit dem zu beschäftigen sich nicht lohnt. Nicht irgendwelchen Ideen über die Wirklichkeit, sondern der Wirklichkeit selbst gilt sein Interesse. Die empirische Erforschung dieser Wirklichkeit ist allerdings immer schon einem pragmatischen Erkenntnisinteresse unterworfen, die Frage nach Zweck und Nutzen der Erkenntnis für den Einzelnen bestimmt also letztlich den Erkenntnisvorgang. Die Bestimmung dieses Erkenntniszieles – im Falle des *Il*

Principe die Sicherung von politischer Macht – erwächst aber jeweils aus dem Bedürfnis des erkennenden Subjektes und die gewonnene Erkenntnis kann deshalb für die Befriedigung dieses Bedürfnisses eingesetzt werden.

Da es aber meine Absicht ist, etwas Brauchbares für den zu schreiben, der Interesse dafür hat, schien es mir zweckmäßiger, dem wirklichen Wesen der Dinge nachzugehen als deren Phantasiebild. Viele haben sich Vorstellungen von Freistaaten und Alleinherrschaften gemacht, von denen man in Wirklichkeit weder etwas gesehen noch gehört hat; denn zwischen dem Leben, wie es ist, und dem Leben, wie es sein sollte, ist ein so gewaltiger Unterschied, daß derjenige, der nur darauf sieht, was geschehen sollte, und nicht darauf, was in Wirklichkeit geschieht, seine Existenz viel eher ruiniert als erhält. ...
Ich lasse also alles beiseite, was über Herrscher zusammenphantasiert wurde, und spreche nur von der Wirklichkeit.[15]

Was also sich immer nur als Ziel menschlichen Erkennens anzustreben lohnt, ist eine brauchbare Wahrheit *(verità effetuale)*,[16] die allerdings nur für das betreffende Subjekt eine verwertbare Wahrheit darstellt, der möglicherweise die Wahrheit eines anderen Subjekts entgegenstehen kann. Die Existenz einer ewigen unveränderlichen Wahrheit, nach der zu suchen im humanistischen Verständnis Pflicht eines Menschen ist und zur Weisheit führt, wird von Machiavelli abgelehnt. Aus diesen Prämissen ergibt sich für Machiavelli zugleich das eigentliche Feld für die menschliche Erkenntnis: nicht der Kosmos und die ihm innewohnenden Ordnungsprinzipien, sondern die menschliche Natur und die menschliche Geschichte als unerschöpfliche Beispielsammlung menschlichen Verhaltens stellen das Forschungsgebiet dar, aus dem nützliche Wahrheiten für die Befriedigung der Bedürfnisse des Einzelnen, die sich im Grunde auf den Selbsterhaltungstrieb zurückführen lassen, zu gewinnen sind.

2.4.2. Die Beurteilung der Wirklichkeit

2.4.2.1. Die christlisch-humanistische Position[17]

Der christliche Humanismus ging bei der Bewertung aller Dinge wiederum von seiner Vorstellung des Kosmos aus, der als vielfach gestufte Hierarchie verstanden alle Dinge in eine Ordnung einbrachte und sie zueinander in Beziehung setzte. In der Hierarchie stand zuoberst Gott selbst, der die absolute Seinsfülle besaß; alle übrigen Dinge partizipierten, freilich in ganz verschiedenem Maße, an diesem Sein. Das Bild, das für diese Seinsordnung in der Literatur immer wieder gewählt wurde, war die homerische Goldene Kette,[18] durch die alle Dinge untereinander und zugleich mit Gott und dessen Seinsfülle verbunden waren. Aus diesem Seinsverständnis ließen sich die grundlegenden Wertnormen für die Beurteilung der Wirklichkeit gewinnen. Da jedes Ding, wie an der Natur abzulesen war, in sich den Drang nach vollkommener Ausfaltung seiner in ihm angelegten Möglichkeiten hatte, konnte es danach beurteilt werden, welchen Grad es dabei im Hinblick auf dieses Ziel erreicht hatte.

Niedere Metalle konnten z. B. als noch unvollkommene Vorstufen eines langen Entwicklungsprozesses zum Gold verstanden werden, was die philosophische Grundlage für die Bemühungen der Alchemie bildete, die nach Wegen suchte, diesen Prozeß zu beschleunigen; die vollentwickelte Pflanzen oder das ausgereifte Tier waren gegenüber dem Samenkorn oder dem Jungtier höher zu bewerten, weil die Natur selbst diese Entwicklung in dieser Richtung vorantrieb. Ebenso besaß derjenige Mensch, der seine geistigen Anlagen voll zur Entfaltung gebracht hatte, einen höheren Vollkommenheitsgrad als derjenige, der ihre Ausbildung vernachlässigte, oder als ein Kind. Neben dieser Wertnorm des Grades des teleologischen Entwicklungszustandes, gab es für jedes Ding die Wertnorm entsprechend seiner Stellung innerhalb der Hierarchie des Seins. Diese Hierarchie gliederte das Mineral-, das Pflanzen- und das Tierreich in sich ebenso wie sie diese verschiedenen Seinsbereiche wiederum in eine hierarchische Beziehung zueinander stellte. Auch die menschliche Gesellschaft war in dieses hierarchische Gefüge einbezogen und konnte demnach nur als in sich hierarchisch gestuft vorgestellt werden, weil nur diese Hierarchie Ordnung und Dauer jeder Erscheinung garantierte. Danach also bot die Struktur des Seins selbst ein Normensystem an, das den Wert eines Dinges festlegte. Aufgrund der Korrelation zwischen dem Kosmos und der Vernunft des Menschen war es diesem möglich, das ganze Wertgefüge und den Wert eines jeden Dinges objektiv zu erkennen. Falsche Werturteile konnten vom Menschen freilich immer gefällt werden, weil der Mensch durch die Erbsünde fundamental gestört war. Wenn die hierarchisch gestuften Seelenkräfte des Menschen in Aufruhr waren, Leidenschaft die Vernunft beherrschte, oder die Vernunft nicht als Wertungsinstanz bei der Beurteilung beteiligt wurde, konnte ein niedrig zu bewertendes Phänomen wie z. B. irdischer Besitz oder Macht gegenüber höheren Werten wie die geistig-spirituelle Vervollkommnung oder die Schau Gottes als erstrebenswerter erscheinen.

2.4.2.2. Die Gegenpositionen

Von Machiavelli wie von Montaigne wurde sowohl die Seinshierarchie als auch das in ihr begründete Normensystem abgelehnt. Da die Welt als Chaos begriffen wurde, in dem der Mensch keinerlei Fürsorge durch eine Vorsehung erfährt, sondern in dem er sich durch die in ihm angelegten oder erworbenen Fähigkeiten behaupten muß, findet er in der Welt keine vorgegebenen Werte. Er ist vielmehr gehalten, diese selbst zu setzen. Das kann aber nur von einem Individuum jeweils für sich vorgenommen werden, und zwar entsprechend dem Nutzen, den ein Ding für es hat. Dieser Nutzen ist jedoch vom Individuum nur anhand des Erfolges zu bestimmen. Der Erfolg wird damit zu einer Grundnorm für das Werturteil erhoben, das aber jeweils nur für ein Individuum Gültigkeit besitzt und auch nur für die Situation, in der es gefällt wird. Damit aber kann jedes Ding und jedes Verhalten vom Erfolg her gesehen einmal werthaft und dann wieder wertlos werden. Lüge, Täuschung und jede Art von Verbrechen, insofern sie nur zum Erfolg führen, können im Hinblick auf den gesetzten Erfolg von Nutzen und damit wertvoll sein, weil in Abweichung von der Position des christlichen Humanismus objektive Wertstruktur und individueller Nutzen nicht mehr konvergieren.

2.4.3. Normen menschlichen Verhaltens: *virtus* und *virtù*[19]

Weltverständnis und Menschenbild sowohl des christlichen Humanismus wie seiner Gegenpositionen führten zur Herausbildung von Verhaltensnormen, die nicht nur auf die Erziehungsarbeit der Zeit und auf das Bildungssystem Einfluß gewannen, sondern auch Entwurf und Beurteilung der Figuren literarischer Texte prägten. Die Differenz zwischen den beiden Positionen hinsichtlich der Verhaltensnormen des Menschen läßt sich am besten in der Beschreibung des Oppositionspaares *virtus* und *virtù* erfassen, wobei unter *virtus* der Inbegriff der christlich-humanistischen Verhaltensnorm und zugleich die Zielvorstellung jeder humanistischen Bildungsarbeit und unter *virtù* der Tugendbegriff Machiavellis verstanden werden soll.

2.4.3.1. *virtus*

In der Frage, in welcher Beziehung richtige Erkenntnis und Beurteilung der Welt und richtiges Verhalten der Menschen zueinander stehen, schloß sich der christliche Humanismus Positionen der antiken Philosophie an, die seit Sokrates Tugend, d. h. richtiges Verhalten, mit Wissen gleichsetzten. Im Anschluß an diese Tradition ging nach Auffassung des Humanismus jeder Handlung ein Wahrnehmungs-, Erkenntnis- und Beurteilungprozeß voraus, an dem alle Sinnen- und Seelenkräfte beteiligt waren.

Dabei kam bei den verschiedenen Erkenntnis- und Urteilsoperationen des Menschen der Vernunft der absolute Primat zu. Der Wille, als Instanz des Handelns, sollte lediglich dessen ausführendes Organ sein. Durch dieses Modell war jedoch keineswegs garantiert, daß der Mensch diesen Erkenntnisprozeß jeweils richtig vollzog und damit auch richtig handelte. Seine Position war die einer besonders gefährdeten Freiheit, weil er als Gottes Ebenbild zwar frei war, aber durch die Erbsünde zugleich Neigungen zu Sünde, zu Mißbrauch der Vernunft und zum Chaos hatte. Deshalb kam der Erziehung des Menschen in humanistischer Sicht fundamentale Bedeutung zu, weil durch sie Gewohnheiten und Haltungen dem Menschen eingeprägt werden konnten, die ihn in der Praxis beim richtigen Handeln unterstützten. Erst wenn die richtigen handlungsauslösenden und -bestimmenden psychischen Prozesse so sehr zur Gewohnheit des einzelnen Menschen geworden waren, daß sie einen integralen Bestandteil seines Charakters und seiner Haltung bildeten, konnte garantiert werden, daß der Mensch seine sittliche Lebensführung konstant nach den Grundprinzipien des Kosmos ausrichtete. Tugend im christlich-humanistischen Verständnis war also richtiger Vernunftgebrauch, der zum Habitus eines Menschen geworden war. Einem solchen Menschen kam Ehre nach dem Grad seiner Tugend zu; sie war somit begründet im sittlichen Verhalten eines Menschen und unmittelbar mit dem Maß seiner Tugend korreliert.

2.4.3.2. *virtù*[20]

Ganz anders wurde der Tugendbegriff von Machiavelli interpretiert. In dessen Sicht war der Mensch in eine chaotische, vom Zufall beherrschte Welt gestellt, die ihm feindlich gegenübertrat. Seine Aufgabe war es, sich in ihr zu behaupten. In dieser menschlichen Grundsituation konnte sich eine Haltung, wie sie das christlich-humanistische Tugendverständnis empfahl, und die sich auf der Harmonie zwischen den Naturgesetzen und den sittlichen Entscheidungen des Menschen gründete, nur als schädlich im Daseinskampf erweisen. In einer Welt, die ständiger Veränderung unterworfen war, kam es darauf an, sich den wechselnden Situationen schnell anzupassen und erfindungsreich und entschlußschnell zu handeln, um seiner Umwelt den eigenen Willen aufprägen und sich durchsetzen zu können. *Virtù* im Verständnis Machiavellis war also der Inbegriff für die intellektuellen und vitalen Energien eines Menschen, durch die er sich in einer von Fortuna beherrschten Welt behaupten konnte. Der Grad, in dem ein Mensch *virtù* besaß, war im Gegensatz zu *virtus* ablesbar am äußeren Erfolg, also an der Macht, die ein Mensch besaß. Dieser Erfolg bestimmte zugleich das Ansehen und damit die Ehre, die man einem Menschen entgegenbrachte, die infolgedessen zu einem rein äußerlichen Wertbegriff wurde, weil sie gewissermaßen den gesellschaftlichen Marktwert eines Menschen bedeutete.

Im Gegensatz zu Machiavelli entwickelte Montaigne keinen eigenen Tugendbegriff. Sein Skeptizismus führte ihn vielmehr zu einer resignativen Haltung, die den Rückzug in den privaten Bereich und die Suche nach dem persönlichen Glück empfahl.

2.4.4. Die Vermittlung der philosophischen Grundpositionen im Drama

Die oben skizzierten Grundpositionen, von denen die philosophische und moralische Diskussion der Zeit geprägt wurde, gingen nicht unmittelbar in das Drama der Zeit ein, sondern durchliefen vor ihrer Übernahme mehrere Selektionsinstanzen, in denen sie Verzerrungen und Brechungen unterworfen wurden. So erreichten die Gedanken Machiavellis in ihrer ursprünglichen Form nur eine Minderheit in England. Dem öffentlichen Bewußtsein wurde Machiavellis Gedankengut vor allem durch I. Gentillets *Contre-Machiavel* (1576) vermittelt, in dem die Thesen Machiavellis in stark vergröberter und verzerrter Form zum Zwecke ihrer Widerlegung dargeboten wurden. Dadurch wird verständlich, warum auf den Bühnen Londons Machiavelli zum geistigen Vater aller Schurken verteufelt wurde, auf den sich die Bösewichter in den Dramen berufen konnten.[21] So spricht z. B. der Geist Machiavellis den Prolog zu Marlowes Schurkentragödie *The Jew of Malta,* um den Protagonisten Barabas als seinen treuen Anhänger angelegentlich dem Publikum zu empfehlen:[22]

Machevill

Albeit the world think Machevill is dead,
Yet was his soul but flown beyond the Alps,
And now the Guise is dead, is come from France
To view this land, and frolic with his friends.
To some perhaps my name is odious;
But such as love me, guard me from their tongues,
And let them know that I am Machevill,
And weigh not men, and therefore not men's words.
Admir'd I am of those that hate me most.
Though some speak openly against my books,
Yet will they read me, and thereby attain
To Peter's chair; and when they cast me off,
Are poison'd by my climbing followers.
I count religion but a childish toy,
And hold there is no sin but ignorance.
[...]
But whither am I bound? I come not, I,
To read a lecture here in Britanie,
But to present the tragedy of a Jew,
Who smiles to see how full his bags are cramm'd;
Which money was not got without my means.
I crave but this: grace him as he deserves,
And let him not be entertain'd the worse
Because he favours me.

Das Theater der Shakespeare-Zeit war neben Predigt und Straßenballade das einzige Massenmedium seiner Zeit. Als solches wurde es, wie die Geschichte der Zensur der Dramen zeigt, besonders argwöhnisch von den öffentlichen Instanzen auf die in ihm vermittelten Inhalte überprüft, zumal Staat und Kirche unter Elisabeth ein labiles Gleichgewicht erreicht hatten, das keiner Störung ausgesetzt werden durfte. Gegenüber den verheerenden Rosenkriegen des 15. Jahrhunderts und den inneren Unruhen, die England im 16, Jahrhundert im Gefolge der Reformationsbestrebungen erschütterten, wurde die Regierungszeit Elisabeths im Verständnis der Zeitgenossen als Goldenes Zeitalter bewertet, dessen Bestand allerdings gegen Ende des Jahrhunderts als besonders gefährdet galt. Durch die innere Befriedung, den wachsenden Wohlstand breiterer bürgerlicher Schichten, die von den Tudors bewußt gefördert wurden, und die außenpolitischen Erfolge fühlten sich die Humanisten und die in ihren Schulen herangezogenen Generationen in ihrem Welt- und Gesellschaftsverständnis zunächst bestätigt. Um 1600 machten sich jedoch die negativen Folgen der horizontalen und vertikalen gesellschaftlichen Mobilität und die Umverteilung der ökonomischen Macht mehr und mehr bemerkbar. In dem Zustrom ländlicher Bevölkerung in die Städte und der Zusammenballung wirtschaftlicher Macht in den Händen der handels- und gewerbetreibenden Schichten bei gleichzeitiger Verarmung des Landadels, in dessen Schicht die reichen Bürger durch Kauf eines Adelstitels sehr leicht eindringen konnten, sahen viele Humanisten eine Gefährdung für den Bestand der hierarchischen Gesellschaft.[23] Hinzu kam, daß in weiten Schichten der Bevölkerung eine Denk- und Handlungsweise sich ausbreitete, die den wirtschaftlichen Erfolg zum alleinigen Maßstab erhob. Der zunehmende Einfluß des Puritanismus in den wirtschaftlich mächtigen Schichten des Bürgertums mit seiner neuen Arbeits- und Erwerbsmoral förderte solche Entwicklungen, indem er eine ideologische Rechtfertigung anbot,[24] und entfremdete zugleich das Bürgertum der Krone, die unter den Stuarts nicht mehr die gleiche Flexibilität und Kompromißfähigkeit zeigte wie unter den Tudors.

Die Schauspieler und Autoren des Theaters der Shakespeare-Zeit entstammten zumeist, wie bereits dargelegt wurde, den Handwerker- und Bürgerschichten und hatten ihre Bildung in den humanistischen Schulen und zum Teil auf den Universitäten empfangen. Durch diesen sozialen und erzieherischen Hintergrund wurde die Mehrzahl der Autoren in der Anfangszeit des kommerziellen Dramas so geprägt, daß sie die sanktionierten Normen des christlichen Humanismus als verbindlich anerkannten und positiv darstellten, zumal Autoren wie Schauspieler auf das Wohlwollen der Regierung angewiesen waren, die sie gegen die von puritanischen Bürgern beherrschten Magistrate in Schutz nahm.

Wie diese Normen in den Dramen zur Darstellung gelangten, hing wiederum entscheidend vom Selbstverständnis des jeweiligen Autors und insbesondere von der pragmatischen Funktion ab, die er seinen Stücken zuwies. Je nachdem, ob die Unterhaltungsfunktion, die didaktischen oder die satirischen Funktionen dominierten, wurden die Normen in ganz verschiedener Weise in den ästhetischen Kontext integriert. So wird das Bild der hierarchisch gegliederten Gesellschaft christlich-humanistischer Provenienz, in der jeder den ihm zukommenden Platz einnimmt und damit zur Harmonie des Ganzen seinen Teil beiträgt und zugleich seinem eigenen Leben glückhaften Sinn verleiht, in den frühen romanesken Komödien, wie z. B. in R. Greenes *George A Greene, The Pinner of Wakefield* (1587/93) oder *Friar Bacon and Friar Bungay* (1589/92), im selbstbewußten und freimütigen Umgang der verschiedenen Ständevertreter sichtbar gemacht. Insbesondere die Identifikationsfiguren dieser Stücke kennen ihre Pflichten und Funktionen und wirken aktiv am Erhalt der Gesellschaft mit. Störer dieses hierarchischen Gefüges werden entlarvt, bestraft oder, nachdem sie zur Einsicht in ihr Fehlverhalten gebracht wurden, wieder in den gesellschaftlichen Körper integriert. Die Schlüsse dieser Komödien, zumeist mehrfache Heiraten auf verschiedenen gesellschaftlichen Ebenen in Anwesenheit des wohlwollenden Monarchen, verweisen auf die Wiederherstellung der Harmonie und ihren Bestand für die Zukunft. Kritik an der Gesellschaft erscheint in diesen Stücken gelegentlich auch im Gegenentwurf eines Lebens in der Natur, wie im Wald von Arden in *As You Like It* (1599), unter deren strengem und zugleich befreiendem Gesetz die Figuren Läuterung und Lösungen für ihre Konflikte finden. Freilich darf nicht übersehen werden, daß im Verlauf der Entwicklung des Textkorpus durch Einführung von gegenläufigen Perspektiven und von Figuren, die nicht mehr zur Harmonie zurückfinden und in den Schlußtableaux unversöhnt abseits verharren, der grundlegende Optimismus, der das christlich-humanistische Weltverständnis auszeichnete, skeptisch in Frage gestellt erscheint.

In Stücken mit dezidiert politischer Didaxe – etwa in den frühen Historien – wird das christlich-humanistische Gesellschafts- und Geschichtsverständnis mit Hilfe von Figurenoppositionen besonders deutlich herausgearbeitet. Der Personenbestand wird eindeutig untergliedert in Verteidiger der Ordnung, denen die Vorsehung zur Seite steht, und von Dämonen des Chaos besessenen Figuren, die diese Ordnung zu zerstören versuchen. Typische Beispiele sind hierfür die drei Teile von *Henry VI* (1590/92), in denen zwischen den Vertretern des Guten und des Bösen eine eindeutige Grenze verläuft, die von keiner Figur überschritten wird. Figuren wie Talbot, der patriotische Verteidiger Englands, und Jeanne d'Arc, die von Dämonen besessene Hexe im ersten Teil von *Henry VI*, agieren lediglich in ihren Funktionen innerhalb eines metaphysisch bestimmten Geschichtsverlaufs und gewinnen kein individualisierendes Profil. In den späteren Historien Shakespeares werden diese Normen freilich nicht mehr mit dieser eindeutigen Wertung vermittelt. In *Richard II* (1595) wird Richard zwar als legitimer König präsentiert, aber zugleich sein persönliches Versagen in diesem Amt mit der Tüchtigkeit und Eignung des Usurpators Bolingbroke kontrastiert. Damit wird die Legitimität eines Herrschers durch Geburt zwar nicht in Abrede gestellt, aber doch durch die Frage nach der persönlichen Fähigkeit eines Herrschers eine problematisierende

Perspektive in das Stück eingefügt. In *Henry IV* (1596/97) wird durch eine komplexe Figurenkonstellation – bestehend aus dem von Friedenswillen beseelten und von Sorge um das Reich heimgesuchten Usurpator auf dem Thron, dem sympathischen Haudegen und egoistischen Rebellen Hotspur, dem brillanten Witzbold und Vertreter anarchischen Lebensgenusses Falstaff und dem lange Zeit in rätselhafter Unentschiedenheit verharrenden Prince Hal – ein Perspektivengefüge geschaffen, aus dem schließlich ein wesentlich differenzierteres Ideal einer Gesellschaft und eines Herrschers entfaltet wird, als es in der groben Gegenüberstellung von Vertretern der guten und bösen Mächte erscheinen könnte.

Die Darstellung der Opposition von Weltanschauungen mit Hilfe von Figurenoppositionen fand auch in solchen Dramen Eingang, deren Handlungsgefüge ursprünglich von einer ganz anderen Thematik bestimmt wurde. Das Tourneur zugeschriebene Stück *The Atheist's Tragedy* (1607/11) bietet ein besonders krasses Beispiel, wie ein Handlungsmuster, in diesem Fall dasjenige einer Rachetragödie, umgeprägt werden konnte mit der Intention, an verschiedenen Figuren die beiden philosophischen Grundpositionen zum Zwecke weltanschaulicher Propaganda aufzuzeigen. Das Stück gewinnt dadurch strukturelle Ähnlichkeit mit jenen späten Moralitäten, in denen eine positive und eine negative Zentralfigur einander gegenübergestellt wurden, eine Ähnlichkeit, auf die übrigens auch die zahlreichen sprechenden Namen verweisen. Die Handlung spielt innerhalb einer französischen Adelsfamilie, in der Charlemont, der Sohn des Barons Montferrers sich als Verkörperung christlich-stoischer Tugend erweist, während sein Onkel D'Amville überzeugter Anhänger eines Weltverständnisses ist, das damals unter dem Sammelbegriff »Atheismus« subsummiert wurde und an dem sich ein mechanistisches Naturverständnis, Determinismus und ein rein animalisches Menschenbild als hervortretende Facetten erkennen lassen.

Entsprechend dem Handlungsmuster einer Rachetragödie ermordet D'Amville heimlich seinen Bruder und schickt Charlemont in den Krieg, um dadurch die Heirat seines Sohnes mit Charlemonts Verlobter Castabella ungestört in die Wege leiten zu können. Charlemont, von D'Amville fälschlich für tot erklärt, vom Geist seines ermordeten Vaters aber über dessen Ermordung informiert, tritt nun innerhalb der Personenkonstellation in die Funktion des Rächers ein mit D'Amville als seinem Racheopfer. Von seinem Vater aber im Vertrauen auf göttliche Gerechtigkeit zur Geduld ermahnt, kehrt er zurück und wird, weiter völlig passiv verharrend, das Opfer zahlreicher Intrigen D'Amvilles, denen Charlemont und seine Braut Castabella nur geduldige Ergebung in ihr Schicksal entgegenzusetzen haben. Aufgrund eines Totschlags in Notwehr gelingt es D'Amville, Charlemont des Mordes anzuklagen und selbst über ihn Gericht zu sitzen und erreicht es auch noch, die Exekution des Charlemont zur Befriedigung seines Hasses selbst auszuführen. Auf dem Schafott endet das Stück in einem melodramatischen Knalleffekt: beim Ausholen mit dem Henkerbeil schlägt sich D'Amville selbst das Gehirn ein. Er stirbt, nachdem er seine Verbrechen gestanden und das Walten der göttlichen Gerechtigkeit erkannt hat.

Während Charlemont und Castabella als schwer erträgliche Ausbünde aller Tugenden dargestellt werden, die auf jede Machenschaft des Widersachers nur passiv reagieren, werden D'Amville und seine weltanschaulichen Parteigänger als bestialische Monstren gezeichnet. Großer Wert wird auf D'Amvilles philosophische Ansichten gelegt, die dieser immer wieder detailliert darlegt. In seinem Verständnis ist der Mensch ein Lebewesen, das den physischen Naturgesetzen unterliegt und dessen Bestimmung allein darin liegt, Reichtum und Macht zu gewinnen und seine Sinneslust zu befriedigen. Die einzige Unsterblichkeit, die er anerkennt, besteht in Nachkommenschaft. Die Natur versteht er als rein mechanistisch konstruiertes Gebilde, dessen deterministischen Abläufen sich der Mensch zu fügen hat. Eingriffe einer göttlichen Vorsehung sind in diesem Weltbild unmöglich. Entsprechend dem betont lehrhaften Charakter des Stückes wird D'Amvilles Position ständig widerlegt. Sobald er die Existenz Gottes leugnet, donnert und blitzt es, was von ihm aber auf rein naturwissenschaftliche Ursachen zurückgeführt und nicht als göttliche Warnung verstanden wird. Um seine rein biologische Unsterblichkeit zu sichern, zwingt er Castabella zur Heirat mit seinem kränklichen Sohn Rousard, der aber unfähig ist, die Ehe zu vollziehen. Um nach dem Tod seiner Söhne doch noch zu Nachkommenschaft zu gelangen, plant er sogar den Inzest mit seiner Schwiegertochter Castabella. An seiner Komplizin Levidulcia wird demonstriert, daß Anhänger dieser Weltanschauung zur Liebe, die göttlichen Ursprungs ist, unfähig sind und nur animalische Lust zu empfinden vermögen. An D'Amvilles eigenem Verhalten wird aufgezeigt, daß Atheisten Feiglinge sein müssen, weil sie den Tod als Ende zu fürchten haben und nicht als Tor zur Unsterblichkeit verstehen können. Daß D'Amville schließlich sein eigenes Hirn zerschlägt, von dem alle Pläne dieses sich selbst absolut setzenden Menschen geschmiedet wurden, ist die szenische Demonstration der christlich-humanistischen Überzeugung von der selbstzerstörerischen Tendenz einer solchen weltanschaulichen Position.

Während dieses Drama im Triumph des christlich-humanistischen Seinsverständnisses endet, entstehen in den ersten Jahrzehnten des 17. Jahrhunderts eine Reihe von Dramen, in denen nicht mehr einzelne Bösewichter für kurze Zeit Erfolg haben, während am Ende dann doch das Weltverständnis und das Normverhalten des christlichen Humanismus den Sieg davontragen; vielmehr wird hier die Welt als Chaos und die menschliche Gesellschaft als Kampf aller gegen alle beschrieben, und jede Hoffnung auf die Errichtung von Ordnung und Harmonie entfällt. Diejenigen Figuren in diesen Dramen, auf die die Sympathie des Publikums gelenkt wird, wie z. B. Clermont in Chapmans *The Revenge of Bussy D'Ambois* (1607–12) oder die Titelfigur von Websters *The Duchess of Malfi* (1612–14), haben dieser Welt nur ihren stoischen Gleichmut entgegenzusetzen, der sie schließlich auch den Tod als Ausweg aus dieser Welt willkommen heißen läßt.

Eine andere Form der Normvermittlung erfolgt in der satirischen, insbesondere von Ben Jonson gepflegten Komödie, in der auf typische Normverletzungen der zeitgenössischen Gesellschaft gezielt wird. Anstelle von Figurenoppositionen wird in ihnen ein ständisch differenziertes Figurenspektrum dargeboten, das lediglich in den frühen Beispielen wie z. B. in Jonsons *Everyman Out of His Humour* (1599) im Verlauf der Handlung durch eine Figur mit satirisch-korrektiver Funktion (Asper/Macilente) zum richtigen Verhalten geführt wird. In den späteren satirischen Komödien erscheinen Normfiguren nur noch in bläßlichen Exemplaren (wie Celia und Bonario in *Volpone*, 1605/06) oder werden ganz eliminiert (z. B. in *The Alchemist*, 1610). Die Norm wird nur noch implizit in der satirischen Darstellung vermittelt und statt des Sieges dieser Norm tritt die selbstzerstörerische Tendenz des satirisierten Verhaltens zutage. So wird in *Volpone* in einem Scheinschluß der Gerichtshof als gesellschaftliche Instanz der Gerechtigkeit in seiner Fehlbarkeit und Korruption entlarvt und erst das Zerwürfnis zwischen den beiden Schurken Volpone und Mosca ermöglicht schließlich deren Bestrafung im endgültigen Komödienschluß.

Diejenige Art der Normenvermittlung, in der die weltanschauliche Opposition der Zeit ihren künstlerisch bedeutsamsten Ausdruck fand, weil durch sie die unmittelbare Betroffenheit von Menschen, die innerhalb dieser differenzierten Normenhorizonte lebten, in den dramatischen Figuren zur Darstellung gebracht werden konnte, war der weltanschauliche Positionswechsel des Protagonisten. In den Dramen dieses Typus wird der Protagonist durch seine Disposition oder ein äußeres Ereignis dazu gebracht, sein bisheriges Weltbild in Frage zu stellen und ein seiner Erfahrung oder seinen Wünschen adäquateres Weltbild zu entwerfen. Das erste Drame, in dem diese Neuorientierung thematisiert wird, ist Marlowes *Doctor Faustus* (1588/92). Faustus ist ein Wissenschaftler, der den Kreis der bisherigen Wissenschaften ausgeschritten zu haben glaubt. Seine Unzufriedenheit mit dem traditionellen Wissenschaftsverständnis hat ihre Ursachen darin, daß in ihm zweckfreie Erkenntnis angestrebt wird und diese Erkenntnisse nicht dazu taugen, um mit ihnen die Position des Erkennenden in der Welt zu verändern. Faustus ist jedoch entschlossen, in dieser Welt Herrschaft und Macht zu gewinnen. Deshalb wendet er sich von den herkömmlichen sanktionierten Wissenschaften ab und den verbotenen Geheimwissenschaften zu, um mit deren Hilfe im Verein mit dem Teufelspakt Macht über die Naturgesetze zu gewinnen. Diese Entscheidung des Faustus ist nicht nur eine Beschäftigung mit einer neuen Wissenschaft; sie ist zugleich eine Überschreitung des christlich-humanistischen Normenhorizontes und eine Ablehnung des traditionellen Weltbildes, da er seine Geisteskräfte nicht zur Erkenntnis der Weltordnung und ihres Schöpfers verwendet, sondern in den Dienst seines Machttriebes stellt, der auf innerweltlichen und zeitlichen Erfolg gerichtet ist. Diese Entscheidung bringt Faustus jedoch nicht den erhofften Machtgewinn, sondern nur die Fähigkeit, mit Kunststücken und Zaubertricks die Welt in Erstaunen zu versetzen. Am Ende der ihm gewährten Zeitspanne erkennt er in Angst und Verzweiflung, daß er für den zeitlichen Erfolg sein ewiges Heil geopfert hat, und fällt der Verdammung anheim. Marlowe gestaltet dieses Thema mit vielfacher ironischer Kontrastierung. Im Disput mit Mephostophilis, der als Beweis für die Gültigkeit christlichen Seinsverständnisses vor ihm steht und als unwilliger Bekräftiger biblischer Wahrheiten fungiert, leugnet Faustus deren Existenz. Der Teufelspakt, von dem er sich die Herrschaft der Welt erhofft, läßt ihn lediglich zum bestaunten Unterhalter an den Höfen der Mächtigen werden; Helena, von deren Schönheit er sich Unsterblichkeit erhofft, erweist sich als Trugbild. In Marlowes Dramaturgie treten normative Wertung und die Sympathielenkung des Zuschauers auseinander. Durch die Einführung des Good Angel und des Bad Angel, durch die Kontrastfigur des glaubensstarken Old Man, durch die Kommentare des Chorus und viele andere Hinweise wird an der negativen Bewertung der Entscheidung und des Schicksals von Faustus kein Zweifel gelassen. Faustus ist jedoch keineswegs als negatives Exempel homiletischen Ursprungs gezeichnet. Die Anteilnahme des Publikums wird vielmehr durch die detaillierte Darstellung des psychischen Zustandes einer Figur gelenkt, die ihre Existenz nur als eine zeitliche begreifen kann und deshalb gezwungen ist, in dieser Zeitlichkeit die totale Verwirklichung aller Wünsche und die Befriedigung aller Bedürfnisse anzustreben, in Verkennung der Tatsache, daß durch die Befristung die Ziele selbst entwertet werden. Insbesondere die Konzentration auf die Darstellung der existentiellen Angst und Verzweiflung, die Faustus qualvoll durchleidet, machen diese Figur zu einem Paradigma eines Menschen, der aus der Sicherheit eines Weltbildes heraustritt, um sich in dieser Welt als autonomes Individuum zu verwirklichen.

Das bedeutendste Drame der Zeit, in dem eine weltanschauliche Neuorientierung des Protagonisten gestaltet wurde, ist *King Lear* (1604/5). Zu Beginn des Dramas in der selbstherrlichen Sicherheit seiner Identität ruhend, die ihm seine Macht und Autorität verleihen, und im Vertrauen auf ein Weltbild, dessen Ordnung ihm unzerstörbar erscheint, erliegt er der Selbsttäuschung über das Wesen seiner Töchter und glaubt, seine Macht von sich schütteln zu können, ohne seine Position zu gefährden. Seine Abdankung läßt ihn in eine vom brutalen Machtkampf beherrschte Welt stürzen, in der er einen qualvollen Weg des Zweifels, der Verwirrung und des Umdenkens antreten muß, der ihn bis zum Wahnsinn treibt. Im Verlauf dieses Erkenntnisweges erfährt er den Verlust seiner Identität, der ihn zwingt, ein neues Bild vom Menschen und von dessen Ausgeliefertsein, Unbehaustheit und Schutzbedürftigkeit zu gewinnen. Die Erfahrung seiner eigenen Hilflosigkeit führt ihn zum Zweifel an seinem bisherigen Weltbild, an den in ihm begründeten Normen und an der Erkenntnisfähigkeit der Vernunft, die ihm dieses Weltbild als gültig vorgestellt hatte. Folgerichtig unterzieht er die Gerechtigkeit, die Liebe und Sexualität des Menschen und die Autorität, die aus einer hierarchischen Weltordnung erwächst, einer vernichtenden Analyse und Kritik. Stattdessen werden ihm neue Werte wie Mitleid, Geduld und Demut bewußt, die ihm als König in seiner Selbstbezogenheit verschlossen geblieben waren. Der Tod, durch die Ermordung Cordelias ausgelöst, ereilt ihn schwankend zwischen der Erkenntnis der grauenvollen Wirklichkeit und der Weigerung ihrer Annahme.

Die Fülle einander widersprechender Interpretationen, die dieses Stück im Verlauf seiner Rezeption gefunden hat, beruht auf dem komplexen Perspektivengefüge, in dem die verschiedenen Normen präsentiert, relativiert und in Frage gestellt werden. Mit Cordelia wird eine Figur in das Drama eingeführt, deren Haltung ganz vom sicheren Wissen der Ordnungsprinzipien der Natur geprägt ist, denen sie bis zur Selbstaufgabe gehorcht. Ihr Verhalten spiegelt idealtypisch bis in Details das christlich-humanistische Tugendspektrum, in das der Begriff *virtus* aufgefächert wurde. Trotzdem wird ihr Schicksal nicht nach den Gesetzen der poetischen Gerechtigkeit gestaltet, was Shakespeare im Klassizismus als gravierender Kunstfehler angekreidet wurde; sie endet durch Ermordung. Goneril und Regan sind Vertreter eines brutalen egoistischen Denkens, das rücksichtslos die Macht und sexuelle Befriedigung anstrebt und in Selbstzerstörung endet. In der Figur Kents wird die Haltung unbedingter Treue und Rechtschaffenheit in das Drama eingeführt, die eine einmal eingegangene Bindung auch nach ihrem Bruch durch Lear weiterhin als Verpflichtung anerkennt. In der Nebenhandlung wird in Lears Parallel- und Komplementärfigur Gloucester ein leichtgläubiger und leicht zu täuschender Anhänger des traditionellen Weltverständnisses vorgeführt, der nach seiner Blendung durch das Stadium selbstmörderischer Verzweiflung hindurch zu geduldiger Ergebung in sein Schicksal findet. Gloucesters Bastard Edmund erweist sich als bedingungsloser Machiavellist im elisabethanischen Verständnis, der die Welt als Ort des Kampfes aller gegen alle versteht und nur die vitale Energie, die *virtù*, als Wert anerkennt, bis er im Tod zur Reue findet. Gloucesters legitimer Sohn Edgar schließlich reift vom naiven Jüngling durch seine Erfahrung als Bettler Tom zu einer frühen Weisheit, die in Mitmenschlichkeit, Geduld und gelassener Todesbereitschaft besteht. Zusätzliche Perspektiven werden sowohl durch den weisen Narren eingebracht, der klarer als andere Figuren die Vorgänge durchschaut und zum witzig-bitteren Mahner und Geleiter Lears wird, als auch durch das Motiv, das Lear bei geistiger Klarheit und Gloucester im Besitz seines Augenlichts die Wirklichkeit falsch beurteilen, im Zustand der geistigen Verwirrung und Blindheit aber zu neuem Wissen und neuer Erkenntnis gelangen läßt. Die Forschung konnte zeigen, daß in *King Lear* der philosophische Schlüsselbegriff *nature* besonders häufig verwendet wird, allerdings in zweifachem Verständnis: einmal als von Gott geschaffener und geordneter Kosmos, dessen Bestand von der Vorsehung gesichert wird und dessen Prinzipien verbindlich das menschliche Verhalten regeln; als solcher werden er und entsprechende Begriffe in den Reden Lears, Gloucesters, Cordelias und Albanys verwendet. Edmund hingegen bekennt sich ausdrücklich zur Göttin Natur als Inbegriff einer Weltvorstellung, in der allein die vitale Lebenskraft über Dasein und Position des Menschen entscheidet und das Individuum von keinen vorgegebenen Ordnungsprinzipien in seiner Autonomie eingeschränkt ist. Viele Wortechos in *King Lear* lassen auch den Schluß zu, daß der Einfluß Montaignes auf dieses Drama besonders nachhaltig war. Freilich kann aufgrund dieses Einflusses das Drama nicht als dramatische Illustration eines alle Normen in Frage stellenden philosophischen Skeptizismus gedeutet werden. Vielmehr wird die Position Montaignes funktional im ästhetischen Kontext dazu verwendet, um fundamentale Gegebenheiten der menschlichen Existenz aufzuzeigen, Normen menschlichen Verhaltens zu erforschen und die Sinnhaftigkeit von Weltbildern zu ergründen. In *King Lear* wurde die Auseinandersetzung um das Welt und Menschenbild, die durch die ideologische Opposition der Shakespeare-Zeit ausgelöst wurde, in einer Intensität und Tiefe gestaltet, daß dieses Drama von jeder Epoche als Herausforderung an ihr eigenes Seinsverständnis verstanden wurde und deshalb zu immer neuen Deutungen gereizt hat.

2.5. Zusammenfassung

Der unmittelbare historische Kontext für das Drama der Shakespeare-Zeit war die dramatische Praxis, die sich in den religiösen Spielen des Spätmittelalters und im Verlauf der Säkularisierung des Dramas herausgebildet hatte. Diese Praxis wurde teilweise übernommen oder adaptiert in Abhängigkeit von den veränderten Bedingungen, unter denen sich das Drama entfaltete. Zugleich mußte den Veränderungen des Geschmacks in den gebildeten Schichten des Publikums, die von der Erziehungsarbeit der Humanisten geformt waren, Rechnung getragen werden, um deren Interesse zu erhalten bzw. gewinnen. Dadurch kam es in der dramatischen Formensprache zur überaus charakteristischen Mischung und zum Nebeneinander von volkstümlichen Traditionen und Nachahmungen klassischer Vorbilder, die den formalen Reichtum und die Vielfalt dieses Dramas begründeten. Daß diese Vermischung aber überhaupt geduldet wurde, war nur wegen der Randstellung des Dramas im poetologischen System der Zeit möglich, durch die die poetologischen Normen zwar auch auf das Drama einwirken, aber niemals eine solche Verbindlichkeit erlangen konnten, daß es deswegen zur Trennung zwischen Volkstheater und humanistischem Drama kam. Diese Randstellung im Verein mit dem Prinzip des *decorum* ermöglichte wiederum, die Sprache der Zeit, die gerade in der historischen Phase größter Ausweitung und stilistischer Differenzierung war, in ihrer ganzen Vielschichtigkeit auf der Bühne einzusetzen, weil kein starres poetologisches Normensystem auf das Drama einwirkte, das die Segmentierung des Sprachspektrums für literarische Zwecke hätte fordern können. Statt dessen bot der Humanismus in der Rhetorik ein Instrumentarium für die Gestaltung der Sprache an, durch die ihre Effektivität als Mittel dramatischer Kommunikation wesentlich gesteigert wurde. Die Opposition der Weltbilder und Normen, die eine starke Polarisierung der Ideen erzeugte, machte das Drama zusätzlich zu seinen unterhaltenden Funktionen zum Medium ideologischer Auseinandersetzung und zum Instrument didaktischer und propagandistischer Beeinflussung breiter Volksschichten. Die Polarisierung der Grundnormen, die sich in fundamentaler Verunsicherung, aber auch als Appell zur klärenden Überprüfung etablierter Normen auswirkte, erzeugte im Drama der Shakespeare-Zeit den charakteristischen Reichtum an Perspektiven und zugleich eine wesentliche Vertiefung der Fragestellung nach den Grundwerten menschlichen Daseins. Nicht zuletzt darauf beruht die Faszination dieses Textkorpus, dessen bedeutendste Werke spätere Epochen immer wieder zur Auseinandersetzung anregten.

3. Die Dramen der Shakespeare-Zeit: Typen und Varianten

3.1. *Probleme der typologischen und chronologischen Beschreibung des Textkorpus*

Trotz der intensiven Erforschung des Dramas der Shakespeare-Zeit gibt es bis heute kein verbindliches System, nach dem das Textkorpus typologisch und chronologisch zu gliedern wäre. Diese Tatsache – immer wieder Anreiz für Fachgelehrte zur Schöpfung eigener Systeme und Terminologien und häufig Anlaß zu Mißverständnissen bei wissenschaftlichen Disputen – beruht in erster Linie auf den Besonderheiten dieses Textkorpus selbst. Die Dramatiker schrieben, wie bereits dargelegt, nicht auf der Grundlage einer etablierten Dramentheorie, in der auch eine eindeutige typologische Aufgliederung normativ vorgegeben gewesen wäre. Die meisten von ihnen gebrauchten deshalb, wie es scheint, die Termini *tragedy, tragical discourse, tragical history, history, chronicle play, comedy, tragi-comedy* etc. mit souveräner Gleichgültigkeit; bald versahen sie Stücke, die in unserem Verständnis verschiedene Typen repräsentieren, mit identischen Gattungsnamen, bald schlugen sie Dramen, die in heutiger Sicht typologisch verwandt sind, verschiedenen Gattungen zu. Darüber hinaus gibt es eine Fülle von Stücken, in denen Elemente verschiedener Herkunft so vermischt sind, daß sie jeder eindeutigen Zuordnung zu einer der üblichen dramatischen Untergattungen widerstehen. Dieser Befund führte dazu, daß die ursprünglichen Gattungsbezeichnungen in der Forschung zumeist nicht als Grundlage einer typologischen Erfassung herangezogen wurden, und begünstigte die Bildung kleinerer Gruppen, die allerdings so gut wie nie in eine übergreifende hierarchisierende Systematik eingebracht und in ihr definiert wurden. Entsprechend unterschiedlich ist denn auch der jeweilige Kanon der einzelnen Gruppen. So werden in der Forschung häufig die Typen Rachetragödie, Schurkentragödie, *de-casibus*-Tragödie, *tragedy of blood, homiletic tragedy, domestic tragedy, tragedy of state, tragedy of intrigue, romantic comedy, comedy of humours, dark comedy, citizen's comedy, satirical comedy, problem play,* Romanze etc. genannt, ohne daß Einigkeit über die Prinzipien ihrer Definition und Anwendung erzielt worden wäre.

Auch in der chronologischen Feingliederung des Textkorpus konnte nur eine oberflächliche Übereinstimmung erzielt werden. Neben der wenig erkenntnisfördernden Aufgliederung nach Autoren oder Autorengruppen bzw. -generationen sind die beliebtesten Periodisierungen *Elizabethan* und *Jacobean* und die in Analogie an die Natur gebildete Abfolge »Anfänge«, »Blütezeit«, »Hochblüte«, »Dekadenz« (bzw.

»Verfall«). Letztere Periodisierung gerät aber unweigerlich in Konflikt mit der Epochengliederung Renaissance – Barock, weil in der einen Aufteilung als Dekadenz gedeutet wird, was in der anderen als Ausdruck eines neuen Stilwillens verstanden werden will.
Wie die terminologische Verwirrung zeigt, wurde in der bisherigen Forschung diesem Problem noch nicht der Rang zuerkannt, der ihm zukommen müßte, weil durch jede typologische oder chronologische Gliederung das historische und ästhetischen Vorverständnis festgelegt und damit die Deutung eines Textes unmittelbar beeinflußt wird. Die Überlegungen zur Gliederung dieses Textkorpus, die hier vorgetragen werden, können deshalb nur Vorschläge sein, die zur Weiterarbeit auf diesem Gebiet anregen sollen. Nach den Darlegungen des 1. und 2. Teils empfiehlt es sich, für die typologische und chronologische Darstellung des Textkorpus die Eigenart des kommunikativen Systems selbst zu berücksichtigen, in dem die Texte verwendet wurden. Von besonderer Bedeutung ist dabei die Tatsache, daß es sich um einen Produktions- und Rezeptionsvorgang handelte, der auf engstem Raum und in gedrängtester Aufeinanderfolge ablief. Für die professionellen Autoren bestand aufgrund ihrer Abhängigkeit von den Schauspieltruppen und deren kommerzieller Situation in London – ein begrenztes Zuschauerpotential gegen die starke Konkurrenz anderer Truppen in kurzen Abständen immer wieder zu den Aufführungen zu locken – ein enormer Produktionsdruck, der zugleich einer unmittelbaren ökonomischen Erfolgskontrolle unterworfen war. Als Folge dieser Situation darf angenommen werden, daß jeder Erfolg zur Nachahmung des Bewährten anregte, während jeder Mißerfolg die Experimentierfreude lähmte. Für die Rezeption ist bedeutsam, daß das Publikum aufgrund des reichen Angebots sich rasch eine hohe Kompetenz in bezug auf Dramentypen, Figuren, Figurenkonstellationen und dramatische Konventionen erwerben konnte. Diese Kompetenz ging in den Erwartungshorizont des Publikums ein, beeinflußte so dessen Entscheidung über Annahme und Ablehnung des Typensortiments und sorgte innerhalb des akzeptierten Dramenspektrums zugleich für einen hohen Innovationsdruck, der zu ständiger Variantenbildung erfolgreicher Dramentypen führte. Diese kommunikative Situation prägte auch die Texte selbst. Diejenigen Dramen, die zu Beginn des kommerziellen Theaters in London verfaßt wurden und gegenüber dem traditionellen Repertoire des Volkstheaters abwichen, aber auch solche Dramen, durch die später ein neuer Typus auf der Bühne durchgesetzt werden sollte, zeigen eine Dramaturgie, die außerordentlich redundant gestaltet ist. Die Exposition, die Informationsvergabe, die Motivation der Figuren und die Ausdeutung der Situationen und Bühnenvorgänge sind sorgfältig und explizit ausgeführt. Häufig werden solchen Stücken ausführliche *Inductions* oder *Prologues* vorangestellt, oder es werden das Spiel beobachtende und kommentierende

Figuren auf der Bühne plaziert, die die Rezeption des Publikums lenken sollen. So greift z. B. Marlowe in *Doctor Faustus* auf das allegorische Personal der religiösen Moralitäten zurück, um durch die Auftritte des *Good Angel* und des *Bad Angel* die spirituelle Situation der Titelfigur in den wichtigen Stadien ihres Schicksals zu verdeutlichen. In Kyds *Spanish Tragedy* werden die Zuschauer durch den Geist des erschlagenen Andrea und die Personifikation der Rache zunächst ausführlich in die Vorgeschichte des Dramas eingeführt und durch die mythologische Erzählung, in der die Totenrichter der klassischen Unterwelt Andrea die Rache gewähren, bereits auf die finale Ausrichtung der Handlungssequenz hingewiesen. Der Verbleib der beiden Figuren auf der Bühne während des Stückes und ihre Kommentare am Ende eines jeden Aktes halten den unausweichlichen Gang aller Handlungselemente zur Katastrophe auch in ihren retardierenden Phasen im Bewußtsein des Publikums. Auch Jonson stellt seiner innovativen Komödie *Everyman Out of His Humour*, durch die er die satirische Komödie begründete, eine umfängliche *Induction* voran, in der die Dichterfigur Asper im Zwiegespräch mit den fiktionalen Zuschauerfiguren Mitis und Cordatus die poetologische Position des Autors und die theoretischen Grundlagen seiner Komödie, Jonsons *humour*-Theorie und Satire-Verständnis, erläutert. Ähnlich wie in der *Spanish Tragedy* beläßt auch Jonson die beiden Dialogpartner Aspers auf der Bühne, um durch ihre Kommentare mögliche Einwände des Publikums durch Mitis artikulieren und im Sinne Jonsons durch Cordatus beantworten zu lassen.

Entsprechend der redundanten Dramaturgie und der sorgfältigen Zuschauerlenkung in den Initialdramen finden sich umgekehrt in solchen Dramen, die in die Reihe eines bereits populären Dramentypus gestellt werden können, die typischen Formelemente gleichsam in Abbreviaturen verwendet. Oft begnügt sich der Dramatiker mit kurzen Charakterisierungen und Andeutungen der Motive, weil diese dem Publikum offenbar genügten, um den Typus und die Funktion einer Figur soweit zu erkennen, daß es der Handlung zu folgen vermochte. Als Beispiel seien die späten Rachetragödien erwähnt, in denen die Vorgeschichte oft nur flüchtig gestreift und das Rachemotiv dem Publikum gleichsam in dramaturgischer Kurzschrift übermittelt wird, aber offenbar ausreichend genug, um die Funktion der Figur als Rächer eindeutig zu beschreiben. So tritt z. B. in Tourneurs *The Revenger's Tragedy* die Figur des Rächers Vindice im Eröffnungsmonolog mit dem Schädel seiner toten Geliebten auf, die vom Herzog vergiftet wurde, weil sie seinen Nachstellungen widerstand. Sein sprechender Name, das makabre Requisit und seine haßerfüllten Tiraden präsentieren ihm in kürzester Zeit in seiner Funktion; das Publikum wird weder über die Vorgeschichte, den Charakter der Geliebten, noch über die soziale Stellung Vindices oder darüber, warum er jahrelang die

Rache nicht ausübte, informiert. Überaus nachlässig und deshalb höchst unbefriedigend behandelt auch Chettle das Rachemotiv des Titelhelden in *The Tragedy of Hoffmann* (1602). Clois Hoffmanns Rache wird lediglich durch den Tod seines Vaters begründet, der aber als Pirat von einem Gricht rechtskräftig zum Tode verurteilt wurde. In ähnlicher Weise gestaltet Shirley in *The Cardinal* (1641) das Rachemotiv der Titelfigur. Bereits die Tatsache, daß die Herzogin Rosaura sich seinen Plänen widersetzt, sie mit einem Neffen zu verheiraten, genügt dem Kirchenfürst, der als intrigierender Machiavellist gezeichnet ist, aus Rache ihre Vergewaltigung und anschließende Vergiftung, die zusätzlich als entehrender Selbstmord getarnt werden soll, zu planen.

In der Perspektive derjenigen Dramen, die erfolgreich einen neuen Typus auf der Bühne durchzusetzen vermochten, erweisen sich eine Fülle von Stücken als Varianten dieses Typus, welche die Kenntnis seiner konstituierenden Elemente ganz offensichtlich beim Publikum als gegeben voraussetzen. Von den Zuschauern wurde deshalb erwartet, daß sie Abweichungen von der Grundformel höchst kompetent zu würdigen imstande waren. Diese Varianten konnten zum Initialdrama einer typologischen Reihe in einer äußerst vielfältigen Beziehung stehen. Das Grundmuster der Handlungssequenz konnte durch Vermehrung des Personals verdoppelt und verdreifacht oder die einzelnen Handlungselemente ins Sensationelle getrieben werden; Motive konnten variiert, die Personenkonstellation konnte neu formiert werden. Auch eine völlige Änderung der thematischen Ausrichtung eines Handlungsmusters ist häufig zu beobachten, weil viele Autoren bewährte Handlungstypen verwandten, um in ihnen neue Problemstellungen abzuhandeln.

Freilich darf bei dem Versuch, solche Typenreihen zu bilden, nicht übersehen werden, daß sich die Variantenbildung nicht nur innerhalb eines Typus vollzog, sondern auch zwischen den einzelnen Dramentypen ein reger Austausch stattfand. Zahlreiche Zitate, Parodien und Seitenhiebe auf andere Dramen, aber auch Übernahmen von Figuren und Szenentypen machen den engen Kontakt sichtbar, den die Autoren mit den Theatern und untereinander hielten. Schließlich darf bei allen Versuchen zur gliedernden Systematisierung die für die gesamte Dramenproduktion höchst typische Tendenz zur Mischung der verschiedensten Handlungsmuster und Figurentypen nicht übersehen werden, die sich in der Gruppe der romanesken Komödien am stärksten, aber auch in den späteren Historien und anderen Typen entschieden bemerkbar machte, und durch die sich viele Stücke einer eindeutigen Erfassung immer wieder entziehen. Die Fülle der Möglichkeiten dramatischer Formenmischung hat Shakespeare in *Hamlet* ironisch katalogisiert (II. 2. 392 ff.):

Polonius. ... either for tragedy, comedy, history, pastoral, pastoral-comical, historical-pastoral, tragical-historical, tragical-comical-historical-pastoral, scene individable, or poem unlimited.

Für die systematische und chronologische Erfassung dieser so überaus eng und vielfältig miteinander verflochtenen Texte ergibt sich daraus die Konsequenz, nicht von einem normativen Schema dramatischer Untergattungen auszugehen, sondern die herkömmlichen Gattungsnamen in Übereinstimmung mit der Praxis der Shakespeare-Zeit vielmehr als weitgespannte Rahmenbegriffe zu verstehen, durch die lediglich Handlungstendenzen festgelegt waren. Innerhalb dieser Rahmenbegriffe wie Tragödie, Komödie, Historie und Tragikomödie bildeten sich dann – zumeist initiiert durch den Erfolg eines Dramas – typologische Reihen heraus, deren einzelne Exemplare als Varianten des Grundtypus bzw. der vorausgehenden Reihe erfaßt werden können. In den nachstehenden Kapiteln sollen nun der spezifische ideengeschichtliche Hintergrund, die Grundtypen selbst und einige ihrer wichtigsten Varianten beschrieben werden.

3.2. *Die Tragödie der Shakespeare-Zeit*[1]

Trotz der in humanistischen Kreisen unter dem Einfluß der Aristoteles-Rezeption schon weit fortgeschrittenen Diskussion über die dramatischen Gattungen blieb das Verständnis der Tragödie, das der Praxis der Theater der Shakespeare-Zeit zugrundelag, außerordentlich breit und undifferenziert. Für den durchschnittlichen Zuschauer war die Tragödie ein Drama, in dem Verbrechen begangen wurden und das mit dem Tod der Hauptfigur endete. Weder hinsichtlich der sozialen noch der ethischen Qualitäten war der tragische Held strengen Restriktionen unterworfen; weder das Schuldproblem noch die Art der Verknüpfung innerhalb der Handlungssequenzen gehörten zum konstituierenden Merkmalskatalog dieses höchst unbestimmten Tragödienverständnisses. Stubbes stellt in seiner *Anatomie of Abuses* (1583) statt einer Definition nur den folgenden Verbrechens- und Figurenkatalog für die Tragödie auf:[2]

But if there were no euill in them saue this, namely, that the arguments of tragedies is anger, wrath, immunitie, crueltie, iniurie, incest, murther, & such like, the Persons or Actors are Goddes, Goddesses, Furies, Fyends, Hagges, Kings, Queens, or Potentates.

Green erweitert in *A Refutation of the Apology for Actors* (1615) diesen Katalog noch beträchtlich:[3]

The matter of *Tragedies* is haughtinesse, arrogancy, ambition, pride, iniury, anger, wrath, enuy, hatred, contention, warre, murther, cruelty, rapine, incest, rouings, depredations, piracyes, spoyles, roberies, rebellions, treasons, killing, hewing, stabbing, dagger-drawing, fighting, butchery, trechery, villany &c. and all kinds of heroyck euils whatsoeuer.

Innerhalb dieses weitgesteckten Rahmens, der, wie weitere Definitionen der Zeit zeigen würden, vor allem durch Verbrechen und Laster beschrieben wird, bildeten sich drei Tragödientypen heraus, die aufgrund der Handlungsmuster und der Handlungsziele der Protagonisten, in deren Verfolgung diese scheitern, in Tragödien der Macht, der Gerechtigkeit und der Liebe untergliedert werden können.

3.2.1. Tragödien der Macht[4]

3.2.1.1. *ambition* im Verständnis der Shakespeare-Zeit[5]

In der moralphilosophischen und psychologischen Diskussion des 16. Jahrhunderts wurde der *ambition*, dem ehrgeizigen Streben nach Macht, breiter Raum gewidmet. Während das Mittelalter *ambition* als Sünde betrachtete, weil durch sie der Mensch innerweltlichen und damit der Zeitlichkeit unterworfenen Zielen gegenüber Gott den Vorzug gab,[6] kam es im 16. Jahrhundert zu einer kontroversen Diskussion und zu einem differenzierteren Verständnis des Ehrgeizes. Psychologisch wurde *ambition* als seelische Triebkraft ähnlich wie Zorn oder Neid verstanden, deren Sitz die mittlere Seelenschicht des Menschen *(anima sensibilis)* war. Sie konnte eine Störung im Mischungsverhältnis der Körpersäfte hervorrufen und den Menschen bis zur Krankheit verändern. Insbesondere der Ehrgeiz, der sich nicht entfalten konnte, wurde als gefährlich betrachtet. Bacon schreibt in seinem Essay *Of Ambition:*[7]

Ambition is like choler; which is an humour that maketh men active, earnest, full of alacrity and stirring, if it be not stopped. But if it be stopped, and cannot have his way it becometh adust, and thereby malign and venomous ...

Während viele humanistische Schriftsteller und Dichter wie Thomas Morus, Sir Thomas Elyot und Spenser *ambition* weiterhin als gefährliche und letztlich sündhafte Kraft betrachteten, die für die gesellschaftliche und kosmische Ordnung eine Gefahr darstellte, ist bei anderen Autoren zweifellos unter dem Einfluß klassischer Schriften, in denen das Streben nach Ruhm und Ehre als legitim beurteilt wird, und machiavellistischen Gedankenguts eine differenziertere Bewertung des Ehrgeizes festzustellen. *Ambition* wurde nicht mehr ausschließlich als Sünde verurteilt, sondern als dem Menschen innewohnende Triebkraft verstanden, die den Menschen überhaupt erst instandsetzte, sich in der Welt aktiv zu betätigen und diese zu gestalten. Lediglich Fehlformen dieser Eigenschaft, wie Maßlosigkeit oder die Verbindung mit krimineller Energie, wurden als verderblich abgelehnt. Ben Jonsons Notiz in seinen *Discoveries* zeigt deutlich die ambivalente Beurteilung, die der Ehrgeiz gegen Ende des Jahrhunderts erfuhr:[8]

It is a good thing to inflame the mind; And though Ambition it selfe be a vice, it is often the cause of great vertue. Give me that wit, whom praise excites, glory puts on, or disgrace grieves: hee is to bee nourish'd with Ambition, prick'd forward with honour; check'd with Reprehension; and never to bee suspected of sloath. Tough hee be given to play, it is a signe of spirit, and livelinesse ...

Dieses Zitat macht deutlich, daß mit der Ablösung des kontemplativen durch ein aktives, der Welt zugewandtes Lebensideal *(vita contemplativa – vita activa)* im 16. Jahrhundert auch das traditionelle Verständnis von *ambition* einer Revision unterzogen werden mußte. Entschieden positiv wird der Ehrgeiz in Louis le Roys 1594 von Robert Ashley ins Englische übersetztem Essay *Of the Interchangeable Course of Variety of Things in the Whole World* verstanden:[9]

There hence ariseth ... the insatiable desire of honor, stirring them up day and night, not to content themselves with base and casual things, but to seek by virtuous deeds to recompense the shortness of this life by the memory of all posterity. There hence proceedeth the wonderful desire of making themselves known, of leaving a good opinion of them, and getting an immortal renown.

Nach den Forschungen Eslers scheint sich diese Denkweise insbesondere in der in den 50er und 60er Jahren des 16. Jahrhunderts geborenen Generation, der z. B. Raleigh und Essex angehörten, geradezu zu einer Art Ersatzreligion entwickelt zu haben. Diese Generation trat damit in Opposition zur vorausgehenden in den 20er und 30er Jahren geborenen, die noch ganz vom christlichen Humanismus und seinem Ordnungsdenken geprägt war, und setzte deren moralischen Standards ein neues Lebensideal entgegen, das von ritterlichen Tatendrang, Abenteuerlust, Ehr- und Ruhmgewinn geprägt war.

Die Literatur, insbesondere wenn sie didaktischen Intentionen folgte, wurde von der *ambition*-Diskussion in der Moralphilosophie stark beeinflußt. Sammelwerke von Exempla, wie der populäre *Mirror for Magistrates*,[10] gestalteten häufig und immer in negativer Bewertung das Thema des Aufstiegs und Sturzes von hochgestellten Personen der Geschichte, die von *ambition* getrieben waren. Daß dieses Motiv vom Theater aufgegriffen und in einem der populärsten Tragödientypen gestaltet wurde, war nur eine Konsequenz des Interesses, das dieser umstrittenen Triebkraft menschlichen Handelns in vielen Schichten entgegengebracht wurde.

3.2.1.2. Das Handlungsmuster der *de-casibus*-Tragödie[11]

Die literarische Form, in der im Mittelalter das Schicksal eines Menschen dargestellt wurde, der von *ambition* getrieben nach weltlicher

Macht strebte, war die *de-casibus*-Tragödie, eine Prosa- oder Verserzählung, in der die moralisierende Perspektive dominierte. Im Mittelpunkt stand jeweils ein Mensch, der auf das Rad der Fortuna gestiegen war, das ihn durch unvorhersehbare Drehungen zunächst zur Höhe, also zu Macht, Ansehen und Reichtum, emportrug, um ihn dann unweigerlich wieder in die Tiefe, also in Elend und Tod, stürzen zu lassen. Die in jäher Umkehr Aufstieg und Fall verbindende Kurve konnte ohne Veränderung vom narrativen in das dramatische Genre übertragen werden, wo sich der Umschwung des Schicksals und die fundamentale Ironie, die sich aus der Differenz zwischen dem vom Protagonisten angestrebten Wert, der weltlichen Macht, und seiner unweigerlichen Entwertung durch dessen Tod konstituierte, besonders bühnenwirksam zur Darstellung bringen ließen. Diese Ironie, die sich aus der Konstellation von Motiv, Handlungskurve und Wertsetzung ergab, war, wie eine Stelle bei Charron zeigt, der Shakespeare-Zeit wohl bewußt:[12]

Ambition (which is a thirst after honour and glory, a gluttonous and excessive desire of greatness) is a sweet and pleasing passion, which distilleth easily into generous spirits, but is not without pain got forth again. ... *Natura nostra imperii est avida, & ad implendam cupiditatem praeceps: We are naturally greedy of authority and empire, and run headlong to the satisfying of our desires.* And with such force and violence do some men run, that they break their own necks, as many great men have done, even at the dawning as it were, and upon the point of entrance and full fruition of that greatness which hath cost them so dear.

Varianten des Handlungsmusters neben denen, die sich aus Umthematisierungen ergaben, konnten vor allem durch die Verlagerung des Focus auf die Darstellung des Aufstiegs bzw. des Sturzes gebildet werden. Der Einfluß der aristotelischen Tragödiendefinition auf dieses Handlungsmuster war, wie die Wahl der Protagonisten zeigt, gering. Stärker wirkte sich dagegen das Vorbild Senecas aus, dessen Herkules-Gestalten wahrscheinlich manche Dramatiker anregten, den Protagonisten ihrer Machttragödien titanische Dimensionen zu verleihen.[13]

3.2.1.3. Varianten der Tragödie der Macht

Die Popularität der exemplarischen Literatur, die den jämmerlichen Sturz von stolzen und grausamen Tyrannen beschrieb, führte schon früh die Figur des Tyrannen in das Repertoire des Volkstheaters ein.[14] Bereits in den Mysterienspielen waren die Gestalten des König Herodes und des Pilatus zu Tyrannen ausgeformt worden, die durch ihre Prahlerei und Tobsucht furchterregend und grotesk-komisch zugleich wirkten.[15] Von dort drang die Figur des tyrannischen Wüterichs in die Repertoires der wandernden Truppen, wo er innerhalb der Moralitätenstruktur als Gegenbild zum gerechten, Ordnung und Frieden stiftenden König mit allen Lastern gezeichnet wurde. Ein Beispiel für die Darstellung eines Tyrannen und seines verdienten Endes ist Th. Prestons *The Life of Cambises, King of Persia* (ca. 1558–70), dessen Gattungsbezeichnung *A lamentable Tragedy Mixed Full of Pleasant Mirth* auf die typische Mischung von tragischen und komischen Elementen verweist. Das Stück zeigt weder den Aufstieg noch schildert es ausführlich die Umstände, durch die der Sturz des Tyrannen herbeigeführt wird. Stattdessen werden einzelne Szenen aneinandergereiht, die katalogartig die Laster des Tyrannen vorführen. Cambises erscheint als ausschweifender Trunkenbold, als grausamer Richter, als genüßlicher Sadist, als Brudermörder und blutschänderischer Ehebrecher. Das Ende des Tyrannen erfolgt ebenso plötzlich wie zufällig: Er stirbt, weil er sich zufällig beim Sprung auf das Pferd sein Schwert in den Leib bohrt.

Die wichtigste Tragödie der Macht und zugleich die in der Kritik umstrittenste ist Marlowes *Tamburlaine the Great*[16] (aufgeführt 1587), deren großer Erfolg den Autor zu einem zweiten Teil anregte, so daß sich dem heutigen Leser das Werk bald in zwei von einander unabhängigen Teilen, bald als weitgespanntes zehnaktiges Drama präsentiert. Der erste Teil von *Tamburlaine* war zweifellos das Initialdrama, durch das der Typus der Machttragödie auf der kommerziellen Bühne Londons endgültig durchgesetzt wurde. Sein immenser Erfolg bewog nicht nur Marlowe, einen zweiten Teil und weitere Varianten dieses Typus zu verfassen, sondern rief auch mehrere »Eroberer«-Stücke als unmittelbare Nachahmungen hervor, wie die anonymen *The Battle of Alcazar* (1588?; gedr. 1597), *Alphonsus King of Aragon* (1588/9?; gedr. 1599) und *The Tragical Reign of Selimus* (gedr. 1594). *Tamburline* erfuhr in der Kritik die widersprüchlichsten Deutungen.[17] Von den einen als Ausfluß der Omnipotenzphantasien seines jugendlichen Autors verstanden, wurde *Tamburlaine* von anderen als typischer Ausdruck des inflationären Ichbewußtseins und neuen Weltverständnisses der Renaissance gedeutet. Eine Reihe von Kritikern sahen dagegen im Titelhelden die Verkörperung des *virtù-Begriffs* machiavellistischer Herkunft, zu dessen Verteidigern sie Marlowe rechneten, während andere wiederum in dem Stück orthodoxe Positionen zu erkennen glaubten, in deren Perspektiven Tamburlaines Karriere als negatives Exempel präsentiert wird. Der erste Teil stellt Tamburlaines Schicksal gleichsam in gerader aufsteigender Linie dar. Vom skythischen Hirten zu Beginn des Dramas steigt er durch die Bezwingung aller, die sich ihm entgegenstellen, zum Herrscher eines Weltreiches empor. Die Figur Tamburlaines trägt keine grotesken Züge mehr, sondern ist so entworfen, daß sie Bewunderung hervorruft. Gestalt und Aussehen werden als schön und kraftvoll, sein Auftreten als herrscherlich beschrieben. In der Beherrschung des Wortes und der Kriegskunst erweist er sich allen anderen überlegen. Sein Handeln ist von ebenso brutaler wie erfolgreicher Grausamkeit. Den türkischen

Kaiser Bajazeth läßt er im Käfig in seinem Gefolge mitführen, um ihn als Fußschemel zu benutzen, bis dieser sich an den Gitterstäben selbst den Kopf zerschlägt; die Einwohner von Damaskus läßt er grausam ermorden, nachdem sie die Übergabe hinausgezögert haben. Milde läßt er lediglich gegenüber seinem zukünftigen Schwiegervater walten. Der erste Teil endet mit der Hochzeit Tamburlaines, des unangefochtenen Weltherrschers mit seiner geliebten Zenokrate, deren Liebe und Bewunderung die Sympathien des Publikums trotz aller Grausamkeiten immer wieder auf die Titelfigur lenken. Der Weg Tamburlaines im ersten Teil im Verein mit seinem uneingeschränkten Bekenntnis zu dem im Menschen angelegten Willen zur Macht, für den keine Grenzen anerkannt werden, präsentieren die Titelfigur als einen Menschen, der die Welt als Feld begreift, in dem er gottgleich sein eigenes Schicksal gestalten kann, und dessen Erfolg nur vom Grad der *virtù* abhängt. Nicht Anteilnahme und Sympathie des Publikums für diese Figur sucht Marlowe durch die Personenkonstellation, die Selbstkommentare und zahlreichen Charakterisierungen und Kommentare anderer Figuren zu wecken, sondern staunende Bewunderung. Indem er den Aufstieg eines von *ambition* beherrschten Menschen aus dem Nichts zur Weltherrschaft dramatisch darstellt und nicht nur Szenen zur Illustration eines Lasterkatalogs von Tyrannen aneinanderreihte, schuf Marlowe hinsichtlich der Figurenkonzeption und des Handlungsaufbaus ein Drama von großer innovativer Qualität, dessen Wirkung erst vor dem Hintergrund der vorausgehenden Stücke gewürdigt werden kann. Die Informationsvergabe an das Publikum ist außerordentlich redundant. Tamburlaines Motive werden in seinen Monologen immer wieder ausführlich dargelegt und sein Selbstgefühl umständlich ausgebreitet. Sein typisches, von *virtù* geprägtes Handeln wird mehrfach in einer gering variierten Reihe von Begegnungen mit verschiedenen Königen, die sich ihm in den Weg stellen, demonstriert. Zusätzlich zu seinen Selbstaussagen treten bestätigend jeweils die Kommentare anderer Figuren hinzu, so daß sich eine Dramaturgie ergibt, die ganz auf die Darstellung des Protagonisten konzentriert ist, gegenüber der die Nebenfiguren, denen oft nur kurze Auftritte gewährt werden, lediglich die Funktionen von Spiegeln haben, in denen Tamburlaines Persönlichkeit dem Publikum mehrfach übermittelt wird.

Der zweite Teil zeigt, verglichen mit dem ersten, größere Komplexität. Im ersten Teil zeigte Marlowe lediglich den Aufstieg, also nur den ersten Teil der Handlungskurve der *de-casibus*-Tragödie; der zweite Teil setzt Tamburlaines Schicksal fort bis zu seinem Tod. Nicht nur als Eroberer tritt er in diesem auf, sondern auch als Ehemann und Vater. Als Eroberer bleibt er auch weiterhin erfolgreich, obwohl sich seine Gegner als wesentlich gefährlicher erweisen als im ersten Teil. Seine ungebrochene Macht wird nicht zuletzt in seinem Auftritt im

Wagen, der von zwei Königen gezogen wird, demonstriert. Zugleich werden aber auch die Grenzen sichtbar, die dieser Macht durch die Natur gezogen sind. Während zwei seiner Söhne seinen Wünschen gemäß den gleichen Blutdurst und Eroberungsdrang zeigen wie er selbst, verachtet Calyphas das Kriegshandwerk, versagt den Taten seines Vaters die Bewunderung und zieht die Gesellschaft seiner Mutter und das heitere Spiel vor. Im Zorn erschlägt ihn Tamburlaine, der erkennen muß, daß er ihn zwar töten, aber nicht ändern kann. Der Tod seiner über alles geliebten Zenokrate demonstriert seine Machtlosigkeit gegenüber Krankheit und Tod, denen er nur seine Wut und eine hilflose Geste, das Mitführen des einbalsamierten Leichnams seiner Frau, entgegenzusetzen vermag. Daß es ihm trotz aller Macht nicht gelungen ist, die Grenzen der menschlichen Existenz zu überschreiten, wird schließlich an seinem eigenen Tod aufgezeigt. Freilich führt das herannahende Ende Tamburlaine nicht zur Einsicht, daß seine Wertsetzungen und seine Taten falsch waren, wie dies für viele Machttragödien mit exemplarischer Tendenz typisch ist, vielmehr stirbt er ungebrochen im Bewußtsein seiner zahllosen Triumphe und im Bedauern darüber, daß soviele Länder noch seiner Eroberung harren. Die Ironie, die aus der Differenz von Handlungskurve und Handlungsziel in der Machttragödie erwächst, wurde von Marlowe in diesem Drama neu gedeutet. Nicht das vom Protagonisten als oberster Wert gesetzte Ziel der Macht wird durch seinen Tod entwertet, sondern die menschliche Existenz wird als tragisch gedeutet, insofern die menschliche Natur zwar auf Streben nach grenzenloser Willensentfaltung angelegt ist, der Mensch aber die Grenzen und die Gesetze seiner irdischen Existenz niemals zu überschreiten vermag.

Marlowe selbst hat wichtige Varianten der Machttragödie geschaffen. In *The Jew of Malta (1589–90)* stellt er in Barabas einen jüdischen Kaufmann in den Mittelpunkt, der nur von materialistischen Interessen geleitet, seine Fähigkeiten ganz für die Mehrung seines Reichtums einsetzt. Im Verlauf der Karriere des skrupellosen und verschlagenen Barabas treten die Züge der »Vice«-Figur, nach denen Marlowe seinen Protagonisten geformt hat, immer deutlicher hervor. Innerhalb der Entwicklung des Textkorpus nimmt dieses Stück insofern eine wichtige Stellung ein, als durch die Einführung eines Schurken als Hauptfigur außerhalb der Moralitätenstruktur Marlowe das Spektrum tragischer Protagonisten erweiterte und damit den Schurkentragödien der Shakespeare-Zeit zum Erfolg verhalf.

Marlowes erfolgreichste Variante der Machttragödie war *Doctor Faustus* (1589–92?),[18] ein Stück, das immer wieder ins Repertoire genommen wurde und zahlreiche Erweiterungen und Bearbeitungen erfuhr. Wie schon in seinen beiden anderen Stücke hat Marlowe auch hier einen Protagonisten entworfen, der von *ambition* beherrscht den Weg zur unumschränkten Macht sucht. Im Gegensatz aber zu Tamburlaine, der die größtmögliche Ausdehnung seines politischen Machtbereichs anstrebt, oder zu Barabas, dessen Interesse sich in der Anhäufung von Geld und Schätzen erschöpft, verlangt Faustus nach der höchsten und sublimsten Form der Macht, dem umfassenden Wissen, das die Beherrschung der Naturgesetze ermöglicht. Seinetwillen verschreibt er seine Seele dem Teufel und widmet sich der Magie.

Was diese Tragödie von den beiden anderen Stücken Marlowes wesentlich unterscheidet, ist die Gestaltung des Protagonisten. Im Gegensatz zu *Tamburlaine* und *Jew of Malta* werden in *Doctor Faustus* Anteilnahme, Sympathie und Gespanntheit des Publikums ganz auf die seelische Situation und die innere Verfassung der Titelfigur konzentriert. Faustus wird als liebenswerter Charakter vorgestellt, der mit seinem Intellekt zwar seine spirituelle Situation selbstverschuldeter Verdammnis für kurze Zeit hinwegzudisputieren vermag, aber zugleich unter der immer wieder hervorbrechenden Angst und Verzweiflung qualvoll leidet.

Weitere wichtige Varianten der Tragödie der Macht sind G. Chapmans Stück *Bussy D'Ambois* (1604),[19] das stark von der neostoizistischen Philosophie des Autors geprägt ist, und B. Jonsons Tragödie *Sejanus* (1603),[20] in der insbesondere die gesellschaftlichen Auswirkungen der Tyrannei gestaltet sind.

Während für die bisherigen Machttragödien das Motiv *ambition* im Vordergrund stand, das in seinen verschiedenen Bezügen und Auswirkungen behandelt wurde, erweitert Shakespeare in *Macbeth* (1606)[21] das thematische Feld der Tragödie der Macht zur Darstellung der zerstörerischen Wirkung des Bösen im Menschen. Die Genauigkeit in der Zeichnung der seelischen Vorgänge und moralischen Entscheidungen, die Komplexität in der Relation der Figuren untereinander und die sozialen Bezüge haben seit dem Ende des 18. Jahrhunderts immer wieder zu unterschiedlichen Deutungen geführt. Das Stück wurde abwechselnd als psychologische Studie, als politisches Lehrstück über das Werden eines Tyrannen und als theologisches Drama verstanden. Es fehlte auch nicht an Kritikern, die *Macbeth* als Darstellung eines nervenschwachen Menschen lasen, der sich durch Morde von seinen Ängsten und Zwängen befreien kann und dadurch ein freies und furchtloses Verhältnis zu sich und der Welt gewinnt. Bald wurde *Macbeth* als beste Tragödie Shakespeares gefeiert, bald als seine schwächste eingestuft.

Macbeth erscheint zu Beginn als Edelmann, dessen hervorstechende Eigenschaften Tapferkeit, Loyalität und die Fähigkeit zur Selbstanalyse und klarem moralischem Urteil sind. Durch die teilweise erfüllten Prophezeiungen der *weird sisters*, durch zufällige Fügungen wie den Besuch König Duncans bei Macbeth und durch die Entschlossenheit Lady Macbeths gerät Macbeth in eine Situation, die seinen Ehrgeiz anstachelt und zugleich vor die Entscheidung stellt, die Erfüllung der Prophezeiungen gelassen abzuwarten, wie Banquo, die Kontrastfigur Macbeths, dies tut, oder aber diese Zukunft durch die unwiderrufliche und verbrecherische Tat des Königsmordes aktiv mitzugestalten.

In einem faszinierend dargestellten komplizierten seelischen Prozeß entschließt sich Macbeth zur Tat, die ihm zwar den äußeren Erfolg bringt, aber zugleich der Anfang seiner Zerstörung als moralische Persönlichkeit ist. Von Macbeth breitet sich das Böse schließlich auf das ganze Land aus, in dem er als grausamer Tyrann durch immer neue Morde seine Herrschaft sichern muß. Die Ironie der *de-casibus*-Tragödie wird in *Macbeth* von Shakespeare auf neue und subtilere Weise ausgedeutet: Nicht mehr das innerweltliche Ziel der Macht erweist sich im Tod als wertlos, sondern die verbrecherisch errungene Macht zerstört die Persönlichkeit des Täters, deformiert sein Wertbewußtsein und nimmt dadurch der menschlichen Existenz ihren Sinn, so daß Macbeth mit innerer Notwendigkeit zum verzweifelten Nihilismus geführt wird, der ihn sein eigenes Leben nur noch als sinnlosen Zeitablauf verstehen läßt, in dem alle menschlichen Bindungen gleichgültig werden und alle Werte entwertet sind.

Die radikalste Umgestaltung der *de-casibus*-Tragödie vollzog Shakespeare jedoch in *King Lear* (1605/6),[22] wo das Problem der Macht in völlig neuer Perspektive erscheint. Das Thema der *ambition* und der hemmungslosen Machtgier wird nur noch in den Nebenfiguren Goneril, Regan und Edmund, dem Vertreter eines machiavellistischen Welt- und Menschenverständnisses, gestaltet. Im Mittelpunkt aber steht Lear, der nicht von *ambition* beherrscht, sondern von lebenslangem Machtbesitz geprägt ist. Aus seiner Machtfülle bezieht er sein Selbstverständnis; sie bestimmt sein Weltbild, und sie täuscht ihm eine Sicherheit vor, die ihn sogar zum folgenschweren Irrtum über das Wesen der Macht selbst verleitet, insofern er glaubt, ohne Verlust seiner Würde und seines Ranges auf die Bürde der Macht selbst verzichten zu können. Die Macht fördert schließlich seinen blinden Egoismus soweit, daß er mit ihr die Liebe seiner Töchter erkaufen zu können meint. Ihr selbstverschuldeter Verlust und sein Sturz in eine machtlose Existenz, dessen Stadien an der fortschreitenden Verringerung seiner Begleitung abgelesen werden können, von der schließlich nur noch der Narr, ein verbannter Vasall und ein sich wahnsinnig stellender Verfolgter als Figuren der Ohnmacht und des Ausgestoßenseins übrig bleiben, zwingen Lear, die Grundlagen seiner bisherigen Existenz und sein Welt- und Menschenbild einer umfassenden Revision zu unterziehen, die ihn bis in den Wahnsinn führt.

Zweifel an seiner Identität, die ihm bis dahin durch seinen Rang und seine Macht garantiert schien, die Einübung in das Mitleid, die Entdeckung der Armseligkeit und Schutzlosigkeit menschlichen Daseins und schließlich die Infragestellung menschlicher Gerechtigkeit und

Autorität machen aus Lear einen hilflosen Greis, der um Geduld und Ergebung in sein Schicksal ringt. Nicht in erbaulicher Läuterung endet Lear, sondern aufs Äußerste erschüttert durch den Tod Cordelias, stirbt er schwankend zwischen Verzweiflung und Flucht in den Wahnsinn. Die in dieser Tragödie vielfach miteinander verflochtenen Themen, Motive und Handlungselemente, wie der Sturz Lears aus der Macht und sein gleichzeitiger Perspektivenwechsel und Erkenntnisgewinn oder der Wechsel Lears zwischen uneinsichtiger Verstandesklarheit und scharfsichtiger Geistesverwirrung haben eine Fülle von Deutungen hervorgerufen. Im Lauf seiner Rezeption konnte *King Lear* als Tragödie des Zornes, des Alters, des Todes, der Beziehung zwischen den Generationen, des Königtums, als christliches Spiel der Läuterung oder als absurdes Drama, um nur einige Möglichkeiten zu nennen, verstanden werden.

3.2.2. Tragödien der Gerechtigkeit[23]

Unter diesem Titel wird hier eine Serie von Tragödien zusammengefaßt, die, zumeist als »Rachetragödien« bezeichnet, den wahrscheinlich erfolgreichsten Tragödientypus der Shakespeare-Zeit repräsentieren. Der Terminus »Rachetragödie« besteht zu Recht, insofern die Rache das Motiv ist, durch das die beiden entscheidenden Elemente der Handlungssequenz, das handlungsauslösende Verbrechen (zumeist ein Mord) und der Rachemord miteinander verknüpft sind. Für den Protagonisten einer Rachetragödie ist jedoch die Ausübung der Rache nur das Instrument, mit dem er sein Ziel, die Wiederherstellung der Gerechtigkeit, erreichen will, die in seiner Sicht verletzt wurde. Vom Handlungsziel des Protagonisten her gesehen, ist deshalb die Rachetragödie immer zugleich eine Tragödie, in der es letztlich um die Verletzung und Wiederherstellung der Gerechtigkeit in der menschlichen Gesellschaft geht. Daß diese Thematik am Beispiel privater Racheausübung abgehandelt wurde, hat neben dramengeschichtlichen Gründen seine Ursache auch im gesellschaftlichen Normenhorizont der Zeit, in dem die Rache äußerst kontrovers beurteilt wurde, so daß ihre dramatische Gestaltung auf das rege Interesse der damaligen Theaterbesucher zählen konnte.

3.2.2.1. *revenge* im Verständnis der Shakespeare-Zeit[24]

Die Zeitgenossen Shakespeares konnten auf eine jahrhundertelange, bis an die jüngste Vergangenheit heranreichende Tradition der Blutrache zurückblicken, die für Francis Bacon »a kind of wild justice« war. Noch in den Rosenkriegen wurde zwischen den Adelshäusern grausame Rache für ermordete Familienangehörige geübt. Die Praxis der Blutrache wurde zuerst von Theologen und Moralisten attackiert,

die sich zu ihrer Verurteilung auf die Bibel stützten. Der Widerspruch, der dort zwischen dem mosaischen Gesetz, das die Blutrache erlaubt, und dem Rachevorbehalt Gottes im Neuen Testament bestand (*Römer*, 12. 19: »Rächet euch selber nicht, meine Lieben, sondern gebet Raum dem Zorn Gottes; denn es steht geschrieben: ›Die Rache ist mein; ich will vergelten, spricht der Herr.‹«), wurde dabei entweder mit dem Argument aufzulösen versucht, daß Moses nur dem Staat die Rache zugestanden habe, oder mit dem Hinweis wegdisputiert, daß nur mehr das christliche Gesetz Verbindlichkeit besäße. Der erfolgreiche Rächer galt deshalb in offizieller kirchlicher Sicht nicht als jemand, der Gerechtigkeit vollzogen hatte, sondern als gemeiner Mörder, der sich zugleich ein Gott vorbehaltenes Amt angemaßt hatte, und deshalb der ewigen Verdammnis anheimfallen mußte.
Auch der Staat verurteilte die privat vollzogene Rache als schwerstes Verbrechen und stellte den Rächer einem gemeinen heimtückischen Mörder gleich. Die Ursache für die Strenge des Staates lag darin, daß dieser nach dem Aufbau eines funktionierenden Systems der Rechtspflege nach den Wirren der Rosenkriege in der Privatrache eine Gefährdung der öffentlichen Ordnung und des Gewaltmonopols des Staates sah.
Von den eindeutigen Verurteilungen der Rache durch Kirche und Staat wich die Einstellung vieler Zeitgenossen zur Rache beträchtlich ab. In der Shakespeare-Zeit kam es zu häufigen Rachetaten, die in aufsehenerregenden Prozessen endeten. Dem Rächer konnte in Abhängigkeit von seiner Situation und dem Vollzug der Rache Verständnis, ja sogar Sympathie entgegengebracht werden. Insbesondere die Schotten, die nach der Thronbesteigung König Jakobs in großer Zahl nach London kamen, unterschieden entsprechend ihrer Landestradition zwischen Mord und der in ihrer Sicht legitimen Blutrache. Hinzu kam, daß nach der Jahrhundertwende das Duell als ehrenhaftes Mittel, verletzte Ehre oder anderes Unrecht zu rächen, so populär wurde, daß es sich zur Gefahr für die öffentliche Ordnung und die staatliche Rechtspflege auswuchs. Um diese Zeit gelangte auch die Kenntnis ausländischer, insbesondere italienischer und französischer Racheauffassungen und Rachepraxis nach England und gewann dort Einfluß. In dieser Situation entstand ein sozialer Kodex privater Rechtspflege, in dem Anlaß und Form der Rache differenziert festgelegt waren und der neben der kirchlichen und staatlichen Bewertung die Einschätzung der Rache vor allem in den adeligen Schichten mitbestimmte. Entsprechend diesem Kodex wurde die heimliche, insbesondere durch Gift vollzogene Rache verabscheut. der offene Kampf mit dem Degen aber als ehrenhaft betrachtet. In dem Katalog von Gründen, die eine private Rechtspflege zumindest entschuldigten, wenn nicht sogar vorschrieben, wurden u. a. die Fälle angeführt, daß kein Gesetz für die Sühne einer Untat bestand, daß keine staatliche Autorität existierte,

die dem Recht Geltung verschaffen konnte, oder daß der Nachweis des Verbrechens vor Gericht nicht zu erbringen war. Voraussetzung war allerdings, daß das Opfer des Verbrechens keinen Anlaß gegeben hatte, daß es selbst nicht in der Lage war, das erlittene Unrecht zu rächen, und daß das Opfer ein naher Blutsverwandter oder Freund des Rächers war. Weitverbreitet war in dieser Zeit obendrein die Annahme, das Zivilrecht enthalte eine Bestimmung, wonach die Erbschaft dem Sohn eines ermordeten Vaters solange vorzuenthalten sei, bis dieser Rache geübt habe.

Das Interesse an psychologischen Vorgängen, das in dieser Zeit durch das moralphilosophische Schrifttum stark gefördert wurde, wandte sich auch der Psychologie des Rächers zu. Insbesondere die Affektlehre beschäftigte sich mit denjenigen Leidenschaften, die Rache auszulösen vermochten oder sie unterstützten. Als ursprünglicher Affekt wurde zumeist die Wut identifiziert. Andere Schriftsteller unterschieden zwischen Rache aus natürlicher Wut und unnatürlichem Haß, wobei letzterer gelegentlich definiert wurde als habituelle Wut, die bösartig macht, d. h. den Menschen moralisch zum Schurken degenerieren läßt. Während sich die natürliche Wut nur auf einzelne Menschen richtete, galt als Objekt des Hasses die ganze Menschheit. Die Wut veranlaßte den Rächer, sich seinem Opfer zu erkennen zu geben, wohingegen der hassende Rächer die Vernichtung des Gegners unerkannt betrieb. Unter den racheauslösenden Leidenschaften wurden neben Zorn und Wut vor allem Eifersucht, Stolz, Neid und Ehrgeiz genannt.

Die Beurteilung der Rache erfolgte also innerhalb eines äußerst komplexen Normenhorizonts, von dem überdies noch angenommen werden muß, daß er schichtenspezifisch differenziert war. Die Angehörigen des Adels, die Studenten der Londoner Rechtsschulen und die Bürger im Publikum der Theater hatten vermutlich über die Rache stark voneinander abweichende Auffassungen. Gerade diese Kontroverse im Urteil über die Rache gehören zu den Voraussetzungen für den Reichtum an Varianten dieses tragischen Genres und für die Vielfalt der Perspektiven, in der die Figur des Rächers erscheint.

3.2.2.2. Das Handlungsmuster der Rachetragödie

Die Rache wurde bereits vor der Gründung der kommerziellen Bühnen in London dramatisch gestaltet. Den Dramatikern vor Thomas Kyd gelang es allerdings nicht, eine Handlungssequenz und Figurenkonzeption zu entwickeln, die es gestattet hätte, das dramatische Potential der Rache auszuschöpfen. Ein Beispiel einer frühen Dramatisierung der Rache ist John Pickerings *Horestes* (1567), dessen voller Titel *A Newe Enterlude of Vice, Conteyninge the Historye of Horestes, with the cruell revengment of his Fathers death, upon his one natur[a]ll Mother*[24a] bereits auf die wichtige Rolle des »Vice« hinweist. Bevor Pickering seinen Helden auf der Bühne präsentiert, tritt das »Vice« unter verschiedenen Namen auf und gibt sich als die typische Versucher-Figur zu erkennen. Als Horestes erscheint, wird er in dem für die Zentralgestalt der Moralitäten typischen Dilemma vorgeführt: Er neigt dazu, seinen ermordeten Vater zu rächen und weiß zugleich, daß die Natur von ihm verlangt, seiner Mutter den Gattenmord zu vergeben. Die Widersprüche und plötzlichen Umschwünge dieses Stückes zeigen deutlich, daß innerhalb der Moralitätenstruktur das Motiv der Rache nicht adäquat gestaltet werden konnte. Die Rache erscheint als Verbrechen des Horestes und zugleich als gerechte Strafe für die Ehebrecherin und Mörderin Clytemnestra. Horestes, der innerhalb des Moralitätenschemas die Stelle der Zentralfigur einnimmt, wird wie diese durch die Verführungskünste des »Vice« zur Sünde verleitet und erreicht den Tiefpunkt seiner moralischen Perversion im Vollzug der Rache. Entsprechend dem Handlungsmuster der Moralitäten wird aber auch seine Umkehr zur Tugend und die Erlangung der Vergebung am Ende vorgeführt. Pickering gelingt diese gewaltsame Einfügung der Rachethematik in das Moralitätenschema nur deshalb, weil er den Rachegedanken als Personifikation auf die Bühne bringt, die am Ende vom Helden entfernt wird, so daß dieser von jeder Schuld befreit erscheint. Mit diesen dramaturgischen Mitteln ließ sich zwar das moralische Problem der Rache aufzeigen; ihre psychologische Dimension aber und vor allem ihr tragisches Potential blieben dabei unerschlossen.

Erst vor dem Hintergrund derartiger Stücke wird die Leistung Thomas Kyds verständlich, der mit einem verlorenen Hamlet-Drama und der *Spanish Tragedy* (1582–92),[25] einem bereits zur Shakespeare-Zeit vielgeschmähten, belächelten und parodierten Stück, das zu Kyds sogenanntem *Urhamlet* wahrscheinlich bereits im Verhältnis der Variation steht, die Rachetragödie als höchst erfolgreiches tragisches Genre initiierte. Unter souveräner Aneignung einer Reihe von Handlungselementen aus Senecas Tragödien schuf Kyd ein Handlungsmuster, das die Ausschöpfung aller Potentiale des Rachethemas ermöglichte. Der Grundvorgang der Kyd'schen Rachetragödie enthält folgende Elemente: Ein Mord, begangen vor oder zu Beginn der Handlung und aus verschiedenen Gründen ungesühnt, wird einem Menschen und zumeist nur ihm zur Kenntnis gebracht, der zum Mordopfer in enger Bindung steht. Dieser Mord erfolgt in einem Kontext, in dem aus den verschiedensten Gründen die Sühne nicht vollzogen werden kann. Dadurch erwächst dem Protagonisten die Verpflichtung, die Gerechtigkeit durch Rache selbst wiederherzustellen. Diese Aufgabe verändert sowohl seine Persönlichkeit wie auch seine Beziehung zur Umwelt. Das Racheproblem kann seine seelische Struktur und moralische Urteilsfähigkeit bis zum Wahnsinn zeitweilig deformieren oder ganz zerstören, weil der Racheauftrag innerhalb eines Normenhorizonts erteilt und übernommen wird, in der die Blutrache nicht mehr unbestrittener Bestandteil des sozialen Verhaltenskodex ist. Durch seine Kenntnis und seine Aufgabe gerät der Rächer in die gesellschaftliche Isolation, die ihn zu Verstellung und Listen zwingt, weil sich die Gesellschaft seinem Vorhaben in den Weg stellt. Übernahme und Vollzug der Rache prägen den Rächer to tiefgreifend um, daß eine Rückkehr in das normale Leben ausgeschlossen und sein Tod oder Rückzug aus der Welt die logische Konsequenz ist. Dieses Muster gestattet einen außerordentlichen Reichtum an Variantenbildungen. Es konnte in die verschiedensten sozialen Milieus transponiert und die Rachehandlung selbst durch Parallelhandlungen nahezu beliebig erweitert werden. Weitere Variationen boten die emotionalen und sozialen Beziehungen zwischen Mordopfer, Rächer und Racheopfer. Dem Bedürfnis des Publikums nach drastischen Aktionen auf der Bühne konnte durch raffiniert gesteigerte Grausamkeiten bei der Ausgestaltung des Rachevollzugs entsprochen werden. Weitere zahlreiche Varianten waren schließlich möglich in der Zeichnung des Rächers als Helden oder Schurken und über die Verlagerung des Focus und der Lenkung der Sympathien des Publikums auf die Figur des Rächers oder des Opfers. Kyd, dessen dramatisches Können sich vor allem in der Konstruktion von komplexen und zugleich logisch gefügten Handlungen bewährte, hat im sogenannten *Urhamlet* und in der *Spanish Tragedy* nahezu alle Möglichkeiten dieses Grundmusters zumindest ansatzweise entfaltet und damit das Initialdrama dieses Genres geschaffen. Zugleich wurde durch Kyds Vorbild der Katalog der dramatischen Konventionen festgelegt, die zum festen Bestandteil der Rachetragödie wurden, wie z. B. die Geistererscheinung, die Verstellung oder Verkleidung des Rächers, die Hinauszögerung der Rache und die Verwendung des Spiels im Spiel für die Zwecke des Rächers.

3.2.2.3. Varianten der Tragödie der Gerechtigkeit

Kyd schuf durch einen pseudomythologischen Prolog, durch die beiden chorischen Figuren »Andrea's Ghost« und »Revenge« und den Epilog einen Rahmen, von dem die komplizierte Handlung ihre finale Ausrichtung erhält und durch den zugleich ein eigener Wertungshorizont für die Beurteilung der Rache im Stück geschaffen wird. Dieser Rahmen bestimmt auch maßgeblich das starke Gefälle in der Informationsvergabe zwischen Dramenfiguren und Publikum. Da dieses über den unausweichlichen Fluchtpunkt aller Handlungslinien bereits im voraus informiert ist, bietet sich ihm die Handlung in der Perspektive krasser dramatischer Ironie dar. Die Geschichte ist in einer historisch nicht identifizierbaren Zeit kriegerischer Verwicklungen und Friedensbemühungen zwischen Spanien und Portugal angesiedelt, und die Staatsaktionen des Stückes sind ganz auf Aussöhnung und auf Friedensstiftung durch eine dynastische Heirat gerichtet. Unterhalb der Staatsebene führen Andreas Tod auf dem Schlachtfeld von der

Hand des Prinzen Balthasar, dessen strittige Gefangennahme durch Lorenzo und Horatio, die Liebe Balthasars zu Bel-Imperia, der ehemaligen Braut Andreas und Geliebten Horatios zur Ermordung Horatios durch Balthasar und Lorenzo. Horatios Vater Hieronimo, Knight Marshal von Spanien und als solcher oberster Richter tritt, nachdem Lorenzos Intrigen die Entdeckung und Sühnung des Mordes verhindern konnten, in die Funktion des Rächers ein. Hieronimos Entwicklung vom trauernden Vater und auf Gerechtigkeit dringenden Richter über das Stadium selbstmörderischer Verzweiflung bis zum grausamen und verschlagenen Rächer bildet die Hauptlinie des Stückes. In ausführlichen Monologen wird die Veränderung seines seelischen Zustandes dargelegt und seine wachsende Isolation innerhalb der Gesellschaft beschrieben, der er als verstörter schrulliger Greis erscheint. Nach einer scheinbaren Versöhnung mit seinen Gegnern benützt er die Aufführung einer von ihm verfaßten Tragödie, um mit Hilfe Bel-Imperias die Rache während des Spiels zu vollziehen. Dem anschließenden Blutbad entrinnen nur die Könige von Spanien und Portugal; Hieronimo und Bel-Imperia enden durch Selbstmord.

Die außerordentliche Wirkung der *Spanish Tragedy* beruht vor allem auf der Darstellung Hieronimos, dessen Entwicklung vom Richter zum Rächer so konsequent dargestellt wird, daß ihn die Sympathien des Publikums bis zur Mordtat begleiten können, und auf der Stringenz der Handlungsführung, die trotz aller Gegenintrigen und Verzögerungen unausweichlich der Katastrophe zustrebt. Kyds vorbildliche Handlungskonstruktion und sein effektvoller Einsatz von Theaterkonventionen boten ein überzeugendes Handlungsmuster, das die überkommene Moralitätenstruktur für diesen Tragödientypus sehr rasch verdrängen konnte. Der Erfolg des neuen Modells kann an Stücken wie *The Misfortunes of Arthur* (1588) von Th. Hughes, dem anonymen *Locrine* (vor 1591) und G. Peeles *David and Bethsabe* (ca. 1588/94) abgelesen werden, die alle unter dem Einfluß der *Spanish Tragedy* entstanden sind, ohne Rachetragödien zu sein. In allen diesen Dramen wird in Abweichung von den Quellen das Rachemotiv verschiedenen Figuren unterschoben, aber trotz der Übernahme Kyd'scher Konventionen wie des Geisterprologs u. a. gelang es diesen schwächeren Dramatikern nicht, die Handlungsführung entsprechend auszurichten.

Eine bedeutsame Variante der Rachetragödie ist J. Marstons Stück *Antonio's Revenge* (1599),[26] in dem das Vorbild von Kyds *Hamlet* und der *Spanish Tragedy* deutlich zu spüren ist, gleichzeitig aber wichtige Abweichungen vom Modell erkennbar sind. Das Racheopfer in *Antonio's Revenge* ist der Tyrann Piero, ein blutrünstiges Monster. Durch den Geist seines Vaters über die Mordtat informiert, wird aus Antonio, der bis dahin ein beherrschtes und besonnenes Verhalten zeigte, unversehens ein von Rachedurst getriebener verschlagener

Schurke, der in der Verkleidung eines Narren auf seine Chance wartet. Mit seinen Komplizen vollzieht er schließlich genüßlich die Rache am Tyrannen, und zieht sich dann aus Weltekel in ein Kloster zurück. Die ausgesuchten, ins Groteske gesteigerten Grausamkeiten, der sprachliche Bombast und die plötzlichen Umschläge in Antonios Verhalten haben Kritiker dazu bewogen, dieses Rachedrama bald als Parodie des Genres und bald als satirisch überspitztes Stück zu deuten.[26a]

In der Reihe solcher Stücke wie *Spanish Tragedy* und *Titus Andronicus* (1594) stellt *Antonio's Revenge* zunächst ein weiteres Stadium in der Steigerung und Häufung grausamer Bühneneffekte dar, durch die man die Sensationslust des Publikums zu befriedigen hoffte; gleichzeitig erscheint Antonio aus der Sicht der stoischen Philosophie als Paradigma eines Menschen, dessen Persönlichkeit zunächst gemäß den stoischen Normen geordnet und geformt ist, dann aber unter dem Ansturm der Racheleidenschaft zusammenbricht und Antonio in ein sadistisches Monster verwandelt, das nur noch der Befriedigung seines Rachedurstes lebt.

In *Hamlet* (1600–1),[27] der bedeutendsten Rachetragödie, übernahm Shakespeare alle konventionellen Elemente des Handlungstypus, veränderte aber ihre Anordnung und wies ihnen neue Funktionen zu mit dem Ziel, den Focus des Stückes nicht so sehr auf die Umformung einer Figur zum Rächer und den kunstvollen Rachevollzug, sondern ganz auf die Darstellung eines Menschen von hoher Intellektualität und Sensibilität zu legen, der in eine Situation gerät, in der seine psychische, moralische und intellektuelle Struktur bis an den Rand der Zerstörung belastet wird. Im Gegensatz zu Stücken wie *Spanish Tragedy* und *Antonio's Revenge,* wo Hochzeitsfeiern am Ende des Stückes die Gelegenheit zur Rache bieten und ein zusätzliches ironisches Moment in die Handlung einbringen, ist die Hochzeit im *Hamlet* bereits zu Beginn des Dramas vollzogen, was Hamlet als Sohn und Thronfolger von Anfang an in eine Konfliktsituation stellt. Die Information, die den Protagonisten zum Rächer werden läßt, erfolgt zwar durchaus konventionell durch den Geist des Ermordeten; sie wird aber in Abweichung von der Tradition und in Übereinstimmung mit zeitgenössischen theologischen Auffassungen ihrer übernatürlichen Autorität entkleidet und als durchaus zweifelhaft dargeboten. Damit aber wird der Rächer, den Shakespeare im Falle Hamlets als Melancholiker konzipierte (dem in der Temperamentenlehre besonderer Scharfblick und zum Zweifel neigende grüblerische Intellektualität zugeordnet waren) zunächst vor das Problem der Verifikation gestellt. Verdacht und Zweifel, Ekel vor Claudius und der Handlungsweise seiner Mutter, der sich zum Weltekel steigert, treiben Hamlet in Isolation und Selbsthaß. Die Konvention des Spiels im Spiel – bis dahin als Mittel zum effektvollen Rachevollzug eingesetzt – wird in *Hamlet* zum Instrument der Wahrheitsfindung und Vergewisserung und zugleich zum Auslöser der Gegenintrige, durch die Claudius sich des Rächers zu entledigen sucht. Entsprechend dem Focus des Stückes wird durch die Tötung des Polonius und den Selbstmord Ophelias eine zweite Rachehandlung in Gang gesetzt, in der Laertes in die Funktion des Rächers eintritt, während Hamlet in ihr das Racheopfer ist. Auch der Rachevollzug wird wiederum entsprechend der Intention des Stückes in Abweichung von der Konvention gestaltet. Während der traditionelle Rächer, vom Rachedurst immer stärker angetrieben, die sorgfältig geplante Rache in leidenschaftlicher Erregtheit und als deformierte Persönlichkeit vollzieht, findet Hamlet vor dem Höhepunkt der Rachehandlung nach einem qualvollen Prozeß zur inneren Ruhe und gelassenen Bereitschaft, sein Schicksal anzunehmen, zurück. Auf dem Höhepunkt der Gegenintrige, deren Opfer Hamlet, seine Mutter und Laertes geworden sind, tötet er Claudius im Angesicht des eigenen Todes nicht nach einem ausgeklügelten Racheplan, sondern in einer spontanen Handlung. Wie die traditionelle Rächerfigur durchläuft Hamlet alle psychischen und moralischen Stadien, von Trauer, Ekel, Zweifel zu Verzweiflung, brutalem Zynismus und Selbsthaß bis an den Rand des Selbstmords. Shakespeare verfolgt aber diese Linie nicht bis zum psychisch deformierten Rächer weiter, sondern überführt sie in die Überwindung der Deformation und Selbstfindung des Rächers. Dementsprechend wird die Spannung nicht wie in der *Spanish Tragedy* aus dem Gefälle zwischen Vorausinformation und Handlungsführung erzeugt, sondern ganz aus den psychischen Reaktionen des Protagonisten heraus entwickelt, dessen Situation immer auswegloser wird. Shakespeare hat Hamlet mit einem höchst komplexen Gefüge von Parallel- und Kontrastfiguren umgeben, durch die diese besondere Variante des Rächers verdeutlicht wird. In seiner Funktion als Rächer sind ihm Fortinbras, der bedenkenlos seine militärische Macht einzusetzen bereit ist, und Laertes gegenübergestellt, der ohne zu Zögern seine Rachepflicht verfolgt. Mit Hamlets Aufgewühltheit kontrastiert Horatios stoische Gelassenheit, mit seiner bohrenden Intellektualität die geschwätzige, vordergründige Weisheit des Polonius. Hamlets moralische Sensibilität enthüllt sich im Gegensatz zur Bösartigkeit des Claudius und der Gedankenlosigkeit seiner Mutter.

Shakespeares besondere Focusverlagerung auf die Figur Hamlet und seine faszinierende Kunst der Figurenzeichnung haben dazu verleitet, diese Gestalt aus dem Kontext des Rachedramas zu lösen und für sich zu deuten. Damit war die Voraussetzung gegeben, sie im jahrhundertelangen Prozeß der *Hamlet*-Rezeption von ganz verschiedenen Perspektiven her bald als Identifikationsfigur, als psychopathologisches Paradebeispiel oder als Schlüsselfigur zu verstehen.

Die lange Serie der Rachetragödien nach *Hamlet* zeigt eine Verflachung der Racheproblematik, die insbesondere an der Konzeption des

Rächers abzulesen ist. Mit H. Chettles *Hoffman* (ca. 1602) beginnt die Reihe von Tragödien, in denen der Rächer von Anfang an als ausgemachter Schurke präsentiert wird, der in der Tradition der »Vice«-Figur keinerlei Rechtfertigung für seine Rache mehr bedarf, sondern im Geheimen zur Befriedigung seiner schieren Mordlust tötet. Das interessanteste Beispiel ist die C. Tourneur zugeschriebene *The Revenger's Tragedy* (1606/7),[28] und zwar wegen der ambivalenten Konzeption des Vindice, in dem sich der Typus des satirischen Anklägers und des schurkischen Rächers überlagern. Im Gegensatz zu Hoffman deckt Vindice mit satirischer Scharfsichtigkeit die Verderbtheit seiner Umgebung auf. Im Vollzug seiner genüßlich geplanten und mit ausgesuchter Grausamheit durchgeführten Rachetaten sinkt er aber selbst zu einem dieser korrupten Schurken herab, von denen er die Welt befreien will, bis er schließlich zur Hinrichtung abgeführt wird.

Gleichzeitig mit diesen Varianten, in denen die Rachetragödie vielfach zur Aneinanderreihung von Szenen mit blutrünstigen und gruseligen Bühnenaktionen verkam, entstanden Rachedramen, in denen der Rächer als positiver Held erscheint, weil er sich der Schuld, die der Vollzug der Rache unweigerlich mit sich bringt, zu entziehen vermag. In mehreren Stücken dieser Gruppe tritt zusätzlich eine deutliche propagandistische Tendenz gegen die Rache als Mittel der Gerechtigkeitsfindung hervor. Ein frühes Beispiel ist Marstons *The Malcontent* (1603-4),[29] dessen verschiedene zeitgenössische Gattungsbezeichnungen die Orginalität der Variante attestieren, die ihre Entstehung dem Einfluß der satirischen Komödie vom Typus *Everyman Out of His Humour* verdankt, in der eine Figur die Funktion des Satirikers übernimmt, welche die übrigen Figuren zur Einsicht in ihre Verbrechen, Laster oder Torheiten führt oder der Lächerlichkeit überantwortet.

Eine interessante Variante innerhalb dieser Entwicklungslinie ist G. Chapmans Rachetragödie *The Revenge of Bussy D'Ambois*[30] (ca. 1610), die zugleich als Gegenstück zu der Machttragödie *Bussy D'Ambois* konzipiert ist Der Gang der Handlung folgt zwar dem Muster der Rachetragödie, von der Geistererscheinung über die Verzögerung der Rache bis zum Tod des Rächers, aber Chapman handelt innerhalb dieses Musters ein anderes Thema ab: War Bussy D'Ambois der Prototyp des autonomen, seine Instinkte und Leidenschaften frei auslebenden Menschen, des *natural man* in Chapmans Verständnis, so ist Clermont dargestellt als Prototyp eines Menschen, der *learning* hat, d. h. dessen Habitus von Vernunft geprägt ist, oder, in Chapmans stoizistischer Terminologie, als Prototyp des *Senecal man*. Die Rachehandlung stellt lediglich die Verknüpfung zwischen den Situationen her, in denen Chapman seinen Idealtypus präsentiert.

Das bei weitem penetranteste Beispiel einer positiven Rächerfigur bietet zweifellos C. Tourneurs Stück *The Atheist's Tragedy* (1611),[31] das bereits in 2.4. ausführlicher behandelt wurde: Charlemont verzichtet darauf – hierin bestärkt vom Geist seines ermordeten Vaters – die Rache auszuführen; stattdessen wartet er in christlicher Ergebung und Geduld ab, bis der Himmel selbst die Rache an seinem monströsen Gegenspieler, dem Atheisten D'Amville, vollzieht. In propagandistischer Absicht wurde in diesem Stück die Rachehandlung zur Demonstration des belohnten Racheverzichts und zugleich zur Gegenüberstellung zweier philosophischen Positionen umgewandelt.

Die weitere Entwicklung dieses Tragödientypus ist gekennzeichnet durch eine Reihe von Stücken, in denen in eindeutig didaktischer Absicht aus verschiedenen Positionen heraus die Rache verurteilt wird, wie z. B. Th. Middletons und W. Rowleys *A Fair Quarrel* (1616), Ph. Massingers *Fatal Dowry* (1619) und *The Unnatural Combat* (1621). Daneben wird die Rache als Problem weiterhin dramatisch behandelt, allerdings nicht mehr in der strengen Form früherer Rachetragödien, sondern in Kontexten, in denen auch romanzenhafte Elemente mit dem Motiv der Rache verknüpft erscheinen. Ein typisches Beispiel ist Beaumonts und Flethers Gemeinschaftsproduktion *The Maid's Tragedy* (vor 1611), in der Evadne, die Mätresse eines wollüstigen Königs, die von diesem zur Scheinheirat mit einem Hofmann gezwungen wird, zur Rächerin ihrer Entehrung wird. Bedeutsam ist an diesem Stück, daß in ihm das besondere Problem der Racheausübung eines Untertanen an seinem König zur Darstellung gelangt, der nach damaliger Auffassung unantastbar war.

Die späteren Beispiele zeigen ein deutlich abnehmendes Interesse an der Rache als psychischem und moralischem Problem, weshalb sie nur noch selten als alleiniges Handlungsziel des Protagonisten in das Zentrum der Handlung gerückt wird. Stattdessen erscheint die Rache zunehmend als ein plausibles Motiv unter anderen, mit dessen Hilfe Beziehungen zwischen Figuren hergestellt, Schurken mit einem Handlungsgrund ausgestattet und vor allem das tragische Ende von Handlungsabläufen herbeigeführt werden kann. Der Grund für die Abnahme des Interesses dürfte nicht zuletzt auch darin liegen, daß innerhalb der adeligen Schichten das Duell als Form der Privatrache mit Hilfe eines strengen Kodex immer mehr geregelt und entschärft wurde und damit aufhörte, eine ernste Gefahr für die staatliche Rechtspflege dazustellen, und daß gleichzeitig das Bürgertum, das der Rache aufgrund seiner christlichen Prägung eher verständnislos gegenüberstand, immer selbstbewußter seine sozialen Normen durchzusetzen vermochte.

3.2.3. Tragödien der Liebe

Im Gegensatz zur Tragödie der Macht und zur Tragödie der Gerechtigkeit, die aufgrund ihrer Handlungsmuster verhältnismäßig leicht als Typus zu identifizieren sind und in der Forschung seit längerem ausführlich behandelt wurden, ist die Tragödie der Liebe als eigenständiger Typus durchaus umstritten und in der Forschung entsprechend stiefmütterlich behandelt. Erst in neuerer Zeit widmete Leonora L. Brodwin den Liebestragödien eine ausführliche Monographie,[32] die entscheidend dazu beitrug, die Liebestragödien als eigenständigen Tragödientypus zu etablieren. Einige Gründe für die Vernachlässigung dieser Gruppe von Tragödien wurden von Brodwin überzeugend dargelegt.[33] Sie konnte u. a. zeigen, daß die ältere Forschung für die Renaissance-Literatur nur die höfische Liebesauffassung in Ansatz brachte und deshalb nur solche Dramen als Liebestragödien identifizieren konnte, denen diese Liebesauffassung zugrundelag. Dabei wurde übersehen, daß sich im 16. Jahrhundert daneben ein anderes Liebesverständnis durchsetzen konnte, das ebenfalls in der Dramenliteratur der Shakespeare-Zeit seinen Niederschlag fand. Als weiterer Grund für diese Forschungssituation kann hinzugefügt werden, daß sich bei den Liebestragödien kein eindeutiges Handlungsmuster mit festen Konventionen herausbildete, mit dessen Hilfe dieser Typus eindeutig hätte identifiziert werden können. Stattdessen lassen sich in dieser Gruppe nur wiederkehrende Personenkonstellationen erkennen, aus denen dann, oft im Rückgriff auf den Ablauf historischer Ereignisse, ganz verschiedene Handlungssequenzen entwickelt werden, für die allerdings ein konfliktträchtiges Nebeneinander zweier Handlungsfelder charakteristisch ist.

Entsprechend der Opposition philosophischer Grundpositionen und ethischer Normen in der Shakespeare-Zeit standen sich auch im Verständnis und Bewertung der Liebe zwei Positionen gegenüber, wobei sich diejenige, die zumeist als höfische Liebe *(Courtly Love)* bezeichnet wird, der Position des christlichen Humanismus zuzuordnen ist, während das neue Liebesverständnis, das von Brodwin *Worldly Love* genannt wird, eher, wenn auch nicht ausschließlich, mit dem oppositionellen korrespondiert.

3.2.3.1. Liebesauffassungen der Shakespeare-Zeit

3.2.3.1.1. *Courtly Love*[34]

Die Entstehung des Konzepts der höfischen Liebe aufgrund verschiedener Einflüsse und unter den besonderen gesellschaftlichen Bedingungen der Provence des 11. Jahrhunderts ist ein so gründlich bearbeitetes und vielfach dargestelltes Forschungsgebiet, daß hier nur diejenigen Grundpositionen skizziert werden können, die für das Verständnis einzelner Dramen der Shakespeare-Zeit wichtig sind. Die höfische Liebe konnte sich nur im Rahmen eines vom Neuplatonismus geprägten Seins- und Ordnungsverständnisses entfalten. Demnach wurde die Liebe nicht als Triebkraft verstanden, die ihr Ziel und ihre Erfüllung im Genuß des geliebten Wesens findet, sondern sie galt als eine Sehnsucht, die letztlich auf die Vereinigung des Liebenden mit dem absoluten Sein gerichtet war. Um den Liebenden darauf vorzubereiten, hatte er sich einem strengen Dienst bei einer Dame zu unterziehen, die auf Erden dieses Absolute in sichtbarer Form repräsentierte. Da durch diesen Dienst der Liebende Läuterung und damit eine höhere Seinsstufe anstrebte, hatte er sich wie in jeder Askese harten Prüfungen und der Überwindung schwieriger Hindernisse zu unterziehen. Aus dem eigentlichen, letzten Ziel der Sehnsucht, der Vereinigung mit dem Absoluten, folgte auch, daß die Sehnsucht in diesem Leben niemals erfüllt werden konnte oder gar erlahmen durfte. Ein solches Verständnis der Liebe wurde formal dadurch zum Ausdruck gebracht, daß der Liebende und seine Dame in eine Konstellation versetzt wurden, in welcher der Vollzug der Liebe prinzipiell nicht möglich war. Diese war dadurch gegeben, daß die Dame, in deren Dienst der Liebende trat, verheiratet war, der eifersüchtige Ehemann also das unüberwindliche Hindernis repräsentierte. In diesem Verständnis wurde auch der Tod des Liebenden nicht als Ende der Liebe betrachtet, sondern als Eingang in eine den irdischen Zufällen und Gebundenheiten enthobene Seinsstufe, auf der dem Liebenden die erstrebte Vereinigung ermöglicht wurde. Durch seine Liebe triumphierte der Liebende über den Tod, der in seiner Sicht keinerlei endgültige Macht besaß. Wie C. S. Lewis zeigen konnte,[35] erfuhr das Ideal der höfischen Liebe insbesondere durch das Eheverständnis des christlichen Humanismus wichtige Modifikationen. Von besonderer Bedeutung war dabei, daß man jenes Liebesverhältnis, ohne es in seinen Grundpositionen zu verändern, aus der ehebrecherischen Konstellation, durch welche die Unerfüllbarkeit garantiert war, herauslöste und mit der christlichen Ehe verknüpfte. In diesem Verständnis galt die Ehe zugleich als irdische Vorwegnahme und Abbild der mystischen Vereinigung mit dem Absoluten, und dementsprechend erschien die Frau weiterhin idealisiert als irdisches Abbild des absoluten Seins.

3.2.3.1.2. *Worldly Love*[36]

Neben dem Kult der höfischen Liebe, der jeweils nur von einer Minderheit ernsthaft gepflegt wurde und schon früh zu einer spielerisch betriebenen, literarischen und gesellschaftlichen Konvention verflachte, bildete sich im Mittelalter ein anderes Verständnis der Liebe heraus, das vor allem als theoretische Grundlage für die Deutung ehelicher Beziehungen diente. Dieses Verständnis gründete auf der Analyse der Freundschaft in der Nikomachischen Ethik des Aristoteles und erlangte durch die Übernahme und Erweiterung, die Thomas von Aquin in seiner *Summa Theologica* vornahm, einen hohen Grad von Verbindlichkeit im Abendland. In dieser Sicht ist Freundschaft – als solche wurde auch die eheliche Zuneigung verstanden – nicht Sehnsucht nach der Vereinigung mit einem höheren Sein wie die höfische Liebe, sondern beruht auf Übereinstimmung und Ähnlichkeit zwischen dem Liebenden und der geliebten Person. Der Liebende empfindet sich anders als in der höfischen Liebestheorie nicht als Unwürdiger, der sich einer Läuterung zu unterziehen hat und durch die Liebe seine Individualität transzendieren möchte, sondern bejaht und schätzt seine eigene Individualität, die durch die Liebesbeziehung mit einem Partner vervollkommnet werden soll. Die Liebessehnsucht ist also nicht auf einen Menschen in seiner Funktion als Abbild gerichtet, sondern auf den Partner als solchen in seiner unverwechselbaren Individualität, und findet im Genuß des Partners ihre Erfüllung. In diesem Liebesverständnis erscheint auch der Tod in anderer Perspektive. War er für den höfischen Liebhaber ein Durchgangsstadium, das durch die Liebe triumphal überwunden werden konnte, so bedeutete für ein die Partnerschaft anstrebendes Liebesverständnis der Tod nicht die Vollendung der Liebe, sondern ihr Ende. Während in der höfischen Liebe Hindernisse, die dem Liebesgenuß im Wage standen, notwendig waren, um durch sie Läuterung und Vervollkommnung zu garantieren, und als solche auch akzeptiert wurden, werden im innerweltlichen Liebesverständnis Hindernisse, die dem Genuß entgegenstehen, nicht hingenommen, sondern ihre Beseitigung versucht.

Das partnerschaftliche, den Genuß der Individualität eines Menschen als obersten Wert setzende Liebesverständnis konnte sich im 16. Jahrhundert in weiten Kreisen durchsetzen und die höfische Liebe weitgehend verdrängen. Mehrere Gründe haben diesen Vorgang begünstigt. Bereits J. Burckhardt hat darauf hingewiesen,[37] daß das Individualitätsbewußtsein der Renaissance in Verbindung mit der humanistischen Bildung der Frau in den höheren Schichten eine neue auf Partnerschaft und Individualität ausgerichtete Beziehung zwischen den Geschlechtern in den adligen und gebildeten Schichten föderte. Da Ehen in der Mehrzahl nach dynastischen und wirtschaftlichen Gesichtspunkten geschlossen wurden, entstanden deshalb daneben die morganatischen, auf Zuneigung gegründeten Verbindungen. Ein weiterer Grund war die Einführung der Priesterehe durch die Reformation, durch welche die Bewertung der Ehe und die Analyse der ehelichen Beziehungen in ein neues Stadium trat.[38] Der wichtigste Grund für die Ablösung bzw. Aushöhlung der höfischen Liebe und der Durchsetzung eines neuen Liebesverständnisses dürfte freilich im Wandel des Weltbildes und der ethischen Normen zu suchen sein. Die höfische Liebe setzte ein stark vom Neuplatonismus geprägtes Bild von der Welt voraus, die als vielfach gestufte Seins- und Werthierarchie verstanden wurde, in der der Liebende durch seine Liebe und durch Läuterung zur Vollkommenheit aufsteigen konnte. Dieses Konzept mußte seinen Sinn in der Perspektive eines Weltverständnisses verlieren, das die Welt als Chaos, als Feld des Kampfes aller gegen alle oder als mechanistisch ablaufendes

Kräftesystem begriff. In diesem Weltbild erhielten die Liebe und die enge Bindung zweier Individuen einen neuen Wert. Aus ihr bezogen die Partner ihr Selbstgefühl; sie konnte Sicherheit verleihen und zum Hort in der Unwirtlichkeit der Welt werden. Das aggressive und oft skrupellos betriebene Anstreben und die brutale Verteidigung dieser Liebesbeziehungen finden hierin ihre Erklärung.

3.2.3.2. Typische Personenkonstellationen der Liebestragödien[39]

Tragödien, in denen das Handlungsziel der Protagonisten die Selbstläuterung, die Vereinigung und der Genuß des Partners sind, bildeten keine spezifische Handlungssequenz aus wie die Tragödien der Macht oder Gerechtigkeit, in denen die entscheidenden Stadien des Ablaufs festgelegt waren. Der Grund für dieses Defizit liegt darin, daß in Liebestragödien der fundamentale Vorgang eine absolute Wertsetzung der Liebe durch die Protagonisten ist, der gegenüber andere Relationen als wertlos erscheinen und deshalb von den Liebenden negiert und verletzt werden können. Das tragische Potential und das Scheitern der Protagonisten werden also aus dem Konflikt zwischen verschiedenen Wertnormen entwickelt.

Entsprechend der besonderen Natur dieses Konflikts ist die Personenkonstellation, in der die verschiedenen Normen einander gegenübergestellt werden, gegenüber den Handlungssequenzen, die zur Katastrophe führen, von primärer Bedeutung. Diese allen Liebestragödien zugrundeliegende Personenkonstellation weist drei Positionen auf, die durch die beiden Liebenden und einen oder mehrere Repräsentanten der gesellschaftlichen Norm besetzt sind. Die zugrundeliegende Liebesauffassung und die Intention des Autors entscheiden jeweils darüber, zwischen welchen Positionen der tragische Konflikt entwickelt wird und in welcher Relation die Liebenden zum sozialen Normenhorizont stehen.

In den Liebestragödien der Shakespeare-Zeit, die das höfische Liebesideal zumeist in ihrer nichtehebrecherischen Variante gestalten, wird die Funktion des unüberwindlichen Hindernisses in der Nachfolge des eifersüchtigen Ehemannes vom Vater des weiblichen Partners oder von einem mächtigen Mitbewerber um ihre Liebe übernommen, wobei diese gleichzeitig die Normen oder die Ansprüche der Gesellschaft repräsentieren. Diese die Liebesbeziehung nicht duldende Position wird von zumeist als sehr jugendlich dargestellten Liebenden nicht aktiv bekämpft, sondern eher passiv hingenommen. Diese Konfliktsituation führt meist durch Einschaltung von Zufallsereignissen zum Tod der Liebenden, die diesen aber als Bewahrung und Triumph ihrer Liebe bewerten, eine Bewertung, die von den zerstörerischen Kräften nach dem Tod zumeist anerkannt und übernommen wird.

Eine andere Konfliktsituation aus der Grundkonstellation der drei Positionen entstand insbesondere durch die moralisierende Überformung der Liebestragödie. Ihre Intention war, die Liebesbeziehung, die den sozialen Normen entsprach, als positiv vorzustellen und gleichzeitig die normenverletzende Leidenschaft zu verdammen. Deshalb werden in diesen Tragödien, die oft im bürgerlichen Milieu angesiedelt sind, der Vertreter der gesellschaftlichen Norm und die liebende Frau als Eheleute präsentiert, die in einer auf Verständnis und Zuneigung gegründeten Gemeinschaft leben. Der tragische Konflikt entsteht durch ein kurzdauerndes Liebesverhältnis der Frau mit einem unwürdigen Liebhaber, dem sie in gedankenloser Leidenschaft und aufgrund eines falschen Liebesverständnisses verfällt. Der Tod wird von der Frau als Sühne akzeptiert, nachdem sie zur Einsicht in den Wert ihrer ursprünglichen ehelichen Liebesbeziehungen geführt worden ist.

Wurde die sogenannte *Worldly Love* in den Liebestragödien gestaltet, so konnte der tragische Konflikt in die Beziehung der Liebenden selbst verlagert oder aber zwischen den Liebenden und den Vertretern der Norm entwickelt werden. Im ersteren Fall wird die Partnerschaft durch Souveränitätsanspruch, Egoismus oder verschiedene Liebesauffassungen der Partner selbst in die Katastrophe geführt, im letzteren entsteht der Konflikt dadurch, daß die Liebenden die Hindernisse, die sich dem Genuß ihrer Partnerschaft entgegenstellen, aktiv zu beseitigen versuchen und dadurch in Konflikt mit der Gesellschaft geraten. Kennzeichnend für diese Tragödie ist, daß die Protagonisten zumeist als reife, selbstbewußte Persönlichkeiten dargestellt werden, die in der Gesellschaft eine Machtposition einehmen. Ein weiteres Merkmal ist schließlich, daß für diese Tragödien als stoffliche Vorlagen bevorzugt historische Figuren und Ereignisse gewählt werden – vermutlich darum, weil diese im Gegensatz zum literarischen Stoffrepertoire noch nicht von den höfischen Liebeskonventionen vorgeprägt waren und entsprechend unbelastet von der Tradition gestaltet werden konnten.

3.2.3.3. Varianten der Tragödie der Liebe

Da für die Liebestragödie weder ein verbindliches Handlungsmuster noch eine einheitliche Figurenkonzeption erforderlich war, gab es für diesen Typus auch kein Initialdrama, das als Vorbild hätte dienen und einen entsprechenden Variationsprozeß in Gang setzen können. Kennzeichnend für die chronologische Entwicklung dieses Typus ist vielmehr, daß Tragödien, denen das höfische Liebesideal zugrundeliegt, vorwiegend in den letzten Jahrzehnten des 16. Jahrhunderts geschrieben wurden, während die moralisierenden Varianten, in denen eine verheiratete Frau eine Liebesbeziehung eingeht, um 1600 einsetzen. Liebestragödien, die das nichthöfische Ideal gestalten, sind typisch für die spätere, meist jakobäisch genannte Phase der Shakespeare-Zeit.

Für alle Liebestragödien der Shakespeare-Zeit ist charakteristisch, daß die Liebesbeziehung in einem komplexen System wertender Perspektiven dargeboten wird. Der absoluten Wertsetzung durch die Liebenden wird nicht nur die Beurteilung durch die sozialen Normfiguren gegenübergestellt, sondern oft zusätzlich eine Perspektive eingeführt, in der die Liebesbeziehung ausschließlich auf die sexuelle Befriedigung reduziert und damit die Austauschbarkeit der Partner impliziert wird. Schließlich wird häufig in Vorworten, »Inductions« und Prologen oder durch chorische Figuren die Liebe als exzessive Leidenschaft präsentiert, die im Lichte der humanistisch christlichen Affektenlehre als schädlich und zerstörerisch beurteilt wurde.

3.2.3.3.1. Tragödien der *Courtly Love*

Ein frühes Beispiel einer Liebestragödie, in der das höfische Liebesideal gestaltet wird, ist *The Tragedie of Gismund of Salerne,* eine Gemeinschaftsproduktion von fünf Studenten des Inner Temple, die für eine Hofaufführung 1566 geschrieben und 1591 als *The Tragedy of Tancred and Gismund*[40] in der Überarbeitung des Mitautors R. Wilmot veröffentlicht wurde. Für die Liebenden Guiszhard und Gismund ist Tancred, der Vater Gismunds, das Hindernis, durch das die Liebe in einer Katastrophe endet. Beim Stelldichein vom Vater überrascht und zum Tode verurteilt, nimmt Guiszhard seine Hinrichtung ebenso wie Gismund ihren Selbstmord durch Gift als endgültigen Beweis für die Stärke und den Triumph ihrer Liebe freudig an. Tancred gibt sich zur Sühne für sein blindes Wüten gegen die Liebe selbst den Tod. Während Guiszhard sich als Gefolgschaftsmann des mächtigen Liebesgottes begreift und das Paar seine Liebe und den Tod als eine Art religiöses Ritual deutet, beurteilt der Chorus diese Liebe als gefährlichen Exzess, der nur Unheil über das Paar und dessen Umgebung gebracht habe, ein klarer Hinweis, daß das höfische Liebesideal in dieser Zeit zwar noch literarisch gestaltet, aber im Normenkontext der Shakespeare-Zeit nicht mehr akzeptiert wurde.
Seine künstlerisch bedeutendste Ausformung erfuhr das höfische Liebesideal in seiner nichtehebrecherischen Variante in Shakespeares *Romeo and Juliet* (1595).[41] Das unüberwindliche Hindernis, das entsprechend dem höfischen Liebesverständnis den dauernden Genuß der Liebesbeziehung unmöglich macht, ist die heftige Feindschaft zwischen den Familien der Liebenden und wird insbesondere durch den Vater Julias repräsentiert. Wesen und Intensität der Liebesbeziehungen zwischen Romeo und Julia, gemäß der Tradition eine Liebe auf den ersten Blick, wird nicht nur in der ekstatischen und mystischen Symbolik ihrer Sprache als fast religiöse Erfahrung vermittelt, sondern auch durch die Kontraste anderer Liebesbeziehungen genauer definiert. Bevor Romeo Julia begegnet, wird er als Verehrer Rosalines eingeführt, der vorschriftsmäßig die sinnentleerten Konventionen des höfischen Liebesideals befolgt. Julia wird von ihren Eltern zu einer Heirat mit

dem Grafen Paris gedrängt, die, von der Gesellschaft akzeptiert, als ebenso ehrenvolle wie vorteilhafte Verbindung dargestellt wird. Die Liebe zwischen beiden entfaltet sich in völliger Abkapselung von der umgebenden Gesellschaft. Obwohl ihre Beziehung kirchlich legalisiert ist, erfolgen Begegnungen in der Heimlichkeit, die in der höfischen Tradition für das ehebrecherische Verhältnis von Liebenden charakteristisch ist. Der absolute Wert, den beide ihrer Liebe zumessen, läßt sie alle übrigen sozialen Relationen, in die sie eingebunden sind, als wertlos einschätzen, was sie zu Spielbällen gutgemeinter Intrigen und des Schicksals macht. Beide verstehen ihren Selbstmord als unausweichliche Folge und zugleich als Bewahrung ihrer Liebe. Romeos und Julias Liebesbeziehung ist eingebettet in ein stark kontrastierendes, geschäftiges Treiben von Festen und Fehden, wodurch auf die nicht in den sozialen Kontext integrierbare Liebe der beiden, die sich nur heimlich in nächtlicher Abgeschiedenheit und schließlich in der Gruft begegnen können, besonders deutlich hingewiesen wird. Zugleich vermitteln die Figuren, die um das Paar gruppiert sind, wie z. B. die Eltern und die Amme Julias, Friar Lawrence und die Freunde Romeos, ein mehrschichtiges System von wertenden Perspektiven. Erst nach ihrem Tod, der die beiden Häuser wieder miteinander versöhnt und den Frieden in der Gesellschaft wiederherstellt, wird die Wertsetzung der Liebenden in den Augen ihrer Umwelt gerechtfertigt.
Romeo und Juliet ist eine der letzten Tragödien, der das höfische Liebesideal in seinem ursprünglichen Verständnis zugrundelag. J. Marstons Tragödie *Sophonisba* (1605)[42] nimmt in der Reihe der Liebestragödien insofern einen wichtigen Platz ein, als hier die traditionelle Personenkonstellation zwar beibehalten, das Verständnis der Liebe und der aus ihr entstehende tragische Konflikt aber unter dem Einfluß stoizistischer Philosophie neu gedeutet wird. Unter dem Einfluß eines stoizistischen Daseins- und Weltverständnisses wird das höfische Liebesideal, das als Läuterung und Vereinigung mit dem absoluten Sein verstanden wurde, umformuliert in einem Streben nach spiritueller Reinheit und Freiheit, durch die allein Ehre und Ruhm in einer chaotischen Welt zu erringen sind.

3.2.3.3.2. Moralisierende Liebestragödien

Die Liebestragödien, in denen die Untreue einer verheirateten Frau den tragischen Konflikt auslöst, spielen vorzugsweise im wohlhabenden Milieu des englischen Bürgertums, das zugleich die Zielgruppe der didaktischen Intentionen der Autoren war. In ihnen wird als positive Norm ein Leben in ehelicher Zuneigung vermittelt, wie es in der puritanischen Literatur vertreten wurde. Ihr wird in negativer Perspektive die maßlose Leidenschaft gegenübergestellt, die diese Ehe unrettbar zerstört und zum Sühnetod der Ehefrau führt. Unter den verschiedenen Beispielen stellt Th. Heywoods *A Woman Killed with*

Kindness (1603)[43] die reinste Form dar, weil in ihr die eheliche Untreue allein die Katastrophe auslöst, während in anderen Tragödien die Protagonistin zusätzlich als Mörderin präsentiert wird. Das Milieu in Heywoods Tragödie ist das wohlhabende, landbesitzende Bürgertum und der niedere Landadel, dessen wirtschaftliche Situation als wesentlich problematischer geschildert wird. Während in der Haupthandlung die Zerstörung der Ehe des Bürgers Master John Frankford dargestellt wird, entwickelt sich in der kontrastierenden Nebenhandlung im Milieu der Landadeligen Mountford und Acton aus zunächst moralisch fragwürdigen Bemühungen um eine Frau eine echte Liebesbeziehung. Frankford wird als kluger, gebildeter und generöser Bürger und frommer Christ gezeichnet, dessen Trachten ganz auf kluge Mehrung und Genuß seines Besitzes gerichtet ist. Er führt eine ruhige und glückliche Ehe mit seiner ebenso schönen wie tugendhaften Frau Anne, die er als kostbarste Zierde seines Lebens und Krönung seines irdischen Glückes schätzt. Der arglose Frankford lädt Wendoll als Gesellschafter in sein Haus, den er als wohlerzogenen und gebildeten Mann kennengelernt hat. Zwischen Anne und Wendoll entwickelt sich eine heftige Leidenschaft, die schließlich zum Ehebruch führt. Frankford, von seinem Diener informiert, stellt dem Paar eine Falle und überrascht es *in flagranti:* Wendoll vermag sich dem Tod aus Frankfords Hand durch Flucht zu entziehen; für seine Frau verfügt Frankford nach reiflicher Überlegung eine subtilere Strafe: er verzichtet darauf, sie zu töten oder als gemeine Ehebrecherin öffentlich bloßzustellen; stattdessen plant er, Anne seelisch zu quälen, indem er durch seine Nachsicht und Güte ihre Schuldgefühle bis zur Verzweiflung steigert. Er erkennt ihr die Rechte einer Ehefrau und Mutter ab und verbannt sie auf ein einsames Gehöft, wo sie sich unter dem Druck ihrer Gewissensqualen zu Tode hungert. Kurz vor ihrem Tod erscheint ihr Mann, der, von ihrer Reue bewegt, ihr vergibt und sie wieder als Ehefrau und Mutter seiner Kinder anerkennt. Anne wird dargestellt als Frau, die bisher die Liebe in ihrer Ehe nur als ruhige Sympathie und gegenseitige Wertschätzung erfahren hat. In Wendoll begegnet ihr eine verzweifelte Leidenschaft, die sie zutiefst beunruhigt. Der Ehebruch weckt in ihr allerdings nicht ekstatische Leidenschaft, sondern, entsprechend ihrer bürgerlich-puritanischen Prägung, nur Scham, Furcht und Schuldbewußtsein. Frankford wird durch die Entdeckung nicht zum wutentbrannten Rächer seiner verletzten Ehe, sondern erleidet den Zusammenbruch seiner bisherigen Wertnormen und seines Selbstverständnisses. Selbstgefällig hat er sein geordnetes Eheleben als irdische Vorwegnahme des Paradieses verstanden, das ihm durch den Ehebruch völlig entwertet nun als Hölle erscheint. Die Qualen, die beide dadurch erleiden, daß ihnen die unwiderrufliche Zerstörung ihrer Ehe bewußt wird, werden verstärkt durch die Erfahrung liebevoller Sympathie, die sie immer noch beide füreinander empfinden. Die besondere Art der Bestrafung seiner Frau verfügt Frankford aus der Verantwortung für ihr Leben und zugleich in der Absicht, ihre moralische Regeneration zu gewährleisten. Er leidet aber an dieser Entscheidung, die ihm die Größe seines Verlustes zu Bewußtsein bringt, ebenso wie seine Frau. Erst ihr bevorstehender Sühnetod ermöglicht es beiden, einander in verzeihender Liebe zu begegnen. Heywood betont entsprechend dem exemplarischen Charakter des Stückes den bürgerlich-puritanischen Kontext. In ihm wird die christliche Ehe als oberster irdischer Wert dargestellt, weil sie als Abbild des Paradieses inmitten einer als chaotisch und böse verstandenen Welt dem Menschen eine schützende spirituelle und emotionale Heimstatt bietet. Als ihre gefährlichste Bedrohung wird der ungezügelte Sexualtrieb des Menschen dargestellt: bereits ein unbedachtes Liebesabenteuer vermag in diesem Eheverständnis ihre Existenz für immer zu zerstören.

3.2.3.3.3. Tragödien der *Worldly Love*

Diese Varianten stimmen mit den moralischen Liebestragödien insofern übrein, als auch in ihnen die Protagonisten das harmonische Zusammenleben und den gegenseitigen Genuß des Partners als obersten Wert betrachten. Die Katastrophe wird allerdings nicht durch den Fehltritt eines Partners herbeigeführt, sondern entsteht aus dem komplexen Zusammenspiel aller drei Positionen, die für die Personenkonstellation der Liebestragödien kennzeichnend sind.
Die erste bedeutende Liebestragödie dieses Typus ist Shakespeares *Othello* (1603/04).[44] Unter dem Einfluß der romantischen Kritik, die das Verständnis dieses Dramas bis weit in das 20. Jahrhundert hinein prägte, wurde der spezifische Charakter dieser Liebestragödie kaum erkannt, weil die Konzentration des Interesses auf Othellos Wandlung unter dem Einfluß Iagos dazu führte, Desdemona nur als nichtsahnendes, unschuldiges und passives Opfer Othellos zu deuten und die Art und Entwicklung der Partnerschaft in dieser Ehe zu übersehen.[45] Demgegenüber hat eine Reihe von neueren Kritikern[46] die Verschiedenheit der Grundvorstellungen beider Figuren und die daraus entstehende Problematik der Partnerschaft als entscheidende Voraussetzung für den Erfolg von Iagos Intrigenspiel herausgearbeitet und damit die Zuordnung des Dramas zum Typus der Liebestragödien ermöglicht.
Othello wird zu Beginn des Dramas als selbstbewußter und erfolgreicher Feldherr vorgestellt, der, von fremder fürstlicher Abkunft, sich in Venedig aufgrund seiner Kriegskunst Ruhm und Ansehen erwerben konnte. In der Gesellschaft Venedigs strahlt seine Persönlichkeit, die von Krieg und Feldlager geprägt ist, zugleich die Faszination des Fremdartigen und Abenteuerlichen aus, was durch seine Hautfarbe optisch unterstrichen wird. In einer kurzen Periode des Friedens

lernen sich Othello und Desdemona kennen und lieben; ihre heimliche Heirat erfolgt ohne Zustimmung der Gesellschaft. Die Liebe zwischen den beiden wird nicht zuletzt durch die Faszination gefördert, die beide Partner aufeinander ausüben, weil sie füreinander bis dahin verschlossene Erfahrungsbereiche repräsentieren. Für Othello ist die Liebe, das Interesse und die Anteilnahme, die Desdemona ihm und seinem abenteuerlichen Leben entgegenbringt, kostbarstes Geschenk, das sein Selbstgefühl bestärkt und erhöht, seine egozentrische Persönlichkeit bereichert und zugleich Symbol seiner Stellung in der Welt ist. Desdemona ist eine selbstsichere junge Dame der venezianischen Gesellschaft, die ihren Willen mit bemerkenswerter Hartnäckigkeit durchzusetzen versteht. Trotz der echten Liebe, die beide füreinander empfinden, treten sehr rasch die Unterschiede im Verständnis der Partnerschaft zutage. Während Othello eine klare Trennung zwischen seinem autonomen Leben als Kriegsherr und seinem privaten Liebesglück vollzieht, versteht Desdemona die Ehe als untrennbare Vereinigung zweier Persönlichkeiten, die alle Lebensbereiche miteinander teilen und für diese Union auch einen Teil ihrer Autonomie aufzugeben bereit sind. Aus dieser Auffassung heraus besteht sie auf der Begleitung Othellos bei dessen militärischer Exkursion nach Cypern und verfolgt hartnäckig und höchst undiplomatisch die Zurücknahme der Entscheidung, die Othello im Falle Cassios getroffen hat, was in Othellos Perspektive als unverständlicher und unzulässiger Eingriff in seine Souveränität erscheinen muß. Erst in dieser Situation kann Iagos Intrigenspiel wirksam werden, weil dieser Othello das unverständliche Verhalten Desdemonas höchst vordergründig plausibel zu machen versteht. Iago tritt dabei Othello wie vorher schon Desdemonas Vater als Vertreter der sozialen Norm gegenüber, von der aus Desdemonas Verhalten, so wie Iago es interpretiert, unsittlich erscheint, und es gelingt ihm auch, Othello diese Perspektive aufzuprägen. Desdemona, von ihrer Eheerwartung und dem idealen Bild beherrscht, das sie sich von Othellos Wesen gemacht hat, übersieht jedoch die Veränderungen, die in ihm unter dem Einfluß Iagos vor sich gehen, und erweist sich zunächst als unfähig, die Wirkung ihrer Reden und Handlungen auf Othello einzuschätzen, die in Iagos Interpretationen zu eindeutigen Beweisen ihrer Schuld verwandelt werden. Als Desdemona schließlich erkennt, daß sie durch ihr Verhalten Othellos Liebe aufs Spiel setzt, unternimmt sie den Versuch, sich der Erwartung Othellos gehorsam anzupassen, dessen Persönlichkeit unter dem Einfluß Iagos aber bereits degeneriert ist. Er verübt an Desdemona eine Art Ritualmord, um sein Selbstverständnis und zugleich das ideale Bild, das er sich von ihr gemacht hatte, unverfälscht bewahren zu können.

Die Zerstörung der Liebe erfolgt also nicht unter dem Ansturm des Bösen in der Verkörperung Iagos, sondern die Ehe scheitert trotz der gegenseitigen Liebe an den idealisierten Bildern, welche die Partner voneinander haben und die sie unfähig machen, die wirkliche Persönlichkeit des anderen zu erkennen. Sie scheitert zugleich an der naiven Ichbezogenheit Othellos, die verhindert, Wesen und Absichten des Partners zu erkennen und zu akzeptieren, und stattdessen von diesem verlangt, sich seinen Erwartungen und Vorstellungen anzupassen.

Anders als bei *Othello* hat die Kritik im Falle der Tragödie *Antony and Cleopatra* (1607)[47] nie deren Zuordnung zu den Liebestragödien in Frage gestellt. Bei der Deutung der Figuren und der Bewertung der Liebe divergierten die Meinungen allerdings außerordentlich weit, wobei sich der Streit insbesondere an der Sinnlichkeit und Raffinesse Cleopatras, an den zahlreichen Zerwürfnissen des Liebespaares und an der Motivation für Cleopatras Selbstmord entzündete.

Als Figuren dieser Tragödie wählte Shakespeare das berühmteste historische Liebespaar der Antike, das in der literarischen Tradition kontrastierend dem mythischen Liebespaar Aeneas und Dido gegenübergestellt wurde, dessen Liebe durch den Verzicht des Aeneas zugunsten seiner historischen Sendung, der Gründung Roms, endet. Die beiden Liebenden, Antony als römischer Triumvir einer der drei mächtigsten Männer der Welt und Cleopatra als Königin Ägyptens, sind in eine Welt der politischen Intrigen und Machtkämpfe verstrickt. Antagonist des Liebespaares und zugleich Vertreter gesellschaftlicher Ansprüche und Ordnungsvorstellungen in Octavius Caesar, der im Drama als Verkörperung des vernunftgesteuerten Handelns und politischen Kalküls erscheint und dessen Streben ausschließlich auf Mehrung und Stärkung seiner Macht und die Durchsetzung seiner politischen Ordnungsvorstellungen gerichtet ist. Auch Antony kommt aus dieser Welt, aber im Gegensatz zum kühlen und berechnenden Octavius ist er der impulsive, ebenso leidenschaftliche wie großmütige Kriegsheld. Auch nach seiner entscheidenden Begegnung mit Cleopatra bleibt Antony unter dem Einfluß der vernunftgeprägten Welt Roms, deren Kategorien und Wertnormen immer wieder sein Denken und Handeln vorübergehend zu bestimmen vermögen. Ebenso ist Cleopatra, von ihrem Herrschertum zutiefst geprägt, stets darauf bedacht, ihre Souveränität gegenüber den machtpolitischen Ansprüchen Roms zu verteidigen. Beide erfahren die Liebe als eine ihre autonome Existenz gefährdende und zugleich als einzig sinnstiftende Macht ihres Lebens. Die Liebenden sind vor die Entscheidung gestellt zwischen der Bewahrung ihrer souveränen Positionen in der Welt, wie es die Vernunft nahelegt, und dem Auskosten einer Liebe, durch die sie eine unerhörte Steigerung ihres Lebens erfahren, die aber zugleich ihre souveräne Existenz aufs äußerste gefährdet.

Zu Beginn des Dramas werden Antony und Cleopatra in ihrem Liebesglück vorgestellt. Antony, berauscht von der faszinierenden Persönlichkeit Cleopatras, verwirft die auf Vernunft gegründete Wertordnung Roms, zu der er sich früher als Machtpolitiker und Eroberer bekannte. Sobald aber in Antony sein Römertum wieder die Oberhand gewinnt, empfindet er die Liebe Cleopatras als Magie, die ihn um ihrer politischen Pläne willen in lähmender Sklaverei hält. Erst seine Rückkehr nach Rom und seine dort aus machtpolitischen Erwägungen eingegangene Heirat lassen ihn den absoluten Wert seiner Liebe zu Cleopatra erkennen. Als Feind Roms, dessen Normen und Ansprüche er verletzt hat, kehrt er zu Cleopatra zurück. Antonys Weggang nach Rom und seine Heirat wecken in Cleopatra Zweifel an der Treue des Geliebten und lassen sie befürchten, ihrerseits als Instrument des römischen Machtkalküls mißbraucht zu werden. Ihr Entschluß, Antony in die entscheidende Seeschlacht bei Actium zu begleiten, und ihre plötzliche Flucht, die das Schlachtenglück Antonys wendet, weil er wider alle Vernunft ihr in bedingungsloser Liebe folgt, sind die verhängnisvollen Folgen ihres Vertrauensverlustes. Die verlorene Schlacht leitet für die beiden Liebenden den Sturz aus der Macht und aus ihren souveränen Stellungen ein. Inmitten des politischen Chaos, der zerbröckelnden Macht und unter der Bedrohung durch das römische Heer des Octavius erfahren die Liebenden in mehrfachen Umschwüngen alle Höhen und Tiefen einer absoluten Bindung. Als gestürzter Kriegsheld, der sich von Cleopatra getäuscht, verraten und entehrt glaubt, beschimpft und verflucht Antony sie als Hure und Ausbund an Falschheit. Sobald er ihr aber als Liebender gegenübertritt, sinken sein politischer Machtverlust und seine militärischen Niederlagen gegenüber ihrer Liebe zur Bedeutungslosigkeit herab. Cleopatra erfährt angstvoll und verzweifelt, wie Antony unter dem Druck der militärischen Entwicklung vom strahlenden, großmütigen und leidenschaftlichen Helden zur törichten, bald prahlerisch auftrumpfenden, bald kleinlich verzagten Karikatur seines ursprünglichen Wesens degeneriert, und erlebt zugleich immer wieder Augenblicke, in denen sich ihr die Größe seines Wesens und die Tiefe seiner Liebe offenbaren. Erst als alle Möglichkeiten, sich ein würdiges und freies Leben zu erhalten, erschöpft sind, entschließt sich das Paar zum Selbstmord. Sterbend finden beide zu ihrer Größe und zur ungetrübten Harmonie zurück. Ihr Tod ist die Apotheose und Besiegelung ihres Liebesglückes.

In *Antony and Cleopatra* werden die Liebenden in ein Feld extremer Spannungen gestellt, in dem sie notwendig in Konflikte, die nicht nur von außen diese Beziehung bedrohen, geraten. Da die Partner über vielfältige Beziehungen mit dieser Welt verbunden sind, in der ihre Persönlichkeiten sich bewähren und verwirklichen müssen und von der sie geformt sind, unterliegt die Liebe nicht nur einer ständigen Gefährdung von außen, sondern auch durch die Partner selbst.

Unter den zahlreichen Tragödien, die bis zur Schließung der Theater geschrieben wurden, spielt das Liebesmotiv eine wichtige Rolle, wird aber zumeist nicht mehr so deutlich ins Zentrum gerückt wie in den früheren Dramen. Charakteristisch ist vielmehr die Vermischung von Machtintrigen, Rachemotiven und Liebesbeziehungen zu höchst komplexen Handlungsgefügen, in denen eine chaotische Welt zur Darstellung kommt, in der die Menschen, von ihren Instinkten und Interesssen getrieben, mit Brutalität ihre Ziele verfolgen. Die Tragödien sind vielfach deutlich von einer satirischen Intention überformt und können nicht zuletzt als eindrucksvolle Dokumente für den verbreiteten Pessimismus und die fortschreitende Desillusionierung in der damaligen Gesellschaft gelten.

Zu den wichtigsten Varianten der Liebestragödie gehören in diesem Stadium J. Websters Tragödien *The White Devil* (1609/13)[48] und *The Duchess of Malfi* (1612/14).[49] Für das erste Drama diente die historische Liebesaffaire zwischen Vittoria Accoromboni und dem Herzog Ursini, die 1585 zur Ermordung Vittorias führte, als Vorwurf; für das zweite griff Webster auf historische Ereignisse in den ersten Jahrzehnten des 16. Jahrhunderts zurück. In der Darstellung der Beziehung zwischen den Liebenden und der Gesellschaft stehen beide Dramen in einem komplementären Verhältnis zueinander.

In beiden Tragödien zeichnet Webster eine Gesellschaft, aus der jede Mitmenschlichkeit und jedes Ordnungsprinzip verschwunden ist und in der nur noch der Kampf der egoistischen Interessen und der ungezügelten Instinkte herrscht. In ihr gewinnt die Liebe für beide Partner absoluten Wert, insofern durch sie inmitten des Chaos und des Kampfes ein Bereich zwischenmenschlicher Harmonie geschaffen wird, in dem das Leben der Partner Glück und Sinn erhält. Der tragische Konflikt entsteht dadurch, daß der Genuß der Liebe gegen die Interessen einer feindseligen Gesellschaft errungen werden muß. Gleichgültig, ob die Partner ihr Liebesglück aktiv mit krimineller Energie und den gleichen verbrecherischen Mitteln durchzusetzen versuchen, die auch die Gesellschaft benützt, oder eher passiv dem Konflikt ausweichen wollen, die Liebenden werden zu Außenseitern, die von der Gesellschaft nicht geduldet und letztlich vernichtet werden.

3.3. Die Komödie der Shakespeare-Zeit

Erwies sich schon die Untergliederung des Tragödienkorpus wegen der vielfältigen Mischungen, Überlagerungen und Umthematisierungen als schwierig, so stellt eine typologische Trennung der Komödien womöglich vor noch größere Probleme. Angesichts der Vielfalt hat die Kritik auch bei diesem Korpus mit einer Fülle von verschiedenen Gruppierungsvorschlägen reagiert. Allein für die Komödien Shakespeares wurden neben der höchst problematischen, weil auf die Biographie des Autors bezogenen, chronologischen Einteilung in frühe, reife und späte Komödien als typologische Untergruppen *romantic* (romantische) oder *happy* (heitere) *comedies, festive comedies, dark comedies, problem plays, romances* (Märchendramen) oder *comedy of forgiveness* u. a. m. vorgeschlagen, ein Spektrum, durch das aber schon die Stücke Lylys, Dekkers oder Jonsons nicht mehr adäquat erfaßt werden können. Mehrere Gründe haben zu dieser verwirrenden typologischen Vielfalt geführt.

Ein Grund liegt im Wesen der Komödie selbst, insofern diese das Komische gestaltet. Das Komische ist im besonderen Maße von den jeweiligen sozialen Normen abhängig und unterliegt deshalb nicht nur stärker als das Tragische dem historischen Wandel, bzw. der Beschränkung auf Kulturkreise, sondern ist in seiner Rezeption auch besonders eng an spezifische soziale Schichten gebunden. Dadurch kam es in der Komödienproduktion der Shakespeare-Zeit zu einer wesentlich entschiedeneren Aufgliederung in Abhängigkeit vom intendierten Publikum, als es bei der Tragödie der Fall war. Eine falsche Einschätzung der Zusammensetzung des Publikums oder die Enttäuschung seiner auf ganz bestimmte Formen des Komischen gerichteten Gattungserwartung konnte, wie die schon erwähnten Beispiele von Beaumonts *Knight of the Burning Pestle* und Fletchers erster Tragikomödie zeigen, zu Mißerfolgen führen. Der Hof bevorzugte einen anderen Komödientypus als der Bürger; das breite Publikum der öffentlichen Bühnen verlangte nach anderen heiteren Stücken als die Zirkel der *Inns of Court.*

Ein weiterer Grund für die Vielfalt dieses Genres sind fundamentale Unterschiede im Komödienverständnis der Zeit.[1] Während von einer Reihe von Humanisten im 16. Jahrhundert Komik und Komödie vielfach nur mit dem Argument verteidigt wurden, daß sie ein gesundes, weil entspannendes Gelächter auslösten, vertraten andere auf der Grundlage der horazischen doppelten Funktionsbestimmung von Dichtung (*De arte poetica,* 333: »aut prodesse volunt aut delectare poetae«) subtilere Auffassungen von der Funktion des Komischen, welche die Ausprägung von zwei unterschiedlichen Komödientypen schon von der Theorie her förderten. Die eine Position wurde theoretisch von Sir Philip Sidney in seiner *Apologie for Poetry* (ca. 1580) gefordert. Anstelle von Komödien, die nur lautes Gelächter erzeugten, wünschte er Komödien, die im Zuschauer Entzücken und Heiterkeit hervorrufen, und durch die Darstellung der Schönheit, des Guten und des Glücks die Menschen zugleich auf angenehme Weise zu belehren und zur Tugend zu führen vermögen (vgl. S. 92 f.). Wurde in diesem Verständnis die didaktische Funktion an die Erzeugung des Entzückens geknüpft, die durch die Darstellung glücklicher Harmonie und Tugend ausgelöst wird, so betonte die andere Position, die programmatisch von Ben Jonson vertreten wurde, die korrektive und belehrende Funktion des Verlachens und Verspottens. Nicht Glück und Heiterkeit sollte der

Zuschauer empfinden, sondern satirisch verzerrte Typen und Verhaltensweisen sollten ihn zu Spott und Verlachen anregen und damit zur Einsicht und moralisch richtigen Haltung kommen lassen. Beide Positionen bezogen sich auf die gleiche Funktionsbestimmung von Dichtung, wenn auch mit verschiedenen Akzentuierungen, und beide waren sich deshalb auch über die soziale Funktion der Komödie, nämlich Anleitung zur Tugend zu geben und der Besserung der menschlichen Gesellschaft zu dienen, einig; lediglich im wirkungsästhetischen Verfahren unterschieden sie sich erheblich voneinander. Wenn es auch immer wieder zu Vermischungen in den Verfahrensweisen kam, so lassen sich in der Shakespeare-Zeit doch zwei Grundtypen der Komödie unterscheiden, die mit diesen beiden theoretischen Positionen korreliert werden können. Ben Jonson hat sie in *Every Man out of His Humour* (III. 6. 195–209)[1a] in einer bereits in 2.2 zitierten Passage einander gegenübergestellt, in der Absicht, sein Komödienverständnis von dem landläufigen abzuheben.

Ein letzter Grund für die Vielfalt der Komödie lag schließlich in ihrer Prägung durch die literarische Tradition, in der die heterogensten Elemente schon frühzeitig miteinander kombiniert und verquickt wurden. In der einheimischen dramatischen Tradition war das komische Element von jeher ein integraler Bestandteil. Farcenhafte und parodistische Szenen und derbe Späße wurden in den Mysterien zwischen die Episoden der Heilsgeschichte gefügt, und in den Moralitäten bot die Darstellung des Lasterlebens und der verschiedenen Sünden Anlaß zur derben, oft die Proportionen des dramatischen Geschehens störenden komischen Einlagen, bei denen die »Vice«-Figur zumeist als Spaßmacher und Regisseur auftrat. Die Interludes, ursprünglich witzige Debattierstücke, bildeten eine weitere Traditionslinie, die für die spätere Komödie, insbesondere ihre witzigen Rededuelle, von prägender Bedeutung war. Durch die humanistische Schule wurden die Komödien von Plautus und Terenz als Vorbilder vermittelt, die das Komödienverständnis beeinflußten und zur Nachahmung anregten. Auch die italienische Komödie – sowohl in ihren gelehrten, den römischen Vorbildern nacheifernden wie in ihren volkstümlichen Formen – entfalteten ihre Wirkung. Besonders stark war der Einfluß der romanesken Literatur. Spätgriechische Romane, italienische Novellen und ihre zahlreichen Nachahmungen, gehörten zur beliebtesten, von puritanischer Seite immer wieder erbittert attackierten Lektüre von Shakespeares Zeitgenossen.[2] Diese Vielfalt wurde unter dem Einfluß des Humanismus noch um die pastorale Idylle und die klassische Mythologie erweitert. Aus der gesellschaftlichen Wirklichkeit drang schließlich das höfische Maskenspiel und das ländliche Brauchtum in die Komödie ein.

Diese unterschiedlichen volkstümlich-dramatischen, literarischen und gesellschaftlichen Traditionen, die am Entstehen der Komödie der

Shakespeare-Zeit beteiligt waren, bestanden zur Shakespeare-Zeit keineswegs unabhängig voneinander; vielmehr war bereits früh ein komplizierter Prozeß der Mischung, Überlagerung und Verschmelzung der verschiedenen Traditionen auf der Bühne in Gang gekommen, der die Erwartung des Publikums bereits entscheidend prägte und die dramatische Praxis bestimmte: In die Struktur der Moralitäten fanden romaneske Elemente Aufnahme oder romaneske Handlungssequenzen wurden von der Moralitätenstruktur überformt; die »Vice«-Figur mit ihren derben Späßen und Intrigen wurde in plautinische Farcen eingefügt und diese im englischen Milieu angesiedelt. Die romaneske Liebesthematik wurde in die Interludien aufgenommen und dort unter verschiedenen Aspekten witzig diskutiert. Im Gegensatz zur Ausgangslage bei der Tragödie fanden die Autoren der Londoner Bühnen im Feld der Komödie also keine ungeeigneten Formen vor, denen gegenüber es unter dem Einfluß Senecas neue dramatische Muster, dramaturgische Techniken und Figuren zu entwickeln galt, sondern eine rege Praxis des unbekümmerten Mischens und Verschmelzens verschiedenster Formelemente, Handlungsmuster und Figurentypen. Die Aufgabe der Dramatiker bestand deshalb bei der Komödie vor allem darin, der bunten Vielfalt Form zu geben und sie zur Einheit zusammenzuschließen.
Die verschiedenen Komödienauffassungen und die literarhistorische Situation legen eine typologische Gliederung nahe, die sich an der Art der Wirkung orientiert, welche die Komik erzielen soll. Durch sie wird die Figurenkonzeption und -auswahl ebenso beeinflußt wie die Handlungssequenzen oder die Perspektiven, die in den Komödien vermittelt werden. Dementsprechend werden für die typologische Gliederung die Bezeichnung Farce, romaneske Komödie und satirische Komödie gewählt, weil durch sie am besten die Vielfalt der Texte erfaßt werden kann. Eine solche Untergliederung ist allerdings nur dann erkenntnisfördernd, wenn die zahlreichen Übernahmen, Anleihen und Kombinationen zwischen diesen Typen nicht aus den Augen verloren werden.

3.3.1. Die Farce[3]

Die Farce als eigener Typus komischer Dramatik fand wegen der ihr lange entgegengebrachten ästhetischen Geringschätzung vergleichsweise nur wenig kritische Aufmerksamkeit. Soweit die Theorie sich mit ihrer Merkmalsbeschreibung und Definition überhaupt beschäftigte, wurde bald auf das realistische Milieu, bald auf die Unwahrscheinlichkeit des Geschehens als wesentliches Merkmal dieser Form hingewiesen. Coleridge machte scharfsichtige Anmerkungen zur Farce, die es gestatten, diese beiden Merkmale miteinander zu verknüpfen und damit das Wesen der Farce schärfer zu bestimmen:[4]

A proper farce is mainly distinguished from comedy by the licence allowed, and even required, in the fable, in order to produce strange and laughable situations. The story need not be probable, it is enough that it is possible ... The definition of a farce is an improbability or even impossibility granted in the outset; see what odd and laughable events will fairly follow from it!

Im Anschluß daran und mit Pfister[5] wird unter Farce ein komischer Formtypus verstanden, in dem die Ausgangssituation höchst unwahrscheinlich ist, aber notwendig, um Figuren in eine Serie von komischen Situationen zu versetzen. Die Einbettung der Handlung in ein realistisches Milieu und eine psychologisch glaubwürdige Zeichnung der Figuren ist dabei der komischen Wirkung förderlich, weil durch sie für den Zuschauer eine Diskrepanz zwischen der Unwahrscheinlichkeit der Grundsituation und einem vertrauten Kontext geschaffen wird, die den komischen Effekt zu steigern vermag, insofern das Vertraute fremdartig erscheint und das Unwahrscheinliche sich in einem als verläßlich und beherrschbar geglaubten Umkreis vollzieht. Die Unwahrscheinlichkeit der Grundsituation verhindert die Identifikation und Anteilnahme am Schicksal der Figuren und schafft die Distanz, durch die der Zuschauer die Serie der komischen Situation als folgenloses Spiel genießen und belachen kann. Die Farce als komischer Formtypus entspricht somit am genauesten demjenigen Verständnis des Komischen und der Komödie, das deren Funktion vor allem in der Erzeugung eines entkrampfenden, befreienden Gelächters sah, wie dies von frühelisabethanischen Humanisten vertreten wurde.
Dementsprechend ist die Farce auch diejenige Komödienform, die in der Zeit vor der Entstehung der kommerziellen Londoner Bühnen dominiert, während in der Shakespeare-Zeit bereits früh sich Tendenzen durchsetzen, die Farcen zur romanesken oder satirischen Komödie hin zu öffnen, bzw. Farcen nicht mehr als selbstständige Stücke zu präsentieren, sondern farcenhafte Situationen und Handlungsabläufe in andere Komödientypen einzufügen. Eine solche Entwicklung entspricht nicht nur dem bereits erwähnten Wandel in der Theorie der Komödie, sondern auch einer der Farce stets innewohnenden Tendenz, sich durch die Ablösung der Situationskomik durch Charakterkomik und durch thematische Vertiefung zur Charakterkomödie oder zur dramatischen Satire hin zu verwandeln.
Wie die spärlich erhaltenen frühen Beispiele von Farcen der Tudorzeit wie z. B. *Jack Juggler* (ca. 1555), *Gammer Gurton's Needle* (1552–63) oder *Ralph Roister Doister* (ca. 1552) zeigen, die alle im derb-realistisch gezeichneten englischen Milieu spielen, haben vor allem die farcenhaften Komödien des Plautus als Vorbild und zum Teil als Quelle gewirkt. Insbesondere der *Amphitruo*, dessen erster Akt z. B. die Quelle von *Jack Juggler* ist, und die *Menaechmi*, die offensichtlich mehrere frühe »Error«-Komödien inspirierten und auch als Quelle von Shakespeares *Comedy of Errors* dienten, zählten aufgrund des Doppelgängermotivs, das als unwahrscheinliche Grundsituation ein

besonders effektvolles dramatisches Potential besaß, zu den beliebtesten dramatischen Vorlagen.

3.3.1.1. Varianten der Farce

Die *Comedy of Errors* (ca. 1594)[6] gehört zu Shakespeares frühesten Werken und wurde möglicherweise für eine Aufführung an der Londoner Juristenschule Gray's Inn verfaßt. Shakespeare schrieb also wahrscheinlich für ein homogenes Publikum, das mit der Quelle, Plautus' *Menaechmi,* vertraut gewesen sein dürfte und deshalb auch das Verhältnis des neuen Stückes zur Quelle sachverständig zu würdigen verstand. Die Titel einiger verlorener Komödien lassen außerdem den Schluß zu, daß es bereits eine Reihe von »Error«-Komödien gab,[7] in die Shakespeare seine Komödie durch die Wahl des Titels möglicherweise stellen wollte, um so die Rezeption durch das Publikum von Anfang an zu steuern. Dieser Produktions-Situation entspricht zunächst die artistische Steigerung des Farcenhaften durch die Ausstattung des plautinischen Zwillingspaares mit einem das gleiche Schicksal der Trennung erduldenden Zwillings-Dienerpaar, um so die möglichen Verwechslungssituationen vervielfachen zu können. Wie in der Quelle wird die Reihe der komischen Situationen durch die präzise Inszenierung ständiger Begegnungen der »falschen« und der strikten Trennung der »richtigen« Partner konstruiert. Gegenüber der nüchternen und unemotionalen Darstellung der Figuren inmitten der Wirren bei Plautus schildert Shakespeare aber ausführlicher deren Reaktionen und emotionale Zustände und berücksichtigt auch die moralische Seite der vielfachen Verwechslungen.

Insbesondere die Eheprobleme im Falle des Antipholus von Ephesus und seiner Frau Adriana und die Liebeswerbung des Antipholus von Syrakus um Luciana weisen darauf hin, daß hier bei aller Steigerung und Ausschöpfung der Situationskomik die Öffnung der Farce zur romanesken Komödie hin bereits beginnt. Die bedeutendste Abweichung gegenüber der Farcen-Tradition liegt jedoch in der thematischen Vertiefung des farcenhaften Verwechslungsspiels. Die Darstellung der Verwirrtheit der Figuren zielt nicht mehr ausschließlich auf das spontane, distanzierte Lachen des Publikums, sondern wird zur Darstellung der Identitätszweifel und des Selbstverlustes der Figuren vertieft, bis schließlich das Zusammentreffen aller Figuren unter der Autorität eines weisen Fürsten die Lösung bringt und die Rückkehr zur Harmonie ermöglicht. Mit der Einführung des romanesken Motivs der Trennung der Zwillingseltern durch Schiffbruch und mit dem bevorstehenden Vollzug des Todesurteils am Vater, der als Feind in Ephesus aufgegriffen worden ist, werden die farcenhaften Elemente der Komödie gedämpft. Die glückliche Errettung des Verurteilten und die Vereinigung der Eltern prägen den Schluß in einer ebenfalls wenig farcenhaften, sondern schon auf die späten Romanzen hindeutenden märchenhaften Weise.

Die *Comedy of Errors* ist nicht nur ein Zeugnis für die artistische Brillanz des jungen Shakespeare. In der Perspektive der geschichtlichen Entwicklung der Farce im 16. Jahrhundert ist sie ein wichtiges Dokument dafür, daß in der Shakespeare-Zeit die reine Farce zumindest vom intendierten Publikum nicht mehr akzeptiert wurde, dessen Geschmack offenbar nach Aufnahme romanesker Elemente verlangte. Die Thematisierung des Selbstverlustes in diesem Stück zeigt überdies, welche künstlerische Aufgabe sich den Dramatikern dieser Zeit auf dem Gebiet der Komödie angesichts der vielfältigen Tradition vor allem stellte. Sie bestand nicht so sehr in der rein äußerlichen, dramaturgisch geschickten Kombination der verschiedenen Elemente, als vielmehr in der Zusammenschließung der bunten Vielfalt zur thematisch vertieften künstlerischen Einheit.

Eine weitere Farce, Shakespeares *The Taming of the Shrew* (1593?),[8] zeigt die schon bei der *Comedy of Errors* zu beobachtenden Tendenzen noch deutlicher, während die dritte Farce Shakespeares, *The Merry Wives of Windsor* (1597),[9] eine Variante dieses komischen Typus ist, die nicht durch die Aufnahme romanesker Elemente ihre charakteristische Ausprägung erfuhr, sondern durch den Einfluß der *comedy of humours,* als deren Schöpfer George Chapman und Ben Jonson gelten dürfen.

Shakespeare hat nach den *Merry Wives* nicht mehr mit der Form der Farce experimentiert. Man kann jedoch an den frühen Komödien Chapmans weiter verfolgen, wie die Farce in die *comedy of humours* überführt wird. Von *The Blind Beggar of Alexandria* (1595/6) über *An Humorous Day's Mirth* (1597) bis zu *All Fools* (1599), dem komischen Meisterwerk Chapmans, zeigt sich immer deutlicher der Verzicht auf die bloße Aneinanderreihung farcenhafter Situationen. An ihre Stelle tritt eine komplexe Handlung von sorgfältig inszenierten Intrigen, die so konstruiert sind, daß sich in ihnen zunächst jeweils der *humour* der betreffenden Figur voll entfalten kann, um dann entlarvt und schließlich durch Einsicht geheilt zu werden. Das Stück *All Fools,* für dessen Handlung Chapman vor allem auf den *Heauton timorumenos* und in geringerem Maße auf die *Adelphoe* des Terenz zurückgriff, stellt im Prozeß der Überführung der Farce in die *comedy of humours* gewissermaßen den Abschluß der Entwicklung dar.

3.3.2. Die romaneske Komödie

Wie bereits erwähnt, gehört die romaneske Literatur zu den dominanten Einflüssen, durch die sich neben der Farce ein eigener Komödientypus herausbilden konnte, für den in der Kritik früher zumeist der wenig glückliche Terminus *romantic comedy* (romantische Komö-

die) gewählt wurde. Die wesentlich genauere und unmißverständlichere Bezeichnung »romanesk« wurde von W. Habicht vorgeschlagen,[10] der die Kenntnis der Entstehung des romanesken Dramas in der Zeit vor Shakespeare wesentlich gefördert hat. Als Merkmale der romanesken Literatur, die seit dem spätgriechischen Roman in vielen Formen und Genres verbreitet ist, können im Anschluß an S. L. Wolff[11] und W. Habicht[12] drei Elemente genannt werden: Die keusche und zugleich leidenschaftliche Liebe, die sich an zahlreichen Hindernissen bewähren muß, wird als hoher Wert dargestellt und in das Zentrum der Handlung gerückt. Das zweite ist ein an Peripetien reicher Handlungsverlauf, in dem die Hauptpersonen abwechselnd in glückhafte und bedrohliche Situation versetzt werden. Das dritte ist das Element des Phantastischen: Zauberei, magische Verwandlung, direkte Eingriffe übernatürlicher Mächte in den Gang der Ereignisse.
Die Beliebtheit dieser Literatur verschaffte ihr bald Zugang zum populären Theater, wo sie auf die dort etablierten dramatischen Formen und Strukturen traf. Zwischen diesen und den Elementen romanesken Erzählens kam es im Laufe des 16. Jahrhunderts zu einem komplizierten Prozeß gegenseitigen Überlagerns, Durchdringens und Austauschens, der von W. Habicht mit Akribie nachgezeichnet wurde, hier aber nur angedeutet werden kann. Wichtig für die spätere Entwicklung ist, daß die in den Moralitäten als sündige Wollust verdammte oder zotig abgehandelte Liebe in Konflikt mit der werthaften Liebesauffassung der romanesken Literatur trat, was zur Allegorisierung des Liebesmotivs oder zur polaren oder gradierenden Darstellung verschiedener Liebesauffassungen führte. Wie Moralitätenstruktur und romaneske Elemente schon früh miteinander verschmolzen werden, kann z. B. an John Redfords *Wit and Science* (ca. 1539) oder an dem anonymen *The Marriage of Wit and Science* (ca. 1568) beobachtet werden.[13] Die einmalige Versetzung der Zentralfigur in das negative Wertfeld und ihre anschließende Rückversetzung wird unter dem Einfluß des Romanesken zu einer peripetienreichen Serie von positiv und negativ verlaufenden Begegnungen und Abenteuern aufgelöst. Das traditionelle Moralitätenpersonal konnte also in romaneske Abläufe und Situationen versetzt werden, oder es konnten typische romaneske Episoden moralitätenhaft allegorisiert werden. In diesen Verschmelzungsprozeß wurde auch das jeweilige Personal einbezogen, wobei es zu Übernahmen, Umprägungen und Funktionswandlungen kam, so daß sich in diesen romanesken Dramen ein buntes, aus den verschiedensten Traditionen stammendes Figurengemisch zusammenfindet, das es erlaubte, die verschiedensten Themen in einer farbigen und bewegten Handlung kontrastreich abzuhandeln.
Der vielfältige Prozeß der Mischung führte schließlich in den siebziger und achtziger Jahren des 16. Jahrhunderts zur hybriden Form des romanesken Dramas, das bei den breiten Schichten des Publikums

außerordentlich beliebt war, während es gleichzeitig die ganze Verachtung der klassizistisch orientierten Theoretiker des Dramas auf sich zog. Von diesen Dramen sind nur zwei anonyme Stücke, *Sir Clyomon and Sir Clamydes* (ca. 1570)[14] und *Common Conditions* (ca. 1576)[15] erhalten geblieben; die Reihe von erhaltenen Titeln lassen jedoch auf ein Korpus beträchtlichen Umfangs schließen. Die überlieferten Beispiele im Verein mit späteren in dieser Tradition stehenden Stücken vermitteln eine hinlänglich genaue Vorstellung von diesem Dramentypus, der als Fundus von Themen, Formen und Figuren – und damit freilich in ganz anderer Weise als bei den Tragödien – zum Ausgangsrepertoire für die vielen Varianten der romanesken Komödie wurde.
Es ist kein Zufall, daß das wahrscheinlich populärste Drama der Shakespeare-Zeit überhaupt, das anonyme Stück *Mucedorus* (ca. 1590) in der Tradition des romanesken Dramas steht, und eine Reihe von Stücken, die in den neunziger Jahren, wie z. B. Th. Dekkers *Old Fortunatus* (1599), oder sogar erst in den ersten Jahrzehnten des 17. Jahrhunderts verfaßt wurden, wie z. B. Th. Heywoods *Four Prentices of London*, diesen Dramentypus fortsetzen. Im Kontext der gleichzeitigen Dramenproduktion betrachtet, wirken diese Dramen in ihrem beliebig gereihten Episodenablauf, ihrem wenig integrierten Personal und in ihrem Mangel an thematischer Einheit allerdings merkwürdig altmodisch, da sie die Leistungen auf dem Gebiet der romanesken Komödie kaum verarbeiteten, was allerdings ihren Erfolg bei den breiten Schichten des Publikums kaum zu beeinträchtigen vermochte.

3.3.2.1. Varianten der romanesken Komödie

Bei den verschiedenen Formen der Komödie, die aus dem romanesken Dramentypus hervorgingen, ist stärker als bei anderen dramatischen Genres der Einfluß des intendierten Publikums wirksam geworden. Die primär auf den höfischen Geschmack ausgerichteten Komödien Lylys unterscheiden sich in Thematik und Figurenwahl und in der Verwendung von Strukturelementen stark von solchen, die sich an ein breiteres Publikum wandten. Allerdings darf die Grenze zwischen der höfischen und populären romanesken Komödie nicht zu scharf gezogen werden, da es Autoren wie Shakespeare gelang, Lösungen zu finden, die bei Hof und auf den öffentlichen Bühnen gleichermaßen Anklang fanden.
Die romaneske Komödie zielte im Gegensatz zur Farce primär nicht auf Situationskomik und damit auf das entspannende Gelächter des Zuschauers ab, wenn darauf auch nicht verzichtet wurde und immer wieder farcenhafte Situationen eingefügt wurden. Die ethischen Normen, die die Helden und Heroinen vertraten, und um deretwillen sie zahlreiche Widrigkeiten zu durchleiden hatten, bis sich ihr Glück erfüllte, forderten den Zuschauer zu Identifikation und Anteilnahme

auf. Da in der romanesken Literatur um das Liebesglück immer gerungen und gelitten werden mußte, treten im Figurenspektrum jeweils Positionen auf, welche die Wertsetzung der Liebenden in Frage stellen, als Unwert darstellen oder andere Wertnormen verkünden. Dadurch fördert dieser Komödientypus einen multiplen Perspektivismus,[16] der an den Zuschauer appelliert, analytisch das Geschehen zu verfolgen und sich schließlich in Sympathie und Identifikation für eine der dargebotenen Wertnormen zu entscheiden. Damit ist gerade diese Komödie geeignet, im Gegensatz zum teilnahmslosen Gelächter, das die Farce erzeugen soll, Freude und Glücksgefühl beim Zuschauer auszulösen, wie es Sidney in den achtziger Jahren für die Komödie gefordert hatte.

3.3.2.1.1. Die höfiischen Komödien Lylys[17]

Lyly verfaßte seine Komödien für Hofaufführungen durch Kindertruppen; sie kamen aber auch im *Blackfriars Theatre* unter dem Vorwand zur Aufführung, daß für die Hofaufführungen Proben abgehalten werden müßten. Die Kindertruppen und das höfische Publikum prägten durchaus den Stil dieser Stücke, insofern sie keine Charakterrollen enthielten, sondern die Figuren in besonders starkem Maße für das schauspielerische und gesangliche Vermögen und die Darstellungstechnik der ehemaligen Chorknaben konzipiert waren. Wie schon in seinem Roman *Euphues* galt Lylys Interesse insbesondere der Darstellung der Normen sozialen Verhaltens, durch die eine harmonische Gesellschaft erreicht und bewahrt werden konnte. Ganz im Sinne Sidneys strebte Lyly eine Komödie an, in der sich Freude und didaktische Intention miteinander verbanden. Im Prolog zu *Sapho and Phao* (aufgef. 1583/4) bekennt er sich zur Absicht »to breede ... soft smiling, not loude laughing: knowing it to the wise to be as great pleasure to heare counsell mixed with witte, as to the foolish to haue sporte mingled with rudenesse«.[18]

Gegenüber den anderen Komödiendichtern bevorzugte der Humanist Lyly bei der Wahl seines Komödienpersonals Figuren der klassischen Mythologie und historische Persönlichkeiten der klassischen Antike, wobei er aber weder die Dramatisierung des Mythos noch die Darstellung historischer Charaktere oder Ereignisse beabsichtigte, sondern im Rückgriff auf einzelne Episoden und anekdotisches Material idealtypische Figuren gruppieren und Situationen schaffen wollte, die sich der allegorischen Deutung ebenso öffnen wie den Spekulationen über Anspielungen auf zeitgenössische Figuren und Ereignisse am Hofe.

In seiner Komödie *Alexander, Campaspe and Diogenes* (aufgef. 1583/4) wählte Lyly als Schauplatz ein humanistisch verklärtes Athen, in dem Alexander herrscht, Philosophen wie Aristoteles, Plato und Diogenes Streitgespräche führen und der Maler Apelles wirkt. Eine Reihe von Dienern sorgt für derberen Witz. Im Mittelpunkt steht

Alexander, der seine Feldzüge nach der Eroberung Thebens unterbrochen hat, weil er sich in die schöne thebanische Gefangene Campaspe verliebt hat und darüber seine Pflichten als Feldherr vernachlässigt. Campaspe liebt aber nicht ihn, sondern Apelles, der, während er ein Porträt von ihr anfertigt, sich seinerseits in sein Modell verliebt. Alexander entdeckt die Liebe der beiden, deren Heirat er verfügt und überwindet seine Verliebtheit, um sich wieder ganz seinen Pflichten als Staatsmann und Feldherr zu widmen. Sein Sieg über seine Liebe, die ihn zum Sklaven seiner Leidenschaft gemacht hätte, wird als sein größter bewertet. Gegenüber dem romanesken Drama ist diese Komödie äußerst handlungsarm, weil die einzelnen Episoden ganz den kunstvollen Dialogen gewidmet sind. Alle Debatten kreisen dabei um eine zentrale Idee: das *decorum* als soziale Verhaltensnorm, durch die jedem Rang und jeder Funktion innerhalb der Gesellschaft besondere Pflichten und Verhaltensweisen auferlegt sind und deren Erfüllung und Befolgung allein das allgemeine Wohl garantieren. In der Figur Alexanders wird der Konflikt um das *decorum* des Königtums ausgetragen, das von ihm verlangt, als fundamentale Voraussetzung für sein Herrscheramt seine Leidenschaften und Neigungen zu beherrschen; in den Apelles-Episoden steht die ideale Norm des Liebenden und Künstlers, in den Philosophen-Debatten die der Denker und Erzieher der Gesellschaft zur Diskussion. Das Problem, der romanesken Mischung von Figuren und Episoden Einheit zu geben, hat Lyly hier durch die idealtypische Zeichnung der Figuren und die thematische Ausrichtung aller Situationen auf eine Grundidee gelöst, der gegenüber Handlung und psychologische Konsistenz der Charaktere vernachlässigt werden.

Lylys spätere Stücke lassen gegenüber *Campaspe* eine deutliche Tendenz erkennen, die Serie der Situationen, in denen geschliffene Debatten geführt werden, in mehrsträngige, typisch romaneske Handlungsabläufe zu überführen und nicht nur die Figuren und ihre verschiedenen Konstellationen, sondern auch die Handlungssequenzen selbst zu allegorisieren. Die Schauplätze wechseln zwischen Höfen und pastoraler Idylle, zwischen Gärten und einsamen Eremitenhöhlen und erhalten symbolische Funktionen. Das Figurenspektrum wird verbreitert und reicht von Gottheiten über Zauberinnen und Wahrsager bis zu grotesken *Miles-gloriosus*-Figuren und wackeren Konstablern. Die Handlungsstränge werden kunstvoll ineinander verschlungen, *dumb shows* und Traumvisionen eingefügt. Dem Phantastischen, das sich bald als böser Zauber, bald als Eingriff göttlicher Mächte kundgibt, wird breiterer Raum gegeben. Figuren und Episoden bleiben aber stets so konstruiert, daß sie sich bei aller Buntheit und Ereignisfülle nur der allegorischen Ausdeutung erschließen, die allerdings auf verschiedene Bereiche verweisen kann, was den Anlaß für die vielfältigen divergierenden Interpretationen von Lylys Komödien gab. Huldigungen an Königin Elizabeth fanden in die Stücke ebenso Eingang wie beziehungsreiche Anspielungen auf politische Situationen oder Pläne; staatsphilosophische und moralische Themen wurden darin ebenso abgehandelt wie verschiedene Liebesauffassungen, die von der spirituellen Form bis zur Liebesparodie nuancenreich vorgestellt und bewertet wurden.

Die von Lyly entwickelte Variante der romanesken Komödie in ihrer reinen Form fand nur geringe Pflege und Nachahmung. Beispiele sind G. Peeles *The Arraignment of Paris* (aufgef. 1581/84) oder die anonymen Stücke *The Rare Triumphs of Love and Fortune* (aufgef. 1582) und *The Maid's Metamorphosis* (aufgef. 1600). Die Ursachen sind nicht nur darin zu suchen, daß Lylys Karriere als Hofdramatiker durch das religionspolitisch begründete Verbot seiner Kindertruppe 1590 abrupt beendet wurde und sein euphuistischer Stil rasch veraltete, sondern vor allem in der betonten Allegorisierung seiner Dramen, durch welche die Figuren zu idealtypischen Schemen oder Vertretern abstrakter Positionen reduziert, die Personenkonstellationen zu ausgeklügelten symmetrischen Mustern arrangiert und die Handlungen symbolisch überfrachtet wurden. Dazu kommt weiterhin, daß sich Lyly bei der Wahl des Komödienpersonals und des Milieus überwiegend auf humanistisches Bildungsgut stützte, wodurch die Allegorisierung und die Vermittlung von Wertnormen zwar erleichtert, die Weckung von spontaner Anteilnahme und Sympathie für die Figuren beim Publikum aber eher erschwert wurde. Schließlich ist noch die Ausrichtung der Komödien auf solche Themen zu nennen, denen das besondere Interesse der höfischen Gesellschaft galt. Was Lylys Werk jedoch den anderen Varianten der romanesken Komödie als Erbe übergab, war einmal die Technik kunstvoller Figurenanordnung und die Kunst, ein Thema auf verschiedenen Ebenen kontrovers, in Spiegelungen und Kontrasten, Variationen und Parodien zu entfalten und dadurch Normen zu vermitteln, zum anderen eine witzig-elegante Sprachtechnik, durch die dem Komödienidiom der Zeit eine neue Dimension erschlossen wurde.

3.3.2.1.2. Die volkstümlichen Komödien Peeles, Greenes, Dekkers und Heywoods

Die romanesken Komödien dieser Autoren sind im Kontrast zu Lylys Stücken Beispiele der komödienhaften Verarbeitung des disparaten romanesken Materials für die öffentlichen Bühnen. Gleichzeitig repräsentieren sie in ihren künstlerisch höchst unterschiedlich zu bewertenden Leistungen das Problem, das dieser Dramentypus den Autoren stellte, nämlich die ästhetische Integration des Romanesken und seiner disparaten Stofflichkeit. Besonders deutlich zeigt sich das Bestreben dieser Dramatiker, die Handlungsfülle und Buntheit des Romanesken zu bewahren und zugleich ihm dramatische Form zu geben, an Peeles

The Old Wives' Tale (ca. 1590)[19] und Greenes *James IV* (ca. 1590).[20] Peeles Stück weist eine verwirrende Fülle von romanesken Handlungssträngen, Märchen-Motiven und Farceelementen auf, und ist sprachlich durch eine extreme Mischung von Stillagen – sie reichen von parodistisch gesteigerter Affektrhetorik bis zur derben Prosa eines Bauern und zum Kinderreim – gekennzeichnet.

Die Rahmenhandlung führt über die den Zuschauer geläufige Situation des abendlichen Märchenerzählens, deren Vertrautheit durch den hausbackenen Ton der alten Frau noch unterstrichen wird, in die phantastische Welt des Märchens, in der das Publikum die verwirrenden Handlungen zu akzeptieren vermag. Gleichzeitig dient der Rahmen als thematische Einführung, insofern durch das Motiv der Verirrung dreier Figuren im Wald auf die seltsame Phantastik des Stückes vorbereitet wird. Die vielsträngige Handlung selbst wird durch die kontrastierend gegeneinander gesetzten Motive der Magie und der Liebe und durch das beherrschende Thema von Schein und Sein, von wahrer, die Wirklichkeit erkennender Liebe und unvollkommener, der Illusion ausgelieferter Verliebtheit und gewalttätiger Lust zur nuancenreichen Einheit gefügt.

Greenes romaneske Dramen sind frühe Beispiele für die Öffnung dieses Dramentypus zur Historie und zur Tragikomödie hin. Greene wählte für seine romanesken Stücke jeweils ein pseudohistorisches und geographisch genauer beschriebenes Milieu, in dem einige historische Figuren wie Friar Bacon, König Henry III oder König James IV von Schottland den Eindruck der Historizität der Handlung verstärken. Entsprechend dieser Milieuwahl werden neben das Liebesmotiv patriotische und gesellschaftliche Themen gestellt und miteinander verquickt. Gewalttätige Lust, leichtfertige Tändelei und echte, duldende Liebe werden auch in der Perspektive der Ständehierarchie oder der Staatsräson behandelt; in *James IV* wird beispielsweise die eheliche Untreue des Königs mit dem Sturz eines ganzen Landes in Laster und Korruption verbunden. Gerade in diesen Dramen Greenes erweist sich bereits die Tauglichkeit des romanesken Formtypus für die Aufnahme der verschiedensten Themen, die kritisch, exemplarisch, komisch oder satirisch zur Darstellung gebracht werden konnten. Das Phantastische wird bei Greene stärker als bei Peele zur Verknüpfung der einzelnen Geschehnisse oder aber als Metapher für Illusion und Schein verwendet.

Im Gegensatz zur märchenhaften, aber thematisch geschlossenen Variante Peeles und zur pseudohistorischen tragikomischen Variante Greenes ist Dekkers *The Shoemakers' Holiday* (1599)[21] ein Beispiel für die Überführung des romanesken Materials in das Milieu der Bürger und Handwerker. Die Welt des Adels bleibt eher am Rande, der Darstellung des selbstbewußten Handwerkerstandes wird dagegen breiter Raum gewährt. Das Motiv des aus Liebe seinen militärischen

Pflichten untreu werdenden, sich als Handwerker verdingenden jungen Adligen, dessen Desertion am Ende das königliche Pardon erhält, wird nur komödiantisch heiter abgehandelt; sein tragisches Potential wird nicht ausgeschöpft. Auch die Intrigen und Unglücks-Situationen sind nur angedeutet. Ein wichtiger Handlungsstrang ist dagegen der Aufstieg des Schuhmachermeisters Simon Eyre zum Lord Mayor von London, der vom König aufgesucht und mit Respekt behandelt wird. Die romanesken Motive der Trennung der Liebenden und der Gefährdung ihrer Liebe, der Verkleidung und der harmonischen Lösung treten hier ganz in den Dienst der Darstellung des Londoner Handwerkerstandes, dessen Selbstbewußtsein, biedere Gesinnung, Vitalität, Patriotismus und Königstreue zur Geltung gebracht werden sollen.

Th. Heywoods romaneske Dramen betonen demgegenüber stärker das abenteuerliche Element, stellen aber ebenfalls Figuren in den Mittelpunkt, die der Bürger- und Handwerkerwelt entstammen und sich vielfach bewähren. Sein Stück *The Fair Maid of the West* (1607?),[22] ähnlich wie das früher entstandene *Four Prentices of London*, spekuliert ganz auf das Bedürfnis des breiteren Publikums nach exotischen Abenteuern solcher Figuren, mit denen es sich identifizieren konnte.

Insbesondere Heywoods romaneske Varianten zeigen die besondere Problematik dieser Dramenform auf. Sobald den Episoden keine übergreifende Thematik eingeformt wurde, durch welche die verschiedenen Handlungsstränge und das Figurenspektrum zur künstlerischen Einheit geordnet worden wären, degenerierte das romaneske Drama zum unterhaltenden Spektakel, das sich in der Darbietung des bedeutungslos Sensationellen erschöpfte.

3.3.2.1.3. Die Komödien Shakespeares: Die Synthese[23]

Eine chronologische Betrachtung seiner Komödien zeigt, wie stark Shakespeare zunächst dem höfischen Typus Lylys und nur in geringem Maße der populären Variante verpflichtet ist;[24] später, nach der Reifung seines handwerklichen Könnens, ist dann ein Streben nach umfassender Synthese zu beobachten, die nicht nur höfische und volkstümliche romaneske Elemente, sondern auch farcenhafte und satirische und schließlich auch tragische Motive und Handlungsstränge zu integrieren sucht. Schon die Tatsache, daß eine Reihe seiner frühen Komödien, die für Hofaufführungen oder spezielle Anlässe geschrieben wurden, mit gleichem Erfolg ins Repertoire der öffentlichen Bühnen übernommen werden konnten, zeigt, daß Shakespeare von Anfang an ein breiteres Publikum im Auge hatte als Lyly.

Shakespeares wahrscheinlich erstes Experiment mit diesem Komödientypus, *The Two Gentlemen of Verona* (ca. 1593),[25] verrät die handwerkliche Unerfahrenheit des Autors ebenso wie den starken Einfluß Lylys, der sich insbesondere in der Sprachgestaltung, die durch euphuistische Liebesrhetorik und spielerisch-witzige Dialoge geprägt ist, in der Symmetrie der Figurenanordnung und der unpsychologischen, aber debattenreichen Gegenüberstellung von Liebes- und Freundschaftsauffassungen zeigt.

A Midsummer Night's Dream (ca. 1595/6)[26] stellt den ersten Höhepunkt in Shakespeares Komödienschaffen dar. Hatte er bisher die romaneske Komödie und die Farce getrennt voneinander gepflegt, so vereinigt er hier Elemente der höfischen und der volkstümlich-märchenhaften Varianten der romanesken Komödie mit dem Personal und der derben Situationskomik der Farce zu einem kunstvollen Handlungsgefüge, in dem vier Handlungsstränge miteinander verknüpft sind. Die beiden Schauplätze, der Hof des Theseus und der Wald, machen die beherrschenden Kontraste dieses Stücks szenisch augenfällig. Am Hofe des Theseus herrschen Vernunft und Ordnung; die reife Liebe zwischen Theseus und Hippolyta ist zugleich Abbild der glücklichen Harmonie des Gemeinwesens. Der Wald dagegen ist das Reich des Irrationalen, des Traumes, der Torheiten und der verwirrungstiftenden Magie. Zugleich aber ist der Wald der Ort, an dem die Gesetze der einengenden Vernunft und der vordergründigen Wirklichkeit aufgehoben sind, die Phantasie frei walten kann und die scheinbar unlösbaren Konflikte einer heiteren und harmonischen Lösung zugeführt werden können. Das Spiel der Handwerker, als Liebestragödie das Thema des Stückes grotesk und mit tragischem Akzent variierend, verweist in seiner illusionszerstörenden Darbietung zurück auf das illusionistisch-irreale und zugleich in einem höheren Sinn wirkliche Geschehen der Haupthandlung, durch das die Liebenden zu sich selbst und zum Glück geführt werden. Das Theater selbst, das phantastische, beliebige Erfindung ist und zugleich eine höhere Wirklichkeit darstellt, wird in diesem Stück thematisiert.

An den folgenden romanesken Komödien Shakespeares können bei aller Verschiedenheit der Thematik und der Motive als gemeinsame Tendenzen beobachtet werden: Eine stärkere Einbeziehung von Konflikten, auf die nicht mehr nur verwiesen, sondern die das Leben einzelner Figuren real bedrohen; eine vertiefende Individualisierung und Psychologisierung der Figuren, denen die Verwirrungen nicht mehr nur von außen auferlegt werden, sondern die sich schuldhaft darin verstricken; und schließlich die Zunahme eines Perspektivismus, der dem Zuschauer das Geschehen in vieldeutiger Weise vorstellt und ihm das Urteilen erschwert und die ihm vertrauten Normen in Frage stellt.

Diese Tendenzen sind zum ersten Mal in *The Merchant of Venice* (1596/98)[27] voll ausgebildet und entsprechend stark divergieren die Deutungen, die das Stück im Laufe seiner Rezeption erfuhr. Bereits über die gattungsmäßige Zuordnung herrscht Uneinigkeit. Auf dem Titelblatt der ersten Quarto von 1600 als *Historie* bezeichnet, wurde es wegen des glücklichen Ausgangs in der Shakespeare-Zeit vermutlich als Komödie oder Tragikomödie identifiziert. Im 18. Jahrhundert wurde es von dem Shakespeare-Editor N. Rowe aufgrund der Shylock-Handlung in die Nähe der Rachetragödien gestellt und schließlich von H. Heine als Tragödie aufgefaßt. Heute wird es bald als Problemstück, bald als Märchenspiel verstanden, je nachdem, ob man die Personen psychologisch-realistisch deutet oder in ihnen typische Märchenfiguren sieht. Der Grund für dieses Deutungsproblem liegt im Stück selbst. In ihm sind beliebte Wandermotive der erzählenden Literatur, wie die Kästchenwahl, die Ringepisode oder die Verpfändung des eigenen Fleisches, zu einer romanesken Handlung gefügt, die in der heiteren Welt des Schlosses von Belmont ihren adäquaten Schauplatz hat. In dieser Märchenperspektive erscheinen Bassanio als der Glückspilz, der am Ende reich beschenkt wird, Jessica als treue Liebende, die ihren tyrannischen Vater verläßt, und Shylock als grotesk-komischer Schurke, der am Schluß in seine eigene Falle stolpert und bestraft wird. Betrachtet man aber die Figuren in einer realistischen Perspektive, wozu ihre individualisierende und psychologisch vertiefte Zeichnung berechtigt, und die überdies im nüchternen, handeltreibenden Venedig als zweitem Schauplatz eine szenische Entsprechung hat, dann wird Bassanio zum nichtsnutzigen Mitgiftjäger, Jessica zur egoistischen Genießerin, die das Geld ihres Vaters stiehlt und vergeudet, und Shylock zum Sprecher einer verachteten und beleidigten Minderheit, dessen Haß die nur zu verständliche Reaktion einer rechtlosen und gequälten Kreatur ist. Diese Ambivalenz der Gestaltung wird in der Handlung des Stückes konsequent entfaltet. Der heiteren Welt Belmonts, in der ein harmonisches Liebesglück entsteht und in der Gnade und Vergebung geübt wird, ist die düstere, beengte Wuchererwelt Shylocks gegenübergestellt, die nur Mehrung des Reichtums und gnadenlose, unerbittliche Verteidigung von Rechtsansprüchen bis zu dem Punkt kennt, wo diese sich selbst ins Unrecht verkehren. In dieses perspektivenreich dargebotene romaneske Geschehen hat Shakespeare zusätzlich den rechten Gebrauch des Geldes, insbesondere das Problem des Zinswuchers, als damals besonders aktuelles und vieldiskutiertes Thema aufgenommen und dramatisch gestaltet. Für Shylock ist Geld Selbstzweck; deshalb wuchert er mit ihm und versucht es in jeder Weise zu mehren. Für Antonio und dessen Kreis dagegen dient Geld nur als Mittel, um mit ihm ein harmonisches Leben in einer kultivierten Welt zu gestalten; daher wird es vom Besitzer nicht ängstlich gehortet, sondern den Freunden zur Verfügung überlassen, sobald diese seiner bedürfen. Das Stück endet schließlich im glückhaften Sichfinden dreier Paare und der spielerischen Übertölpelung Shylocks. Da er nicht bereit ist, Gnade walten zu lassen, wird auch ihm Gnade verweigert. Als bestrafter und gedemütigter Außenseiter bleibt er von der Harmonie ausgeschlossen.

Twelfth Night (1600/32)[28] stellt im Komödienschaffen Shakespeares nicht nur einen künstlerischen Höhepunkt dar, sondern markiert auch in der Entwicklung der romanesken Komödie ein wichtiges Stadium, insofern in diesem Stück noch einmal alle vorher bereits verarbeiteten Züge und Tendenzen zusammengefaßt und dem zentralen Thema von Schein und Sein zugeordnet werden. Danach, in den später entstandenen romanesken Stücken, experimentierte Shakespeare stärker mit märchenhaften und tragikomischen Formelementen und Strukturen. Der breite Raum, der den Späßen der Nebenfiguren gewidmet ist, und die heiter-festliche Atmosphäre verweisen wie schon der Titel auf den gesellschaftlichen Anlaß und die ursprüngliche Aufführungssituation des Stückes am Vorabend des Dreikönigsfestes, der zwölften Nacht nach Weihnachten, in der damals das ausgelassene karnevalistische Treiben seinen Höhepunkt erreichte. In Orsino und Olivia werden zwei Figuren miteinander kontrastiert, die beide in selbsttäuschenden, wirklichkeitsfernen Posen erstarrt sind: Orsino glaubt sich in Olivia verliebt, kostet aber narzistisch lediglich den Zustand schwärmerischer Verliebtheit aus; Olivia hat sich in ein Trauerpathos um in ihren verstorbenen Bruder verstiegen, in dem sie zu erstarren droht. Zwischen diese beiden Figuren ist Viola gestellt, eine Schiffbrüchige, die ihren Bruder verloren glaubt und ganz auf sich selbst gestellt in Männerkleidung tatkräftig ihr Schicksal in die Hand nimmt. Als Diener im Dienste Orsinos, in den sie sich verliebt, und als dessen Liebesbote, als der sie rasch das Objekt von Olivias leidenschaftlicher Zuneigung wird, tritt Viola in ein verwirrendes Spiel von Täuschung und Verkennung ein. Ihre Verkleidung bringt sie zwar in eine ebenso peinliche wie groteske Zwangslage und zwingt sie zur Verbergung ihrer Gefühle, ermöglicht ihr aber auch, sich freier artikulieren und die Verwirrungen klarer durchschauen zu können.

Der farcenhafte Aspekt von Violas Lage wird – was auf die *Comedy of Errors* zurückweist – in ihren Begegnungen mit den Nebenfiguren und durch das Auftauchen ihres Bruders ausgespielt. Die Begegnung mit Viola führt Orsino wie Olivia schließlich aus ihren starren ichbezogenen Posen heraus und macht sie fähig, echte Bindungen einzugehen, freilich mit jeweils ganz anderen Partnern als den vermeintlich so leidenschaftlich erstrebten. In der Nebenhandlung wird der puritanisch humorlose, von eitler Selbstliebe beherrschte Haushofmeister Malvolio das Opfer einer Intrige der Vertreter saturnalischen Treibens, durch die er ganz ähnlich wie in den satirischen *humour*-Komödien dazu gebracht wird, sich grotesk aufzublähen, um dann um so erbarmungsloser bloßgestellt zu werden. Während sich im versöhnlichen Komödienschluß alle in glücklicher Gelöstheit finden, stürmt er allein unversöhnt von der Bühne.

In den späteren romanesken Varianten tritt das Gemeine und Häßliche in der Komödienwelt stärker hervor als bisher und läßt die menschliche Gesellschaft als von Chaos und Zerfall bedroht erscheinen. Erschienen bisher moralisch fragwürdige Figuren oder Zerrbilder einer harmonischen Existenz am Rande der Komödienhandlung, so rücken sie jetzt stärker in den Mittelpunkt. Bis dahin unbestrittene Werte wie reine Liebe, unbedingte Gerechtigkeit und innere Ehrenhaftigkeit werden nun zu Themen von Debatten, in denen sie von den verschiedensten Standpunkten aus beleuchtet, in Frage gestellt oder zynisch neu definiert werden.

In den romanesken Stücken, die Shakespeare nach 1608 schrieb und die zumeist unter der Gattungsbezeichnung »Romanzen« als eigene Gruppe zusammengefaßt werden,[29] verwendet er wieder stärker als in den vorausgehenden Stücken die herkömmlichen Elemente romanesker Literatur: Meerfahrten in fremde Länder, Stürme und Schiffbrüche, welche die Figuren jahrelang trennen, sensationelle Zufälle, Wiedervereinigung der Liebenden, der direkte Eingriff übernatürlicher Mächte und die pastorale Idylle. Diese Elemente werden zu vielsträngigen Handlungen gefügt, in denen oft unter Verzicht auf die psychologische Durchzeichnung der Figuren eine Fülle von Themen abgehandelt werden. Tragische Konflikte werden dabei wesentlich breiter ausgeführt als in den früheren romanesken Stücken, und die Lösung am Schluß erfolgt oft durch Eingriffe des Phantastischen in märchenhafter Weise. Diese Gruppe hat in der Kritik die widersprüchlichsten Deutungen erfahren. Nachdem sie früher zumeist als Zeugnisse des Alterstils und der heiteren Gelassenheit Shakespeares gedeutet wurden, glaubten andere Kritiker, in ihnen Gestaltungen archetypischer Formen und Strukturen oder christlicher Grundwerte erkennen zu können. Im Kontext der Theatersituation ihrer Entstehungszeit betrachtet, zeigen sich in ihnen Einflüsse der Tragikomödie und des höfischen Maskenspiels; in der Perspektive von Shakespeares eigenem Schaffen tritt als neues Moment die Kombination alter Themenkreise hervor, die in früheren Komödien oder Tragödien getrennt behandelt wurden, wie z. B. Liebe, Eifersucht und Haß, Bildung und Natur, Gesellschaftskritik, moralische Degeneration und spirituelle Regeneration.

Das romaneske Drama war vielleicht die für die Shakespeare-Zeit typischste dramatische Form, da es sich in seiner formalen Flexibilität und thematischen Offenheit in idealer Weise für die besondere Theatersituation eignete und die verschiedensten Erwartungen eines sozial breitgefächerten Publikums gleichzeitig zu erfüllen vermochte. Dem Geschmack breiterer Schichten konnte zweifellos durch die zu Anteilnahme und Identifikation einladenden Figuren, durch die bunte, abenteuerreiche Handlungsfülle, durch die Mischung von heiteren und bedrohlichen Situationen und den Wechsel zwischen vertrauten und exotischen Schauplätzen entsprochen werden. Die Offenheit der romanesken Form in Bezug auf Figurenauswahl und -zusammenstellung, Milieu und Handlungsführung ermöglichte die Integration farcenhafter Situationen, von Märchenmotiven, Debatten, satirischen Tendenzen und tragischen Elementen; komplexe Charaktere und Typen, Märchenfiguren und übernatürliche Wesen, ideale Normfiguren und Karikaturen konnten zusammengeführt werden. Ihr anderer bedeutsamer Vorzug war ihre thematische Breite. Gerade wegen ihrer formalen Vielfalt bedurfte sie der thematischen Ausrichtung, um organische Einheit zu erlangen. Dementsprechend zeigen die romanesken Dramen ein breiteres thematisches Spektrum als andere Dramentypen. Probleme der individuellen Ethik und der sozialen Normen konnten ebenso differenziert behandelt werden wie politische, ökonomische und philosophische Fragen der Zeit. Die Variationsbreite der romanesken Dramenform von den Komödien Lylys bis zu Heywoods Abenteuerstücken und den Romanzen Shakespeares ist der überzeugendste Beweis für die Vitalität dieses Theaters, das alle sozialen Schichten und alle Bildungsgrade in seinen Bann zu ziehen vermochte.

3.3.3. Die satirische Komödie[30]

Satire, hier nicht als historische Gattung sondern als ahistorische Schreibweise verstanden, die dem Adressaten ein Objekt in der Wirklichkeit als verächtlich und wertlos vorstellen will, und sich hierzu des literarischen Formenrepertoires bedient, hatte seit jeher zum Drama vor allem wegen dessen öffentlicher Darbietungsweise eine besondere Affinität. Insbesondere zwischen Satire und Komödie, die schon in ihren antiken Anfängen eng miteinander verknüpft waren, bestand immer eine fruchtbare Beziehung. Dementsprechend häufig finden sich in so gut wie allen Dramenformen satirische Portraits oder satirische Kommentare. Von diesen Einschüben, welche letztlich die Struktur des Dramas nicht berühren, ist die satirische Komödie zu unterscheiden, deren konstitutive Elemente in den Dienst der satirischen Tendenz gestellt und von dieser so überformt werden, daß ein eigener Komödientypus entsteht, der auf eine andere Wirkung abzielt als die Farce oder die romaneske Komödie. Weder spontanes entspannenden Lachen noch freudige Anteilnahme und Entzücken über das Glück der Figuren beabsichtigt der Autor einer satirischen Komödie, sondern er präsentiert die Figuren und ihr Schicksal in einer Weise, daß sie vom Zuschauer verlacht werden und zugleich Betroffenheit auslösen. Dadurch daß die Figuren und ihre Handlungen so konzipiert und präsentiert werden, daß sie aus der dramatischen Welt auf Erscheinungen der gesellschaftlichen Wirklichkeit des Publikums verweisen, kann der Autor diese Phänomene in so negativer Perspektive vermitteln, daß der Zuschauer zur Selbsterkenntnis und Korrektur seiner sozialen Verhaltensweise geführt wird.
Die satirische Komödie war der Typus, der sich in der Shakespeare-Zeit am spätesten herausbildete und auf der Bühne durchzusetzen

vermochte: die ersten Beispiele finden sich erst kurz vor 1600 und ihre Blütezeit lag in den ersten beiden Jahrzehnten des 17. Jahrhunderts. Die bevorzugten Bühnen für die satirische Komödie waren die *private theatres* sowohl zu der Zeit, als sie noch von den Kindertruppen bespielt wurden, als auch nach ihrer Übernahme durch die Truppen der regulären Schauspieler. Die Entstehung der satirischen Komödie wurde möglicherweise gefördert durch das Verbot von Satiren, das am 1. Juni 1599 von den zuständigen Behörden ausgesprochen wurde mit dem Ziel, die Flut der satirischen und pamphletistischen Literatur der neunziger Jahre, die zu einem meinungsbildenden Faktor in den politischen und religiösen Kontroversen geworden war, einzudämmen.[31] Da sich das Verbot nicht auf Theateraufführungen erstreckte, konnte es für manche Autoren der Anlaß gewesen sein, auf die wiederentdeckte klassische Verssatire als literarisches Medium zu verzichten und stattdessen auf die Komödie auszuweichen, die von den Anhängern der klassizistischen Komödientheorie in der Nachfolge Ciceros schon immer als Medium der kritischen Darstellung sozialen Verhaltens verstanden worden war.

Wie bei der Farce und romanesken Komödie waren auch an der Entstehung der satirischen Komödie eine Vielzahl von dramatischen und nichtdramatischen Traditionen beteiligt, die im Hinblick auf ihre Tauglichkeit für die satirische Tendenz einem komplexen Verschmelzungs- und Umformungsprozeß unterzogen wurden. Die Moralität hatte sich im Laufe ihres Säkularisierungsprozesses gegen Ende des 16. Jahrhunderts von pädagogischen Themen immer stärker der Gesellschaftskritik zugewandt.[32] Beispiele sind G. Wapulls *The Tide Tarrieth No Man* (1576), Th. Luptons *All for Money* (1577) und R. Wilsons *The Three Ladies of London.* In ihnen steht nicht mehr eine Zentralfigur im Mittelpunkt, welche die Menschheit insgesamt oder den Fürsten oder die Jugend repräsentiert, sondern ein Spektrum von Figuren, durch das die zeitgenössische Gesellschaft in ihrer ständischen Gliederung oder in ihren Wertvorstellungen abgebildet wird. Die Figuren werden dabei stärker als Standes- und Berufsvertreter typisiert, um an ihnen ständetypische Laster und Fehlhaltungen demonstrieren zu können. Die »Vice«-Figur als Verkörperung des Lasters, als Intrigant und spöttisch-witziger Kommentator war für die satirische Intention unentbehrlich und bedurfte lediglich der Fixierung innerhalb des sozialen Gefüges der Dramenfiguren. Als höchst zweckdienlich für die Satire erwies sich auch das Repertoire der römischen Komödie. Eine Reihe von Stereotypen wie der *miles gloriosus*, der Parasit, der junge Geck, der lüsterne oder halbgierige Greis konnten als Modelle für satirische Porträts dienen. Die Intrigen der römischen Komödie boten überdies zahlreiche Muster für satirische Handlungssequenzen, weil in ihnen Betrugs- und Täuschungsmanöver – Grundvorgänge satirischer Komödien – dominierten. Die Humoralpathologie diente als Grundlage zur Erweiterung des satirischen Spektrums[33] und zur typisierenden Reduktion der Figuren auf eine dominante Verhaltensweise. Der Tradition der klassischen Verssatire entstammte schließlich der satirische Kommentator, der als normenvermittelnde Instanz und Regisseur der Entlarvung in die Stücke eingeführt wurde.

Das Generalthema der satirischen Komödien war der degenerierte und deformierte Mensch, der, weil er seiner inneren physischen und psychischen Harmonie verlustig gegangen war, die absolute Rangordnung der Werte nicht mehr zu erkennen vermochte und die Welt nur noch aus seiner eingeengten Perspektive sah und deshalb private pervertierte Wertordnungen errichtete. Vernunft und Willen stellte er in den Dienst absurder Neigungen *(humours)*, die sich auf Scheinwerte richteten, seine Persönlichkeit prägten und sein Handeln bestimmten. Diese Degeneration und Deformation wirkte sich in der Regel aus als hemmungsloser, die Gesellschaft gefährdender Egoismus, als Habgier, weil Geld zum obersten Wert avancierte, oder als Verletzung des decorum als der Norm stände- und altersbezogenen Verhaltens, das die Harmonie der Gesellschaft garantierte. Die bevorzugten satirischen Objekte waren deshalb die ständespezifischen Fehlhaltungen und Laster in den dominanten Schichten der damaligen Gesellschaft: die Verschwendungs- und Genußsucht des Adels, den es von seinen Landgütern nach London zog; die Habgier des wohlhabenden Bürgertums, dessen Trachten nur auf Anhäufung von Geld und sozialen Aufstieg gerichtet war; die Machtgier, Heuchelei und Kulturfeindlichkeit der puritanischen Geistlichkeit. Daneben wurden die alters- und geschlechtsspezifischen Torheiten wie die Verliebtheit der Greise, Gekkenhaftigkeit und Verschwendungssucht der Jugend und Standesdünkel, Geschwätzigkeit, eheliche Aufmüpfigkeit und Putzsucht der Frauen Ziel der satirischen Attacken.

Als Normen, nach denen die Satiriker die Verhaltensweisen der dominanten Stände beurteilen, dienten zumeist die konservativen Konzepte eines Menschen, dessen Seelenkräfte und Körpersäfte in naturgegebener Harmonie geordnet waren, und einer hierarchisch gegliederten Gesellschaft christlich-humanistischer Prägung. Aus diesem Blickwinkel mußte insbesondere das wirtschaftliche und soziale Verhalten des aufstrebenden Bürgertums[34] als besonders gefährlich für die Gesellschaft erscheinen, weil es protokapitalistische Verhaltensformen entwickelte, indem es Geld anhäufte und Zinswucher trieb, mit der Industrialisierung der handwerklichen Produktion begann, Bodenschätze verstärkt ausbeutete und neue Märkte erschloß. Charakteristisch war das Planen neuer Projekte, die rasch hohen Gewinn abwerfen sollten. Diese Aktivitäten beschleunigten die Zerstörung der alten patriarchalischen Strukturen und vergrößerten die Masse von wandernden Lohnarbeitern, deren wirtschaftliche Situation sich ständig verschlechterte und die sich zu einem für den inneren Frieden gefährlichen Potential zu entwickeln begann, wogegen die Regierung mit verschärften Armengesetzen reagierte. Mit Hilfe des wirtschaftlichen Wohlstandes versuchte das Bürgertum in den Adelsstand aufzusteigen, indem es Landgüter, Wappen und Titel kaufte. Aufgrund seiner überwiegend puritanischen Prägung übernahm das wohlhabende Bürgertum allerdings nicht die sozialen und kulturellen Aufgaben, die vor seiner Verarmung der Adel wahrgenommen hatte: es unterhielt keine umfangreichen *households*, in denen Künstler, Literaten, Schauspieler und Musiker soziale Sicherheit und Status gefunden hätten, und übte auch kein literarisches Patronat aus, sondern bevorzugte ein zurückgezogenes, sparsames Leben im Kreis der Familie. Durch den Rückgang des Adelspatronats und die desinteressierte, wenn nicht sogar ablehnende Haltung des wohlhabenden Bürgertums verschlechterte sich somit die wirtschaftliche Situation der Schriftsteller zusehends, so daß sie nicht selten dadurch gezwungen waren, sich als Theaterautoren bei den Truppen zu verdingen.

3.3.3.1. Varianten der satirischen Komödie

Die satirische Überformung begann bei den gesellschaftskritischen Moralitäten, den Farcen, den *humour*-Komödien und realistischen Bürgerkomödien, die unter dem Einfluß der römischen und italienischen Komödientradition entstanden waren. Charakteristisch an dieser Überformung ist die Mischung von standestypischer und humoralpathologischer Begründung für die Fehlhaltungen und Laster einer Figur, weil durch sie die Deformation des Individuums begründet und zugleich die katastrophalen Auswirkungen für die Gesellschaft aufgezeigt werden konnten. Als Handlungsmuster dienten vor allem die Intrigenhandlungen der römischen Komödie, wo neben einem Liebespaar jeweils Figuren im Mittelpunkt standen, die nicht die Sympathie des Zuschauers genossen und die am Ende der Lächerlichkeit preisgegeben und zum Eingeständnis ihrer Niederlage gezwungen wurden. Die Vereinigung des Liebespaares sorgte jeweils für den heiteren, versöhnlichen Abschluß der Komödie, in den zumeist auch die bloßgestellten und unterlegenen Figuren einbezogen wurden. Gegenüber der römischen Komödie wurde das Figurenspektrum entsprechend der gesellschaftlichen Gliederung der Zeit adaptiert und ausgeweitet, so daß es den Landadel ebenso wie das Gaunermilieu einschließen konnte. Als Schauplätze wurden Italien oder London bevorzugt: Italien, weil es dem Publikum als traditionelles Komödienmilieu vertraut war und überdies die vielfach negativen Konnotationen, die das Publikum mit diesem Land verband, genutzt werden konnten, wie dies z. B. Ben Jonson in *Volpone* tat. Je konsequenter und präziser aber die satirische Verweistechnik in den Komödien wurde, desto mehr wurde London als Schauplatz gewählt, weil im Gegensatz zum italienischen Milieu nicht nur die menschlichen Laster und Torheiten allgemein ge-

geißelt werden konnten, sondern durch eine exakte Milieuzeichnung und eine genaue Beschreibung zeitgenössischer Praktiken und Verhältnisse die Betroffenheit des Publikums intensiviert und damit die satirische Wirkung gesteigert werden konnte.

Der Grundtypus, der in diesen oft nur teilweise satirisch überformten Komödien in das Zentrum der Intrigenhandlung gerückt wird, ist der betrogene Betrüger. Aus Habgier setzt er ein Betrugsmanöver in Gang mit dem Ziel, sein Geld und seinen Besitz zu mehren, um schließlich selbst das Opfer von Gegenintrigen zu werden, durch die er um seine Habe gebracht wird. Am Ende hat er statt der erhofften reichen Erbin eine arme Dirne geheiratet, statt des Landbesitzes wertlose Dokumente in den Händen, und er wird womöglich noch gezwungen, sein Vermögen den jungen Erben zu übertragen, die die Träger der Liebeshandlung sind. Beispiele, an denen die verschiedenen Figurenkonstellationen und Verfahren dieser Bürgerkomödien abgelesen werden können, sind J. Marstons *The Dutch Courtesan* (1603–5)[35] und Th. Middletons *Michaelmas Term* (1604/6).[36]

In solchen Komödien erfaßte die satirische Tendenz nur jeweils eine oder mehrere Figuren, deren Laster und Torheiten in einer Intrigenhandlung dargestellt und schließlich bestraft werden. Daneben treten traditionelle Komödienfiguren auf, die keine satirische Funktion wahrnehmen, sondern zumeist nur an der Liebeshandlung der Komödie beteiligt sind, die für das glückliche Ende der Stücke sorgt. Diese nur teilweise Überformung des Komödienpersonals und insbesondere der vom Genre geforderte versöhnlich-heitere Schluß, der oft die bloßgestellten Figuren miteinschließt, schwächen die satirische Wirkung, weil das Nebeneinander von positiven und negativen Figuren zeigt, daß nicht die Gesellschaft, sondern nur einzelne Individuen der Korruption erlegen sind, und der harmonische Schluß verweist auf die grundsätzliche Besserungsfähigkeit des Menschen – Positionen, die mit der Weltsicht eines Satirikers kaum korrespondieren, dessen Normen und Ideale zumeist in die Vergangenheit verlagert und damit als unwiderbringlich verloren dargestellt werden.

Die vollständige Überformung der Komödie durch die satirische Tendenz und damit die Schaffung des reinen Typus der satirischen Komödie wurde allein von Ben Jonson konsequent in Angriff genommen und in einem faszinierenden Prozeß des Experimentierens und Variierens erreicht. Als Dramatiker, der mit seinen Stücken den Ansprüchen der klassischen Theorie und des daraus abgeleiteten Regelsystems genügen wollte, um so sein dramatisches Schaffen in den Rang echter Dichtung zu erheben, lehnte er die romaneske Komödie wegen ihrer Unwahrscheinlichkeit, Formlosigkeit und ihres mangelnden Wirklichkeitsbezugs strikt ab. Stattdessen forderte er die genaue Beachtung klassischer Regeln und Vorbilder und verlangte gleichzeitig, daß die Komödie ihre Funktionen als Instrument der Gesellschaftskritik in ihrer Zeit erfüllen müsse. Nachdem Jonson bereits als Mitautor der notorischen Satire *Isle of Dogs* erste Erfahrungen mit der satirisch-dramatischen Schreibweise sammeln konnte, tat er den entscheidenden Schritt zur Schöpfung der literarisch anspruchsvollen satirischen Komödie mit *Everyman Out of His Humour* (1599),[37] worauf er durch den Untertitel *Comicall Satyre* selbst aufmerksam machte. Weil das Publikum mit diesem Typus noch nicht vertraut war, stellte er dem Stück eine umfängliche »Induction« voran in der Asper, eine, wie der Name andeutet, zur Satire neigende Dichterfigur, zusammen mit dem Literatur-Kenner Cordatus und dem unwissenden Mitis auftritt, welcher die Fragen des Publikums zu artikulieren hat. In dem Gespräch werden Aspers Dichtungsauffassung und Weltsicht, seine *humour*-Theorie und sein Verständnis von Satire dargelegt. Letztere wird mit Hilfe der Metaphern des Spiegels, der Anatomie und der Peitsche als exakte Abbildung, Analyse und reformatorische Züchtigung der Gesellschaft umschrieben. Im Stück selbst wird eine Auswahl von Standes- und Alterstypen präsentiert, die von verschiedenen *humours* beherrscht sind. Die Figur Aspers aus der »Induction« verwandelt sich dabei durch ihren *humour* Neid in Macilente und agiert als dieser innerhalb der Handlung als satirischer Kommentator, der zugleich aktiv an der Bloßstellung und Bestrafung der Figuren beteiligt ist. Ihm tritt, ebenfalls in kommentierender Funktion, Carlo Buffone zur Seite, eine Pöbelfigur, die sich in Beschimpfungen und Boshaftigkeiten ergeht. Beide Figuren verkörpern zwei Aspekte der *persona* des Satirikers, die in der Shakespeare-Zeit vom Verfasser von Satiren, wie die Umwandlung Aspers in Macilente zeigt, scharf unterschieden wurde. Der Satiriker, der sich der Analyse und Züchtigung des Lasters widmete, wurde damals als boshafte und zugleich kranke Figur verstanden. Er geißelte die Laster anderer mit sadistischer Lust, obwohl er selbst vom Laster des Neides auf seine satirischen Objekte befallen war. Zugleich galt er als krank, weil er an Melancholie litt, die seine Weltsicht einseitig prägte. Entsprechend diesem Verständnis wird Macilente selbst in den reformatorischen Züchtigungsprozeß einbezogen: am Ende der Handlung, in der die Laster und Torheiten bloßgestellt und ausgetrieben werden, verliert er seinen *humour* Neid und verwandelt sich in die Dichterfigur Asper zurück. Die Auswahl der satirisierten Figuren vermittelt in ihrer Gesamtheit das Bild einer deformierten Gesellschaft, die keinerlei positive Züge mehr aufweist: Geiz und Habgier, Ausbeutung und Wucher, modisches Geckentum und geistreichelnde Angeberei, lächerlicher Schönheitskult und romantische Damenverehrung, eheliche Unterwürfigkeit und Aufstiegsdrang werden in den einzelnen Figuren dargestellt. Trotz einiger Verknüpfungen hat die Komödie keine durchlaufende Handlung, sondern ist aus einer Serie gleichstrukturierter Handlungssequenzen gefügt. Die einzelnen Figuren entfalten zunächst ihren *humour,* um dann einer Situation ausgesetzt zu werden, in der sie bloßgestellt und schließlich von ihrem *humour* befreit werden. Die Einführung der Kommentatorfiguren und die Aneinanderreihung weitgehend isolierter Sequenzen, die nicht zu einer übergreifenden Handlung zusammengefügt sind, zeigen deutlich den Einfluß der zeitgenössischen Verssatiren und deren Galerien satirischer Porträts. In diesem ersten Experiment in der *comicall satyre* versuchte Jonson das Problem der vollständigen satirischen Überformung der Komödie dadurch zu lösen, daß er jedes nichtsatirische Handlungselement eliminierte und zusätzlich zwei Kommentatoren einführte. Dies hatte freilich zur Folge, daß die Handlung in eine spannungslose Abfolge von Episoden aufgesplittert und damit die dramatische Dimension fast völlig reduziert wurde. Ben Jonsons weitere Experimente waren deshalb konsequent dem Problem gewidmet, eine Handlung zu konzipieren, welche in die satirische Tendenz einbezogen werden konnte.

Nach dem Stück *Cynthia's Revels* (aufgef. 1600), der zweiten *comicall satyre* Jonsons, das für eine Hofaufführung geschrieben wurde, und *Poetaster,* der dritten der *comicall satyres,* einer hastig verfaßten Attacke auf einige Kollegen, fand Jonson erst mit *Volpone* (1605/6)[38] eine befriedigende Lösung des Problems, Satire und Komödienstruktur so miteinander zu verschmelzen, daß alle Figuren in einer dynamischen Handlung zueinander in Beziehung treten, und in dieser zugleich ein satirisches Porträt der Gesellschaft entsteht. Dies gelang zunächst durch den Verzicht auf den satirischen Kommentator, der von der unangreifbaren Position des indignierten Moralisten aus die Norm verkündet und die Laster geißelt. Stattdessen stellte Jonson in Volpone eine Figur in den Mittelpunkt, die in ihrer unverhohlenen Lust am Bösen und in ihrer Freude an Täuschung und Verstellung auf die »Vice«-Figur zurückweist, als venezianischer Adliger aber zugleich den obersten Rang in einer korrumpierten, habgierigen Gesellschaft einnimmt. Ihm zur Seite steht der Diener Mosca, an dem die »Vice«-ähnlichen Züge noch stärker hervortreten und mit den Charakteristika des Parasiten aus der römischen Komödie verschmolzen sind. Zum Haushalt Volpones gehören ferner Nano, ein Zwerg, Castrone, ein Eunuch, und Androgyno, ein Hermaphrodit, als menschliche Fehlformen Symbolfiguren für die pervertierte Welt Volpones.

Der Mittelpunkt des Hauses, vor dem Volpone zu Beginn des Stückes eine quasi-religiöse Morgenandacht verrichtet, ist eine gefüllte Schatzkammer. Volpones Haus, in dem der größte Teil der Handlung spielt, dient somit nicht nur als dramatisches Zentrum, sondern auch als symbolischer Ort, in dem sich die perverse Wertnorm der Gesellschaft enthüllt. Als Schauplatz wählte Jonson das zeitgenössische Venedig, weil es in der Shakespeare-Zeit im Ruf besonderer Korruption und Geldgier stand. Für den dramatischen Vorgang griff er auf die von klassischen Satirikern angeprangerte Praxis der Erbschleicherei zurück.

Durch die sprechenden Namen Volpone, Voltore, Corbaccio und Corvino sowie durch die vorgetäuschte Krankheit Volpones führte Jonson zugleich Verweise auf die Fabel vom sich krank stellenden Fuchs und den Vögeln ein, die als Modell für das Verständnis der Handlung angeboten wird. An drei venezianischen Bürgern, einem Kaufmann, einem alten Geizhals und einem Advokaten, die alle durch Geschenke eine Testamentsänderung Volpones zu ihren Gunsten herbeizuführen versuchen, wird die korrumpierende Macht des Goldes und die Zerstörung engster natürlicher Bindungen und gesellschaftlicher Grundwerte vorgeführt. Neu gegenüber den früheren Experimenten Jonsons ist auch die Darstellung der unschuldigen Figuren Celia und Bonario. Sie sind nicht außerhalb der Handlung plaziert, um schließlich als Richter oder Verkünder der Norm aufzutreten, sondern werden als Opfer dargestellt, die hilflos den Machenschaften der Habgierigen ausgeliefert sind. Von der satirischen Intention ist auch der Schluß geprägt. Jonson stellt ihm einen Scheinschluß voran, in dem die Richter Volpones und Moscas zunächst als korrumpierbar und leicht zu übertölpeln demaskiert werden. Erst als sich das Duo entzweit und damit die Tendenz zur Selbstzerstörung, die im Bösen liegt, zu wirken beginnt, wird der Weg frei für die Gerechtigkeit, die Volpone, Mosca und den betrogenen Betrügern ihre Strafen zudiktiert. *Volpone*, ein überaus erfolgreiches Stück, stellte keineswegs die Endstufe von Jonsons Experimenten mit dem satirischen Komödientypus dar, da es verschiedene Elemente aufweist, die nicht vollständig in die satirische Tendenz integriert sind. Auch der Schauplatz Venedig verweist nur mittelbar auf Jonsons Publikum als dem intendierten Adressaten, und das Thema der Erbschleicherei stellt zwar *Volpone* in die Tradition der klassischen Satire, repräsentiert aber nicht typische Praktiken der zeitgenössischen Gesellschaft.

Erst in *The Alchemist* (1610),[39] dem Stück, mit dem Jonson nach mehreren Maskenspielen für den Hof und der Farce *Epicoene or The Silent Woman* (1609) wieder zum öffentlichen Theater zurückkehrte, gelang die vollkommene Synthese von Satire und Komödie. Jonson übernimmt aus Plautus' *Mostellaria* die Situation eines verlassenen Hauses, in dem Diener ihr Unwesen treiben, und überträgt sie in eine Situation, die dem Publikum der Aufführungen im Oktober des Jahres 1610 nur zu vertraut war: der Londoner Bürger Lovewit ist vor der Pest aufs Land geflohen, wegen der sinkenden Sterberate in der kälteren Jahreszeit ist aber mit seiner baldigen Rückkehr zu rechnen. In seinem verlassenen Stadthaus hat ein Gaunertrio, eine Alchemistenküche eingerichtet, um seine Betrügereien durchzuführen. Ihre Opfer bilden einen Querschnitt der Altersstufen, Stände und Berufe der Gesellschaft: Dapper, der junge Jurist; Drugger, der junge, aufstrebende Kaufmann; Sir Epicure Mammon, angeblicher Sozialreformer, der ein utopisches Reich der Lust errichten will; die heuchlerischen Sektierer

Ananias und Tribulation Wholesome und Kastril, der junge Landadlige. Wiederum ist das Haus mit der Alchemistenküche zugleich dramaturgisches und symbolisches Zentrum des Stückes, in dem jeder sich eine schnelle Verbesserung seiner sozialen Position erhofft. Sie alle gleichen damit den niederen Metallen, die Subtle in Gold zu veredeln verspricht. In zahlreichen sehr präzisen Bildern und Metaphern wird der Bildbereich der Alchemie als Anleitung zum Verständnis der Intentionen der Figuren und damit des Grundvorgangs eingesetzt. Die Explosion der Alchemistenküche am Ende des Stückes markiert schließlich das Ende der Hoffnungen der Betrogenen und enthüllt die Vergeblichkeit ihrer Bestrebungen.

Auch der Schluß, durch die Rückkehr Lovewits eingeleitet, ist völlig in die satirische Intention integriert. Sein Diener Face trennt sich von seinen Kumpanen, die ohne Gewinn entkommen können und verbündet sich mit seinem Herrn. Lovewit legt in raschem Entschluß seine Hand auf das erschwindelte Vermögen in seinem Haus und erhält sogar den Schutz des Gesetzes, als die aufgebrachten betrogenen Bürger ihr Eigentum reklamieren wollen. Arm in Arm treten schließlich Lovewit und sein Diener vor das Publikum, um dessen kennerisches Urteil und Einverständnis für ihr skrupelloses Handeln einzuholen.

Entsprechend der Spiegelfunktion, die in Ben Jonson Satire-Verständnis die Bühne für das Publikum wahrnehmen sollte, präsentiert das Stück eine Auswahl typischer Vertreter der Londoner Gesellschaft in einer Situation, welche der des damaligen Publikums in der Alltagswirklichkeit exakt entsprach. Durch die Sprache der Gauner, die für ihre Betrugsmanöver die Terminologie der Politik und des Rechts, des Handels und der Wirtschaft verwenden, wird das Publikum ständig auf seine eigene Praxis satirisch zurückverwiesen und in der Schlußszene schließlich direkt zur Identifikation und zum Einverständnis mit der Handlungsweise der Figuren aufgefordert. Das Personal des Stücks weist keine Normfigur mehr auf, durch welche die Gesellschaft am Ende zu Gerechtigkeit und Ordnung zurückgeführt würde. Lovewit, von dem diese Funktion erwartet werden könnte, unterscheidet sich von den Gaunern und betrogenen Bürgern lediglich durch seine Intelligenz, die ihn im raschen Zugriff seine Chance wahrnehmen läßt. Damit porträtiert Jonson die Gesellschaft seiner Zeit als völlig pervertierte Form menschlichen Zusammenlebens, in der nur das Recht des Stärkeren, Intelligenteren und Schnelleren gilt.

In *Bartholomew Fair* (1614),[40] seinem letzten Meisterwerk, weitet Jonson seine satirische Darstellung der Gesellschaft zum umfassenden, detailliert gezeichneten Panorama. Als Schauplatz wählte er den alljährlichen Bartholomäus-Markt von Smithfield, der in London für sein buntes und anrüchiges Treiben berüchtigt war. Er ist zugleich der Ort, an dem die Besucher aus ihrer Alltagswelt heraustreten, mit ihren verdrängten Instinkten und Lüsten konfrontiert werden und ihr wahres Selbst enthüllen. Zum Markt gehört eine Reihe von Figuren, die sich als Schwindler, Betrüger und Zuhälter in die Rollen der »Vice«-Typen der früheren Komödien teilen. Das Zentrum des Marktes ist das Etablissement Ursulas, einer Symbolfigur für die anarchische Welt des Marktes, in der Sinnlichkeit und Völlerei herrschen: als pöbelnder und schwitzender Fleischberg ein weibliches Gegenstück zu Falstaff, betreibt Ursula eine Schweinerösterei, ein Bordell und eine Bedürfnisanstalt.

Bürger und Angehörige des Adelstandes suchen den Bartholomäus-Markt aus den verschiedensten Motiven auf: ein Erzieher, der seinen kindischen Schützling beaufsichtigen soll und kläglich versagt; ein heuchlerischer puritanischer Prediger, den es nach Schweinefleisch gelüstet; ein eingebildeter Bürger mit literarischen Ambitionen, der sein Puppenspiel aufgeführt sehen will; dessen Frau mit der unstillbaren Gier einer Schwangeren nach Schweinefleisch; eine puritanische Witwe auf Männerjagd; ein Richter, der in Verkleidung die Ungeheuerlichkeiten des Marktes entdecken und bloßstellen will, adelige Mitgiftjäger und andere mehr. Entsprechend der Figurenfülle ist die Handlung in eine Fülle von einzelnen Strängen aufgelöst, die sich immer wieder miteinander verschlingen und lösen, bis schließlich alle Figuren vor dem Puppenspiel zusammenfinden. Die Figuren werden jeweils in Situationen gebracht, in denen ihre Instinkte durchbrechen und ihre bisherigen Haltungen als wertlos und scheinhaft entlarvt werden oder in denen sie als Versager in ihren spezifischen gesellschaftlichen Aufgaben und Pflichten bloßgestellt werden. Overdo versagt als Richter ebenso wie Waspe als Erzieher; Zeal-of-the-Land Busy, der Puritaner, wird als Fresser und Säufer entlarvt, der anderen Fasten und Nüchternheit predigt; biedere Bürgersfrauen erliegen den Einflüsterungen der Zuhälter, ergeben sich dem Alkohol und sind zur Prostitution bereit. Ein Bankett führt schließlich alle Bloßgestellten zusammen. Die Figuren sind ganz durch ihre Sprache porträtiert, die Jonson hier in einer bis dahin unerreicht breiten Skalierung von Dialekten, Registern und Berufssprachen verwendet. Vom Gaunerjargon der Zuhälter und Taschendiebe über den Slang der Fieranten reicht die Skala unter Einbeziehung von Dialekten bis zum modisch-geistreichelnden Literatur-Geschwätz Littlewits, zur forensischen Terminologie Overdos und zur bis in syntaktische Eigentümlichkeiten genauen biblischen Sektierersprache Busys. Das satirische Generalthema, das diesem kaum übersehbaren Panorama von Figuren, Begegnungen und Handlungssequenzen Einhalt und Tendenz verleiht, ist eine Gesellschaft, die an den neuen Prinzipien orientiert ist, wie sie insbesondere vom Puritanismus und den neueren philosophischen Strömungen vertreten wurden. Jonson demonstriert am Beispiel des höchst realistisch dargestellten chaotischen Markttreibens, in dem die Bürger sich verlieren, daß eine solche Gesellschaft notwendig der Herrschaft der Instinkte zum Opfer

fallen und in Anarchie versinken muß. Gegenüber den vorausgehenden Komödien, welche die Mechanik einer von Habgier und Egoismus beherrschten Gesellschaft an überschaubaren Modellen darstellten, hat Jonson hier ein anrüchiges Bacchanal in Form eines Marktes gewählt, um das den Verfall einer Gesellschaft umfassend und detailliert in grotesker Komik zu porträtieren.
Von allen Dramatikern der Shakespeare-Zeit wirkte Ben Jonson am stärksten auf die klassizistische Dramenproduktion, die nach der Wiedereröffnung der Theater einsetzte. Während man Shakespeare als kraftvollem, die Regeln verachtenden Genie zwar Bewunderung zollte, aber seine Werke klassizistischen Bearbeitungen unterzog, sah man in Jonson das regeltreue Vorbild, dessen Formstrenge und gesellschaftskritische Darstellung einhelliges Lob fanden. Für seine satirische Radikalität und seinen moralischen Rigorismus hatte man zwar in dem vom Adel getragenen Theater der Restaurationszeit kaum Verständnis; aber durch die Kunst witzig-satirischer Figurentypisierung und strenger Handlungskonstruktion wurde er zu einem der Stammväter der *comedy of manners.*

3.4. Die Historien der Shakespeare-Zeit[1]

Von allen dramatischen Gattungen der Shakespeare-Zeit waren die *Histories* bei der Rezeption durch spätere Epochen den gröbsten Mißverständnissen ausgesetzt, weil sie keine Gattungstradition begründeten, durch welche dieser Dramentypus vertraut geblieben wäre. Dementsprechend wurden die Historien lange Zeit entweder als mißglückte Tragödien oder als dramatisch oft unzulängliche szenische Darstellungen der nationalen Vergangenheit verstanden, die für den damaligen Geschmack an farbenprächtigen vielfigurigen Spektakeln eingerichtet worden waren. Erst die neuere Forschung hat erkannt,[2] daß es sich bei diesen Dramen um einen Typus handelt, der aufgrund eines eigenen thematischen Focus von Tragödien und Komödien unterschieden werden muß, und daß sich das Verständnis für diese Historien nur vor dem Hintergrund der Geschichtsauffassungen der Shakespeare-Zeit erschließt. In dieser Perspektive erweisen sich die Historien als Stücke, die von den gleichen Zielsetzungen und Funktionen geprägt sind, nach welchen die damaligen Geschichtsschreibung insgesamt ausgerichtet war.

3.4.1. Die Geschichtsauffassungen der Shakespeare-Zeit[3]

Im England des 16. Jahrhunderts herrschte ein außerordentliches Interesse für Geschichte. Nicht nur Fürsten veranlaßten Historiographen zu umfangreichen geschichtlichen Darstellungen ihrer Adelshäuser oder förderten Welt- und Nationalgeschichtsschreibung; Chroniken in Prosa oder Vers oder historische Exempla-Sammlungen waren jeweils auch große Verkaufserfolge, die zumeist mehrere Auflagen erzielen konnten.

Allen diesen Geschichtswerken war die didaktische Ausrichtung gemeinsam. In der Geschichtsschreibung des 16. Jahrhunderts wie schon in den vorausgehenden Jahrhunderten hatte die interessenfreie Erforschung der wirkenden Kräfte geschichtlicher Veränderung oder die positivistische, auf Genauigkeit und Vollständigkeit erpichte Beschreibung historischer Zustände keinen Platz; stattdessen wurde Geschichte als umfassende Material- und Beispielsammlung begriffen, aus welcher der Mensch vielfältige Erkenntnisse und Einsichten gewinnen konnte. Was allerdings die Inhalte betraf, welche durch das Studium der Geschichte vermittelt wurden, so standen sich im 16. Jahrhundert ganz verschiedene Auffassungen gegenüber, durch die Auswahl und Form der Geschichtsschreibung entscheidend geprägt wurden. Die traditionelle, im Mittelalter vorherrschende Geschichtsschreibung, die noch stark in das 16. Jahrhundert hineinwirkte, war weltgeschichtlich angelegt, vermischte Bibelberichte, Legenden und historische Wirklichkeit und war thematisch darauf ausgerichtet, in den verschiedenen Ereignissen das Walten der göttlichen Vorsehung aufzuzeigen. Geschichte wurde als Kampfplatz verstanden, auf dem die göttliche Vorsehung und der Teufel miteinander im Streit lagen und von jedem einzelnen Parteinahme forderten. In dieser Sicht wurden alle historischen Ereignisse auf ihre letztlich metaphysischen Ursachen zurückgeführt; Siege und nationales Wohlergehen konnten als Geschenk Gottes verstanden, Niederlagen und Katastrophen als göttliches Strafgericht für Schuld und Sünde gedeutet werden. Dieses traditionelle Geschichtsverständnis des Mittelalters erfuhr durch den christlichen Humanismus eine nationalgeschichtliche Überformung.[4] Nicht mehr die einzelnen welthistorischen Ereignisse wurden separat gedeutet, sondern das Schicksal eines ganzen Volkes durch die Jahrhunderte hindurch wurde in den metaphysischen Horizont gestellt und von daher als Weg durch Schuld, Sühne und Vergebung zum Heil interpretiert. Insbesondere diejenige englische Geschichtsschreibung, die wie der protestantische Historiker Edward Hall[5] für die Tudordynastie Partei nahm, deutete Englands Geschichte in dieser Weise. In ihr stand am Anfang das Goldene Zeitalter der englischen Nation, das durch König Artus inauguriert worden war. Durch eigene Schuld – die Absetzung und Ermordung des legitimen Herrschers Richard II – wurde England zur Strafe der Tyrannei, Rebellion und der inneren Zerrissenheit der Rosenkriege überantwortet, bis es durch Henry VII, den ersten Tudormonarchen, wieder zur Befriedung und nationalen Einigung geführt wurde. Die Tudordynastie galt in dieser Deutung nicht zuletzt wegen ihrer walisischen Abstammung als Reinkarnation des legendären keltischen Königs Artus, durch die das Goldene Zeitalter Britanniens wieder heraufgeführt werden sollte. Aus dieser Sicht waren die Errichtung einer straffen Zentralregierung durch Henry VII, die Großmachtpolitik und die kirchenpolitische Trennung von Rom unter Henry VIII und der wirtschaftliche Aufstieg unter Elizabeth I eindeutige Anzeichen dafür, daß Gott die Zeit der Strafe und Sühne für England mit dem Schreckensregiment Richards III beendet hatte und die göttliche Vorsehung die geläuterte englische Nation durch die Tudordynastie als ihr Werkzeug in eine Periode des Glücks führte.

Gegenüber dieser konservativen christlich-humanistischen Position setzte sich gegen Ende des 16. Jahrhunderts ein anderes Verständnis von den Funktionen der Geschichtsschreibung durch. Es ging davon aus, daß der Mensch in hohem Maße der verantwortliche Gestalter seines eigenen Schicksals und damit der Geschichte sei und die Entscheidungen über Wohl und Wehe eines Landes, über politischen Erfolg und Niederlage weniger von metaphysischen Mächten getroffen als vielmehr an das Können, Wissen und richtige Handeln der Herrscher gebunden sei. Geschichte in diesem Verständnis wurde unter dem Einfluß der antiken Geschichtsschreibung als unerschöpfliche Sammlung menschlicher Taten und Entscheidungen aufgefaßt, aus der durch sorgfältige Analyse Regeln und konkrete Anweisungen für ein erfolgreiches politisches Handeln gewonnen werden konnten. Die Aufgabe der Geschichtsschreibung in dieser Sicht war es, das historische Material so zu analysieren und aufzubereiten, daß sein didaktischer Gehalt für die Zeitgenossen auf ihre Situation anwendbar war. Historiographische Lektüre bildete deshalb auch einen wichtigen Bestandteil der Fürstenerziehung. Das didaktische Ziel dieser Geschichtsschreibung bestand also nicht im Aufweis der metaphysischen Beweger der Geschichte und in der Schaffung nationalen Selbstverständnisses und nationaler Identität, sondern in der Bereitstellung von universell gültigen Handlungsanweisungen und Lösungsmodellen für die politischen Machthaber. Dies war das grundlegende Erkenntnisinteresse, das nicht nur Machiavellis Geschichtsanalyse bestimmte, sondern zugleich das zahlreicher anderer Humanisten.

Das populäre Geschichtsverständnis im England des 16. Jh. war lange Zeit von der christlich-humanistischen Geschichtsdeutung beherrscht, die mit dem sogenannten *Tudor-Myth*[6] verknüpft wurde, der von der Tudor-Dynastie bewußt efördert wurde, um ihren Thronbesitz zu festigen und die Loyalität des Volkes zu fördern. Gegen Ende des Jahrhunderts konnten sich jedoch stärker die Ansätze eines rein immanenten Geschichtsverständnisses durchsetzen, die geeignet waren, die bis dahin herrschende Geschichtsdeutung in Frage zu stellen. Die zunehmende Perspektivenvielfalt in Shakespeares Historien ist nur ein Anzeichen für die Opposition konträrer Geschichtsauffassungen in der Shakespeare-Zeit.

3.4.2. Die Handlungsmuster der Historien

Die Historien verfolgten die gleichen Zielsetzungen wie die nationalen Chroniken und historischen Epen des 16. Jahrhunderts. Wegen des breiten Publikums in den Theatern wurden freilich wie in der Predigtliteratur der Zeit besonders häufig die Pflicht des staatsbürgerlichen Gehorsams betont, patriotische Appelle zur Einigkeit gegeben und mit populären Seitenhieben auf die damaligen Feinde Englands, insbesondere den Papst und Frankreich, nicht gespart. Für die dramatische Präsentation der historischen Ereignisse konnten sich die Verfasser von Geschichtsdramen auf keine antiken Vorbilder berufen, sondern waren ausschließlich auf die drei Handlungsmuster der Tradition des Volkstheaters angewiesen, die mit Modifikationen allen Historien zugrundeliegen: das Moralitätenschema, die *de-casibus*-Tragödie und die Episodenreihe, die durch einen Helden miteinander verkettet ist. Besonders geeignet für die Ausdeutung historischer Ereignisse erwies sich das Moralitätenschema, weil es eine eindeutige Aufgliederung in gute und böse Figuren ermöglichte, was der metaphysisch ausgerichteten Geschichtsinterpretation entgegenkam, und das allegorische Verfahren überdies eine eindeutige Interpretation der historischen Figuren gestattete. Bereits John Bales *Kynge Johan* (verf. vor 1536, rev. 1538 und 1561),[7] das erste Historiendrama der englischen Literatur, verarbeitet ein historisches Ereignis mit Hilfe des Moralitätenschemas und mit den Zielsetzungen der damaligen Geschichtsschreibung: das Nationalbewußtsein zu stärken, patriotische Emotionen zu entfachen und zugleich einen politischen Kommentar zu zeitgenössischen Ereignissen zu geben. Die Ermordung König Johanns durch Gift aus der Hand eines Mönches war besonders geeignet, die antikatholischen Emotionen des Publikums zu mobilisieren und ihn zum Helden der antipäpstlichen Bewegung zu machen. Zur Ausdeutung der historischen Vorgänge erstellt Bale zunächst das Moralitätenschema mit Hilfe von Personifikationen mit König Johann als Zentralfigur, welcher der »Widowe Yngelond« dienen will. Als Lasterfiguren erscheinen *Sedition, Usurped Power, Private Wealth* und *Dissimulation.* Sobald diese als Kräfte des Übels etabliert sind, erhalten sie historische Namen, wodurch sich die negative Perspektive auf die historischen Personen überträgt. *Sedition* wird zu Stephen Langton; *Usurped Power* zum Papst; *Private Wealth* zu Kardinal Pandulphus und *Dissimulation* zum Mönch Simon of Swynsett. Trotz der Ermordung Johanns triumphieren schließlich im Verweis auf Elizabeth die Tugenden über die Laster.

Die *de-casibus*-Tragödie als Handlungsmuster für dramatische Präsentation und Deutung historischer Ereignisse diente insbesondere für die warnende Darstellung von Tyrannen, Usurpatoren und Rebellen, wie die Serie der lateinischen und englischen Richard-III-Dramen zeigt.[8]

Ein frühes Beispiel für die Episodenform ist *The Famous Victories of Henry the Fifth* (vor 1588).[9] Das Drama präsentiert den legendären Volkshelden in einer Serie von kaum verknüpften Episoden zunächst als Raufbold und Tunichtgut und nach seiner unvermuteten Konversion als Kriegshelden. Eine Fülle von komischen Szenen sind in das Stück eingestreut, vermutlich um R. Tarlton, der möglicherweise der Autor war, in der Rolle des Clowns Dericke Gelegenheit für seine Späße zu geben.

3.4.3. Varianten der Historien

Unter den Autoren historischer Dramen ragt Shakespeare nicht nur durch seine überlegene dramatische Kunst hervor, sondern auch durch den formalen und thematischen Reichtum, den er innerhalb dieses Genres entfaltete. Gegenüber Shakespeares Historien,[10] die bereits zu ihrer Zeit als Vorbilder wirkten, erweisen sich die Historien anderer Autoren, insbesondere solche, die nicht nationalgeschichtlich, sondern biographisch ausgerichtet sind oder auf die angelsächsische Vorzeit zurückgreifen, eindeutig unterlegen.

Die Serie der bedeutenden Historien setzt mit den in ihrer Zeit höchst erfolgreichen drei Teilen von Shakespeares *Henry VI* (1590–91)[11] ein, die nicht nur das Genre populär machten, sondern auch Shakespeares Ruf als Dramatiker begründeten. Zusammen mit *Richard III* können sie aufgrund der fortlaufend chronologischen Gestaltung der Ereignisse und der Übernahme von Figuren von einem Teil in den anderen zur sogenannten York-Tetralogie zusammengeschlossen werden, deren Thema die Bestrafung Englands ist, die in den Rosenkriegen und der Tyrannei Richards III ihren Höhepunkt und mit seinem Tod ihren Abschluß findet. Die drei Teile von *Henry VI* sind episodisch gestaltet und entfalten durch ihre Figurenfülle und den häufigen Schauplatzwechsel ein schwer überschaubares historisches Panorama, in dem keine dominierende Königsfigur im Mittelpunkt steht. Trotz der Unübersichtlichkeit der Handlungsführung sind die drei Stücke so gestaltet, daß vor allem durch mehrfache Wiederholungen ähnlicher Episoden und die eindeutige Gruppierung und Bewertung der Figuren der politisch-historische Lehrgehalt klar hervortritt: ein in sich zerrissenes Land mit einem schwachen König auf dem Thron ist wehrlos dem Ansturm der äußeren Feinde ausgeliefert und verfällt schließlich in Anarchie, aus der die Tyrannei geboren wird. Die herausragenden Figuren des ersten Teils sind Talbot, der heroische Verteidiger Englands, der durch die Schuld englischer Adeliger auf dem Schlachtfeld fällt, und Joan of Arc, die als mit dem Teufel verbündete Gottesgeißel die französischen Kräfte gegen England führt.

Nach ihrem Tod wird ihre Aufgabe von Margaret von Anjou übernommen, die auf den Thron Englands gelangt, um dort ihr Zerstörungswerk fortzusetzen. Der zweite Teil zeigt die Fortsetzung der Zerstörung Englands durch die Parallelisierung des Untergangs und der Entmachtung der Verteidiger der Einheit und Legitimität mit dem Aufstieg machtgieriger, die Zerstörung Englands betreibender Adeliger in deren Positionen. Die Cade-Episode demonstriert das Chaos, das nach der Zerstörung der gesellschaftlichen Ordnung herrscht. Der dritte Teil schließlich porträtiert in einer Serie von Kampf- und Abschlachtungsszenen die totale Anarchie, in die England versunken ist. Zugleich schildert er den Aufstieg Richards, der sich mit Grausamkeit und Heimtücke den Weg zum Thron bahnt. Er wird aus dem blutigen Chaos als Tyrann geboren. Für die Vermittlung des didaktischen Gehalts spielen Spiegelszenen und die Bildersprache eine wichtige Rolle. Im ersten Teil wird durch die unhistorische Temple-Garden-Szene (II.4) der Ursprung des Zwistes zwischen York und Lancaster bühnenwirksam vor Augen gestellt. Der Tod Cades im wohlgeordneten Garten Idens (IV.10), dem idealtypischen Abbild eines geordneten Staatswesens, verweist im zweiten Teil auf die politische Norm inmitten der Zerstörung. Im dritten Teil demonstrieren schließlich die Auftritte, in denen ein Sohn um seinen Vater klagt, den er selbst erschlagen hat, und ein Vater um seinen Sohn trauert, den er im Bürgerkrieg getötet hat (II.5), daß die Zerstörung und Auflösung auch die engsten Familienbande erfaßt.

Richard III (1592/3)[12] schließt die York-Tetralogie mit dem Generalthema der Bestrafung Englands ab. In der Schlußrede Richmonds, des Begründers der Tudordynastie, wird die Versöhnung der streitenden Parteien angekündigt und eine Periode des Friedens verheißen. Anders als die drei Teile von *Henry VI* ist *Richard III* nicht episodisch, sondern als *de-casibus*-Tragödie gestaltet, deren Protagonist ein Schurke ist. Die Figur Richards ist entsprechend dem düsteren Bild, das die Tudorgeschichtsschreibung von diesem König zeichnete, mit Hilfe der Züge der »Vice«-Figur und des machiavellistischen Intriganten als erbarmungsloser machtgieriger Bösewicht dargestellt, der vor allem Freude am Spielen der verschiedensten Rollen hat. Auch in diesem Handlungsmuster wird das historiographische Thema deutlich herausgearbeitet: Richard ist nicht nur der Schurke, der aus Lust Böses verübt, sondern auch die auf England losgelassene Gottesgeißel, deren Untaten zugleich göttliche Strafgerichte sind.

Richard II (1595)[13] eröffnet die Lancaster-Tetralogie, in der historische Ereignisse behandelt werden, die denen der York-Tetralogie vorausliegen. Das Stück gestaltet die Absetzung und Ermordung Richards II, durch die das Strafgericht über England ausgelöst wird. In seinem Handlungsmuster bietet dieses Drama zunächst eine neue Variante der *de-casibus*-Tragödie: Aufstieg und Sturz, auf zwei Figuren verteilt, werden gleichzeitig dargestellt. Zwei Protagonisten, deren Schicksale komplementär verlaufen, treten einander gegenüber:

König Richard, der aus der Macht in den Tod stürzt, und Bolingbroke, der vom rechtlosen Verbannten zum König aufsteigt. Richards Sturz ist allerdings nicht mehr in der Manier traditioneller *de-casibus*-Tragödien ausgeführt. Vielmehr geht mit Richards äußerer Sturz eine innere Entwicklung einher, die ihn zum tragischen Helden macht, so daß diese Historie mit Recht auch als Tragödie aufgefaßt werden kann.

Die Verlagerung des Focus auf Richards Weg der Selbsterkenntnis verdeckt freilich nicht das staats- und geschichtsphilosophische Thema dieses Stücks. Richards Legitimität als gottgesalbter König wird eindeutig hervorgehoben, und auf die Schuld, die England durch die Usurpation Bolingbrokes und Richards Ermordung auf sich lädt, wird mehrfach verwiesen. Durch die Kontrastierung von Richards persönlicher Unfähigkeit für das Herrscheramt und Bolingbrokes Herrschertugenden wird allerdings das abstrakte Legitimitätsprinzip und Gottesgnadentum ohne Berücksichtigung der Person deutlich als Problem präsentiert. Mit *Richard II* beginnt somit die Reihe von Shakespeares Historien, in denen eine metaphysich ausgerichtete Geschichtsdeutung von einer problematisierenden, perspektivenreichen Darstellung staatsphilosophischer Grundfragen abgelöst wird.

So wie in *Richard II* die Historie zur Tragödie hin geöffnet wurde, ohne daß die spezifische Thematik des Genres aufgegeben worden wäre, so wird in den beiden Teilen von *Henry IV* (1596/97)[14] der Komödie breiter Raum gewährt. Shakespeare verarbeitete für diese beiden Teile, die bald als zwei unabhängige Stücke, bald als zehnaktiges Drama verstanden wurden, neben dem historischen Material auch die volksläufigen Anekdoten, die von der wilden Jugend des populären Königs Henry V handelten. Allerdings übernimmt Shakespeare dabei nur die zahmeren Versionen und läßt Prinz Hal frühzeitig zur Gesellschaft seiner Saufkumpane und Spießgesellen auf innere Distanz gehen. Die Handlung des 1. Teils alterniert zwischen der Staatsebene und dem Wirtshausmilieu, wobei letzteres zur Staatshandlung oft in ein kommentierendes Verhältnis tritt, bis die beiden Ebenen in der Schlacht von Shrewsbury konvergieren. Auch im 2. Teil wird das wüste Leben Hals weitergeführt, bis am Ende die schon lange erwartete Bekehrung Hals erfolgt, der seine alten Kumpane von sich weist. Die Figuren sind auf der Grundlage des Moralitätenschemas mit pädagogischer Thematik einander zugeordnet, wobei der Thronfolger Hal die Stelle der jugendlichen Zentralfigur einnimmt. Nicht die Frage danach, ob die Entscheidung Hals positiv oder negativ ausfallen wird, bestimmt jedoch die Spannung des Stückes, sondern vielmehr danach, welches neue Ideal in Hal gegenüber den traditionellen Positionen hervortreten wird. Die dramatische Formulierung dieses Ideals geschieht in der Analyse und differenzierten Bewertung der einzelnen Auffassungen. Hal entscheidet sich weder für die machiavellistische Machtpolitik seines Vaters, noch für den zerstörerischen Ehrbegriff Hotspurs, noch für Falstaffs anarchischen Daseinsgenuß, sondern für ein Königtum, das ganz dem Wohl des Landes verpflichtet ist und seine Legitimität aus der persönlichen Befähigung, der genauen Kenntnis und der tiefen Verbundenheit mit allen Schichten des Volkes gewinnt.

Der zweite Teil ist in seinem Handlungsverlauf analog dem ersten konzipiert. Auch thematisch steht wieder die Herausbildung eines neuen Herrscherideals in der Figur Hals im Zentrum, wird aber anders akzentuiert: nicht so sehr die persönlichen Tugenden Hals werden entfaltet als vielmehr seine Herrschertugenden und staatsmännische Gesinnung. Falstaff erscheint gegenüber dem ersten Teil nicht mehr so sehr als geistreich-witziger Kritiker und Parodist entleerter Ideale, sondern in verstärkt negativer Perspektive als Anwalt der Tyrannei und des Chaos.

Die beiden Teile von *Henry IV* stellen nicht nur den Höhepunkt der Historien Shakespeares, sondern dieses Genres überhaupt dar. Die verschiedenen Milieus, Schauplätze und sozialen Schichten, die in diesen Stücken plastisch und detailliert zur Darstellung kommen, werden funktional eingesetzt, um durch die Präsentation verschiedenster Standpunkte und sich gegenseitig in Frage stellenden Perspektiven, die den Zuschauer in einen Prozeß intensiven Mitdenkens und Urteilens hineinzwingen, ein neues Herrschaftsideal zu entwickeln, das den Vorstellungen und Bedürfnissen der Zeit entsprach.

Henry V (1599),[15] das letzte Stück der Lancaster-Tetralogie, stellt dieses neue Ideal in Aktion dar. Als Handlungsmuster wählte Shakespeare die Reihung von Episoden, in denen jeweils Henry V im Mittelpunkt steht. Aus der landsmannschaftlichen Vielfalt, die in den Stereotypen eines Engländers, Walisers, Iren und Schotten dargestellt wird, formt die Herrschaft Henrys V die nationale Einheit, die aus einer verzweifelten Lage heraus den glänzenden Sieg von Agincourt davonträgt. In dieser Einheit ist noch der einfachste Soldat mit dem König wechselseitig durch Pflicht und Verantwortung verbunden. Die Auswahl der Episoden, in denen jeweils eine Eigenschaft des Königs entfaltet wird, ist stark vom Tugendkatalog der zeitgenössischen Fürstenspiegel geprägt. Die genaue Überprüfung seiner dynastischen Ansprüche vor dem Feldzug zeigt seine unbedingte Gerechtigkeitsliebe, seine Reaktion auf ein gegen ihn gerichtetes Mordkomplott demonstriert die notwendige staatsmännische Härte, seine Reaktion auf eine Beleidigung durch einen Soldaten, der ihn nicht erkannte, seine Milde, sobald er als Privatmann handeln kann. Als weitere Tugenden werden Selbstbeherrschung, Frömmigkeit und am Beispiel einer politisch klugen Heirat realpolitisches Verhalten vorgestellt. In der dramatischen Vermittlung entsteht somit nicht nur eine isolierte Idealgestalt, sondern zugleich werden die segensreichen Auswirkungen auf das gesamte zum Organismus zusammengeschlossene Volk sichtbar gemacht. Das Historiendrama in der Form, wie es insbesondere von Shakespeare entwickelt und populär gemacht wurde, verschwand verhältnismäßig früh von der Bühne. Zwar wurden noch eine Fülle von Dramen geschrieben, deren Stoffe der englischen Geschichte entnommen waren, aber in ihnen dominiert entweder das biographische Element über die staatsphilosophische Thematik, oder romaneske Elemente werden auf Kosten des historischen Themas in den Vordergrund gerückt. Eine Reihe von Gründen wurden für den raschen Verfall dieses Genres genannt.[16] Bald wurde auf ein zunehmendes Desinteresse an politischen Fragen und ein Nachlassen des Patriotismus in der Bevölkerung hingewiesen, bald der Einfluß der Puritaner verantwortlich gemacht, welche besonders die Historien wegen ihrer mangelnden geschichtlichen Faktentreue angriffen. Auch auf einen generellen Geschmackswechsel im Publikum zugunsten der dramatischen Satire, auf die Tatsache, daß die wichtigsten Perioden der englischen Geschichte bereits von Shakespeare dramatisiert worden waren und auf einen Wandel in der Historiographie des 17. Jh. hin zu einer perspektivenlosen Darstellung der Fakten verwies man als mögliche Gründe. Wohl keiner von diesen Gründen dürfte allein ausschlaggebend für das Ende dieses Genres gewesen sein, sondern eine Konstellation ideengeschichtlicher Strömungen und dramengeschichtlicher Situation. Zweifellos war der rigorose Absolutismus, der von den Stuarts in Theorie und Praxis vertreten wurde und der ganz im Gegensatz zur traditionellen Praxis der Tudors stand, einer Geschichtsdeutung, wie Shakespeare sie in den neunziger Jahren auf die Bühne brachte, nicht förderlich und auch nicht geeignet, im Bürger das Interesse an staatsphilosophischen Themen wachzuhalten. Das Genre verdankte seine Enstehung und seinen Erfolg offenbar einer einmaligen historischen und dramengeschichtlichen Konstellation, die mit dem Tod Elizabeths unwiderruflich beendet war.

3.5. Die Tragikomödie der Shakespeare-Zeit[1]

Die Tragikomödie, die sich ab ca. 1610 auf denjenigen Bühnen durchsetzen konnte, in deren Publikum der Adel die zahlenmäßig und geschmacklich dominierende Schicht bildete, wurde in der Philologie lange Zeit wenig günstig beurteilt. Ihren bedeutendsten Autoren F. Beaumont und J. Fletcher, die als Dramatiker im 17. Jh. Shakespeare und Ben Jonson gleichgestellt, verschiedentlich sogar noch höher bewertet wurden, wurde der Vorwurf gemacht, ihre Werke trügen alle Merkmale der Trivialität und Dekadenz.[2] Dieses Urteil, das sich aus der absoluten Normsetzung von Shakespeares Werk zwangsläufig ergab, mußte von der Forschung revidiert werden, sobald man er-

kannte, daß die Autoren von Tragikomödien ganz anderen Prinzipien folgten und überdies für Zuschauer schrieben, die mit ganz anderen Erwartungen das Theater besuchten als das breitgefächerte Publikum der öffentlichen Bühnen in den vorausgehenden Jahrzehnten.
Die Frage nach den Ursachen für die anhaltende Beliebtheit der Tragikomödie in den zwanziger und dreißiger Jahren des 17. Jh. wurde kontrovers diskutiert.[3] Man verstand die englische Tragikomödie bald als Endstufe in der Entwicklung der Mischungstendenzen des Dramas der Shakespeare-Zeit und stellte sie damit in die Reihe romanesker Dramen, bald führte man sie auf ausländische Vorbilder, insbesondere auf Guarini und dessen Nachfolger, zurück, bald erklärte man sie aus der rhetorischen Schultradition. Andere Forscher wie G. E. Bentley[4] führten die spektakuläre Durchsetzung dieses Typus auf die Änderung in der sozialen Schichtung des Publikums zurück. Nach Bentley hätte die Übernahme des *Blackfriars Theatre* durch die King's Men im Jahre 1608 und seine Bespielung während der Wintermonate die Truppe und ihre Autoren Shakespeare, Beaumont und Fletcher mit einem sozial anders zusammengesetzten Publikum und dessen Erwartungen konfrontiert als im *Globe*. Das *Blackfriars Theatre* sei nämlich um diese Zeit die bevorzugte Unterhaltungsstätte des Adels gewesen, dessen Übergewicht im Publikum sich durch die Abwanderung der bürgerlichen Zuschauer aus den Theatern noch verstärkt habe. Dieses neue Publikum, das es nun regelmäßig ins Theater zu locken galt, habe die Truppe dazu bewogen, ihre Autoren mit der Abfassung von Stücken zu beauftragen, die dem Geschmack dieses aristokratischen Publikums entsprachen. In der Tat besteht ein enger zeitlicher Zusammenhang zwischen der Entstehungszeit von Shakespeares erster Romanze, Fletchers ersten Versuchen mit dem tragikomischen Genre und der Bespielung des *Blackfriars Theatre* durch die King's Men, und auch die zunehmende soziale Aufgliederung des Publikums zwischen den öffentlichen und privaten Theatern ist gut dokumentiert. Es wäre aber verfehlt, würde man nur einen dieser Gründe für den erstaunlichen Aufstieg der Tragikomödie verantwortlich machen. Wesentlich plausibler erklärt diesen Vorgang das Ineinandergreifen von Entwicklungen innerhalb des Textkorpus und Veränderungen in der sozialen Zusammensetzung des Publikums. Die Entwicklungen in den verschiedenen Dramentypen lassen insgesamt die zunehmende Tendenz zu Formenmischung und Austausch, zur Kombination und Umthematisierung und zur Steigerung des Sensationellen erkennen. Gleichzeitig machte sich unter den Autoren und in den literarisch gebildeten Schichten ein Bedürfnis nach stärkerer theoretischer Fundierung und Ausrichtung des immer noch als regel- und damit als kunstlos empfundenen einheimischen Dramas bemerkbar, wie dies nicht nur Jonsons Anstrengungen auf dem Gebiet der Komödie belegen. In dieser Situation bot sich die Tragikomödie als willkommene Lösung an. In einer

umfangreichen und langdauernden Auseinandersetzung um Giovan Battista Guarinis *Pastor Fido* (gedr. 1589), die insbesondere vom Autor und Giasone de Nores geführt wurde,[5] erfolgte die theoretische Beschreibung dieses Typus und dessen Einordnung in das neoaristotelische System. Damit lag eine poetologisch akzeptierte Form vor, die den Reiz der Neuheit hatte und gleichzeitig gestattete, die traditionelle Mischung, die für das Publikum unverzichtbar war, beizubehalten. Zugleich entsprach sie in ihrer thematischen Ausrichtung sehr genau den Interessen des adeligen Publikums. Wie rasch und nachdrücklich sich die Tragikomödie in den literarischen Kreisen Englands als eine alle anderen Formen integrierender Typus durchzusetzen vermochte, zeigt nicht nur die wohlwollende Bemerkung Jonsons über Fletchers *The Faithful Shepherdess,*[6] sondern auch die ikonographische Darstellung der Dramentypen auf der Titelseite von B. Jonsons Folio von 1616.[7] Auf ihr erscheint die Figur der Tragicomoedia in der höchsten zentralen Position, flankiert von den Figuren Satyr und Pastor, unter denen die Darstellungen der Tragoedia und Comoedia angeordnet sind.

3.5.1. Form und Funktion der Tragikomödie

Guarini hatte darauf hingewiesen, daß der tragikomische Dichter von der Tragödie und der Komödie zwar Elemente übernehme, diese aber nicht beliebig mische, sondern einem Verschmelzungsprozeß unterwerfe, durch den die neue Form weder der Tragödie noch der Komödie gleiche. In ihrer Wirkung strebe die Tragikomödie danach, die Erregung von Exzessen wie Entsetzen und überschäumende Heiterkeit zu vermeiden und stattdessen ruhige Heiterkeit und seelische Harmonie im Zuschauer zu erzeugen. Eine solche Intention stand ganz in Übereinstimmung mit den Verhaltensidealen, die insbesondere in den Adelskreisen als verbindlich galten. Das erzieherische und gesellschaftliche Leitbild war der Gentleman christlich-humanistischer Prägung, der in seiner psychischen Disposition ausgeglichen war und sich sowohl in der privaten wie in der öffentlichen Sphäre jeweils den sozialen Normen seines Standes entsprechend verhielt. Aus der Befolgung der Verhaltensnorm erwuchs die Ehre, die allein den wahren Adel einer Person begründete. Die Literatur der Zeit, die in den aristokratischen Schichten anerkannt und gelesen wurde, sah ihre vornehmste Aufgabe darin, diese Verhaltensnormen darzustellen und einzuprägen.[8] Die Werke, die in dieser Hinsicht als vorbildlich galten und eine entsprechende Wirkung entfalteten, waren Sidneys Prosaromanze *Arcadia* und Spensers Epos *The Faerie Queene.* Beide waren der Darstellung des aristokratischen Ideals sowohl der inneren Haltung als auch der äußeren Verhaltensweise gewidmet, lediglich mit dem Unterschied, daß Spenser in seinem Epos die einzelnen Tugenden mit Hilfe eines komplexen allegorischen Verfahrens idealtypisch präsentierte, während Sidney die aristokratischen Ideale in einer Fülle von Episoden, Situationen und Konflikten in kasuistischer Form abhandelte. Hierzu verwendete Sidney das pastoral-heroische Milieu der romanesken Tradition, da dieses zur historisch-empirischen Wirklichkeit in das Verhältnis eines abstrakten Modells gesetzt werden konnte, wodurch es sich als besonders geeignet empfahl. Die Figuren wurden nicht als Charaktere entfaltet, so daß sie auf den Leser Faszination hätten ausüben oder ihn zur Identifikation einladen können. Vielmehr dienten sie als Beispiele für verschiedene Dispositionen, Entscheidungen und Handlungsweisen, die, in die verschiedensten Situationen und Konflikte gestellt, sich bewährten oder versagten und somit dem Ziel dienen konnten, dem aristokratischen Leser für sein gesellschaftliches Verhalten Handlungsweisungen zu geben und Lösungsvorschläge anzubieten. Dieses theoretische Verständnis von Literatur als moralphilosophisches Paradigma und die literarische Praxis der erzieherischen Verhaltenskasuistik prägte nicht nur die nichtdramatische Literatur, sondern auch die am Hof und in Adelskreisen bevorzugten Lesedramen und Maskenspiele.[9] Von dieser literarischen Theorie und Praxis aus wird verständlich, warum Beaumont und Fletcher, die beide höheren Schichten entstammten als die übrigen Dramatiker,[10] die Form der Tragikomödie aufgriffen, als sie die Situation nicht zuletzt aufgrund der neuen Publikumszusammensetzung für reif hielten, auf den kommerziellen Bühnen Dramen zu präsentieren, die als literarisch in dem Sinne galten, daß sie der gleichen Funktion dienten, die der Literatur überhaupt in aristokratischen Zirkeln zugewiesen wurde. Shirleys Vorwort »To the Reader« für die Folio-Ausgabe der Werke Beaumonts und Fletchers im Jahre 1647 weist ausdrücklich auf den erzieherischen Wert dieser Dramen für die jungen Angehörigen der Oberschicht hin.[11]

> ... this being the Authentick witt that made Blackfriers an Academy, where the three howers spectacle while *Beaumont* and *Fletcher* were presented, were usually of more advantage to the hopefull young Heire, then a costly, dangerous, forraigne Travell, with the assistance of a governing Mounsieur, or Signoir to boot; And it cannot be denied but that the young spirits of the Time, whose Birth & Quality made them impatient of the sowrer wayes of education, have from the attentive hearing these pieces, got ground in point of wit and carriage of the most severely employed Students, while these Recreations were digested into Rules, and the very Pleasure did edifie.

Die Tragikomödie erwies sich also aufgrund der spezifischen Auswahl und Verschmelzung von Elementen der Tragödie und Komödie als idealer Dramentypus für die hypothetische Diskussion moralphilosophischer Probleme und das modellhafte Durchspielen von möglichst komplizierten Fallstudien zum gesellschaftlichen Verhalten, weil alle diejenigen Elemente eliminiert waren, die in der Tragödie oder Komödie dieser Intention entgegenstanden oder sie einengten.

Was die soziale Auswahl der Figuren der Tragikomödie anlangt, so gab es wie in der Tragödie oder romanesken Komödie keine Restriktionen für einzelne soziale Schichten. Freilich blieb die soziale Zuordnung nur eine relative, die sich aus der hierarchischen Gliederung des Dramenpersonals ergab; wegen der pastoralen oder romanesken Milieus, in denen die tragikomischen Handlungen angesiedelt waren, war die soziale Identität der einzelnen Figuren nicht mit der gesellschaftlichen Wirklichkeit unmittelbar korreliert. Im Gegensatz zur Tragödie wurden die Charaktere der Protagonisten nicht konsistent entfaltet, so daß der Zuschauer kein verläßliches Charakterbild gewinnen konnte, das ihn befähigt hätte, Reaktionen der Figur vorauszusehen und damit die Unausweichlichkeit von Figurenverhalten und Handlungsentwicklung mitzuvollziehen. Da diese Konsistenz wegen des nichttragischen Ausgangs auch nicht gefordert war, konnte an ihre Stelle eine Figurkonzeption treten, in der die verschiedensten Zustände intensiver Emotionalität durch plötzliche mehrfache Umschwünge aufeinanderfolgten. In der Technik der Publikumsführung zielten die Autoren nicht wie in der Tragödie primär auf Sympathie oder Verständnis für den Protagonisten, sondern beließen den Zuschauer ähnlich wie bei der Farce oder den *humour*-Komödien gegenüber den Figuren in emotionaler Distanz, um ihn ganz auf die intellektuelle Würdigung des Dilemmas zu verweisen, in das die Figuren gestellt waren. Die Figurenkonstellation war nicht wie in der satirischen Komödie darauf gerichtet, ein Spektrum der verschiedenen Stände zu vermitteln, sondern darauf, ein sorgfältig ausgewogenes System von parallelen und kontrastierenden Verhaltensweisen zu entwerfen.

Für die Wahl der Handlung wurde anders als bei der Tragödie der Anspruch auf Historizität aufgegeben und stattdessen eine romaneske Beliebigkeit der Handlung und des Milieus gestattet, welche die Konstruktion hypothetischer Situationen erleichterte. Gegenüber der Tragödie war die wichtigste Veränderung die überraschende Abwendung der Katastrophe und die Überführung der tragisch sich zuspitzenden Handlung in ein harmonisches Ende. Damit konnte der dramatische Spannungsbogen nicht mehr aus dem konsequenten Zusammenspiel von Charakter und Situation über das ganze Stück bis zur Katastrophe gezogen, sondern mußte in eine Serie von kurzfristigen Spannungszuständen aufgelöst werden. Um diese erzeugen zu können, wurden die Komplexität und das Sensationelle der Handlungssequenzen intensiviert und die Anzahl der plötzlichen Umschwünge, die zumeist aus scheinbar unauflösbaren Dilemmata herausführen, drastisch erhöht. Die dramatische Kunst tragikomischer Autoren wurde nicht zuletzt danach beurteilt, welchen Grad von Komplexität sie erzielten

und welche Raffinesse sie in der Herstellung und Auflösung von scheinbar ausweglosen Situationen zeigten.
Auch in der Sprachgestaltung sind die Tragikomödien von den Tragödien und Komödien der öffentlichen Bühnen, insbesondere denen Chapmans, Websters oder Tourneurs, klar zu unterscheiden. Die Sprache der Tragödien zeichnete sich aus durch Bilderreichtum, ausladende Vergleiche, sententiös oder epigrammatisch zugespitzte Formulierungen und eine bis zur Dunkelheit gedrängte Syntax – ein Stil, mit dem sich ebenso die Leidenschaftlichkeit der Figuren wie zynische Bitterkeit ausdrücken ließen. Die Sprache der Komödien war geprägt von geistreichem Sprachspiel, exzessivem *punning*, parodistischer Präsentation von Dialekten, Soziolekten und Berufssprachen. Demgegenüber wirkt die Sprache der Tragikomödien Beaumonts und Fletchers auffallend nüchtern, einfach und klar. Leidenschaftliche Rhetorik und Wortwitz sind auf kurze Begegnungen und Szenen beschränkt; im übrigen herrscht, wie die normale Wortwahl und die natürliche Syntax zeigen, der höfische Konversationsstil vor. Durch Wandel von Prosa und Vers werden nicht soziale Ebenen, sondern Stimmungsumschwünge signalisiert. Dieser Sprachstil entsprach nicht nur der mittleren Stilebene, wie sie für die Tragikomödie theoretisch gefordert wurde, sondern spiegelt auch die Hinwendung zum klassizistischen Ideal des *plain style*, die in dieser Zeit gerade im Umkreis Ben Jonson vollzogen wurde. In ihrer nüchternen Präzision und der nur stellenweise affektiven Aufladung ist diese Sprache zugleich das geeignete Instrument emotionaler Distanzierung des Publikums von den dramatischen Figuren und gleichzeitiger Verweisung auf die Problematik, die vom Zuschauer intellektuell gewürdigt werden soll.

3.5.2. Varianten der Tragikomödie

Der erste Versuch, die Tragikomödie in das Repertoire des Theaters der Shakespeare-Zeit einzuführen, endete mit einem Mißerfolg. John Fletcher schrieb das Stück *The Faithful Shepherdess* (1608)[12] – dessen Titel durch die Anspielung auf Guarinis *Il Pastor Fido* allerdings nur für Literaturkenner einen Gattungshinweis enthielt – in der erklärten Absicht, einen neuen Dramentypus, der bereits in akademischen und höfischen Kreisen bekannt war, auf den kommerziellen Bühnen durchzusetzen. Das Stück fiel bei der Premiere durch, weil Fletcher die mangelnde Vertrautheit des Publikums mit diesem Genre nicht kalkuliert und deshalb auch versäumt hatte, durch einen Prolog oder eine *Induction* Hinweise zur adäquaten Rezeption zu geben. Im Vorwort zur Buchausgabe von 1609 holte er dies nach:[13]
»If you be not reasonably assurde of your knowledge in this kinde of Poeme, lay downe the booke or read this, which I would wish had bene the prologue. It is a pastorall Tragie-comedie . . .«

The Faithful Shepherdess als pastorale Variante spielt in einem mythischen Thessalien, das nur von Schäfern, Satyrn und Panspriestern bevölkert ist. Die Schäfer und Schäferinnen sind untereinander ausschließlich durch ihre verschiedenen Liebesauffassungen differenziert, was sie beinahe zu Personifikationen reduziert, so daß ein breites Spektrum, das von absoluter Keuschheit bis zur animalischen Lust reicht, präsentiert wird. Die absolute Normfigur ist die keusche Clorin, die am Grab ihres toten Geliebten lebt, dem sie Treue über den Tod hinaus geschworen hat. Perigot und Amoret repräsentieren die reine gegenseitige Liebe; Amarillis, die in Perigot verliebt ist, verhält sich zwar keusch gegenüber anderen, entfaltet aber gegenüber Perigot ihre ganze sinnliche Verführungskunst; Der Sullen Shepherd verkörpert die ungezügelte animalische Lust, die zur Liebe unfähig ist und deshalb keusche Liebesverhältnisse zynisch zu zerstören versucht; Cloe und Alexis sind die Repräsentanten ungehemmter Sinnlichkeit, die keine personale Bindung, sondern den Liebesgenuß an sich suchen; Daphnis verkörpert die Unerfahrenheit und Schüchternheit in Liebesdingen. Die Handlung führt die verschiedenen Figuren zu immer neuen Begegnungen zusammen, bis schließlich nach vielen Verwicklungen und Mißverständnissen sich alles in Harmonie auflöst.
Die Tragikomödie wurde endgültig durchgesetzt mit dem Stück *Philaster* (1609),[14] dem ein großer Erfolg beschieden war. Die Autoren, F. Beaumont und J. Fletcher, die beide aus einer falschen Einschätzung der Erwartungen der Zuschauer in den kommerziellen Theatern mit *The Knight of the Burning Pestle* und *The Faithful Shepherdess* zuvor Mißerfolge erlitten hatten, wählten bei diesem Versuch statt der pastoralen die romaneske Variante der Tragikomödie, die beim Publikum keine falschen Erwartungen weckte. Die Handlung spielt in Sizilien zu unbestimmter Zeit. Philaster ist der beim Volk beliebte Thronerbe des Königreiches, dessen Vater von einem Usurpator abgesetzt wurde. Arethusa, die Tochter des Usurpators, liebt Philaster, ihr Vater plant aber aus dynastischen Gründen ihre Heirat mit Pharamond, einem eitlen Lüstling, der ebenso ein Zerrbild höfischer Kultur ist, wie Philaster ihren Idealtypus darstellt. In einer komplizierten und durch mehrfache Umschwünge spannungsvoll entwickelten Handlung wird nicht nur die Liebesthematik entfaltet, sondern es werden auch politische Probleme eingebracht. Das Stück endet aber nicht mit dem Tod des Tyrannen oder des Lüstlings Pharamond, sondern mit den Segenswünschen des Ursupators, der in seinen Versuchen der Rechtsbrechung als komische Figur entlarvt wird, und mit der Heimreise Pharamonds, der sich selbst um eine Frau und ein Königreich gebracht hat. In seiner charakteristischen Mischung von privaten und gesellschaftlichen Problemstellungen, die vor allem dem Interessenkreis des Adels entsprachen, und in deren Einbettung in eine romaneske Handlung, die nicht nur zahlreiche Peripetien aufweist, sondern auch

die Figuren abwechselnd in tragischen, sentimentalen und komischen Situationen präsentierte, war *Philaster* im Gegensatz zu Fletchers erstem Versuch viel mehr geeignet, die Tragikomödie durchzusetzen, weil dieses Stück den Erwartungen und Sehgewohnheiten des Publikums viel eher entgegenkam als die pastorale Version.

Ein weiteres typisches Beispiel der englischen Tragikomödie ist Beaumonts und Fletchers *A King and No King* (1611).[15] Im Mittelpunkt dieser Gemeinschaftsproduktion, deren Titel sowohl auf die Figur des Protagonisten wie auf die glückliche Lösung verweist, steht Arbaces, der König von Iberia, der als höchst zwiespältige Figur präsentiert wird: er ist ein tapferer Kämpfer und fähiger Heerführer, wirkt aber durch seine Eitelkeit und Prahlerei zugleich lächerlich und seines Königtums unwürdig. Die Liebeshandlung beginnt, als Arbaces seine Schwester Panthea nach vielen Jahren wiedersieht. Arbaces verliebt sich in sie, die plötzlich auch für ihn Gefühle empfindet, die über die schwesterliche Zuneigung hinausgehen. Die Gefühle, die Arbaces unvermittelt empfindet, stürzen ihn in einen unauflösbaren Konflikt zwischen Vernunft und Leidenschaft, zwischen seiner Liebe und dem Sittengesetz. Das Dilemma führt Arbaces, der unfähig ist, seine Leidenschaft zu unterdrücken, zur Einsicht in sein eigenes gespaltenes Ich und in die paradoxe Natur des Menschen, ein Erkenntnisvorgang, der ihn im Gegensatz zu seiner anfänglichen Präsentation plötzlich als tragischen Helden erscheinen läßt. In seiner Verwirrung und Verzweiflung kommt Arbaces schließlich auf den melodramatischen Ausweg, Panthea zu vergewaltigen, seinen Vater zu ermorden und sich anschließend selbst zu töten. Die überraschende Mitteilung seines Vaters jedoch, daß er nicht der Bruder Pantheas sei, löst den ganzen Konflikt in Nichts auf. Damit ist nicht nur der Weg für die Liebenden frei, sondern auch das zwiespältige Bild des Arbaces findet seine Erklärung: Arbaces ist nicht der rechtmäßige König. Sein verzerrtes Bild konnte nur deshalb entstehen, weil er nach den Verhaltensnormen eines Königs beurteilt wurde, die er nicht zu erfüllen vermochte. Seines Königtums entkleidet erweist er sich als liebenswürdige Persönlichkeit, die Pantheas würdig ist. Es war gerade diese Art, Sittengesetze nicht wie in der Tragödie durch das Scheitern des Helden in ihrer ehernen Gültigkeit aufzuzeigen, sondern sie zur Erzeugung eines pikanten und scheinbar unauflöslichen Dilemmas in das Drama einzuführen, um dann das sittliche Problem mit einem Kunstgriff aus der Welt zu schaffen, das der Tragikomödie den Ruf eintrug, seichte und amoralische Unterhaltung für eine Adelsschicht zu sein, die ins Theater ging, um sich aus der politisch immer bedrohlicher werdenden Wirklichkeit in eine Traumwelt flüchten zu können, in der alle Konflikte nur scheinbar existieren. Dieser Vorwurf trifft nicht auf das gesamte tragikomische Textkorpus zu. Zu leicht wird dabei übersehen, daß die Tragikomödie durchaus auch der individual- und sozialethischen Normendiskussion diente, wenn auch der Problemkreis durch das Theaterpublikum sehr begrenzt war.

3.6. Zusammenfassung

Eine typologische und chronologische Betrachtung des dramatischen Textkorpus der Shakespeare-Zeit läßt allgemeine Entwicklungstendenzen hervortreten, die sowohl auf Veränderungen bei den Teilnehmern des dramatischen Kommunikationssystems als auch auf Wandlungen der historischen Kontexte zurückzuführen sind.

Zu Beginn des kommerziellen Theaters in London ist in allen dramatischen Typen die Tendenz zu beobachten, aus der bisherigen Praxis des Volkstheaters und des Schuldramas durch Verarbeitung verschiedener literarischer Quellen ein Drama zu schaffen, das einerseits den Vorstellungen der humanistisch erzogenen Autoren und der gebildeten Schichten, andererseits aber auch den traditionellen Erwartungen des breiteren Publikums entsprach. So entstanden zunächst im Bereich der Tragödie durch Modifikationen traditioneller oder durch Schaffung neuer Handlungsmuster sowie durch eine andere Figurenkonzeption neue tragische Modelle. Der Protagonist wird gegenüber der Zentralfigur des Volkstheaters zum aktiv Handelnden mit einer klar umrissenen und konsistenten psychischen Disposition und einer sorgfältig begründeten Motivation; das von ihm verfolgte Handlungsziel fügt die einzelnen Episoden zu einer logisch verknüpften Handlung. Im Bereich der Komödie wird statt der Farce der romaneske Dramentypus stärker bevorzugt und weiterentwickelt. Hier tritt zunächst die Tendenz hervor, dem disparaten romanesken Material durch thematische Einheit künstlerische Form zu geben und gleichzeitig die romaneske Vielfalt der Figuren, der Milieus und der Handlungsstränge zu bewahren. Dies zeigt sich insbesondere in der Behandlung der Beziehungen zwischen den Figuren, die um ein thematisches Zentrum zu einem System von Stufungen, Parallelen, Kontrasten und Oppositionen angeordnet werden, wodurch die höchst differenzierte Entfaltung eines Themas ermöglicht wird.

Auf die Etablierung der neuen Modelle folgt, nicht zuletzt durch den von der Konkurrenzsituation bedingten Innovationsdruck ausgelöst, eine Phase des überwiegend formalen Experiments. Die tragischen Modelle werden zunächst variiert, indem ihre Handlungsmuster vervielfacht oder ins Sensationelle gesteigert, die Figurenkonzeptionen abgewandelt und die Milieus verändert werden. Später erfolgen dann im Bereich der Tragödie Kombinationen, Überlagerungen und Vermischungen der einzelnen Handlungsmuster, Umthematisierungen und Focusverlagerungen. Im Bereich der Komödie wird der romaneske Typus variiert durch Integration farcenhafter, satirischer und tragischer Elemente. Daneben vermag sich dann, nicht zuletzt unter dem verstärkten Einfluß poetologischer Normen, die satirische Komödie durchzusetzen. Einen neuen Impuls erhalten schließlich die formalen Entwicklungstendenzen in den tragischen und komischen Genres durch die Einführung der Tragikomödie, durch die es gelingt, die traditionelle Formenvielfalt in ein dichtungstheoretisch fundiertes Integrations-Modell einzubringen und damit dem Literaturverständnis eines schichtenmäßig vereinheitlichten Publikums zu entsprechen.

Derartige Tendenzen konnten sich innerhalb des Textkorpus freilich nicht in allen Stücken gleichmäßig und gleichzeitig durchsetzen. Vielmehr ist zu berücksichtigen, daß sich in den einzelnen Theatern in Abhängigkeit von den jeweils dominierenden Publikumsschichten sehr bald verschieden ausgerichtete Repertoires herausbilden. Ganz allgemein können dabei formal konservative Repertoires von solchen, in denen sich innovative Impulse stärker durchsetzen konnten, unterschieden werden. Gerade in letzteren machen sich auch die Einflüsse, die aus dem ideengeschichtlichen Kontext in das Drama hineinwirken, besonders deutlich bemerkbar. Die besondere ideengeschichtliche Situation der Shakespeare-Zeit, die durch die Opposition zweier fundamental verschiedener philosophischer Denkansätze entscheidend geprägt ist, schlägt sich im Drama vor allem in der Art nieder, wie die Figuren präsentiert, wie die Thematik entfaltet und welches Bild der Wirklichkeit vermitelt wird. In der Anfangsphase des Dramas dominiert die aperspektivische Darstellung der Figuren, die bei allen Unterschieden in ihren psychischen und sozialen Dispositionen zugleich als Beispiele oder Vertreter moral-philosophischer Positionen vorgestellt werden, deren Verhalten eindeutig bewertet wird und durch die mit Hilfe einer klaren Sympathieverteilung Appelle an die Zuschauer übermittelt werden. Auch die thematische Entfaltung bleibt bei aller Komplexität einer normativen Bewertung unterworfen. Die Welt, in der die Figuren agieren, wird dargestellt als geschlossenes, vom Menschen total erfaßbares und durchschaubares Gebilde, dessen einzelne Elemente in eindeutigen, objektiven Wertrelationen zueinander stehen. Die frühen Historien mit ihrem metaphysischen Geschichtsverständnis und den klaren Figurenaufgliederungen sind besonders typische Beispiele.

Dem Eindringen alternativer philosophischer Denkansätze in das öffentliche Bewußtsein entspricht im Drama ein zunehmender Perspektivismus. Die Figuren äußern sich nur noch entsprechend ihrer psychischen und sozialen Festlegung, und ihre Urteile sind Beschränkungen durch ihre jeweiligen Standpunkte und Interessen unterworfen. Die Sympathielenkung wird höchst differenziert über das ganze Figurenspektrum verteilt. In der thematischen Entfaltung ist eine zunehmende Problematisierung traditionell vorgegebener Normen und ein Infragestellen vorgegebener Lösungen zu beobachten. Dem Zuschauer

wird im späteren Drama mehr und mehr ein widersprüchliches Bild der Wirklichkeit vermittelt, das sich aus vielen perspektivisch dargebotenen Ausschnitten zusammensetzt und ihn zu eigener Deutung und Stellungnahme und zum Suchen nach neuen, eigenen Lösungen zwingt.
Das Drama der Shakespeare-Zeit war in seiner Vielfalt von Typen und Formen, in seiner Fülle von Varianten, seinem thematischen Reichtum und dem Spektrum von Perspektiven ein außerordentlich flexibles Medium, das auf jede Veränderung seines Kontextes unmittelbar reagieren konnte. Diese Lebendigkeit verdankte das Drama nicht zuletzt der historischen Situation, aus der es entstand und in der es sich durchsetzen mußte. Die Situation war literarhistorisch, ideengeschichtlich und gesellschaftlich ein Feld oft extremer Gegensätze, Umbrüche und Neuorientierungen. Das Drama stand zwischen der lebendigen Tradition des Volkstheaters und der normativen Ästhetik des Humanismus; es mußte den Erwartungen des Hofes ebenso gerecht werden wie denen der Bürger und hatte auf deren Perspektiven und Interessen zu reagieren. Als Medium aller Schichten nahm es in verschiedenster Weise Stellung zu den ethischen, sozialen und politischen Problemen der Zeit. Die Texte, die heute mühsamer historisch-philologischer Erschließung bedürfen, waren zu ihrer Zeit unmittelbar wirkendes, lebendiges Theater.

Anmerkungen

0. Einleitung

1 Die Erforschung der Texte selbst, ihrer Drucklegung und Überlieferung trat zu Beginn dieses Jahrhunderts mit der sogenannten *»New Bibliography«* in ihr modernes, wissenschaftliches Stadium. Zur Geschichte und Methode dieser Textforschung: R. B. McKerrow, *An Introduction to Bibliography for Literary Students* (Oxford, 1927); F. P. Wilson, *Shakespeare and the New Bibliography*, rev. and ed. H. Gardner (Oxford, 1970); J. Dover Wilson, »The New Way with Shakespeare's Texts«, *ShS*, 7 (1954), 8 (1955), 9 (1956), 11 (1958). Die Forschung auf diesem Gebiet wurde vor allem durch die Arbeiten von R. B. McKerrow, W. W. Greg, J. Dover Wilson, A. W. Pollard, F. Bowers, C. J. Sisson and Ch. Hinman gefördert (vgl. Bibliographie).

2 Die Verknüpfung der beiden Richtungen wurde vor allem durch Forscher wie L. L. Schücking, E. E. Stoll, C. J. Sisson, M. C. Bradbrook, A. Harbage, S. L. Bethell, D. M. Bevington, A. Righter und R. Weimann erfolgreich vollzogen.

3 Vgl. J. A. Barishs treffendes Bild: »he [Ben Jonson] was dragged captive behind the triumphal chariot of Shakespeare worship«; s. J. A. Barish, ed., *Ben Jonson. A Collection of Critical Essays*, Twentieth Century Views (Englewood Cliffs, N. J., 1963), S. 1.

4 Edward Dowden in seiner berühmten Studie *Shakespeare: A Critical Study of his Mind and Art* von 1875 teilt z. B. das Werk Shakespeares auf in die biographischen Gruppen: »In the Workshop«; »In the World«; »In the Depths«; »On the Heights«.

5 Beispiele aus neuerer Zeit sind A. P. Rossiter, *English Drama from the Early Times to the Elizabethans. Its Background, Origins and Development* (London, 1950 u. ö.); F. P. Wilson, *The English Drama 1485–1585*, ed. with a bibliography by G. K. Hunter, Oxford History of English Literature, 4.1 (Oxford, 1969). Im deutschen Sprachraum: R. Stamm, *Geschichte des englischen Theaters* (Bern, 1951).

6 Vgl. F. P. Wilson, *Elizabethan and Jacobean* (Oxford, 1945); U. Ellis-Fermor, *The Jacobean Drama. An Interpretation* (London, 1936 u. ö.); A. Harbage, *Cavalier Drama. An Historical and Critical Supplement to the Study of the Elizabethan and Restoration Stage* (New York, 1936, 1964).

7 S. die heftig geführte Debatte um den englischen Literaturbarock und die Einordnung Shakespeares, z. B. P. Meissner, *Die geistesgeschichtlichen Grundlagen des englischen Literaturbarocks* (München, 1934); M. Deutschbein, *Shakespeares Macbeth als Drama des Barock* (Leipzig, 1936); L. L. Schücking, »Der barocke Charakter des tragischen Helden im elisabethanischen Drama«, in Schücking, *Essays über Shakespeare, Pepys, Rossetti, Shaw und anderes* (Wiesbaden, 1948); E. M. W. Tillyard, *The English Renaissance: Fact or Fiction?*, Hogarth Lectures on English Literature (London, 1952); G. Pellegrini, *Barocco Inglese* (Messina, 1953); vgl. auch in neuester Zeit den Versuch, Websters Dramen als barock zu deuten: R. Berry, *The Art of John Webster* (Oxford, 1972).

8 Vgl. die berühmte Studie von L. C. Knights, *Dama and Society in the Age of Jonson* (London, 1937; 3rd ed. 1962).

9 Z. B. E. M. W. Tillyard, *Shakespeare's History Plays* (London, 1944 u. ö.); L. B. Campbell, *Shakespeare's Histories. Mirrors of Elizabethan Policy*, Huntingdon Library Publications (San Marino, 1947 u. ö.).

1.1. Die Die Schauspieltruppen

1 Eine Geschichte aller Schauspieltruppen bis 1642 liegt noch nicht vor. Die Dokumente sind in E. K. Chambers, *The Elizabethan Stage*, 4 vols. (Oxford, 1923), G. E. Bentley, *The Jacobean and Caroline Stage*, 7 vols. (Oxford, 1941–1968), abgedruckt. Lediglich die Geschichte der Truppe, der Shakespeare angehörte, wurde in T. W. Baldwin, *The Organisation and Personnel of the Shakespearean Company* (Princeton, 1927), detailliert dargestellt. Angaben über einzelne Schauspieler sind in E. Nungezer, *A Dictionary of Actors ...* (New Haven, 1929) gesammelt.

2 Die beste Darstellung der Entstehung und Geschichte des Schauspielerberufs ist M. C. Bradbrook, *The Rise of the Common Player* (London, 1962); die zitierten Beispiele nach Th. M. Parrott, R. H. Ball, *A Short View of Elizabethan Drama* (New York, 1943), S. 45–46.

3 Chambers, *El. Stage*, II. 86.

4 Chambers, *El. Stage*, II. 87–88.

5 Für eine ausführlichere Darstellung der Vorgänge in und zwischen den Truppen s. A. Gurr, *The Shakespearean Stage 1574–1642* (Cambridge, 1970), S. 19 ff.

6 Zur Geschichte der Kindertruppen s. H. N. Hillebrand, *The Child Actors: A Chapter in Elizabethan Stage History*. Univ. of Illinois Studies in Language and Literature (Urbana, 1926), und W. A. Armstrong, *The Elizabethan Private Theatres: Facts and Problems*. The Society for Theatre Research (London, 1958).

7 Zur Technik des *doubling* vgl. 2.1. sowie D. M. Bevington, *From Mankind to Marlowe* (Cambridge, Mass., 1962), Kap. V, VI, VII.

8 Vgl. Chambers, *El. Stage*, I. 352, und Bentley, *Jac. and Car. Stage*, I. 43.

9 Chambers, *El. Stage*, I. 372.

10 G. E. Bentley, »Lenten Performances in the Jacobean and Caroline Theaters«, *Essays on Shakespeare and Elizabethan Drama*, ed. R. Hosley (New York, 1963), S. 351–360.

11 Bentley, *Jac. and Car. Stage*, II. 690.

12 Neben der bereits erwähnten Monographie Bradbrooks *The Rise of the Common Player* vgl. auch A. Mason, »The Social Status of Theatrical People«, *SQ*, 18 (1967), 429–430.

1.2. Die Londoner Bühnen

1 Die Dokumente zur Bühnengeschichte finden sich in Chambers, *El. Stage*, Bd. II, und Bentley, *Jac. and Car. Stage*, Bd. VI. Die nüchterne, von Spekulationen weitgehend freie Erforschung der Theaterbauten begann mit der Studie von G. F. Reynolds, *The Staging of Elizabethan Plays at the Red Bull Theater 1605–1625* (London, 1940). Außerordentlich wichtig sind auch die verschiedenen Arbeiten von R. Hosley, B. Beckerman, J. W. Saunders, G. R. Kernodle. An kurzen verläßlichen Darstellungen seien genannt: A. M. Nagler, *Shakespeare's Stage* (New Haven, 1958); A. Gurr, *The Shakespearean Stage 1574–1642* (Cambridge, 1970), Kap. 4: »The Playhouses«, S. 82 ff. und Ch. T. Prouty, ed., *Studies in the Elizabethan Theatre* (Hamden, Conn., 1961).

2 Eine kurze Darstellung der Entstehungsgeschichte der Londoner Theater gibt A. Gurr, *Sh. Stage*, S. 82 ff.

3 Abgedr. in E. K. Chambers, *El. Stage*, II. 436–439.

4 Vgl. z. B. die Berichte des deutschen Kaufmanns Samuel Kiechel und

von William Lambarde, abgedr. in E. K. Chambers, *El. Stage,* II. 358–359.

5 Eine Zusammenstellung und Beurteilung der Dokumente gibt J. Stinson, »Reconstruction of Elizabethan Public Playhouses« (Prouty, S. 53 ff.). Die Skizze de Witts wurde häufig reproduziert; am besten in *ShS,* 1 (1948), Tafel III.

6 R. Weimann, *Shakespeare und die Tradition des Volkstheaters* (Berlin, 1967).

7 R. Hosley, »The Discovery-Space in Shakespeare's Globe«, *ShS,* 12 (1959); B. Beckerman, *Shakespeare at the Globe, 1599–1609* (New York, 1962); J. W. Saunders, »Staging at the Globe, 1599–1613«, *SQ,* 11 (1960).

8 Vgl. R. Hosley, »The Gallery over the Stage in the Public Playhouse of Shakespeare's Time«, *SQ,* 8 (1957); R. Hosley, »Shakespeare's Use of a Gallery over the Stage«, *ShS,* 10 (1957). R. Hosley, »Was there a Music Room in Shakespeare's Globe?« *ShS,* 13 (1960).

9 Vgl. Weimann, S. 417 ff., insbesondere S. 418.

10 Eine gute Darstellung gibt M. Paterson, »The Stagecraft of the Revels Office during the Reign of Elizabeth«, in Prouty, S. 1 ff.

11 A. Feuillerat, ed., *Documents Relating to the Office of the Revels in the Time of Queen Elizabeth* (Louvain, 1908).

12 Feuillerat, *Documents,* S. 145; E. K. Chambers, *El. Stage,* I. 224.

13 Engelsflügel: Paterson, »Stagecraft«, S. 18; Landsknechtstracht: A. Feuillerat, *Le Bureau des Menus-Plaisirs (Office of the Revels) et la mise en scène à la cour d'Elizabeth* (Louvain, 1910), S. 59.

14 A. Nicoll, *Masks, Mimes and Miracles* (New York, 1931), S. 196.

15 Feuillerat, *Bureau,* S. 71.

16 Feuillerat, *Documents,* S. 296.

17 Feuillerat, *Documents,* S. 199: »iiij Eares« = vier Henkel.

18 L. Hotson, *The First Night of Twelfth Night* (London, 1954).

19 Die Dokumente hierzu finden sich in E. K. Chambers, *El. Stage,* Bd. III. Wichtige Studien sind W. J. Lawrence, *Pre-Restoration Stage Studies* (Cambridge, Mass., 1927), und für einzelne Theater die Arbeiten von G. F. Reynolds *(Red Bull),* B. Beckerman *(Globe),* T. J. King, *Shakespearean Staging, 1599–1642* (Cambridge, Mass., 1971).

20 John Webster, *The White Devil,* ed. J. R. Mulryne (London, 1970), S. 3: »To the Reader«.

21 Vgl. hierzu W. T. Jewkes, *Act Division in Elizabethan and Jacobean Plays 1583–1616,* (Hamden, Conn., 1958).

22 S. Reynolds, S. 9.

23 D. Klein, »Time Allotted for an Elizabethan Performance«, *SQ,* 18 (1967).

24 C. R. Baskervill, *The Elizabethan Jig and Related Song Drama* (Chicago, 1929).

25 Vgl. die Vorrede »To the Reader« zu *The Alchemist* und die »Induction« zu *Bartholomew Fair;* s. *Ben Jonson's Plays,* ed. F. E. Schelling, 2 vols., Everyman's Library, 498–490 (London, 1910 u. ö.), II. 1 und II. 182.

26 Für Kostüme s. M. C. Linthicum, *Costume in the Drama of Shakespeare and his Contemporaries* (Oxford, 1936).

27 *Ben Jonson's Plays,* I. 95.

28 *Henslowe's Diary,* ed. R. A. Foakes, R. T. Rickert (Cambridge, 1961), S. 291–294, 317–325.

29 Vgl. W. J. Lawrence, S. 221.

30 Siehe G. F. Reynolds, S. 43.

31 K. J. Holzknecht, *The Backgrounds of Shakespeare's Plays* (New York, 1950), S. 131.

32 A. Gurr, *Sh. Stage,* S. 57.

33 Auf diesem Gebiet wurden in neuerer Zeit bedeutende Fortschritte erzielt. Die frühere Arbeit von B. L. Joseph, *Elizabethan Acting* (London, 1951), ist, wie die Revisionen der zweiten Ausgabe von 1964 zeigen, überholt. Die wichtigsten Studien sind: R. A. Foakes, »The Player's Passion«, *Essays and Studies*, n.s. 7 (1954); A. Gurr, »Elizabethan Action«, *SP*, 63 (1966); ders., »Who Strutted and who Bellowed?«, *ShS*, 16 (1963); ders., *Sh. Stage*, Kapitel 3.

34 Vgl. R. Weimann, S. 308 f.

35 Dies und die folgenden Beispiele nach A. Gurr, *Sh. Stage*, S. 71–73.

36 Thomas Campion, *A Booke of Ayres* (1601), »To the Reader«; s. *Campion's Works*, ed. P. Vivian (Oxford, 1909), S. 4.

37 Siehe A. Gurr, *Sh. Stage*, S. 73 f.

38 *Holinshed's Chronicles of England, Scotland and Ireland*, 6 vols. (London, 1807–1808), III. 403: »Where he went abroad, his eies whirled about, his bodie priuilie fensed, his hand euer vpon his dagger, his countenance and maner like one alwaies readie to strike againe ...«; III. 447: »When he stood musing, he would bite and chaw busilie his nether lip; as who said, that his fierce nature in his cruell bodie alwaies chafed, stirred, a[n]d was euer vnquiet: beside that, the dagger which he ware, he would (when he studied) with his hand plucke vp & downe in the sheath to the midst, neuer drawing it fullie out ...«

39 Zur *dumb-show* vgl. die Monographie von D. Mehl, *The Elizabethan Dumb Show* (London, 1965).

40 Diese Beispiele nach A. Gurr, *Sh. Stage*, S. 75 und 74.

1.3. Das Publikum

1 Die beste Studie über das Publikum ist A. Harbage, *Shakespeare's Audience* (New York, 1941; 1958). Wertvolle Ergänzungen sind C. Leech, »The Caroline Audience«, *MLR*, 36 (1941); W. A. Armstrong, »The Audience of the Elizabethan Private Theatres«, *RES*, n.s. 10 (1959); A. Gurr, *Sh. Stage*, Kap. 6.

2 Vgl. z. B. E. K. Chambers' Verdikt in Chambers, *El. Stage*, I. 264–265.

3 Die folgenden Angaben sind aus Harbage, Kap. 2, entnommen.

4 Harbage, S. 91.

5 J. Wright, *Historia Histrionica* (1699), S. 5, zitiert bei Gurr, *Sh. Stage*, S. 144.

6 Gurr, *Sh. Stage*, S. 144 und 143.

7 Gurr, *Sh. Stage*, S. 144.

8 Gurr, *Sh. Stage*, S. 145.

9 Weimann, S. 298.

10 S. P. Zitner, »Gosson, Ovid, and the Elizabethan Audience«, *SQ*, 9 (1958).

11 Harbage, S. 17.

12 Vgl. Th. Dekker, *The Gull's Hornbook* (1609), Kap. 6: »How a Gallant should behave himself in a Play-house«, nach Gurr, *Sh. Stage*, S. 153–154.

13 Gurr, *Sh. Stage*, S. 152.

14 Th. Kyd, *The Spanish Tragedy*, ed. Ph. Edwards (London, 1959). Man beachte die ständig wiederkehrenden Auftritte, in denen der Geist des Andrea und die Revenge-Figur den Verlauf der Handlung erörtern.

15 Gurr, *Sh. Stage*, S. 155.

1.4. Die Autoren

1 Die beste Studie über die Dramatiker ist G. E. Bentley, *The Profession of Dramatist in Shakespeare's Time, 1590–1642* (Princeton, 1971); die bei Chambers, *El. Stage,* Bentley, *Jac. and Car. Stage,* in *Henslowe's Diary* und anderswo gesammelten Dokumente sind hier sorgfältig ausgewertet.

2 Zu der Tendenz in der Forschung, den Professionalismus dieser Dramatiker zugunsten einer romantischen Vorstellung vom Dichter zu übersehen, vgl. Bentley, *Profession,* S. 3–8.

3 Vgl. Bentley, *Profession,* S. 17 ff.

4 Die Liste und die Zahlenangaben wurden von Bentley, *Profession,* S. 27, zusammengestellt.

5 *The Three Parnassus Plays (1598–1601),* ed. J. B. Leishman (London, 1949), hier S. 350.

6 Als Zeugnis für die Einschätzung der Dramen als subliterarischer Produkte vgl. man John Donne, *The Courtier's Library, or ›Catalogus Librorum Aulicorum incomparabilium et non vendibilium‹,* ed. E. M. Simpson (London, 1930): Donne nennt hier kein einziges Drama, obwohl er doch als »a great frequenter of plays« bekannt war (s. Bentley, *Profession,* S. 50). Vgl. hierzu auch die Bemerkungen von E. M. Simpson in ihrer Ausgabe des ›*Catalogus*‹, S. 23–24. – Weitere Belege finden sich in der Korrespondenz Sir Thomas Bodleys mit seinem Bibliothekar Thomas James, in der er sich gegen die Aufnahme der von ihm als wertlos eingeschätzten Dramen ausspricht. (Auszüge bei Bentley, *Profession,* S. 52–53.)

7 Vgl. *Henslowe's Diary,* ed. R. A. Foakes, R. T. Rickert (Cambridge, 1961), S. 167 und 294.

8 Zu Preisgestaltung und Einkommen vgl. W. W. Greg in seiner Ausgabe von *Henslowe's Diary,* 2 vols. (London, 1904–1908), hier II. 126–127.

9 Vgl. Bentley, *Profession,* Kap. 6.

10 Dies geht aus einer Aufzeichnung von John Ward hervor, der 1662–1681 Pfarrer von Holy Trinity in Stratford-upon-Avon war; abgedruckt bei E. K. Chambers, *William Shakespeare,* 2 vols. (Oxford, 1930), hier II. 249.

11 Vgl. Bentley, *Profession,* S. 167.

12 Der Zensor verlangte die Streichung der Szene, weshalb sie in den ersten drei Quartos von 1597 und 1598 (zwei Ausgaben) nicht erscheint. Erst in der vierten Quarto von 1608, fünf Jahre nach Elisabeths Tod, konnte sie gedruckt werden. Die Mitverschwörer des Earl of Essex veranlaßten die *Lord Chamberlain's Men,* das Stück am Vorabend der Rebellion wieder ins Programm zu nehmen. Vgl. Bentley, *Profession,* S. 168.

13 Samuel Daniel, *The Tragedy of Philotas,* ed. L. Michel (New Haven, 1949), S. 38; vgl. Bentley, *Profession,* S. 169.

14 Vgl. Bentley, *Profession,* S. 206–208.

15 Vgl. Bentley, *Profession,* S. 227 ff. Zur Frage der Textaufteilung bei Beaumont und Fletcher s. Cyrus Hoy, »The Shares of Fletcher and His Collaborators in the Beaumont and Fletcher Canon«, »(I)« bis »(VII)«, *Studies in Bibliography,* 8 (1956) bis 15 (1962).

16 Vgl. die Beispiele, die Bentley, *Profession,* S. 227 ff., anführt.

17 Vgl. Bentley, *Profession,* S. 245.

18 Bentley, *Profession,* S. 263.

2.1. Die dramatische Tradition und ihr Einfluß auf die Form des Dramas

1 Die Dokumente über das mittelalterliche Drama in England wurden gesammelt und analysiert von E. K. Chambers, *The Medieval Stage*, 2 vols. (Oxford, 1903). Wichtige Gesamtdarstellungen sind K. Young, *The Drama of the Medieval Church*, 2 vols. (Oxford, 1933); H. Craig, *English Religious Drama of the Middle Ages* (Oxford, 1955); A. Williams, *The Drama of Medieval England* (East Lansing, Michigan, 1961).

2 Zur Form der Aufführungen mittelalterlicher Schauspiele vgl. R. Southern, *The Medieval Theatre in the Round* (London, 1957). Die Aufgliederung *platea – sedes* in ihrer Bedeutung für die Tradition des Volkstheaters wurde am eindringlichsten von R. Weimann, *Shakespeare und die Tradition des Volkstheaters*, dargestellt.

3 Zitiert nach T. W. Craik, *The Tudor Interlude*. Vgl. auch *R. Southern, The Staging of Plays before Shakespeare* (London, 1973).

4 Nach Craik, S. 23.

5 Craik, S. 24.

6 Vgl. W. Weiß, »The Alchemist«, in *Das englische Drama*, ed. D. Mehl, 2 Bde. (Düsseldorf, 1970), I. 270.

7 Vgl. A. Gurr, *The Shakespearean Stage*, S. 118 f.

8 Vgl. W. Clemen, *Schein und Sein bei Shakespeare* (München, 1959); K. E. Faas, *Schein und Sein in der frühelisabethanischen Lyrik und Prosa (1550–1590)* (Diss., München, 1965).

9 D. M. Bevington, *From Mankind to Marlowe. Growth of Structure in the Popular Drama of Tudor England* (Cambridge, Mass., 1962); vgl. auch W. J. Lawrence, *Pre-Restoration Stage Studies* (Cambridge, Mass., 1927), S. 43–78: »The Practice of Doubling and Its Influence on Early Dramaturgy«.

10 Bevington, S. 91.

11 Die *plots* wurden veröffentlicht und analysiert von W. W. Greg, *Dramatic Documents from the Elizabethan Playhouses* (Oxford, 1931); vgl. auch W. W. Greg, »The Evidence of Theatrical Plots for the History of the Elizabethan Stage«, *RES*, 1 (1925).

12 Bevington, S. 106 ff.

13 John Marston, *Antonio and Mellida & Antonio's Revenge*, ed. W. W. Greg, The Malone Society Reprints (London, 1921), »Induction«, Z. 26–27. Vgl. auch Lawrence, *Pre-Restoration Stage Studies*, S. 63.

14 Lawrence, S. 76.

15 Nach Bevington, S. 204.

16 Vgl. R. Stamm, *Geschichte des englischen Theaters* (Bern, 1951), S. 34 f.

17 H. C. Gardiner, *Mysteries' End. An Investigation of the Last Days of the Medieval Religious Stage* (New Haven, 1946).

18 Abgedruckt bei Dodsley = *A Select Collection of Old English Plays*, ed. R. Dodsley, 4th edition, ed. W. C. Hazlitt, 15 vols. (London, 1874–1876); hier II. 41–102.

19 Nach Bevington, S. 145.

20 Dodsley, II. 42.

21 John Skelton, *Magnyfycence*, ed. R. L. Ramsay, EETS, Extra Series, 98 (London, 1908), hier S. 1; vgl. Bevington, S. 132–134.

22 John Pikeryng, *Horestes* (1567), in *Quellen des weltlichen Dramas in England vor Shakespeare*, ed. A. Brandl (Straßburg, 1898), S. XC–XCVII, 491–537, 665. Vgl. auch Bevington, S. 179 ff.

23 Siehe J. D. Wilson, *The Fortunes of Falstaff* (Cambridge, 1943).

24 Bevington, S. 152.

25 *The Tide Taryeth No Man*, ed. E. Rühl, *SJ*, 43 (1907), 1–52.
26 [W. Wager,] *The longer thou livest the more fool thou art*, ed. A. Brandl, *SJ*, 36 (1900), 1–64.
27 [T. Lupton,] *All for Money*, ed. E. Vogel, *SJ*, 40 (1904), 129–186.
28 Die ausführlichsten Darstellungen der Geschichte dieses Bühnentypus, seiner Funktionen und seiner Wirkung bieten B. Spivack, *Shakespeare and the Allegory of Evil* (New York, 1958), und R. Weimann, *Shakespeare und die Tradition des Volkstheaters.*
29 Vgl. Spivack, passim.
30 Siehe Weimann, S. 33–264.
31 Dodsley, II. 103–157. Vgl. Spivack, S. 315 ff.
32 Ausgabe in *Chief Pre-Shakespearean Dramas*, ed. J. Q. Adams (Cambridge, Mass., 1974), S. 423–468. Vgl. Spivack, S. 318 ff.
33 Bei Adams, S. 469–499.
34 *Ben Jonson's Plays*, II. 381.
35 *The Plays of Christopher Marlowe*, ed. R. Gill (London, 1971), S. 215 (II. 3. 172 ff.).
36 F. S. Boas, *University Drama in the Tudor Age* (Oxford, 1914; repr. 1966); C. C. Coulter, »The Plautine Tradition in Shakespeare«, *JEGP*, 19 (1920), 68–83; T. H. V. Motter, *The School Drama in England* (London, 1929); W. Beare, »Plautus, Terence and Seneca: A Comparison of Aims and Methods«, in *Classical Drama and Its Influence. Essays Presented to H. D. F. Kitto*, ed. M. J. Anderson (London, 1965), S. 101–115; R. Hosley, »The Formal Influence of Plautus and Terence«, in *Elizabethan Theatre*, Stratford-upon-Avon Studies, 9 (London, 1966), S. 130–145.
37 Vgl. M. T. Herrick, *Comic Theory in the Sixteenth Century* (Urbana, 1950).
38 Z. B. J. W. Cunliffe, *The Influence of Seneca on Elizabethan Tragedy* (London, 1893).
39 Z. B. Howard Baker, *Induction to Tragedy* (Baton Rouge, 1939).
40 Siehe *Les Tragédies de Sénèque et le théatre de la Renaissance*, ed. J. Jacquot (Paris, 1964), und darin besonders den ausgezeichneten Aufsatz von W. Habicht, »Sénèque et le théatre populaire pré-shakespearien« (S. 175–187).
41 G. Dahinten, *Die Geisterszene in der Tragödie vor Shakespeare* (Göttingen, 1958).
42 W. Clemen, *Wandlung des Botenberichts bei Shakespeare* (München, 1952).

2.2. Das Drama in der Literaturtheorie und -kritik der Zeit

1 Zur Dichtungstheorie der Renaissance vgl. J. W. H. Atkins, *English Literary Criticism: The Renascence* (New York, London, 1947; repr. 1968; C. S. Baldwin, *Renaissance Literary Theory and Practice. Classicism in the Rhetoric and Poetic of Italy, France, and England, 1400–1600* (New York, 1939; repr. Gloucester, Mass., 1959). Die Aristoteles-Rezeption in Italien wurde ausführlich dargestellt von B. Weinberg, *A History of Literary Criticism in the Italian Renaissance*, 1–2 (Chicago, 1961).
2 Vgl. z. B. die Argumente Sidneys: Sir Philip Sidney, *An Apology for Poetry, or The Defence of Poesy*, ed. G. Shepherd (London, 1965).
3 Zitiert nach N. H. Platz, ed., *English Dramatic Theories.* 1: *From Elyot to the Age of Dryden, 1531–1668* (Tübingen, 1973), S. 1.
4 Platz, S. 4–5.

5 Platz, S. 13–14.
6 Platz, S. 15.
7 Platz, S. 32–35.
8 Darstellungen der puritanischen Attacken in E. N. S. Thompson, *The Controversy between Puritans and the Stage* (New York, 1903); C. Cullen, »Puritanism and the Stage«, *Proceedings of the Royal Philosophical Society of Glasgow*, 93 (1911–1912), 153–181; W. Ringler, »The First Phase of the Elizabethan Attack on the Stage, 1558–1579«, *Huntington Library Quarterly*, 5 (1942).
9 Auszüge bei Platz, S. 18–22.
10 *The English Drama and Stage under the Tudor and Stuart Princes, 1543–1664*, ed. W. C. Hazlitt (London, 1869; repr. New York, 1964), S. 157–218.
11 Stephen Gosson, *The Schoole of Abuse*, ed. E. Arber (London, 1868); Faksimileausgabe: Stephen Gosson, *The School of Abuse: 1579* (Menston, 1972). Vgl. auch W. Ringler, *Stephen Gosson: A Biographical and Critical Study* (Princeton, 1942; repr. New York, 1972).
12 *Phillip Stubbes's Anatomy of the Abuses in England in Shakspere's Youth*, ed. F. J. Furnivall, 1–2 (London, 1877–1882).
13 *Th'overthrow of Stage Plays, by the Way of Controversy Betwixt D. Gager and D. Rainoldes* (London, 1599). Vgl. Atkins, S. 228–229.
14 Gesammelt bei D. Klein, *The Elizabethan Dramatists as Critics* (New York, London, 1963).
15 Platz, S. 15.
16 Platz, S. 17.
17 Zitiert nach G. G. Smith, ed., *Elizabethan Critical Essays*, 1–2 (Oxford, 1904 u. ö.), hier I. 312.
18 Platz, S. 29–30.
19 Smith, II. 317–320.
20 *The Plays of John Marston*, ed. H. H. Wood, 1–3 (Edinburgh, London, 1934–39), hier II. 232.
21 H. Reinsch, *Ben Jonsons Poetik und seine Beziehungen zu Horaz* (Erlangen, 1899); H. W. Baum, *The Satiric and the Didactic in Ben Jonson's Comedy* (Chapel Hill, 1947); M. Gottwald, »Ben Jonson's Theory of Comedy«, *Acta Universitatis Wratislaviensis*, 45 (1966), 31–53.
22 J. H. Penniman, *The War of the Theatres* (Halle, 1897).
23 Platz, S. 38–39.
24 Vgl. M. T. Herrick, *Tragicomedy. Its Origin and Development in Italy, France, and England* (Urbana, 1955); M. Doran, *Endeavours of Art* (Madison, 1954; repr. 1963), Kap. 8, S. 186–215.
25 Platz, S. 44.
26 V. Hall, Jr., *Renaissance Literary Criticism. A Study of Its Social Content* (New York, 1945; repr. Gloucester, Mass., 1959).
27 Platz, S. 31.
28 Platz, S. 55.
29 Platz, S. 30–31.
30 O. J. Campbell, *Comicall Satyre and Shakespeare's Troilus and Cressida* (San Marino, California, 1938).
31 Platz, S. 36–37.

2.3. Sprache und Sprachverständnis in der Shakespeare-Zeit

1 Vgl. hierzu programmatisch G. W. Knight, »On the Principles of Shakespeare Interpretation«, in Knight, *The Wheel of Fire* (London, 1930).

2 Aus diesen Bemühungen gingen eine Reihe von Standardwerken hervor, von denen hier nur die wichtigsten genannt seien.
Lexika:
A. Schmidt u. G. Sarrazin, *Shakespeare-Lexikon* (Berlin, 1874–1875; 3. Aufl. erw. v. G. Sarrazin, 2 Bde., Berlin, 1902); C. T. Onions, *A Glossary of Tudor and Stuart Words, especially from the dramatists,* ed. with additions by A. L. Mayhew (Oxford, 1914); E. Partridge, *Shakespeare's Bawdy: A Literary and Psychological Essay and a Comprehensive Glossary* (London, 1947; rev. ed. 1968).
Grammatiken (Interpunktion, Orthographie, Phonetik):
E. A. Abbott, *A Shakespearean Grammar* (London, 1869); W. Franz, *Shakespeare-Grammatik* (Halle, 1898–1900); P. Simpson, *Shakespearean Punctuation* (Oxford, 1911; 1969); P. Alexander, *Shakespeare's Punctuation* (London, 1945); H. Kökeritz, *Shakespeare's Pronounciation* (New Haven, 1953); A. C. Partridge, *Orthography in Shakespeare and Elizabethan Drama: A Study of Colloquial Contractions, Elisions, Prosody and Punctuation* (London, 1964).

3 C. F. E. Spurgeon, *Shakespeare's Imagery and What It Tells Us* (Cambridge, 1935; 1958). Vgl. auch den Forschungsbericht zur Bilderforschung von K. Muir, »Shakespeare's Imagery – Then and Now« *ShS,* 18 (1965), und den Rückblick auf die Entwicklung der Bilderforschung bei W. Clemen, *The Development of Shakespeare's Imagery,* 2nd ed. (London, 1977).

4 W. Clemen, *Shakespeares Bilder. Ihre Entwicklung und ihre Funktionen im dramatischen Werk* (Bonn, 1936); engl. Fassung: *The Development of Shakespeare's Imagery* (London, 1951; 2nd ed. 1977).

5 Beispiele sind C. Brooks »The Naked Babe and the Cloak of Manliness«, in Brooks, *The Well-Wrought Urn* (New York, 1947); R. B. Heilman, *This Great Stage: Image and Structure in King Lear* (Baton Rouge, 1948); ders., *Magic in the Web: Action and Language in Othello* (Lexington, 1956).

6 Z. B. E. B. Partridge, *The Broken Compass. A Study of the Major Comedies of Ben Jonson* (London, 1958).

7 Vgl. z. B. R. Quirk, »Shakespeare and the English Language«, in *A New Companion to Shakespeare Studies,* ed. K. Muir, S. Schoenbaum (Cambridge, 1971); G. D. Willcock, »Shakespeare and Elizabethan English«, *ShS,* 7 (1954); M. St. C. Byrne, »The Foundations of Elizabethan Language«, *ShS,* 17 (1964); A. McIntosh, »›As You Like It‹: A Grammatical Clue to Character«, *RES,* 4 (1963); V. Salmon, »Sentence Structures in Colloquial Shakespearian English«, *TPS,* 1965 (1966); dies., »Elizabethan Colloquial English in the Fallstaff Plays«, *Leeds Studies in English,* 1 (1967); K. Hudson, »Shakespeare's Use of Colloquial Language«, *ShS,* 23 (1970); V. Salmon, »Some Functions of Shakespearean Word-Formation«, *ShS,* 23 (1970).

8 Der Klassiker unter den zahlreichen englischen Sprachgeschichten ist A. C. Baugh, *A History of the English Language* (New York, 1951; 2nd ed. 1959). Vgl. auch R. F. Jones, *The Triumph of the English Language* (Stanford, 1953). Zur Aussprache: E. I. Dobson, *English Pronunciation 1500–1700,* 2 Bde. (Oxford, 1957). Eine strukturalistische Darstellung der Sprachgeschichte ist I. Nist, *A Structural History of English* (New York, 1966).

9 Vgl. hierzu Th. Finkenstaedt, *You and Thou. Studien zur Anrede im Englischen* (Berlin, 1963); I. Mulholland, »*Thou* and *You* in Shakespeare«, *English Studies,* 48 (1967).

10 V. Salmon »Sentence Structures in Colloquial Shakespearian English«, *TPS,* 1965 (1966).

11 Vgl. D. L. Peterson, *The English Lyric from Wyatt to Donne. A history of the plain and eloquent styles* (Princeton, 1967).

12 Eine präzise Charakteristik dieses Stils gibt G. K. Hunter, *John Lyly. The Humanist as Courtier* (London, 1962).

13 *The Complete Works of John Lyly*, ed. R. W. Bond, 1–3 (Oxford, 1902), II. 332–333.

14 Vgl W. Trimpi, *Ben Jonson's Poems. A Study of the Plain Style* (Stanford, 1962).

15 Zur Information über die Rhetorik im 16. Jahrhundert s. D. L. Clark, *Rhetoric and Poetry in the Renaissance* (New York, 1922); Ch. S. Baldwin, *Renaissance Literary Theory and Practice. Classicism in the Rhetoric and Poetic of Italy, France, and England, 1400–1600*, ed. D. L. Clark (New York, 1939; repr. Gloucester, Mass., 1959); L. A. Sonnino, *A Handbook to Sixteenth-Century Rhetoric* (London, 1968).

16 S. hierzu A. M. Patterson, *Hermogenes and the Renaissance. Seven Ideas of Style* (Princeton, 1970).

17 Dieser Terminus nach W. Habicht, *Studien zur Dramenform vor Shakespeare. Moralität, Interlude, romaneskes Drama* (Heidelberg, 1968), S. 173 ff.

18 Einen Katalog der Redetypen im Drama des 16. Jahrhunderts gibt W. Clemen, *Die Tragödie vor Shakespeare. Ihre Entwicklung im Spiegel der dramatischen Rede* (Heidelberg, 1955), Kap. 3.

19 Clemen, *Die Tragödie vor Shakespeare*, S. 42.

20 Die beste Darstellung dieser Entwicklung gibt W. Clemen, *Die Tragödie vor Shakespeare*.

21 Th. Kyd, *The Spanish Tragedy*, ed. J. R. Mulryne (London, 1970), S. 35.

22 Ibidem, S. 53 f. Zur Ablehnung dieses Stils durch spätere Dramatiker vgl. Ben Jonsons *Everyman In His Humour* (I. 4), wo Bobadill und Mathew dieser Rede ironisch besonderes Lob spenden; s. *Ben Jonson's Plays*, I. 570.

23 Vgl. hierzu J. Thompson, *The Founding of English Metre* (London, 1961), und W. Weiß, *Die Elisabethanische Lyrik* (Darmstadt, 1976), Kapitel III: »Metrum und Rhythmus«.

24 F. W. Ness, *The Use of Rhyme in Shakespeare's Plays* (New Haven, 1941); K. Fehse, *Der Reim und seine Funktion im englischen Drama vor 1600* (Diss. Saarbrücken, 1969); I. Schabert, »Zum Reimgebrauch in Shakespeares Dramen: Reimende Personen und reimender Autor«, *SJ* (1977).

25 Vgl. hierzu M. Crane, *Shakespeare's Prose* (Chicago, 1951); E. Tschopp, *Zur Verteilung von Vers und Prosa in Shakespeares Dramen* (Bern, 1956).

2.4. Weltdeutungen und ethische Normen der Shakespeare-Zeit

1 Von den zahllosen Ausgaben und Auflagen, die das Werk erlebte, ist die zuverlässigste J. Burckhardt, *Die Kultur der Renaissance in Italien*, Durchgesehen von W. Goetz (Stuttgart, 1952).

2 Darstellungen der Geschichte des Renaissance-Verständnisses sind W. K. Ferguson, *The Renaissance in Historical Thought: Five Centuries in Interpretation* (Boston, 1948); T. Helton, ed., *The Renaissance: A Reconsideration of the Theories and Interpretations of the Age* (Madison, 1961; repr. 1964); De Lamar Jensen, »The Renaissance in Recent Thought: Fifteen Years of Interpretation«, *BYUS*, 6 (1964); K. Reichenberger, »Historische Wandlungen des Renaissancebegriffs seit Burckhardt«,

LJGG, N.F. 5 (1964). Vgl. auch A. Buck, ed., *Zu Begriff und Problem der Renaissance* (Darmstadt, 1969).

3 Z. B. C. S. Lewis, *English Literature in the Sixteenth Century, Excluding Drama* (Oxford, 1954).

4 Wichtige Arbeiten zum Versuch zwischen Renaissance, Manierismus und Barock im Drama der Shakespeare-Zeit zu unterscheiden sind: L. L. Schücking, »The Baroque Character of the Elizabethan Tragic Hero«, *PBA*, 24 (1938); R. Stamm, »Englischer Literaturbarock?«, in Stamm, ed., *Die Kunstformen des Barockzeitalters* (Bern, 1956); R. Soellner, »Baroque Passion in Shakespeare and his Contemporaries«, *ShakS*, 1 (1965); M. Mincoff, »Shakespeare, Fletcher and Baroque Tragedy«, *ShS*, 20 (1967).

5 In der Literaturwissenschaft wird diese Auffassung vertreten u. a. von D. Bush, *The Renaissance and English Humanism* (Toronto, 1939).

6 Dieser Begriff wurde geprägt von H. Haydn, *The Counter-Renaissance* (Gloucester, Mass., 1950; ²1966). Vgl. auch die knappe und präzise Darstellung von Renaissance und Gegenrenaissance bei N. H. Platz, *Ethik und Rhetorik in Ben Jonsons Dramen* (Heidelberg, 1976).

7 A. O. Lovejoy, *The Great Chain of Being: A Study of the History of an Idea* (Cambridge, Mass., 1936).

8 E. M. V. Tillyard, *The Elizabethan World Picture* (London, 1943 u. ö.).

9 F. P. Wilson, *Elizabethan and Jacobean* (Oxford, 1945; repr. 1946). Vgl. auch die Charakterisierung von *Jacobean* bei U. Ellis-Fermor, *The Jacobean Drama. An Interpretation* (London, 1936; repr. 1965).

10 *The Works of Francis Bacon*, ed. J. Spedding, R. L. Ellis, D. D. Heath, 1–14 (London, 1857–1874; repr. Stuttgart-Bad Cannstatt, 1963), hier III. 265.

11 Alle Zitate von Montaigne werden in der Übersetzung John Florios gegeben, weil durch sie Montaignes Gedankengut im England der Shakespeare-Zeit Verbreitung fand: *The Essays of Montaigne, Done into English by John Florio*, 1–3 (London, 1892; repr. New York, 1967); *Essay* III. 2 (Bd. 3, S. 21) und *Essay* II. 12 (Bd. 2, S. 329).

12 Montaigne, *Essay* II. 12 (Bd. 2, S. 243 f. und 322 f.).

13 Montaigne, *Essay* III. 13 (Bd. 3, S. 338).

14 Montaigne, *Essay* II. 12 (Bd. 2, S. 303).

15 Zit. n. Machiavelli, *Der Fürst*, übers. u. hg. v. R. Zorn (Stuttgart, 1955 u. ö.), S. 63.

16 Zit. n. N. H. Platz, *Ethik und Rhetorik*, S. 57.

17 Vgl. hierzu F. J. v. Rintelen, *Das Philosophische Wertproblem: Der Wertgedanke in der europäischen Geistesentwicklung. Teil I: Altertum und Mittelalter* (Halle, 1932).

18 Die Vorstellung geht zurück auf ein Bild in Homers *Ilias*, VIII. 19 ff.

19 In der Opposition dieser Begriffe folgt diese Darstellung N. H. Platz, *Ethik und Rhetorik*, S. 82 ff.

20 Der *virtù*-Begriff Machiavellis wird insbesondere im 25. Kapitel von *Der Fürst* entwickelt.

21 Zur Machiavelli-Rezeption in England s. E. Mayer, *Machiavelli and the Elizabethan Drama* (Weimar, 1897); M. Praz, »Machiavelli and the Elizabethans«, *PBA*, 14 (1928); F. Raab, *The English Face of Machiavelli: A Changing Interpretation* (London, Toronto, 1965): Ch. Morris, »Machiavelli's Reputation in Tudor England«, *Pensiero Politico*, 2 (1969).

22 *The Plays of Christopher Marlowe*, ed. R. Gill (London, 1971), S. 191.

23 Von den zahlreichen Untersuchungen zur Struktur der englischen Gesellschaft des 16. Jh. und ihren Veränderungen seien hier nur genannt A. L. Rowse, *The England of Elizabeth: The Structure of Society*

(London, 1950; 1964), und L. Stone, *Social Change and Revolution in England, 1540–1640* (London, 1966).

24 Vgl. R. H. Tawney, *Religion and the Rise of Capitalism* (London, 1926 u. ö.).

3.2. Die Tragödie der Shakespeare-Zeit

1 Als Einführungen in die Tragödie der Shakespeare-Zeit dienen M. C. Bradbook, *Themes and Conventions of Elizabethan Tragedy* (Cambridge, 1935 u. ö.); Th. Spencer, *Death and Elizabethan Tragedy* (Cambridge, Mass., 1936); U. Ellis-Fermor, *The Jacobean Drama* (London, 1936 u. ö.); W. Farnham, *The Medieval Heritage of Elizabethan Tragedy* (Berkeley, 1936); H. Baker, *Induction to Tragedy* (Baton Rouge, 1939); M. Doran, *Endeavours of Art: A Study of Form in Elizabethan Drama* (Madison, 1954 u. ö.); W. Clemen, *Die Tragödie vor Shakespeare: Ihre Entwicklung im Spiegel der dramatischen Rede* (Heidelberg, 1955); Tomlinson, *A Study of Elizabethan and Jacobean Tragedy* (London, 1964).

2 Zit. nach F. Bowers, *Elizabethan Revenge Tragedy 1587–1642* (Princeton, 1940; Gloucester, Mass., 1959), S. 260.

3 Zit. nach Bowers, *Elizabethan Revenge Tragedy*, S. 261.

4 Diese Gruppe stimmt mit M. Dorans »*De Casibus* Tragedy« überein, die von der Vf. auch »tragedy of ambition or power« (S. 125) genannt wird.

5 Zum Verständnis von *ambition* vgl. C. B. Watson, *Shakespeare and the Renaissance Concept of Honour* (Princeton, 1960); L. Einstein, *Tudor Ideals* (New York, 1962); M. Greaves, *The Blazon of Honour. A Study of Renaissance Magnanimity* (London, 1964); A. Esler, *The Aspiring Mind of the Elizabethan Younger Generation* (Durham, N. C., 1966); K. Smidt, »Two Aspects of Ambition in Elizabethan Tragedy; *Doctor Faustus* and *Macbeth*«, *ES*, 50 (1969); C. Uhlig, *Hofkritik im England des Mittelalters und der Renaissance: Studien zu einem Gemeinplatz der europäischen Moralistik* (Berlin, 1973).

6 Vgl. D. Howard, *The Three Temptations. Medieval Man in Search of the World* (Princeton, 1966).

7 *The Works of Francis Bacon*, ed. J. Spedding, R. L. Ellis, D. D. Heath, 1–7 (London, 1858–1861 u. ö.), hier VI. 465.

8 *Ben Jonson*, ed. C. H. Herford, P. Simpson, E. Simpson, VIII. 615.

9 Zit. nach Esler, *The Aspiring Mind*, S. 119.

10 *The Mirror for Magistrates*, ed. L. B. Campbell (Cambridge, 1938); Ergänzungsband: *Parts Added to The Mirror for Magistrates by John Higgins and Thomas Blenerhasset*, ed. L. B. Campbell (Cambridge, 1946).

11 Zur Entwicklung des *de-casibus*-Musters vgl. W. Farnham, *The Medieval Heritage of Elizabethan Tragedy* (Berkeley, 1936).

12 P. Charron, *De la Sagesse*, übers. v. S. Lennard, *Of Wisdom*, zit. n. M. Doran, *Endeavours*, S. 123 f.

13 E. M. Waith, *The Herculean Hero in Marlowe, Chapman, Shakespeare and Dryden* (New York, 1962).

14 Zur Geschichte des literarischen Typus des Tyrannen s. E. Walser, *Gesammelte Schriften zur Geistesgeschichte der Renaissance* (Basel, 1932).

15 R. Weimann, *Shakespeare und die Tradition des Volkstheaters*, S. 111 ff.; J. M. R. Margeson, *The Origins of English Tragedy* (Oxford, 1967), S. 2 ff.

16 Alle Texte Marlowes: *The Complete Works of Christopher Marlowe*,

ed. F. Th. Bowers, 1–2 (Cambridge, 1973). Ausgewählte Literatur: U. Ellis-Fermor, *Christopher Marlowe* (London, 1927 u. ö.); R. W. Battenhouse, *Marlowe's Tamburlaine. A Study in Renaissance Moral Philosophy* (Nashville, 1941); H. Levin, *The Overreacher. A Study of Christopher Marlowe* (London, 1954); J. B. Steane, *Marlowe. A Critical Study* (Cambridge, 1964); *Marlowe: A Collection of Critical Essays*, ed. C. Leech (Englewood Cliffs, 1964); *Christopher Marlowe*, ed. B. Morris (London, 1968); Ch. G. Masinton, *Christopher Marlowe's Tragic Vision* (Athens, Ohio, 1972); W. L. Godshalk, *The Marlovian World Picture* (The Hague, 1974); V. M. Meehan, *Christopher Marlowe, Poet and Playwright* (The Hague, 1974).

17 Siehe I. Ribner, »Marlowe and the Critics«, *TDR*, 8 (1964).

18 Siehe zusätzlich zur bereits erwähnten Marlowe-Literatur *Marlowe: ›Doctor Faustus‹. A Casebook* (London, 1969).

19 Text: George Chapman, *Bussy d'Ambois*, ed. N. Brooke (London, 1964). Wichtige Studien zu Chapman: H. Craig, »Ethics in the Jacobean Drama: The Case of Chapman«, in *The Parrot Presentation Volume*, ed. H. Craig (Princeton, 1935); R. H. Perkinson, »Nature and the Tragic Hero in Chapman's Bussy Plays«, *MLQ*, 3 (1942); R. W. Battenhouse, »Chapman and the Nature of Man«, *ELH*, 12 (1945); M. Higgins, »The Development of the Senecal Man«, *RES*, 23 (1947); E. Muir, »Royal Man: Notes on the Tragedies of George Chapman«, in E. M., *Essays on Literature and Society* (London, 1949); J. W. Wieler, *George Chapman. The Effect of Stoicism upon His Tragedies* (New York, 1949); J. Jacquot, *George Chapman* (Paris, 1951); K. M. Burton, »The Political Tragedies of Chapman and Ben Jonson«, *EC*, 2 (1952); M. Higgins, »Chapman's Senecal Man: A Study in Jacobean Psychology«, *RES*, 21 (1954); E. Rees, *The Tragedies of George Chapman. Renaissance Ethics in Action* (Cambridge, Mass., 1954); E. Schwartz, »Seneca, Homer, and Chapman's *Bussy d'Ambois*«, *JEGP*, 56 (1957); P. Ure, »Chapman's Tragedies«, in *Jacobean Theatre*, Stratford-upon-Avon Studies, 1 (London, 1960); M. MacLure, *George Chapman. A Critical Study* (Toronto, 1966), Kap. 6; R. B. Waddington, »Prometheus and Hercules: The Dialectic of *Bussy d'Ambois*«, *ELH*, 34 (1967); R. B. Waddington, *The Mind's Empire. Myth and Form in George Chapman's Narrative Poems* (Baltimore, London, 1974), Kap. 2.

20 Text: *Ben Jonson*, ed. C. H. Herford, P. Simpson, 4 (Oxford, 1932). Studien: J. A. Bryant, Jr., »The Nature of Conflict in Jonson's *Sejanus*«, *Vanderbilt Studies in Humanities*, 1 (1951); D. C. Boughner, Jr., »Jonson's Use of Lipsius in *Sejanus*«, *MLN*, 73 (1958); D. C. Boughner, Jr., »Sejanus and Machiavelli«, *SEL*, 1 (1961); B. N. De Luna, *Jonson's Romish Plot: A Study of ›Catiline‹ and Its Historical Context* (London, 1967), Kap. 1; D. C. Boughner, Jr., *The Devil's Disciple: Ben Jonson's Debt to Machiavelli* (New York, 1968); J. W. Lever, *The Tragedy of State* (London, 1971); N. Platz, *Ethik und Rhetorik in Ben Jonsons Dramen* (Heidelberg, 1976).

21 Text: William Shakespeare, *Macbeth*, ed. K. Muir (London, 1951 u. ö.). Forschungsbericht: G. K. Hunter, »›Macbeth‹ in the Twentieth Century«, *ShS*, 19 (1966); Literatur in Auswahl: C. Clark, *A Study of Macbeth* (Stratford-upon-Avon, 1926); E. R. Hunter, »*Macbeth* as a Morality«, *SAB*, 12 (1937); C. Brooks, »The Naked Babe and the Cloak of Manliness«, in C. B., *The Well Wrought Urn* (New York, 1947); M. C. Bradbrook, »The Sources of *Macbeth*«, *ShS*, 4 (1951); G. R. Elliott, *Dramatic Providence in Macbeth* (Princeton, 1958); L. C. Knights, »Macbeth«, in L. C. K., *Some Shakespearean Themes* (London, 1959); W. H. Toppen, *Conscience in Shakespeare's Macbeth* (Groningen, 1962);

Approaches to Macbeth, ed. J. L. Halio (Belmont, California, 1966); R. B. Heilman, »The Criminal as Tragic Hero«, *ShS*, 19 (1966); *Shakespeare: Macbeth. A Casebook*, ed. J. Wain (Bristol, 1968).

22 Text: William Shakespeare, *King Lear*, ed. K. Muir (London, 1952). Literatur in Auswahl: E. Muir, *The Politics of King Lear* (Glasgow, 1947); R. B. Heilman, *This Great Stage* (Baton Rouge, 1948); O. J. Campbell, »The Salvation of Lear«, *ELH*, 15 (1948); J. M. Lothian, *King Lear: A Tragic Reading of Life* (London, 1949); J. F. Danby, *Shakespeare's Doctrine of Nature: A Study of King Lear* (London, 1949); D. G. James, *The Dream of Learning* (Oxford, 1951); D. A. Traversi, »›King Lear‹«, *Scrutiny*, 19 (1952–1953); M. T. Nowottny, »Lear's Questions«, *ShS*, 10 (1957); *The King Lear Perplex*, ed. H. Bonheim (Belmont, 1960); J. W. Bennett, »The Storm Within: The Madness of Lear«, *SQ*, 13 (1962); R. F. Fleissner, »The ›Nothing‹ Element in *King Lear«*, *SQ*, 13 (1962); N. Brooke, *Shakespeare: King Lear* (London, 1963); W. R. Elton, *King Lear and the Gods* (San Marino, California, 1966); M. Mack, *King Lear in Our Time* (London, 1966); H. Gardner, *King Lear* (London, 1967); P. A. Jorgensen, *Lear's Self-Discovery* (Berkeley, 1967); H. Oppel, *Die Gerichtsszene in King Lear* (Mainz, 1968); *Shakespeare: King Lear. A Casebook*, ed. F. Kermode (London, 1969).

23 Die ausführlichste Darstellung fand dieses Genre in F. T. Bowers, *Elizabethan Revenge Tragedy 1587–1642* (Princeton, 1940; Gloucester, Mass., 1959).

24 Zum Verständnis des Racheproblems im England des 16. Jhdts. L. B. Campbell, »Theories of Revenge in Elizabethan England«, *MP* 28 (1930/31); diess., *Shakespeare's Tragic Heroes: Slaves of Passion*, (Cambridge, Mass., 1930); F. T. Bowers, *Elizabethan Revenge Tragedy*, gibt die beste Quellenanalyse, der diese Skizze stark verpflichtet ist; P. Simpson, »The Theme of Revenge in Elizabethan Tragedy«, ders., *Studies in Elizabethan Drama* (Oxford, 1955); E. Prosser, *Hamlet and Revenge* (Stanford, 1967).

24a Text: *Quellen des weltlichen Dramas in England vor Shakespeare*, hrsg. A. Brandl (Straßburg, 1898), S. XC–XCVII, 491–537, 665.

25 Text: Th. Kyd, *The Spanish Tragedy*, ed. P. W. Edwards, The Revels Plays, (London, 1959). Literatur: P. W. Biesterfeldt, *Die dramatische Technik Thomas Kyds. Studien zur inneren Struktur und szenischen Form des elisabethanischen Dramas* (Halle, 1936); F. Carrère, *Le Théâtre de Thomas Kyd* (Toulouse, 1951); J. D. Ratcliff, »Hieronimo Explains Himself«, *SP*, 54 (1957) G. K. Hunter, »Ironies of Justice in *The* Spanish Tragedy«, *RenD*, 8 (1965); E. J. Jensen, »Kyd's *Spanish Tragedy:* The Play Explains Itself« *JEGP*, 64 (1965); S. F. Johnson, *The Spanish Tragedy*, or Babylon Revisited«, *Essays on Shakespeare and Elizabethan Drama in Honour of Hardin Craig*, ed. R. Hosley (London, 1963); J. A. Barish, *»The Spanish Tragedy*, or The Pleasures and Perils of Rhetoric«, *Elizabethan Theatre*, Stratford-upon-Avon Studies, 9 (London, 1966). A. Freeman, *Thomas Kyd: Facts and Problems* (Oxford, 1967).

26 Text: J. Marston, *Antonio's Revenge*, ed. G. K. Hunter, Regents Renaissance Drama, (London, 1966), Literatur: G. Pellegrini, *Il Teatro di John Marston* (Pisa, 1952); T. Spencer, »John Marston«, *The Criterion* 13 (1934); J. D. Peter, »John Marston's Plays«, *Scrutiny* 17, (1950); W. Egli, *John Marstons Dramen* (Winterthur, 1956); A. J. Axelrad, *Un Malcontent Elizabéthain: John Marston.* (Paris, 1955); A. Caputi, *John Marston, Satirist* (Ithaca, 1961); P. I. Finkelpearl, *John Marston of the Middle Temple* (Cambridge, Mass. 1969); R. A. Foakes,

»John Marston's Fantastical Plays: *Antonio and Mellida* and *Antonio's Revenge*«; *Studies in English Drama Presented to Baldwin Maxwell*, ed. Ch. B. Woods and C. A. Zimansky (Iowa City, 1962).

26a Vgl. Foakes, »J. Marton's Fantastical Plays«, S. 235–236.

27 Text: W. Shakespeare, *Hamlet*, ed. Cyrus Hoy, Norton Critical Editions, (New York, 1963). Forschungsberichte: R. M. Smith, »Current Fashions in *Hamlet* Criticism«, *SAB*, 24 (1949); C. Leech, »Studies in *Hamlet*, 1901–1955«, *ShS*, 9 (1956); P. S. Conklin, *A History of ›Hamlet‹ Criticism 1601–1821*, (Oxford, 1947, repr. 1957); H. Jenkins, »*Hamlet* Then Till Now«, *ShS*, 18 (1965). Bibliographie: A. A. Raven, *A ›Hamlet‹ Bibliography and Reference Guide, 1877–1935*, (Chicago, 1936). Literatur in Auswahl: J. D. Wilson, *What Happens in ›Hamlet‹*, (Cambridge, 1935); L. L. Schücking, *The Meaning of ›Hamlet‹*, (Oxford, 1937); A. I. A. Waldock, *›Hamlet‹: A Study in Critical Method*, (Cambridge, 1931); J. W. Draper, *The ›Hamlet‹ of Shakespeare's Audience*, (Durham, N.C. 1938); B. Joseph, *Conscience and the King: A Study of ›Hamlet‹* (London, 1953); R. Walker, *The Time is Out of Joint: A Study of ›Hamlet‹*, (London, 1948); G. R. Elliott, *Scourge and Minister: A Study of ›Hamlet‹ as a Tragedy of Revengefulness and Justice* (Durham, N.C. 1951); P. Alexander, *Hamlet, Father and Son* (Oxford, 1955); H. Levin, *The Question of ›Hamlet‹* (New York, 1959); L. C. Knights, *An Approach to ›Hamlet‹* (London, 1961); W. Babcock, *›Hamlet‹: A Tragedy of Errors* (Lafayette, 1961); *Hamlet*, ed. J. R. Brown and B. Harris, Stratford-upon-Avon Studies 5 (London, 1963); A. G. Davis, *Hamlet and the Eternal Problem of Man* (New York, 1964); M. Holmes, *The Guns of Elsinore* (London, 1964); J. Kaiser, ed., *›Hamlet‹ heute: Essays und Analysen* (Frankfurt, 1965); E. Prosser, *Hamlet and Revenge*, (London, 1967); M. Charney, *Style in ›Hamlet‹* (Princeton, 1969); D. Bevington, ed., *Twentieth Century Interpretations of ›Hamlet‹* (Englewood Cliffs, N.Y. 1968); *Shakespeare, ›Hamlet‹: A Casebook*, ed. J. Jump, (London, 1968).

28 Text: C. Tourneur, *The Revenger's Tragedy*, ed., R. A. Foakes, The Revel Plays, (London, 1966); Literatur: L. G. Salingar, »*The Revenger's Tragedy* and the Morality Tradition«, *Scrutiny*, 6 (1938); R. Ornstein, »The Ethical Design of *The Revenger's Tragedy*« *ELH* 21 (1954); H. Jenkins »Cyril Tourneur«, *RES* 17 (1941); S. Schoenbaum, »*The Revenger's Tragedy:* Jacobean Dance of Death« *MLQ*, 15 (1954); I.-St. Ewbank, »An Approach to Tourneur's Imagery« *MLR*, 54 (1959); P. Lisca, »*The Revenger's Tragedy:* A Study in Irony«, *PQ*, 38 (1959).

29 Text: John Marston, *The Malcontent*, ed. G. K. Hunter, The Revels Plays (London, 1975). Literatur: s. Fußnote 26; G. K. Hunter, »English Folly and Italian Vice: The Moral Landscape of John Marston«, *Jacobean Theatre*, Stratford-upon-Avon Studies 1 (London, 1960).

30 Text: G. Chapman, *The Plays* ed., Th. M. Parrot, (London, 1910; repr. New York, 1961) *The Tragedies*, vol. 1. Literatur: s. Fußnote Nr. 19.

31 Text: C. Tourneur, *The Atheist's Tragedy, or The Honest Man's Revenge* ed. I. Ribner, The Revels Plays (London, 1964). Literatur: s. Fußnote 28 und zusätzlich C. Leech, »*The Atheist's Tragedy* as a Dramatic Comment on Chapman's *Bussy* Plays« *JEGP*, 52 (1953); T. M. Tomlinson, »The Morality of Revenge: Tourneur's Critics«, *Essays in Criticism* 10 (1960); M. H. Higgins, »The Influence of Calvinistic Thought in Tourneur's *Atheist's Tragedy* and Renaissance Naturalism« *SP*, 51 (1954).

32 L. L. Brodwin, *Elizabethan Love Tragedy 1587–1625.* (London 1972, New York, 1971). Die folgende Darstellung ist dieser Studie durchaus verpflichtet; sie folgt Brodwin insbesondere in der Unterscheidung zwischen den beiden Liebesauffassungen, übernimmt aber bei der Gruppie-

rung der Liebestragödien nicht die Fülle von Untergruppen, die Brodwin in zu schematischer Weise differenziert.

33 Brodwin, *El. Love Trag.*, S. 19.

34 Einführende Literatur: L. F. Mott, *The System of Courtly Love* (Boston, 1896); C. S. Lewis, *The Allegory of Love* (London, 1938); D. de Rougemont, *Love in the Western World* (New York, 1940, 1957); A. I. Denomy, C. S. B., »An Inquiry into the Origins of Courtly Love«, *Medieval Studies*, 6 (1944); ders. *»Fin'amors*, The Pure Love of the Troubadours«, *Medieval Studies*, 7 (1945); ders. *The Heresy of Courtly Love* (New York, 1947); Th. Silverstein, »Andreas, Plato, and the Arabs: Remarks on Some Recent Accounts of Courtly Love«, *MP*, 47 (1949–1950); ders., »Courtly Love and Courtliness«, *Speculum* 28 (1953); P. Dronke, *Medieval Latin and the Rise of European Love-Lyric*, 2 eds. (Oxford, 1965–1966).

35 C. S. Lewis, *The Allegory of Love*. passim.

36 Einführende Literatur: W. and M. Haller, »The Puritan Art of Love«, *HLQ*, 5 (1942); A. Harbage, *Shakespeare and the Rival Traditions* (New York, 1952), S. 224 ff.; D. L. Stevenson, *The Love-Game Comedy* (New York, 1946).

37 J. Burckhardt, *Die Kultur der Renaissance in Italien* (Stuttgart, 1952), S. 20 u. 368 ff.

38 Vgl. H. C. Lea, *The History of Sacerdotal Celibacy in the Christian Church* (New York, 1957).

39 Die tragischen Personenkonstellationen, nach denen die Varianten der Liebestragödien unterschieden werden, weichen von Brodwins kompliziertem Schema ab. Auch Brodwins Terminus *False Romantic Love* wird nicht übernommen, weil m. E. nicht eine besondere Liebesauffassung diesen Tragödien zugrundeliegt, sondern deren spezifische Konstellation aus der moralisierenden Absicht heraus hinlänglich begründet werden kann.

40 Text: R. Wilmot, *The Tragedy of Tancred and Gismund 1591–1592*, ed. W. W. Greg, Malone Society Reprints (Oxford, 1914). Literatur: A. T. Rottenberg, »The Early Love Drama«, *CE*, 23 (1962).

41 Text: W. Shakespeare, *Romeo and Juliet*, ed. E. Dowden (London, 1900) Lit. E. E. Stoll, *Shakespeare's Young Lovers*, (New York, 1937); J. W. Draper, »Shakespeare's ›Star-Crossed Lovers‹«, *RES*, 15 (1939); W. Clemen, »Zum Verständnis des Werkes«, *Romeo und Julia*, (Hamburg, 1957); F. M. Dickey, *Not Wisely But Too Well: Shakespeare's Love Tragedies*, (San Marino, Calif., 1957); P. N. Siegel, »Christianity and the Religion of Love in *Romeo and Juliet*«, *SQ*, 12 (1961); L. L. Lawlor, *»Romeo and Juliet«*, *Early Shakespeare*, Stratford-upon-Avon Studies 3, (London, 1961); W. Schmiele, *Shakespeare: Romeo und Julia, Text und Dokumentation* (Frankfurt, 1963); T. J. B. Spencer, »Introduction«, *Romeo and Juliet*, New Penguin Shakespeare, (Harmondsworth, 1967); I. Leimberg, *Shakespeares ›Romeo und Julia‹* (München, 1968).

42 Text: John Marston, *The Plays* ed. H. H. Wood (London, 1934), vol. I. Literatur: vgl. die bereits genannten Marston-Studien und zusätzlich P. Ure, »John Marston's *Sophonisba:* A Reconsideration«, *DUJ*, 10 (1949–1950).

43 Text: Th. Heywood, *A Woman Killed With Kindness* ed. R. W. Van Fossen, The Revels Plays, (London 1961). Literatur: A. M. Clark, *Thomas Heywood: Playwright and Miscellanist* (Oxford, 1931); F. L. Townsend, »The Artistry of Heywood's Double Plots«, *PQ*, 25 (1946); P. Ure, »Marriage and the Domestic Drama in Heywood and Ford«, *ESt*, 32 (1951); W. F. Mc Neir, »Heywood's Sources for the Main Plot of *A Woman Killed with Kindness*«, *Studies in the English Renaissance Drama*, ed. J. W. Bennett u. a. (New York, 1959).

44 Text: W. Shakespeare, *Othello*, The Arden Shakespeare, ed. M. R. Ridley (London, 1958). Forschungsbericht: H. Gardner, »*Othello:* A Retrospect, 1900–1967, *ShS*, 21 (1968). Literatur: F. R. Leavis, »Diabolic Intellect and The Noble Hero« *Scrutiny*, 6 (1937/1938); L. Kirschbaum, »The Modern Othello« *ELH*, 2 (1944); K. Muir, »The Jealousy of Iago«, *EM*, 2 (1951); S. L. Bethell, »The Diabolic Images in *Othello*«, *ShS*, 5 (1952); G. R. Elliott, *Flaming Minister: A Study of ›Othello‹ as Tragedy of Love and Hate*, (Durham, N.C., 1953); H. Gardner, »The Noble Moor«, *PBA*, 41 (1955); R. B. Heilman, *Magic in the Web: Action and Language in ›Othello‹*, (Lexington, 1956); M. Rosenberg, *The Masks of Othello* (Berkeley, 1961); L. F. Dean, ed., *A Casebook on ›Othello‹* (New York, 1961); H. Levin, »*Othello* and the Motive-Hunters« *CentR*, 8 (1964); M. N. Proser, *»Othello«, The Heroic Image in Five Shakespearean Tragedies* (Princeton, 1965), G. R. Hibbard, »*Othello* and the Pattern of Shakespearian Tragedy«, *ShS*, 21 (1968); G. K. Hunter, »Othello and Colour Prejudice« *PBA*, 53 (1968); *Shakespeare ›Othello‹: A Casebook*, ed. J. Wain (London, 1971).

45 So schließt z. B. F. Dickey in seinem bereits genannten Buch über Shakespeares Liebestragödien *Othello* aus.

46 Den Anfang machte D. A. Traversi, *An Approach to Shakespeare* (New York, 1956). Ihm folgten Elliott, *Flaming Minister* und Heilman, *Magic in the Web;* zur neueren Beurteilung des Verhaltens Desdemonas s. R. Speaight, *Nature in Shakespearian Tragedy* (London, 1955); R. Flatter, *The Moor of Venice* (London, 1950); G. B. Harrison, *Shakespeare's Tragedies* (London, 1951); D. S. Berkeley, »A Vulgarization of Desdemona« *SEL*, 3 (1963); M. L. Ranald, »The Indiscretions of Desdemona« *SQ*, 14 (1963).

47 Text: W. Shakespeare, *Antony and Cleopatra*, ed. M. R. Ridley, The Arden Shakespeare, (London, 1962). Literatur: A. C. Bradley, *Shakespeare's ›Antony and Cleopatra‹* (Oxford, 1905); L. L. Schücking, *Die Charakterprobleme bei Shakespeare* (Leipzig, 1919, [3]1932); E. E. Stoll, »Cleopatra«, *MLR*, 23 (1928); D. Cecil, *»Antony and Cleopatra«*, *Scrutiny*, 16 (1949); B. T. Spencer, »*Antony and Cleopatra* and the Paradoxical Metaphor« *SQ*, 9 (1958); M. Lloyd, »Antony and the Game of Chance«, *JEGP*, 61 (1962); R. Ornstein, »The Ethic of the Imagination: Love and Art in Antony and Cleopatra«; *Later Shakespeare*, Stratford-upon-Avon Studies[8], (London, 1966); *Shakespeare: ›Antony and Cleopatra‹: A Casebook*, ed. J. R. Brown, (London, 1968).

48 Text: John Webster, *The White Devil*, ed., J. R. Brown, The Revels Plays, (London, 1960). Literatur: T. Bogard, *The Tragic Satire of John Webster* (Berkeley and Los Angeles, 1955); I. Glier, *Struktur und Gestaltungsprinzipien in den Dramen John Websters* (Diss. München, 1957); G. Boklund, *The Sources of ›The White Devil‹*, (Diss.) Essays and Studies on English Language and Literature 17 (Uppsala, 1957); H. B. Franklin, »The Trial Scene of Webster's *The White Devil* Examined in Terms of Renaissance Rhetoric«, *SEL*, 1 (1961). *I. R. Hurt,* »Inverted Rituals in Webster's *White Devil*«, *JEGP*, 61 (1962); R. V. Holdsworth, ed., *Webster: ›The White Devil‹ and ›The Duchess of Malfi‹. A Casebook.* (London, 1975); B. Morris, ed., *John Webster*, Mermaid Critical Commentaries, (London, 1970); Don D. Moore, *John Webster and his Critics 1617–1964*, (Baton Rouge, 1966); G. K. and S. K. Hunter, eds., *John Webster*, Penguin Critical Anthologies, (Harmondsworth, 1969); R. T. Berry, *The Art of John Webster*, (Oxford, 1972).

49 Text: John Webster, *The Duchess of Malfi*, ed. J. R. Brown, The Revels Plays, (London, 1964). Literatur vgl. Fußnote 48 und zusätzlich G. Boklund, *›The Duchess of Malfi‹: Sources, Themes, Characters*, (Cambridge,

Mass., 1962); J. L. Calderwood, »*The Duchess of Malfi:* Styles of Ceremony«, *EIC*, 12 (1962); C. Leech, Webster: *The Duchess of Malfi*, Studies in English Literature, 8 (London 1963).

3.3. Die Komödie der Shakespeare-Zeit

1 M. T. Herrick, *Comic Theory in the Sixteenth Century* (Urbana, 1950).

1a *Ben Jonson*, ed. C. H. Herford, P. Simpson, vol. 3 (Oxford, 1927), S. 515. Die entsprechende Stelle findet sich in der Ausgabe von F. E. Schilling, *Ben Jonson's Plays*, in Bd. 1, S. 105.

2 S. L. Wolff, *The Greek Romances in Elizabethan Prose Fiction* (New York, 1912); R. S. Crane, *The Vogue of Mediaeval Chivalric Romance During the English Renaissance* (Wisconsin, 1919). C. S. Lewis, *English Literature in the Sixteenth Century* (Oxford, 1954), S. 418 ff.; R. Weimann, *Drama und Wirklichkeit in der Shakespeare-Zeit* (Halle, 1958), S. 200 ff.

3 Zur Farce als komischem Formtypus vgl. B. Cannings, »Towards a Definition of Farce as a Literary Genre«, *MLR*, 56 (1961); A. Nicoll, *The Theatre and Dramatic Theory* (London, 1962), S. 88 f.; zu den Anfängen der Farce in England s. I. Maxwell, *French Farce and John Heywood* (Melbourne, 1946).

4 T. Hawkes, ed., *Coleridge on Shakespeare* (Harmondsworth, 1969), S. 57 und 118.

5 M. Pfister, *Studien zum Wandel der Perspektivenstruktur in elisabethanischen und jakobäischen Komödien.* Texte und Untersuchungen zur Englischen Philologie, Bd. 3 (München, 1974), S. 49 f.

6 Text: W. Shakespeare, *The Comedy of Errors*, ed. R. A. Foakes, The Arden Shakespeare (London, 1962); Literatur: G. R. Elliott, »Weirdness in *The Comedy of Errors*«, *UTQ*, 9 (1939); H. F. Brooks, »*Themes and* Structure in *The Comedy of Errors*«, *Early Shakespeare*, Stratford-upon-Avon Studies 3 (London, 1961); C. L. Barber, »Shakespearean Comedy in *The Comedy of Errors*«, *CE*, 25 (1964); G. Williams, »*The Comedy of Errors Rescued from Tragedy*«, *REL*, 5 (1964); H. Levin, »Two Comedies of Errors« *Stratford Papers on Sh.* 1963 (Toronto, 1964). T. W. Baldwin, *On the Compositional Genetics of ›The Comedy of Errors‹* (Urbana, Ill. 1965); A. Schlösser, »Das Motiv der Entfremdung in der *Komödie der Irrungen*«, *SJ Ost*, 100/101 (1965); D. Mehl, »Zum Verständnis des Werkes«, »*Die Komödie der Irrungen* (Reinbek, 1969).

7 Eine *Historie of Error* ist für das Jahr 1577 und *A historie of Herrar* für das Jahr 1583 nachgewiesen. Vgl. G. Bullough, *Narrative and Dramatic Sources of Shakespeare*, vol. I (London, 1961).

8 Text: W. Shakespeare, *The Taming of the Shrew*, ed. R. B. Heilman, The Signet Classic Shakespeare (New York, 1966). Literatur: T. N. Greenfield, »The Transformation of Christopher Sly« *PQ*, 33 (1954); M. C. Bradbook, Dramatic Role as Social Image: A Study of *The Taming of the Shrew*«, *SJ*, 94 (1958); C. C. Seronsy, »›Supposes‹ as the Unifying Theme in *The Taming of the Shrew*«, *SQ*, 14 (1963); H. Weinstock, »Zum Verständnis des Werkes«, *Der Widerspenstigen Zähmung* (Reinbek, 1963), G. R. Hibbard, »*The Taming of the Shrew:* A Social Comedy«, *Shakespearean Essays*, ed. A. Thaler und N. Sanders (Knoxville, 1964); R. Hosley, »Sources and Analogues of *The Taming of the Shrew*«, *HLQ*, 27 (1964); R. B. Heilman, »The Taming Untamed, Or, The Return of the Shrew«, *MLQ*, 27 (1966); N. Sanders, *The Taming of the Shrew*, Studymaster Series (New York, 1967); W. E. Harrold,

»Shakespeare's Use of *Mostellaria* in *The Taming of the Shrew*«, *SJ West* (1970).

9 Text: W. Shakespeare, The *Merry Wives of Windsor*, ed. W. Green, Signet Classic Shakespeare, (New York, 1965); W. Shakespeare, *The Merry Wives of Windsor*, ed. H. J. Oliver, The Arden Shakespeare (London, 1971). Literatur: L. Hotson, *Shakespeare versus Shallow* (Boston, 1931); O. J. Campbell, »The Italianate Background of *The Merry Wives of Windsor*«. *Essays and Studies in English and Comparative Literature*, Univ. of Mich. Publ. in Lang. and Lit. 8, (Ann Arbor, 1932); J. E. V. Crofts, *Shakespeare and the Post Horses: A New Study of the ›Merry Wives of Windsor‹* (Bristol, 1937); W. Green, *Shakespeare's ›Merry Wives of Windsor‹*, (Princeton, 1962); J. M. Steadman, »Falstaff as Actaeon: A Dramatic Emblem« *SQ*, 14 (1963); J. M. Nosworthy, *Shakespeare's Occasional Plays* (London, 1965).

10 W. Habicht, *Studien zur Dramenform vor Shakespeare. Moralität, Interlude, romaneskes Drama.* (Heidelberg, 1968).

11 S. L. Wolff, *The Greek Romances*, vgl. auch E. C. Pettet, *Shakespeare and The Romance Tradition* (London, 1949).

12 W. Habicht, *Studien*, S. 174 f.

13 W. Habicht, *Studien*, S. 185 ff.

14 Text: *Sir Clyomon and Sir Clamydes*, *The Works of George Peele*, ed. A. H. Bullen, 2 vols., (London, 1888), II, S. 87–231.

15 Text: *Five Anonymous Plays*, ed. J. S. Farmer, Early English Dramatists, Ser. 4 (London, 1908).

16 Hierzu grundlegend M. Pfister, *Studien zum Wandel der Perspektivenstruktur.*

17 Zum Werk Lylys allgemein s. J. D. Wilson, *John Lyly* (Cambridge, 1905); A. Feuillerat, *John Lyly* (London, 1910; ²1968); G. K. Hunter, *John Lyly: The Humanist as Courtier*, (London, 1962); zum Drama Lylys s. G. Tillotson, »The prose of Lyly's comedies«, *Essays in Criticism and Research*, (Cambridge, 1942); B. F. Huppé, »Allegory of Love in Lyly's Court Comedies«, *ELH*, 14 (1947); J. Powell, »John Lyly and the Language of Play« *Elizabethan Theatre;* Stratford-upon-Avon Studies 9 (London, 1966); M. R. Best, »Lyly's Static Drama«, *RenD*, n. s. 1 (1968); P. Saccio, *The Court Comedies of John Lyly* (Princeton, 1969).

18 Texte: *The Complete Works of John Lyly*, ed. R. W. Bond, 3 vols. (Oxford, 1902); die zitierte Stelle: Bd. 2, S. 371.

19 Text: *The Life and Minor Works of George Peele*, ed. C. T. Prouty, (New Haven, 1952). Literatur: G. Jones, »The Intention of Peele's *Old Wives' Tale*« *Aberystwyth Studies*, 7 (1925). T. Larsen, »*The Old Wives' Tale* by G. Peele«, *Transactions of the Royal Society of Canada*, Section II, vol. 29 (1935). M. C. Bradbrook, »Peele's *Old Wives' Tale:* A Play of Enchantment«, *ES*, 43 (1962).

20 Text: *The Plays and Poems of Robert Greene*, ed. J. C. Collins (Oxford, 1905). Literatur: J. C. Jordan, *Robert Greene* (New York, 1915); R. Lengeler, *Tragische Wirklichkeit als groteske Verfremdung bei Shakespeare.* (Köln, 1964); W. Habicht, *Studien* S. 210 f.

21 Text: *The Dramatic Works of Thomas Dekker*, ed. F. T. Bowers (Cambridge, 1953–58), vol. I. Literatur: M. L. Hunt, *Thomas Dekker: A Study* (New York, 1911; repr. 1964); M. T. Jones-Davies, *Un peintre de la vie Londonienne: Thomas Dekker*, (Paris, 1958), 2 vols. G. R. Price, *Thomas Dekker.* Twayne's English Authors Series (New York, 1969). H. Fischer, »The Shoemakers' Holiday«, *Das Englische Drama*, hrsg. D. Mehl (Düsseldorf, 1970), Bd. I. J. H. Kaplan, »Virtue's Holiday: Thomas Dekker and Simon Eyre« *RenD.*, n. s. 2 (1969); M. Manheim,

»The Construction of *The Shoemakers' Holiday*«, *SEL* 10 (1970); A. Leggatt, *Citizen Comedy in the Age of Shakespeare* (Toronto, 1973).

22 Text: Th. Heyword, *The Fair Maid of the West*, Parts I and II., ed. R. K. Turner, Jr., Regents Renaissance Drama Series, (London, 1968). Literatur: R. Jewell, »Thomas Heywood's *The Fair Maid of the West*«, *Studies in English Drama*, First Series, ed. A. Gaw (1917); M. Velte, *The Bourgeois Elements in the Dramas of Thomas Heywood.* (Mysore, 1922); W. G. Rice, »The Maroccan Episode in Thomas Heywood's *The Fair Maid of the West*«, *PQ*, 9 (1930); F. S. Boas, *Thomas Heywood* (London, 1950); W. E. Roberts, »Ballad Themes in *The Fair Maid of the West*«, *Journal of American Folklore*, 68 (1955).

23 Forschungsberichte: J. R. Brown, The Interpretation of Shakespeare's Comedies, 1900–1953«, *ShS* 8 (1955); M. Crane, »Shakespeare's Comedies and the Critics«, *SQ*, 15 (1964); Literatur: H. B. Charlton, *Shakespearian Comedy*, (London, 1938); G. Gordon, *Shakespearian Comedy and Other Studies*, (London, 1944); D. L. Stevenson, *The Love Game Comedy*, (New York, 1946); T. M. Parrot, *Shakespearean Comedy* (New York, 1949); N. Coghill, »The Basis of Shakespearean Comedy«, *Essays & Studies*, n. s. 3 (1950); S. C. Sen Gupta, *Shakespearian Comedy*, (London, 1950); R. H. Goldsmith, *Wise Fools in Shakespeare* (East Lansing, 1955); J. R. Brown, *Shakespeare and His Comedies*, (London, 1957; 2nd. ed. 1962); C. L. Barber, Shakespeare's *Festive Comedies*, (Princeton, 1959); B. Evans, *Shakespeare's Comedies* (Oxford, 1960); D. Traversi, *Shakespeare: The Early Comedies*, (London, 1964); E. Th. Sehrt, *Wandlungen der Shakespeareschen Komödie*, (Göttingen, 1961); G. K. Hunter, *Shakespeare: The Late Comedies*, (London, 1962); J. D. Wilson, *Shakespeare's Happy Comedies*, (London, 1962); R. G. Hunter, *Shakespeare and the Comedy of Forgiveness;* (London, New York, 1965). K. Muir, ed., *Shekspeare: The Comedies. A Collection of Critical Essays*, (Englewood Cliffs, N. J., 1965); E. M. W. Tillyard, *Shakespeare's Early Comedies*, (London, 1965); P. G. Phialas, *Shakespeare's Romantic Comedies*, (Chapel Hill, 1966); L. Lerner, ed., *Shakespeare's Comedies: An Anthology of Modern Criticism*, (Harmondsworth, 1967); L. S. Champion, *The Evolution of Shakespeare's Comedy*, (Cambridge, Mass., 1970).

24 M. Mincoff, »Shakespeare and Lyly« *ShS*, 14 (1961).

25 Text: W. Shakespeare, *The Two Gentlemen of Verona*, ed. C. Leech, The Arden Shakespeare (London, 1969); Literatur: J. F. Danby, »Shakespeare Criticism and *The Two Gentlemen of Verona*« *CritQ*, 2 (1960); H. F. Brooks, »Two Clowns in a Comedy (to Say Nothing of the Dog); Speed, Launce, (and Crab) in *The Two Gentlemen of Verona*«, *Essays and Studies*, n. s. 16 (1963); S. Wells, »The Failure of *The Two Gentlemen of Verona*«, *SJ*, 99 (1963); W. L. Godshalk, »The Structural Unity of *The Two Gentlemen of Verona*«, *SP*, 66 (1969); R. Weimann, »Laughing with the Audience: *The Two Gentlemen of Verona* and the Popular Tradition of Comedy«, *ShS*, 22 (1969).

26 Text: W. Shakespeare, *A Midsummer Night's Dream*, ed. S. Wells, New Penguin Shakespeare, (Harmondsworth, 1967). Literatur: R. A. Law, »The ›Preconceived Pattern‹ of *A Midsummer Night's Dream*«, *Texas Studies in English*, 23 (1943); R. Watkins, *Moonlight at the Globe* (London, 1946); K. Muir, »Pyramus and Thisbe: A Study in Shakespeare's Method«, *SQ*, 5 (1954); E. Schanzer, »The Moon and the Fairies in *A Midsummer Night's Dream*«, *UTQ*, 24 (1955); G. A. Bonnard, »Shakespeare's Purpose in *A Midsummer Night's Dream*«, *SJ*, 92 (1956); H. Nemerov, »The Marriage of Theseus and Hippolyta«, *KR*, 18 (1956); P. A. Olson, »*A Midsummer Night's Dream* and the Mean-

ing of Court Marriage«, *ELH*, 24 (1957); K. M. Briggs, *The Anatomy of Puck* (London, 1959); W. Clemen, »Zum Verständnis des Werkes«, *Ein Sommernachtstraum* (Reinbek, 1959); D. Kersten, »Shakespeares Puck«, *SJ*, 98 (1962); J. L. Calderwood, »A Midsummer Night's Dream: The Illusion of Drama«, *MLQ*, 26 (1965); D. P. Young, *Something of Great Constancy: The Art of ›A Midsummer Night's Dream‹*, (New Haven, 1966); J. A. Allen, »Bottom and Titania«, *SQ*, 18 (1967); S. Fender, *Shakespeare: ›A Midsummer Night's Dream‹*, (London, 1968); W. Habicht, *»A Midsummer Night's Dream«*, *Das Englische Drama*, hrsg. D. Mehl (Düsseldorf, 1970), Bd. I.

27 Text: W. Shakespeare, *The Merchant of Venice*, ed. J. R. Brown, The Arden Shakespeare, (London, 1955); Literatur: I. L. Cardozo, *The Contemporary Jew in Elizabethan Drama*, (Amsterdam, 1925); M. Plowman, »Money and the Merchant«, *Adelphi*, 2 (1931); H. P. Pettigrew, »Bassanio, The Elizabethan Lover«, *PQ*, 16 (1937); E. C. Pettet, »*The Merchant of Venice* and the Problem of Usury«, *Essays & Studies*, 31 (1945); H. Sinsheimer, *Shylock*, (London, 1947); E. T. Sehrt, *Vergebung und Gnade bei Shakespeare*, (Stuttgart, 1952); C. B. Graham, »Standards of Value in *The Merchant of Venice*«, *SQ*, 4 (1953); G. Midgley, »*The Merchant of Venice:* A Reconsideration«, *EIC*, 10 (1960); E. T. Sehrt, »Zum Verständnis des Werkes«, *Der Kaufmann von Venedig* (Reinbek, 1960); J. R. Brown, »The Realization of Shylock«, *Early Shakespeare*, Stratford-upon-Avon Studies 3 (London, 1961); T. Lelyveld, *Shylock on the Stage* (London, 1961); S. Burckhardt, »*The Merchant of Venice:* The Gentle Bond«, *ELH*, 29 (1962); B. Grebanier, *The Truth About Shylock*, (New York, 1962); A. D. Moody, *Shakespeare: ›The Merchant of Venice‹*, (London, 1964); A. Anikst, *»Der Kaufmann von Venedig«*, *SJ* Ost, 102 (1966); J. Wilders, ed., *Shakespeare: The Merchant of Venice: A Casebook*, (London, 1969).

28 Text: W. Shakespeare, *Twelfth Night; Or What You Will*, ed. H. Baker, The Signet Classic Shakespeare (New York, 1965); W. Shakespeare: *Twelfth Night*, eds. J. M. Lothian and T. W. Craik, The Arden Shakespeare (London, 1975); Literatur: J. W. Draper, *The ›Twelfth Night‹ of Shakespeare's Audience* (New York, 1950); A. S. Downer, »Feste's Night«, *CE*, 13 (1952); L. Hotson, *The First Night of ›Twelfth Night‹*, (London, 1954); M. Crane, »*Twelfth Night* and Shakespearean Comedy«, *SQ*, 6 (1955); J. H. Summers, »The Masks of *Twelfth Night*«, *UR*, 22 (1955); L. D. Salingar, »The Design of *Twelfth Night*«, *SQ*, 9 (1958); J. Hollander, »*Twelfth Night* and the Morality of Indulgence«, *SR*, 67 (1959); H. Jenkins, »Shakespeare's *Twelfth Night*«, *Rice Institute Pamphlet*, 45 (1959); J. Markels, »Shakespeare's Confluence of Tragedy and Comedy: *Twelfth Night* and *King Lear*«, *SQ*, 15 (1964); M. Mincoff, »*Twelfth Night* – An End and a Beginning«, *FP*, 1–2 (1964); C. Leech, *›Twelfth Night‹ and Shakespearean Comedy*, (Toronto, 1965); B. K. Lewalski, »Thematic Patterns in *Twelfth Night*«, *Sh Stud*, 1 (1965); P. Bryant, *›Twelfth Night‹ and Shakespeare's Comic Art*, (Port Elizabeth, 1967); D. Mehl, »Zum Verständnis des Werkes«, *Was Ihr wollt*, (Reinbek, 1967); T. Eagleton, »Language and Reality in *Twelfth Night*«, *CritQ*, 9 (1967); W. N. King, ed., *Twentieth Century Interpretations of ›Twelfth Night‹*, (Englewood Cliffs, N. J., 1968); H. Howarth, »*Twelfth Night* with a Touch of Jonson«, *The Tiger's Heart*, (London, 1970); W. v. Koppenfels, *»Twelfth Night«*, *Das englische Drama*, hrsg. D. Mehl, (Düsseldorf, 1970), Bd. 1

29 Forschungsbericht: P. Edwards, »Shakespeare's Romances 1900–1957«, *ShS*, 11 (1958); Literatur: G. E. Bentley, »Shakespeare and the Blackfriars Theatre«, *ShS*, 1 (1948); E. C. Pettet, *Shakespeare and the*

Romance Tradition (London, 1949); P. Cruttwell, *The Shakespearean Moment and its Place in the Poetry of the 17th Century* (London, 1953); H. Oppel, *Shakespeares Tragödien und Romanzen: Kontinuität oder Umbruch?* (Mainz, 1954); W. Fischer, »Shakespeares späte Romanzen«, *SJ*, 91 (1955); C. Leech, »The Structure of the Last Plays«, *ShS*, 11 (1958); A. F. Potts, *Shakespeare and the Faerie Queene*, (Ithaca, N.Y., 1958); E. M. W. Tillyard, *Shakespeare's Last Plays*, (London, 1938); R. G. Hunter, *Shakespeare and the Comedy of Forgiveness*, (New York, 1965); D. Traversi, *Shakespeare: The Last Phase*, (London, 1954); D. Seltzer, »The Staging of the Last Plays«, *Later Shakespeare*, Stratford-upon-Avon Studies 8, (London, 1966).

30 Zur Satire in der Shakespeare-Zeit s. A. B. Kernan, *The Cankered Muse: Satire of the English Renaissance*, (New Haven, 1959).

31 Vgl. hierzu O. J. Campbell, *Comicall Satyre and Shakespeare's ›Troilus and Cressida‹*, (San Marino, Cal., 1938), S. 1.

32 Vgl. hierzu ausführlich A. C. Dessen, *Jonson's Moral Comedy*, (Evanston, 1971), chapter 1.

33 J. Schäfer, *Wort und Begriff ›Humour‹ in der elisabethanischen Komödie*, Neue Beiträge zur Englischen Philologie, 6 (Münster, 1966).

34 Vgl. hierzu L. C. Knights, *Drama and Society in the Age of Jonson*, (London, 1937 u. Ö.), »The Background«; R. Weimann, *Drama und Wirklichkeit in der Shakespeare-Zeit*, (Halle, 1958).

35 Text: J. Marston, *The Dutch Courtesan*, ed., M. L. Wine, Regents Renaissance Drama Series, (Lincoln, Neb., 1965). Literatur: zusätzlich zu den bereits angeführten Studien: R. K. Presson »Marston's *Dutch Courtezan:* The Study of an Attitude in Adaptation« *JEGP*, 55 (1956); J. J. O'Connor, »The Chief Source of Marston's *Dutch Courtezan*«, *SP*, 54 (1957).

36 Text: Th. Middleton, *Michaelmas Term*, ed., R. Levin, Regents Renaissance Drama Series, (Lincoln, Neb., 1966). Literatur: W. D. Dunkel, *The Dramatic Technique of Thomas Middleton in his Comedies of London Life* (Chicago, 1925); R. C. Bald, »The Sources of Middleton's City Comedies«, *JEGP*, 23 (1934); R. H. Barker, *Thomas Middleton*, (New York, 1958); R. B. Parker, »Middleton's Experiments with Comedy and Judgement«, *Jacobean Theatre*, Stratford-upon-Avon Studies 1 (London, 1960); D. M. Holmes, *The Art of Thomas Middleton*, (Oxford, 1970).

37 Alle Texte Ben Jonsons sind in der Ausgabe von Herford and Simpson oder in der Everyman Library zugänglich. Literatur zum Drama Jonsons allgemein: O. J. Campbell, *Comicall Satyre and Shakespeare's ›Troilus and Cressida‹*, (San Marino, Cal., 1939); F. L. Townsend, *Apologie for Bartholomew Fayre: The Art of Jonson's Comedies* (New York, 1947); H. W. Baum, *The Satiric and Didactic in Ben Jonson's Comedy* (Chapel Hill, 1947); E. B. Partridge, *The Broken Compass*, (London, 1958); R. L. Heffner, Jr. »Unifying Symbols in the Comedy of Ben Jonson«, *English Stage Comedy*, ed. W. K. Wimsatt, Jr., English Institute Essays 1954 (New York, 1955); J. J. Enck, *Jonson and the Comic Truth*, (Madison, 1957); J. A. Barish, *Ben Jonson and the Language of Prose Comedy*, (Cambridge, Mass., 1960); J. D. Redwine, Jr., »Beyond Psychology: The Moral Basis of Jonson's Theory of Humour Characterization«, *ELH*, 28 (1961); J. A. Barish, ed., *Ben Jonson: A Collection of Critical Essays*, (Englewood Cliffs, N.J., 1963); C. G. Thayer, *Ben Jonson: Studies in the Plays* (Norman, Okla. 1963); G. B. Jackson, *Vision and Judgement in Ben Jonson's Drama* (New Haven, 1968); A. C. Dessen, *Jonson's Moral Comedy* (Evanston, 1971); N. H. Platz, *Ethik und Rhetorik in Ben Jonsons Dramen* (Heidelberg, 1976).

38 H. Levin, »Jonson's Metempsychosis«, *PQ*, 22 (1943); J. A. Barish, »The Double Plot in *Volpone*«, *MP*, 51 (1953); W. A. Bacon, »The Magnetic Field: The Structure of Jonson's Comedies«, *HLQ*, 19 (1956); R. Putney, »Jonson's Poetic Comedy«, *PQ*, 41 (1962); R. Pineas, »The Morality Vice in *Volpone*«, *Discourse*, 5 (1962); P. H. Davison, »*Volpone* and the Old Comedy«, *MLQ*, 24 (1963); J. A. Barish, ed., ›*Volpone*‹. *A Selection of Critical Essays*, (London, 1972); W. Pache, Nachwort, *Volpone oder Der Fuchs*, (Stuttgart, 1974).

39 E. H. Duncan, »Jonson's *Alchemist* and the Literature of Alchemy«, *PMLA*, 61 (1946); M. Hussey, »Ananias the Deacon: A Study of Religion in Jonson's *The Alchemist*«, English, 9 (1953); C. Hoy »The Pretended Piety of Jonson's *Alchemist*«, *Renaissance Papers, 1956* (Durham, N.C., 1957); W. Blissett, »The Venter Tripartite in *The Alchemist*, *SEL*, 8 (1968); M. Jones, »Sir Epicure Mammon: A Study in ›Spiritual Fornication‹«, *Ren.Q*, 22 (1969); W. Weiß, »*The Alchemist*«, *Das Englische Drama*, hrsg. D. Mehl (Düsseldorf, 1970), Bd. I.

40 J. A. Barish, »*Bartholomew Fair* and its Puppets«, *MLQ*, 20 (1959); J. E. Robinson, »*Bartholomew Fair:* Comedy of Vapours«, *SEL*, 1 (1961); J. I. Cope, »*Bartholomew Fair* as Blasphemy«, *RenD*, 8 (1965); R. Levin, »The Structure of *Bartholomew Fair*«, *PMLA*, 80 (1965); J. H. Kaplan, »Dramatic and Moral Energy in Ben Jonson's *Bartholomew Fair*«, *RenD*, n. s. 3 (1970); R. B. Parker, »The Themes and Staging of *Bartholomew Fair*«, *UTQ*, 39 (1970).

3.4. Die Historien der Shakespeare-Zeit

1 Studien zu den Historien der Shakespeare-Zeit: F. E. Schelling, *The English Chronicle Play*, (New York, 1902); R. V. Lindabury, *A Study of Patriotism in the Elizabethan Drama*, (Princeton, 1931); L. B. Campbell, »The Use of Historical Patterns in the Reign of Elizabeth«, *HLQ*, 1 (1938); G. C. Reese, »The Question of Succession in Elizabethan Drama«, *Univ. of Texas Studies in English*, 22 (1942); R. L. Anderson, »Kingship in Renaissance Drama«, *SP*, 41 (1944); W. F. Schirmer, »Über das Historiendrama in der englischen Renaissance«, ders., *Kleine Schriften*, (Tübingen, 1950); I. Ribner, »Morality Roots of the Tudor History Play«, *TSE*, 4 (1954); I. Ribner, »The Tudor History Play: An Essay in Definition«, *PMLA*, 69 (1954); I. Ribner, *The English History Play in the Age of Shakespeare*, (London, 1957; rev. ed. 1965); R. Quaderer, *Die Entwicklung des englischen Königsdramas 1600–1642*, (Winterthur, 1959).

2 Dieses moderne Verständnis der Historien wurde insbesondere gefördert durch die grundlegenden Studien von E. M. W. Tillyard, *Shakespeare's History Plays* (London, 1944 u. Ö) und L. B. Campbell, *Shakespeare's Histories: Mirrors of Elizabethan Policy*, (San Marino, Calif., 1947 u. ö.).

3 Neben den Darstellungen in Tillyard und Campbell vgl. C. L. Kingsford, *English Historical Literature in the Fifteenth Century*, (Oxford, 1913); L. B. Campbell, *Tudor Conceptions of History and Tragedy in ›A Mirror for Magistrates‹*, (Berkeley, 1936); E. H. Kantorowicz, *The King's Two Bodies: A Study in Medieval Political Theology*, (Princeton, 1957); E. W. Talbert, *The Problem of Order*, (Chapel Hill, 1962); F. le van Baumer, *The Early Tudor Theory of Kingship*, (New York, 1966); H. Baker, *The Race of Time: Three Lectures on Renaissance Historiography*, (Toronto, 1967); P. Burke, *The Renaissance Sense of the*

Past, (London, 1969); H. Levin, *The Myth of the Golden Age in the Renaissance,* (London, 1969); M. McKisack, *Medieval History in the Tudor Age,* (Oxford, 1971).

4 Dieses Geschichtsverständnis manifestiert sich in England zum ersten Mal in Polydore Vergil. S. *The Anglica Historia of Polydore Vergil,* A. D. 1486–1537, ed. D. Hay, Camden Society, 3rd Ser. 74, (London, 1950).

5 E. Hall, *The Union of the Two Noble and Illustre Famelies of Lancastre and Yorke,* (London, 1548); ed. H. Ellis (London, 1809; Menston, 1970).

6 Vgl. Tillyard, *Shakespeare's History Plays,* Kap. II, 5. und E. A. Greenlaw, *Studies in Spenser's Historical Allegory,* (Baltimore, 1932).

7 J. Bale, *Kynge Johan,* ed. J. H. P. Pafford, Malone Society Reprints, (London, 1931).

8 Th. Legge, *Richardus Tertius* (1579) ed. W. C. Hazlitt, *Shakespeare's Library,* (London, ^{2}1875); Anon., *The True Tragedy of Richard the Third* (1594), ed. W. W. Greg, Malone Society Reprints (London, 1929).

9 Anon. (R. Tarleton?), *The Famous Victories of Henry the Fifth* (ca. 1588), ed. J. Q. Adams, *Chief Pre-Shakespearean Dramas,* (Boston, 1924).

10 Zu Shakespeares Historien allgemein: Forschungsbericht: H. Jenkins, »Shakespeare's History Plays: 1900–1951«, *ShS,* 6 (1953); E. M. W. Tillyard, *Shakespeare's History Plays,* (London, 1944 u. ö.); L. B. Campbell, *Shakespeare's Histories: Mirrors of Elizabethan Policy,* (San Marino, Calif., 1947 u. ö.); I. Ribner, »The Political Problem in Shakespeare's Lancastrian Tetralogy«, *SP,* 49 (1952); W. Clemen, »Anticipation and Foreboding in Shakespeare's Early Histories«, *ShS,* 6 (1953); R. David, »Shakespeare's History Play – Epic or Drama?«, *ShS,* 6 (1953); R. A. Law, »Links between Shakespeare's History Plays«, *SP,* 50 (1953); W. F. Schirmer, *Glück und Ende der Könige in Shakespeares Historien,* (Köln, 1953); D. Traversi, *Shakespeare, From ›Richard II‹ to ›Henry V.‹* (Stanford, Calif., 1957); M. M. Reese, *The Cease of Majesty: A Study of Shakespeare's History Plays,* (London, 1961); A. P. Rossiter, *Angel with Horns,* (London, 1961); R. J. Dorius, ed., *Discussions of Shakespeare's Histories: ›Richard II‹ to ›Henry V.‹,* (Boston, 1964); E. M. Waith, ed., *Shakespeare: The Histories: A Collection of Critical Essays* (Englewood Cliffs, N.J., 1965); W. Weiß, »Vorbemerkungen und Kommentare zu *Henry IV, Henry V, 1, 2, 3, Henry VI, King John, Richard II, Richard III«,* W. Shakespeare, *Sämtliche Dramen,* Bd. II (München, 1967); D. Bevington, *Tudor Drama and Politics: A Critical Approach to Topical Meaning,* (Cambridge, Mass., 1968).

11 Texte: W. Shakespeare, *The First Part, The Second Part, The Third Part of Henry VI,* 3 Bde. ed., A. S. Cairncross, The Arden Edition, (London, 1962; Shakespeare 1957; 1964); Literatur: M. Doran, *›Henry VI, Parts II and III‹: Their Relation to ›The Contention‹ and ›The True Tragedy‹,* (Iowa City, 1928); P. Alexander, *Shakespeare's ›Henry VI‹ and ›Richard III‹,* (Cambridge, 1929); F. S. Boas, »Joan of Arc in Shakespeare, Schiller and Shaw«, *SQ,* 2 (1951); H. T. Price, *Construction in Shakespeare,* (Michigan, 1951); C. T. Prouty, *›The Contention‹ and Shakespeare's ›2 Henry VI‹: A Comparative Study,* (New Haven, 1954); R. A. Law, »The Chronicles and the Three Parts of *Henry VI*«, *Texas Studies in English,* 33 (1955); J. P. Brockbank, »The Frame of Disorder: *Henry VI*«, *Early Shakespeare,* Stratford-upon-Avon Studies 3 (London, 1961); R. S. Berman, »Fathers and Sons in the *Henry VI* Plays«, *SQ,* 13 (1962); M. Mincoff, »The Composition of *Henry VI,* Part I«, *SQ,* 16 (1965); D. M. Ricks, *Shakespeare's Emergent Form: A*

Study of the Structure of the ›Henry VI‹ Plays, (Logan, Utah, 1968); H. Müller, »Die Gestaltung des Volkes in Shakespeare's Historiendramen untersucht am Beispiel Heinrichs VI«, *SJ* Ost, 106 (1970).

12 Text: W. Shakespeare, *Richard III,* ed. J. D. Wilson, New Cambridge Shakespeare, (Cambridge, 1954); Literatur: A. P. Rossiter, »The Structure of *Richard III*«, DuJ, 31 (1938); R. A. Law, »*Richard III:* A Study in Shakespeare's Composition«, *PMLA,* 60 (1945); P. M. Kendall, ed., *›Richard III‹: The Great Debate,* (New York, 1965); W. H. Clemen, *Kommentar zu Shakespeares ›Richard III‹,* (Göttingen, 1957); J. W. R. White, *Shakespeare's ›Richard III‹: An Interpretation for Students,* (Sydney, 1966); R. Berman, »Anarchy and Order in *Richard III* and *King John*«, *ShS,* 20 (1967); J. Strauss, »Determined to prove a Villain: Character, Action and Irony in *Richard III*«, *Kosmos, 1* (1967/1968); A. L. French, »The World of *Richard III*«, *ShakS,* 4 (1968).

13 Text: W. Shakespeare, *King Richard II,* ed. P. Ure, The Arden Shakespeare (London, 1956); Literatur: M. Doran, »Imagery in *Richard II* and *Henry IV*«, *MLR,* 37 (1942); R. D. Altick, »Symphonic Imagery in *Richard II*«, *PMLA,* 62 (1947); M. Quinn, »The King is not himself': The Personal Tragedy of Richard II«, *SP,* 56 (1959); D. C. Hockey, » World of Rhetoric in *Richard II*«, *SQ,* 15 (1964); D. H. Rciman, »Appearance, Reality, and Moral Order in *Richard II*«, *MLQ,* 25 (1964); H. Morris, *King Richard II,* (Oxford, 1966); Th. Finkenstaedt, »Der Garten des Königs. Wandlungen des Paradiesischen und Utopischen, Studien zum Bild eines Ideals«. *Probleme der Kunstwissenschaft,* 2 (1966); H. Grabes, »*The Tragedie of King Richard the Second*«, *Poetica,* 2 (1968); T. Hawkes, »The Word Against the Word: The Role of Language in *Richard II.*«, *Language and Style,* 2 (1969).

14 Text: W. Shakespeare, *The First and Second Part of King Henry IV.,* 2 Bde, ed. A. R. Humphreys, New Arden Shakespeare, (London, 1960, 1966); Literatur: J. D. Wilson, *The Fortunes of Falstaff,* (Cambridge, 1943); C. L. Barber, »From Ritual to Comedy: An Examination of *Henry IV*«, *English Stage Comedy,* ed. W. K. Wimsatt Jr. (New York, 1955); H. Jenkins, *The Structural Problem of Shakespeare's ›Henry the Fourth‹,* (London, 1956); G. K. Hunter, »Shakespeare's Politics and the Rejection of Falstaff«, *CritQ,* 1 (1959); G. L. Evans, »The comical-tragical-historical method: *Henry IV*«, *Early Shakespeare,* Stratford-upon-Avon Studies, 3 (1961); N. Sanders, Metamorphosis of the Prince, 1864–1964«, *Shakespearean Essays,* eds. A. Thaler, N. Sanders, (Knoxville, 1964); R. J. Beck, *Shakespeare: ›Henry IV‹,* Studies in English Literature 24, (London, 1965); D. Young, ed., *Twentieth Century Interpretations of Henry IV., Part Two: A Collection of Critical Essays,* (Englewood Cliffs, N.J., 1968): A. Kernan, »The Henriad: Shakespeare's Major History Plays«, *YR,* 59 (1969); E. Sjoberg, »From Madcap Prince to King: The Evolution of Prince Hal«, *SQ,* 20 (1969); R. J. Dorius, ed., *Twentieth Century Interpretations of ›Henry IV, Part One‹.* A Collection of Critical Essays, (Englewood Cliffs, N.J., 1970); G. K. Hunter, ed., *Shakespeare, ›Henry IV. Part I and II‹. A Casebook,* (London, 1970).

15 Text: W. Shakespeare, *King Henry V.,* ed. J. H. Walter, The Arden Shakespeare (London, 1954); Literatur: D. A. Traversi, »*Henry V.*«, *Scrutiny 9* (1941); L. F. Dean, ed., *Shakespeare: Modern Essays in Criticism* (New York, 1961); R. W. Battenhouse, »*Henry V* as Heroic Comedy«, *Essays on Shakespeare and Elizabethan Drama,* ed. R. Hosley (London, 1963); C. Mitchell, »*Henry V:* The Essential King«, *Shakespearean Essays,* eds. A. Thaler and N. Sanders, (Knoxville, 1964); J. Naumann, *›Henry V‹. A Scene-by-Scene Analysis with Critical*

Commentary (New York, 1965); M. A. O'Brien, *A Critical Commentary on Shakespeare's ›Henry V‹* (London, 1967); R. Berman, ed., *›Henry V‹: A Collection of Critical Essays* (Englewood Cliffs N.J., 1968); *Shakespeare: ›Henry V‹, A Casebook*, ed. M. Quinn (London, 1969); U. Suerbaum, *»Henry V«, Das Englische Drama*, hrsg. D. Mehl (Düsseldorf, 1970), Bd. 1.

16 Die Gründe sind zusammengestellt und diskutiert in I. Ribner, *The English History Play*, S. 266 f.

3.5. Die Tragikomödie der Shakespeare-Zeit

1 Zur englischen Tragikomödie allgemein F. H. Ristine, *English Tragicomedy: Its Origin and History* (New York, 1910; 1963); E. M. Waith, *The Pattern of Tragicomedy in Beaumont and Fletcher*, (New Haven, 1952); M. T. Herrick, *Tragicomedy: Its Origin and Development in Italy, France and England.* Illinois Studies in Language and Literature, Vol. 39, (Urbana, 1955); J. L. Lievsay, »Italian *Favole boscarecce* and Jacobean Stage Pastoralism«, R. Hosley, ed., *Essays on Shakespeare and Elizabethan Drama in Honor of H. Craig*, (London, 1963).

2 Zur Geschichte der Bewertung von Beaumont und Fletcher s. L. B. Wallis, *Fletcher, Beaumont & Company*, (New York, 1947), S. 3–125.

3 Einen kritischen Überblick über die einzelnen Positionen gibt A. Gurr in seiner Einleitung zu F. Beaumont and J. Fletcher, *Philaster or Love Lies a-Bleeding*, The Revels Plays, (London, 1969).

4 G. E. Bentley, »Shakespeare and the Blackfriars Theatre«, *ShS*, 1 (1948).

5 Zur Darstellung dieser Kontroverse vgl. M. Doran, *Endeavours of Art: A Study of Form in Elizabethan Drama*, (Madison, 1954), S. 186–215 und M. T. Herrick, *Tragicomedy*, passim.

6 In Ben Jonsons *Conversations with William Drummond of Hawthornden.* in B. Jonson, *Works*, ed., C. H. Herford and P. Simpson, Vol. I., 12, 226 ff.; S. 138.

7 Das Titelblatt wurde von William W. Hole entworfen; Abbildung in E. Waith, *The Pattern of Tragicomedy*, S. 47.

8 Vgl. J. F. Danby, *Poets on Fortune's Hill*, (London, 1952); Neue Ausgabe mit dem Titel *Elizabethan and Jacobean Poets*, (London, 1964).

9 S. auch Gurr, »Introduction«, S. LIX ff.

10 S. M. Mincoff, »The Social Background of Beaumont and Fletcher«, *English Miscellany*, 1 (1950).

11 Zit. nach Gurr, »Introduction«, S. LX.

12 Text: John Fletcher, *The Faithful Shepherdess*, ed. C. Hoy; F. T. Bowers, ed., *The Dramatic Works*, vol. III, S. 485 ff. Literatur: W. W. Appleton, *Beaumont and Fletcher: A Critical Study*, (London, 1956); C. Leech, *The John Fletcher Plays*, (London, 1962); W. R. Davis, *A Map of Arcadia: Sidney's Romance in its Tradition*, Yale Studies in English, No. 158 (New Haven, 1965).

13 In der Ausgabe von Hoy bei Bowers, vol. III, S. 497.

14 Text: s. die Ausgabe von A. Gurr, Anmerkung 3. Literatur: T. P. Harrison, Jr., »A Probable Source of Beaumont and Fletcher's *Philaster*«, *PMLA*, 41 (1926); M. G. M. Adkins, »The Citizens in *Philaster:* their Function and Significance«, *SP*, 43 (1946); J. E. Savage, »Beaumont and Fletcher's *Philaster* and Sidney's *Arcadia*«, *ELH*, 14 (1947); H. S. Wilson, »*Philaster* and *Cymbeline*«, *English Institute Essays*, (1951), (New York, 1952).

15 Text: F. Beaumont and J. Fletcher, *A King and No King*, ed. R. K. Turner, Jr., (London, 1964). Literatur: A. Mizener, »The High Design of *A King and No King*«, *MP*, 38 (1940); R. K. Turner, Jr., The Morality of *A King and No King*«, *Renaissance Papers 1958–1960* (1961); U. Broich, »*A King and No King*«, *Das englische Drama*, hrsg. D. Mehl, (Düsseldorf, 1970), Bd. I.

Verzeichnis der Abkürzungen

Archiv	Archiv für das Studium der Neueren Sprachen und Literaturen
BJRL	Bulletin of the John Rylands Library
BM Quart.	British Museum Quarterly
BNYPL	Bulletin of the New York Public Library
BuR	Bucknell Review
BYUS	Brigham Young University Studies
CHEL	Cambridge History of English Literature
ClioW	Clio: An Interdisciplinary Journal of Literature, History, and the Philosophy of History (University of Wisconsin)
CompD	Comparative Drama
CQ	The Cambridge Quarterly
DUJ	Durham University Journal
DVLG	Deutsche Vierteljahresschrift für Literaturwissenschaft und Geistesgeschichte
EC	Essays in Criticism
EHR	English Historical Review
EIE	English Institute Essays
ELH	Journal of English Literary History
ELR	English Literary Renaissance
EM	English Miscellany
ES	Essays and Studies by Members of the English Association
E Studien	Englische Studien
E Studies	English Studies
ETJ	Educational Theatre Journal
GaR	Georgia Review
GM	Gentleman's Magazine
GRM	Germanisch-Romanische Monatsschrift
HLQ	Huntington Library Quarterly
JWCI	Journal of the Warburg and Courtauld Institute
JEGP	Journal of English and Germanic Philology
JHI	Journal of the History of Ideas
Lang & S	Language and Style
LJGG	Literaturwiss. Jahrbuch der Görres-Gesellschaft
MLN	Modern Language Notes
MLQ	Modern Language Quarterly
MLR	Modern Language Review
MP	Modern Philology
N & Q	Notes and Queries
NM	Neuphilologische Mitteilungen
n. s.	New Series
PAPS	Proceedings of the American Philosophical Society
PBA	Proceedings of the British Academy
PMLA	Publications of the Modern Language Association of America
PQ	Philological Quarterly
Ren D	Renaissance Drama
Ren P	Renaissance Papers
Ren Q	Renaissance Quarterly
RES	Review of English Studies
RNL	Review of National Literatures
RORD	Research Opportunities in Renaissance Drama
SAB	Shakespeare Association Bulletin

SEL	Studies in English Literature 1500–1900
SELit	Studies in English Literature (Japan)
ShakS	Shakespeare Studies
ShJb	Shakespeare Jahrbuch
ShN	Shakespeare Newsletter
ShS	Shakespeare Survey
SJH	Shakespeare Jahrbuch Heidelberg (ab 1964)
SoRA	Southern Review: An Australian Journal of literary Studies
SP	Studies in Philology
SQ	Shakespeare Quarterly
SRO	Shakespearean Research Opportunities: The Report of the MLA Conference
TDR	The Drama Review (früher Tulane Drama Review)
ThS	Theatre Survey
TLS	Times Literary Supplement
TN	Theatre Notebook
TSL	Tennessee Studies in Literature
UMSE	University of Mississippi Studies in English
UTQ	University of Toronto Quarterly
ZAA	Zeitschrift für Anglistik und Amerikanistik

Bibliographie

Die Anordnung der bibliographischen Angaben folgt im wesentlichen der Gliederung der Darstellung. Statt Vollständigkeit anzustreben, wurde versucht, nur auf so viele Studien hinzuweisen, daß der interessierte Leser in der Lage ist, sich selbständig in jeden Aspekt des Gebietes einzuarbeiten.

0.1. Bibliographien, Enzyklopädien, Lexika, Handbücher

J. F. Arnott and J. W. Robinson, *English Theatrical Literature 1559–1900: A Bibliography Incorporating R. W. Lowe's A bibliographical account of English theatrical Literature 1888* (London, 1970)

O. J. Campbell and E. G. Quinn, eds., *A Shakespeare Encyclopedia* (London, 1966)

H. W. Gabler, *English Renaissance Studies in German 1945–1967.* A Checklist of German, Austrian and Swiss academic theses, monographs and book publications on English Language and Literature, c. 1500–1650. (Heidelberg, 1971)

W. W. Greg, *A Bibliography of the English Printed Drama to the Restoration,* 4 vols., (London, 1939–1959)

W. W. Greg, *A List of English Plays, written before 1643 and printed before 1700* (London, 1900, repr. New York, 1969)

[Jahresbibliographien] *Publications of the Modern Language Association of America; Studies in Philology; Year's Work in English Studies; SEL* ab 1961 »Recent Studies In Elisabethan and Jacobean Drama«, »Recent Literature of the Renaissance«

[Jahresbibliographien zu Shakespeare] *Sh. Quarterly:* Annotated World Bibliography; *Sh. Survey:* The Year's Contribution to Shakespearian Studies; *Jahrbücher der Deutschen Shakespeare-Gesellschaft West und Ost*

E. Nungezer, *A Dictionary of Actors and of other Persons Associated with the Public Representation of Plays in England before 1642* (New Haven, 1929)

F. E. Penninger, *English Drama to 1660 (Excluding Shakespeare).* A Guide to Information Sources (Detroit, 1976)

A. W. Pollard and G. R. Redgrave, *A Short-Title Catalogue of Books Printed in England, Scotland, and Ireland and of English Books Printed Abroad, 1475–1640* (London, 1926, repr. 1946, 1948)

I. Schabert, ed., *Shakespeare-Handbuch* (Stuttgart, 1972)

A. Schmidt, G. J. Sarrazin, rev., *Shakespeare-Lexicon* 2 vols., (Berlin, 3rd ed. 1902; repr. Berlin, 1962 and New York, 1968)

G. Wells, ed., *English Drama (excluding Shakespeare)* Select Bibliographical Guides (London, 1975)

0.2. Ausgaben wichtiger Dokumente

E. Arber, ed., *A Transcript of the Registers of the Company of Stationers of London: 1554–1640 A.D.* vol. 1–4 (London, 1875–1877) vol. 5 (Birmingham, 1894)

G. E. Bentley, *The Jacobean and Caroline Stage,* 7 vols. (Oxford, 1941–1968)

E. K. Chambers, *The Elizabethan Stage,* 4 vols. (Oxford, 1923)
E. K. Chambers, *The Medieval Stage,* 2 Bde. (London, 1903)
E. K. Chambers, *William Shakespeare,* 2 vols. (Oxford, 1930)
A. Feuillerat, ed., *Documents Relating to the Office of the Revels in the Time of Queen Elizabeth,* In: W. Bang, ed., *Materialien zur Kunde des älteren Englischen Dramas,* 21 (Louvain, 1908); repr. Vaduz, 1963
R. A. Foakes, R. T. Rickert, eds., *Henslowe's Diary* (Cambridge, 1961)
W. W. Greg, *A Companion to Arber. Being a Calendar of the Registers of the Company of Stationers of London 1554–1640* (Oxford, 1967)
W. W. Greg, ed., *Dramatic Documents from the Elizabethan Playhouses: stage, plots, actor's parts, prompt books,* 2 vols. (Oxford, 1931)
W. W. Greg, ed., *Henslowe's Diary,* 2 vols. (London, 1904–1908)
W. W. Greg, ed., *Henslowe Papers, Being Documents Supplementary to Henslowe's Diary* (London, 1907)
A. Harbage, S. Schoenbaum, rev., *Annals of English Drama 975–1700* (London, 1964). S. Schoenbaum, *A Supplement to the Revised Edition* (Evanston, 1966). *A Second Supplement to the Revised Edition* (Evanston, 1970)
J. T. Murray, *English Dramatic Companies, 1558–1642.* 2 vols. (Boston, 1910)

0.3. Gesamtdarstellungen

J. Barroll, ed., *The Revels History of Drama in English, III: 1576–1613* (London, 1975)
M. Doran, *Endeavors of Art: A Study of Form in Elizabethan Drama* (Madison, 1954)
R. Fricker, *Das ältere englische Schauspiel,* Bd. 1. *Von den geistlichen Autoren bis zu den »University Wits«* (Bern, 1975)
C. Ricks, ed., *English Drama to 1710* [Sphere History of Literature in the English Language 3], (London, 1971)
A. P. Rossiter, *English Drama from Early Times to the Elizabethans* (London, 1950)
G. Wickham, *Early English Stages 1300–1600,* 2 vols. (New York, 1959–1963)
F. P. Wilson, *The English Drama 1485–1585* (Oxford, 1969)

1.1. Schauspieler und Schauspieltruppen

W. A. Armstrong, »Actors and Theatres«, *ShS,* 18 (1964)
T. W. Baldwin, *The Organisation and Personnel of the Shakespearean Company* (Princeton, 1927, repr. New York, 1961)
B. Beckerman, »Philip Henslowe« in: J. W. Donohue, ed., *The Theatrical Manager in England and America* (Princeton, 1971)
S. L. Bethell, »Shakespeare's Actors«, *RES,* 1 (1950)
M. C. Bradbrook, »Silk? satin? kersey? rags?: the choristers' theatre under Elizabeth and James«, *SEL,* 1 (1961)
M. C. Bradbrook, »The Status Seekers: Society and the Common Player in the Reign of Elizabeth I«, *HLQ* 24 (1961); repr. in Bentley (ed.), *The Seventeenth Century Stage* (Chicago, 1968)
H. N. Hillebrand, *The Child Actors* (Urbana, 1926, repr. 1964)
M. Holmes, *Shakespeare and his Players* (London, 1972)

T. Lennam, »The Children of Paul's 1551–1582«, in: D. Galloway, ed., *The Elizabethan Theatre II* (London, 1970)
A. Mason, »The Social Status of Theatrical People« *SQ*, 18 (1967)
M. Shapiro, *Children of the Revels. The Boy Companies of Shakespeare's Time and Their Plays* (New York, 1977)

1.2. Theater und Bühnen

J. Q. Adams, *The Globe Playhouse: Its Design and Equipment* (Cambridge, Mass., 1942; London, 1961)
W. A. Armstrong, The Elizabethan private theatres: facts and problems, *Soc. for Theatre Research* (1958)
B. Beckerman, *Shakespeare at the Globe 1599–1609* (New York, 1962)
G. E. Bentley, *Shakespeare and his Theatre* (Lincoln, 1964)
G. E. Bentley, ed., *The Seventeenth-Century Stage: a Collection of Critical Essays* (Chicago, 1968)
M. C. Bradbrook, »Shakespeare and the Multiple Theatres of Jacobean London«, in: *The Elizabethan Theatre VI* ed. G. R. Hibbard (London, 1978)
A. Gurr, *The Shakespearean Stage 1574–1642* (Cambridge, 1970)
C. W. Hodges, *The Globe Restored* (London, 1953; 2nd rev. ed., 1968)
R. Hosley, »The Playhouse and the Stage« In: K. Muir and S. Schoenbaum, eds., *A New Companion to Shakespeare Studies* (Cambridge, 1971)
R. Hosley, »A Reconstruction of the Fortune Playhouse: Part I«, in: *The Elizabethan Theatre VI*, ed. G. R. Hibbard (London, 1978)
R. Hosley, »Three Renaissance English Indoor Playhouse«, *ELR* 3 (1973)
L. Hotson, *Shakespeare's Wooden O* (London, 1959)
W. J. Lawrence, *The Elizabethan Playhouse and other Studies*, 2 vols. (Stratford-upon-Avon, 1912–1913; repr. New York, 1963)
W. J. Lawrence, *The Physical Conditions of the Elizabethan Public Playhouse* (Cambridge, Mass., 1927; repr. New York, 1968)
C. T. Prouty, ed., *Studies in the Elizabethan Theatre* (Hamden, Conn., 1961)
I. Smith, *Shakespeare's Blackfriars Playhouse: its History and its Design* (New York, 1964)
I. Smith, *Shakespeare's Globe Playhouse* (New York, 1956)

1.3. Schauspielkunst und Aufführungspraxis

M. R. Best, »The Staging and Production of the Plays of Lyly«, *ThR* 9 (1968)
S. Brownell, »Visual and Aural Signs in the Performed English Renaissance Play«, *RenD* 5 (1972)
L. B. Campbell, *Scenes and Machines on the English Stage During the Renaissance* (Cambridge, 1923; repr. New York, 1960)
M. Charney, »The Children's Plays in Performance«, *RORD* 18 (1975)
T. W. Craik, »The Reconstruction of Stage Action from Early Dramatic Texts«, in: G. R. Hibbard, ed., *The Elizabethan Theatre V* (London, 1975)
A. S. Downer, »Prolegomena to the Study of Elizabethan Acting«, *Maske and Kothurn* 10 (1964)
R. A. Foakes, »The Player's Passion. Some Notes on Elizabethan Psychology and Acting«, *E & S* 7 (1954)

L. Goldstein, »On the Transition from Formal to Naturalistic Acting in the Elizabethan and Post-Elizabethan Theater«. *BNYPL* 62 (1958)
A. Gurr, »Who Strutted and Bellowed?«, *ShS*, 16 (1963)
A. Gurr, »Elizabethan Action«, *SP*, 63 (1966)
R. Hosley, »The Gallery over the Stage in the Public Playhouse of Shakespeare's Time« *SQ*, 8 (1957)
R. Hosley, »The Discovery-Space in Shakespeare's Globe« *ShS*, 12 (1959)
C. Hotson, *The first Night of Twelfth Night* (London, 1954)
B. L. Joseph, *Elizabethan Acting* (London, 1951, rev. ed. 1964)
B. Joseph, *The Tragic Actor* (London, 1964)
D. Klein, »Elizabethan Acting«, *PMLA* 71 (1956)
D. Klein, »Time Allotted for an Elizabethan Performance«, *SQ* 18 (1967)
W. J. Lawrence, *Pre-Restoration Stage Studies* (Cambridge Mass., 1927)
M. C. Linthicum, *Costume in the Drama of Shakespeare and his Contemporaries* (Oxford, 1936)
L. L. Marker, »Nature and Decorum in the Theory of Elizabethan Acting«, in: D. Galloway (ed.), *The Elizabethan Theatre*, II (London, 1970)
G. F. Reynolds, *The Staging of Elizabethan Plays at the Red Bull Theatre, 1605–1625* (London, 1940, repr. New York, 1966)
E. L. Rhodes, *Henslowe's Rose. The Stage & Staging* (Lexington, 1976)
J. W. Saunders, »Staging at the Globe, 1599–1613«, *SQ* 11 (1960)
D. Seltzer, »The Actors and the Staging«, in: K. Muir and S. Schoenbaum, eds., *A New Companion to Shakespeare Studies* (Cambridge, 1971)
D. Seltzer, »The Staging of the Last Plays«, in: J. R. Brown and B. Harris, eds.: *Later Shakespeare*, Stratford-upon-Avon Studies 8 (London, 1961)
W. D. Smith, *Shakespeare's Playhouse Practice* (Hannover, New Hampsh., 1975)
J. L. Styan, *Shakespeare's Stagecraft* (Cambridge, 1967)

1.4. Das Publikum

W. A. Armstrong, »The Audience of the Elizabethan Private Theatres« *RES*, n. s. 10 (1959) repr. in: G. E. Bentley, ed., *The Seventeenth-Century Stage* (Chicago, 1968)
M. C. Bradbrook, »The Triple Bond: Audience, Actors, and Author in the Elizabethan Playhouse«, in: J. G. Price, ed., *The Triple Bond: Plays, Mainly Shakespeare's, in Performance* (University Park and London, 1975)
A. Bry, »Middleton et le public des ›city comedies‹«, in: J. Jacquot, ed., *Dramaturgie et société* (Paris, 1968)
A. J. Cook, »The Audience of Shakespeare's Plays: A Reconsideration«, *ShakS* 7 (1974)
A. Harbage, *Shakespeare's Audience* (New York, 1941)
M. Holmes, *Shakespeare's Public. The Touchstone of his Genius* (London, 1960)
R. Hosley, »Elizabethan Theatres and Audiences«, *RORD* 10 (1967)
C. Leech, »The Caroline audience«, *MLR* 36 (1942), rptd. in: C. Leech, *Shakespeare's Tragedies and other Studies in Seventeenth-Century Drama* (London, 1950)
W. J. Lawrence, *Those Nut-cracking Elizabethans: Studies of the Early Theatre and Drama* (London, 1935)
M. E. Prior, »The Elizabethan Audience and the Plays of Shakespeare«, *MP* 49 (1951)

1.5. Die Autoren

G. E. Bentley, *The Profession of Dramatist in Shakespeare's Time, 1590–1642* (Princeton, 1971)

R. A. Foakes, »The Profession of Playwright«, in: J. R. Brown and B. Harris, eds., *Early Shakespeare*, Stratford-upon-Avon Studies 3 (London, 1961)

M. Jones, »The Court and the Dramatists« in: *Elizabethan Theatre*, Stratford-upon-Avon Studies 9 (London, 1966)

E. P. Kuhl, »The Stationers' Company and Censorship, 1599–1601«, *The Library*, N. S. 9 (1929)

E. H. Miller, *The Professional Writer in Elizabethan England* (Cambridge, Mass., 1959)

P. Sheavyn, *The Literary Profession in the Elizabethan Age* (Manchester, 1909) 2nd ed., rev. throughout by J. W. Saunders (Manchester, New York, 1967)

2.1. Die dramatische Tradition

S. L. Bethell, *Shakespeare and the Popular Dramatic Tradition* (London, 1944)

D. M. Bevington, *From ›Mankind‹ to Marlowe: the Growth of Structure in the Popular Drama of Tudor England* (Cambridge, Mass., 1962)

F. T. Bowers, »Classical Antecedents of Elizabethan Drama«, *TSL* 7 (1962)

H. B. Charlton, *The Senecan Tradition in Renaissance Tragedy* (London, 1946)

W. Clemen, *Die Tragödie vor Shakespeare. Ihre Entwicklung im Spiegel der dramatischen Rede*. Schriftenreihe der Deutschen Shakespeare-Gesellschaft N.F. Bd. V (Heidelberg, 1955)

W. Clemen, *English Tragedy before Shakespeare: the Development of Dramatic Speech* (London, 1961)

C. C. Coulter, »The Plautine Tradition in Shakespeare«, *JEGP* 19 (1920)

T. W. Craik, *The Tudor Interlude* (Leicester, 1958)

W. Farnham, *The Medieval Heritage of Elizabethan Tragedy* (Berkeley, 1936)

W. Habicht, *Studien zur Dramenform vor Shakespeare. Moralität, Interlude, romaneskes Drama* (Heidelberg, 1968)

R. Hosley, »The Formal Influence of Plautus and Terence«. In: Elizabethan Theatre, Stratford-upon-Avon St. 9 (London, 1966)

G. K. Hunter, »Seneca and the Elizabethans: A Case-Study in ›Influence‹«, *ShS* 20 (1967)

J. Jacquot, ed., *Les Tragédies de Sénèque et le Théâtre de la Renaissance* [Editions du Centre National de la Recherche Scientifique] (Paris, 1964)

J. H. Kaplan, »The Medieval Origins of Elizabethan Comedy«, *RenD* n. s., 5 (1972)

D. Klein, *Milestones to Shakespeare. A Study of the Dramatic Forms and pageantry that were the Prelude to Shakespeare* (New York, 1970)

F. L. Lucas, *Seneca and Elizabethan Tragedy* (Cambridge, 1922)

B. Spivack, *Shakespeare and the Allegory of Evil: the History of a Metaphor in Relation to his Villains* (New York, 1958)

R. Weimann, *Shakespeare und die Tradition des Volkstheaters. Soziologie, Dramaturgie, Gestaltung* (Berlin, 1967)

E. Welsford, *The Fool: his Social and Literary History* (London, 1935; repr. Gloucester, Mass. 1966)
G. Wickham, *Shakespeare's Dramatic Heritage. Collected Studies in Medieval, Tudor and Shakespearean Drama* (London, 1969)

2.2. Poetik und Kritik

J. Atkins, *English Literary Criticism: The Renascence* (London, 1947)
C. S. Baldwin, D. L. Clark, ed. and introd., *Renaissance Literary Theory and Practice. Classicism in the Rhetoric and Poetic of Italy, France and England, 1400–1600* (New York, 1939; repr. Gloncester Mass., 1959)
P. Davison, ed., *Critics and Apologists of the English Theatre. A Selection of seventeenth-century pamphlets in facsimile.* (New York, 1972)
V. Hall, *Renaissance Literary Criticism: A Study of Its Social Content* (New York, 1946, repr. 1959)
M. T. Herrick, *Comic Theory in the Sixteenth Century* (Urbana, 1950)
D. Klein, *The Elizabethan Dramatists as Critics* (London, 1963)
F. S. Morgan, »Puritan Hostility to the Theatre«, *PAPS* 110 (1966)
A. Nicoll, »Tragicall-comical-historical-pastoral: Elizabethan Dramatic Nomenclature«, *BJRL* 43 (1960/61)
J. E. Spingarn, *A History of Literary Criticism in the Renaissance* (New York, 1899; repr. N.Y. and London, 1963)
E. N. S. Thompson, *The Controversy between the Puritans and Stage* (New York, 1903; repr. N.Y., 1966)

2.3. Sprache und Sprachverständnis

E. A. Abbott, *A Shakespearian grammar* (London, 1869; 2nd ed. 1870, repr. New York, 1966)
M. C. Bradbrook, »Fifty Years of the Criticism of Shakespeare's Style: A Retrospect«, *ShS* 7 (1954)
G. L. Brook, *The Language of Shakespeare* (London, 1976)
M. St. C. Byrne, »The Foundations of Elizabethan Language«, *ShS* 17 (1964)
W. H. Clemen, *Shakespeare's Bilder: ihre Entwicklung und ihre Funktionen im dramatischen Werk* (Bonn, 1935) transl. and enlarged as: *The development of Shakespeare's imagery* (London, 1951) Sec. ed. with a new preface by the author (London, 1977)
M. Crane, *Shakespeare's Prose* (Chicago, 1951)
Ch. Ehrl, *Sprachstil und Charakter bei Shakespeare* (Heidelberg, 1957)
W. Franz, *Shakespeare-Grammatik*, 2 vols, (Halle, 1898–1900; Heidelberg, 1924)
G. S. Gordon, *Shakespeare's English* (Oxford, 1929)
K. Hudson, »Shakespeare's Use of Colloquial Language«, *ShS* 23 (1970)
H. M. Hulme, *Exploration in Shakespeare's Language: Some Problems of Lexical Meaning in the Dramatic Text* (London, 1962)
H. M. Hulme, *Yours that Read Him. An Introduction to Shakespeare's Language* (London, 1972)
M. M. Mahood, *Shakespeare's Wordplay* (London, 1957)
R. Quirk, »Shakespeare and the English language«, in: K. Muir and S. Schoenbaum, eds., *A New Companion to Shakespeare Studies* (Cambridge, 1971)

J. Schäfer, *Shakespeares Stil. Germanisches und romanisches Vokabular* (Frankfurt, 1973)
C. F. E. Spurgeon, *Shakespeare's Imagery and what it Tells us* (Cambridge, 1935)
B. Vickers, *The Artistry of Shakespeare's Prose* (London, 1968)
B. Vickers, »Shakespeare's Use of Rhetoric«, in: K. Muir and S. Schoenbaum, eds., *A New Companion to Shakespeare Studies* (Cambridge, 1971)
G. D. Willcock, »Shakespeare and Elizabethan English«, *ShS* 7 (1954)
G. D. Willcock, *Shakespeare as a Critic of Language* (London, 1934)
R. W. Zandvoort, »What is Euphuism?«, in: *Mélanges Fernand Mossé in memoriam* (Paris, 1962)

2.4. Denkformen und Normen

D. C. Allen, *Doubt's Boundless Sea: Skepticism and Faith in the Renaissance* (Baltimore, 1964)
H. Baker, *The Wars of Truth. Studies in the Decay of Christian Humanism in the Earlier Seventeenth Century* (Cambridge, Mass., 1952)
J. B. Bamborough, *The Little World of Man* (London, 1952)
L. Barkan, *Nature's Work of Art: The Human Body as Image of the World* (New Haven, 1975)
G. T. Buckley, *Atheism in the English Renaissance* (Chicago, 1932; New York, 1965)
D. Bush, *The Renaissance and English Humanism* (Toronto, 1939; repr. 1962)
E. Cassirer, *The Platonic Renaissance in England* (Austin, 1953)
E. Cassirer, *The Individual and the Cosmos in Renaissance Philosophy* (New York, 1963)
H. Craig, *The Enchanted Glass. The Elizabethan Mind in Literature* (New York, 1936; repr. Oxford, 1960)
H. Craig, *New Lamps for Old. A Sequel to ›The Enchanted Class‹* (Oxford, 1960)
W. C. Curry, *Shakespeare's Philosophical Patterns* (Baton Rouge, 1937)
W. R. Elton, »Shakespeare and the Thought of His Age«, in: K. Muir and S. Schoenbaum, eds., *A New Companion to Shakespeare Studies* (Cambridge, 1971)
A. Haydn, *The Counter-Renaissance* (New York, 1950)
T. Helton, ed., *The Renaissance: A Reconsideration of the Theories and Interpretations of the Age* (Madison, 1961)
E. H. Kantorowicz, *The King's Two Bodies. A Study in Medieval Political Theology* (Princeton, 1957)
R. Kelso, *The Doctrine of the English Gentleman in the Sixteenth Century* (Urbana, 1929)
R. Kelso, *Doctrine for the Lady of the Renaissance* (Urbana, 1956)
L. C. Knights, *Drama and Society in the Age of Jonson* (London, 1937; repr. 1962)
P. H. Kocher, *Science and Religion in Elizabethan England* (San Marino, Calif., 1953)
A. O. Lovejoy, *The Great Chain of Being: A Study of the History of an Idea* (Cambridge, Mass., 1936)
F. Raab, *The English Face of Machiavelli: A Changing Interpretation 1500–1700* (London, 1964)
A. L. Rowse, *The Elizabethan Renaissance: The Cultural Achievement* (London, 1972)
E. M. W. Tillyard, *The Elizabethan World Picture* (London, 1943)

3.1. Studien zum Drama allgemein und zu einzelnen Aspekten

C. R. Baskervill, *The Elizabethan jig and related song drama* (Chicago, 1929; New York, 1965)
N. Berlin, *The Base String. The Underworld in Elizabethan Drama* (Rutherford, 1968)
D. M. Bevington, *Tudor drama and politics: a critical approach to topical meaning* (Cambridge, Mass., 1968)
M. Bluestone, N. Rabkin, eds., *Shakespeare's Contemporaries* (Englewood Cliffs, N. J., 1961)
F. S. Boas, *University Drama in the Tudor Age* (Oxford, 1914; repr. 1966)
W. R. Bowden, *The English Dramatic Lyric 1603–1642. A Study in Stuart Dramatic Technique* (New Haven, 1951; repr. 1969)
A. Brown, »Studies in Elizabethan and Jacobean Drama since 1900«, *ShS* 14 (1961)
L. B. Campbell, *Divine Poetry and Drama in Sixteenth-century England* (Cambridge, 1959)
L. J. Cardozo, *The Contemporary Jew in the Elizabethan Drama* (Amsterdam, 1925)
T. S. Eliot, *Essays on Elizabethan Drama* (New York, 1962)
The Elizabethan Theatre, vols. 1–3 ed. D. Galloway, vols. 4–6 ed. G. Hibbard (London, 1969–1978)
I.-S. Ewbank, »›These pretty devices‹: A Study of Masques in Plays«, in: *A Book of Masques*, in Honour of Allardyce Nicoll (Cambridge, 1967)
R. H. Goldsmith, *Wise Fools in Shakespeare* (Liverpool, 1958)
T. N. Greenfield, *The Induction in Elizabethan Drama* (Eugene, Oregon 1969)
W. Habicht und I. Schabert, eds., *Sympahtielenkung in den Dramen Shakespeares. Studien zur publikumsbezogenen Dramaturgie* (München, 1978)
A. Harbage, *Shakespeare and the Rival Traditions* (New York, 1952)
R. J. Kaufmann, ed., *Elizabethan Drama: Modern Essays in Criticism* (New York, 1961)
R. Levin, *The Multiple Plot in English Renaissance Drama* (Chicago, London, 1971)
D. Mehl, *Die Phantomime im Drama der Shakespearezeit. Ein Beitrag zur Geschichte der Dumb Show* (Heidelberg, 1964; engl. Ausgabe: *The Elizabethan Dumb-Show* (London, 1965)
A. M. Myers, *Representation and Misrepresentation of the Puritan in Elizabethan Drama* (Philadelphia, 1931)
E. A. Peers, *Elizabethan Drama and its Mad Folk* (Cambridge, 1914)
R. R. Reed, *Bedlam on the Jacobean stage* (Cambridge Mass., 1952; repr. New York, 1970)
R. R. Reed, *The Occult on the Tudor and Stuart Stage* (Boston, 1965)
C. van der Spek, *The Church and the churchmen in English dramatic literature before 1642* (Amsterdam, 1930)
K. Tetzeli von Rosador, *Magie im elisabethanischen Drama* (Braunschweig, 1970)
E. M. Waith, *The Herculean Hero in Marlowe, Chapman, Shakespeare and Dryden* (London, 1962)
E. Welsford, *The Court Masque. A Study in the Relationship between Poetry and the Revels* (Cambridge, 1927; repr. 1962)

3.2. Studien zur Tragödie

H. H. Adams, *English Domestic or, Homiletic Tragedy 1575 to 1642* (New York, 1943)

H. Baker, *Induction to Tragedy. A Study in a development of Form in ›Gorboduc‹, ›The Spanish Tragedy‹ and ›Titus Andronicus‹.* (Baton Rouge, 1939; repr. New York, 1965)

R. W. Battenhouse, *Shakespearean Tragedy. Its Art and Its Christian Premises* (Bloomington and London, 1969)

F. T. Bowers, *Elizabethan Revenge Tragedy 1587–1642* (Princeton, N. J., 1940)

M. C. Bradbrook, *Themes and Conventions of Elizabethan Tragedy* (Cambridge, 1935)

L. L. Brodwin, *Elizabethan Love Tragedy 1587–1625* (New York, 1971; London, 1972)

R. Broude, »Revenge and Revenge Tragedy in Renaissance England«, *Ren Q* 28 (1975)

K. M. Burton, »The Political Tragedies of Chapman and Ben Jonson«, *EC* 2 (1952)

L. B. Campbell, *Shakespeare's Tragic Heroes: Slaves of Passion* (Cambridge, Mass., 1930; 2nd ed. London, 1961)

A. Clark, *Domestic Drama. A Survey of the Origins, Antecedents and Nature of the Domestic Play in England, 1500–1640*, 2 vols. (Salzburg, 1975)

F. M. Dickey, *Not Wisely But Too Well: Shakespeare's Love Tragedies* (San Marino, 1957)

P. Edwards, *Thomas Kyd and Early Elizabethan Tragedy* (London, 1966)

W. Farnham, *Shakespeare's Tragic Frontier* (Berkeley, 1950)

C. R. Forker, »The Love-Death Nexus in English Renaissance Tragedy«, *Shak S* 8 (1975)

G. C. Herndl, *The High Design. English Renaisance Tragedy and the Natural Law* (Lexington, 1970)

H. Jenkins, *The Catastrophe in Shakespearean Tragedy* (Edinburgh, 1967)

C. Leech, »Studies in Shakespearean and other Jacobean Tragedy, 1918–1972: A Retrospect«, *Sh S* 26 (1973)

J. W. Lever, *The Tragedy of State* (London, 1971)

C. O. McDonald, *The Rhetoric of Tragedy: Form in Stuart Drama* (Amherst, 1966)

M. Mack, *Killing the King. Three Studies in Shakespeare's Tragic Structure* (New Haven and London, 1973)

R. Ornstein, *The Moral Vision of Jacobean Tragedy* (Madison, Wisc., 1960)

D. J. Palmer, »Elizabethan Tragic Heroes« in: J. R. Brown and B. Harris, eds., *Elizabethan Theatre*, Stratford-upon-Avon-Studies 9 (London, 1966)

I. Ribner, *Jacobean Tragedy: the Quest for Moral Order* (London, 1962)

I. Ribner, *Patterns in Shakespearian Tragedy* (London, 1960)

E. Schanzer, *The Problem Plays of Shakespeare. A Study of ›Julius Caesar‹, ›Measure for Measure‹, ›Antony and Cleopatra‹* (London, 1963)

E. Th. Sehrt, *Der dramatische Auftakt in der elisabethanischen Tragödie* (Göttingen, 1960)

Th. Spencer, *Death and Elizabethan Tragedy. A Study of Convention and Opinion in the Elizabethan Drama* (Harvard, 1936; repr. New York, 1960)

R. Stilling, *Love and Death in Renaissance Tragedy* (Baton Rouge, 1976)

B. Stirling, *Unity in Shakespearian Tragedy* (New York, 1956)

J. H. Stodder, *Satire in Jacobean Tragedy* (Salzburg, 1974)

3.3. *Studien zur Komödie*

C. L. Barber, *Shakespeare's Festive Comedy. A Study of Dramatic Form and its Relation to Social Custom* (Princeton, 1959; repr. 1972)
M. C. Bradbrook, *The Growth and Structure of Elizabethan Comedy* (London, 1955; new Ed. London, 1973)
A. Brown, »Citizen Comedy and Domestic Drama« in: *Jacobean Theatre*, Stratford-upon-Avon-Studies 1, ed. J. R. Brown and B. Harris (London, 1960)
J. R. Brown, *Shakespeare and His Comedies* (London, 1957; 2nd ed. 1962)
O. J. Campbell, *Comicall Satyre and Shakespeare's ›Troilus and Cressida‹* (San Marino, Calif., 1938)
A. C. Dessen, *Jonson's Moral Comedy* (Evanston, 1971)
B. Evans, *Shakespeare's Comedies* (Oxford, 1960)
B. Gibbons, *Jacobean City Comedy. A Study of Satiric Plays by Jonson, Marston and Middleton* (London, 1968)
A. Leggatt, *Citizen Comedy in the Age of Shakespeare* (Toronto, 1973)
A. Leggatt, *Shakespeare's Comedy of Love* (London, 1974)
L. Lerner, ed., *Shakespeare's Comedies. An Anthology of Modern Criticism* (Harmondsworth, 1967)
M. Mincoff, »Shakespeare and Lyly«, *Sh S* 14 (1961)
K. Muir, ed., *Shakespeare. The Comedies. A Collection of Critical Essays* (Englewood Cliffs, N. J., 1965)
R. Ornstein, »Shakespearian and Jonsonian Comedy«, *Sh S* 22 (1969)
D. J. Palmer, ed., *Shakespeare's Later Comedies. An Anthology of Modern Criticism* (Harmondsworth, 1971)
E. B. Partridge, *The Broken Compass: A Study of the Major Comedies of Ben Jonson* (London, 1958)
E. C. Pettet, *Shakespeare and the Romance Tradition* (New York, 1949)
M. Pfister, *Studien zum Wandel der Perspektivenstruktur in elisabethanischen und jakobäischen Komödien* (München, 1974)
P. Saccio, *The Court Comedies of John Lyly. A Study in Allegorical Dramaturgy* (Princeton, 1969)
L. Salinger, *Shakespeare and the Traditions of Comedy* (London, 1974)
E. Th. Sehrt, *Wandlungen der Shakespeareschen Komödie* (Göttingen, 1961)
D. L. Stevenson, *The Love-Game Comedy* (New York, 1946; repr. New York, 1966)

3.4. *Studien zu den Historien*

W. A. Armstrong, ed., *Shakespeare's Histories: an Anthology of Modern Criticism* (Harmondsworth, 1972)
D. Bevington, *Tudor Drama and Politics: A Critical Approach to Topical Meaning* (Cambridge, Mass., 1968)
J. C. Bromley, *The Shakespearean Kings* (Boulder, 1971)
L. B. Campbell, *Shakespeare's »Histories«: Mirrors of Elizabethan Policy* (San Marino, 1947; repr. 1964)
W. Clemen, *Kommentar zu Shakespeares ›Richard III‹. Interpretation eines Dramas* (Göttingen, 1957); engl. Neufassung: *A Commentary on Shakespeare's Richard III* (London, 1968)
L. F. Dean, »Tudor Theories of History Writing«, *Univ. of Michigan Contributions in Modern Philology* 1 (1947)
A. R. Humphreys, »Shakespeare and the Tudor Perception of History«, in: B. W. Jackson, ed., *Stratford-Papers on Shakespeare* (Toronto, 1964)

H. Jenkins, »Shakespeare's History Plays: 1900–1951«, *Sh S* 6 (1953)
R. Pineas, *Tudor Drama and Politics* (Oxford, 1968)
M. E. Prior, *The Drama of Power: Studies in Shakespeare's History Plays* (Evanston, 1973)
M. M. Reese, *The Cease of Majesty: A Study of Shakespeare's History Plays* (London, 1961)
J. Ribner, *The English History Play in the Age of Shakespeare* (Princeton, 1957; rev. ed. London, 1965)
A. P. Rossiter, »Ambivalence: the Dialectic of the Histories«, in: Rossiter, *Angel with Horns* (London, 1961)
P. Saccio, *Shakespeare's English Kings. History, Chronicle and Drama* (London, 1977)
E. M. W. Tillyard, *Shakespeare's History Plays* (London, 1944)
E. M. Waith, ed., *Shakespeare: The Histories. A Collection of Critical Essays* (Englewood Cliffs, N. J., 1965)

3.5. Studien zur Tragikomödie

W. W. Appleton, *Beaumont and Fletcher: A Critical Study* (London, 1956)
P. Edwards, »The Danger Not the Death: The Art of John Fletcher«, in: *Jacobean Theatre*, Stratford-upon-Avon-Studies 1, ed. J. R. Brown and B. Harris (London, 1961)
M. T. Herrick, *Tragicomedy: its origins and development in Italy, France, and England* (Urbana, 1955)
G. K. Hunter, »Italian Tragicomedy on the English Stage«, *Ren D* 6 (1973)
A. C. Kirsch, »*Cymbeline* and Coterie Dramaturgy«, *ELH* 34 (1967); repr. in *Shakespeare's Later Comedies*, ed. D. Palmer (Harmondsworth, 1971)
R. Proudfoot, »Shakespeare and the New Dramatists of the King's Men, 1608–1613« in: *Later Shakespeare*, Stratford-upon-Avon-Studies 8, ed. J. R. Brown and B. Harris, (London, 1966)
F. H. Ristine, *English Tragicomedy: its Origin and History* (New York, 1910; repr. 1963)
E. M. Waith, *The Pattern of Tragicomedy in Beaumont and Fletcher* (New Haven, 1952)